美国道德文化的演进与嬗变

向玉乔 著

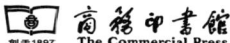

图书在版编目（CIP）数据

美国道德文化的演进与嬗变 / 向玉乔著. —北京：商务印书馆，2024
ISBN 978-7-100-23326-2

Ⅰ. ①美… Ⅱ. ①向… Ⅲ. ①道德－研究－美国 Ⅳ. ①B82

中国国家版本馆CIP数据核字（2024）第024928号

权利保留，侵权必究。

本著作系湖南师范大学教育部人文社会科学重点研究基地中华伦理文明研究中心重大项目"美国道德文化的演进与嬗变"结项成果

美国道德文化的演进与嬗变
向玉乔　著

商　务　印　书　馆　出　版
（北京王府井大街36号　邮政编码 100710）
商　务　印　书　馆　发　行
三河市尚艺印装有限公司印刷
ISBN 978－7－100－23326－2

2024年5月第1版　　　开本 710×1000　1/16
2024年5月第1次印刷　印张 31 1/2
定价：158.00 元

目 录

导 论……1

第一章　美国建构现代道德文化的肇始……19
一、美国建立的历史记忆……19
二、清教徒对英国道德文化传统的反叛和继承……27
三、殖民者对印第安道德文化的残暴压制……34
四、清教伦理：美国道德文化的最早形态……39

第二章　启蒙运动时期的美国道德文化……50
一、启蒙运动在美国的兴起……50
二、启蒙时代的美国道德文化状况……58
三、美国启蒙伦理思想的代表人物……66
四、启蒙伦理思想的历史价值和局限性……78

第三章　美国本土道德文化意识的觉醒……85
一、超验主义运动与超验主义者……85
二、爱默生：美国道德文化独立宣言的发布者……94
三、梭罗：公民不服从者和瓦尔登湖畔的隐居者……102
四、麦尔维尔对美国工业文明的反思和批判……110
五、超验主义伦理思想的得失评价……120

第四章　西方学者对 19 世纪美国道德文化的认知……129
　　一、托克维尔对美国道德文化的最先探察……129
　　二、美国的自由女神像与自由钟……138
　　三、美国学者对美国道德文化的内部审视……144

第五章　美国道德文化的本土化发展……148
　　一、形而上学俱乐部与实用主义哲学的诞生……149
　　二、实用主义哲学的伦理转向……152
　　三、实用主义真理观的核心要义及其世俗化……162
　　四、实用主义伦理思想评析……169

第六章　美国的自由主义道德文化政策……176
　　一、何谓自由主义道德文化政策？……176
　　二、美国对内实行自由主义道德文化政策的原因……179
　　三、美国政府主导道德文化建设的方式……184
　　四、美国对内实行自由主义道德文化政策的效果……190

第七章　美国人的硬实力和软实力观念……208
　　一、冷战后的美国与美国政客的硬实力观念……208
　　二、约塞夫·奈的软实力理论及其对美国行为的反思……212
　　三、亲和力：美国缺乏的东西……221
　　四、美国：在硬实力与软实力之间……228

第八章　整合美国社会的伦理精神……237
　　一、独立的民族精神……237
　　二、道德文化自信……242

三、伦理实体……246

　　四、伦理原则……255

第九章　美国的分配正义问题与美国哲学家的理论反思……286

　　一、美国的真实社会状况……286

　　二、罗尔斯的公平正义观……291

　　三、德沃金的平等正义观……301

　　四、沃尔泽的国际正义观……307

　　五、海特论正义之心……313

　　六、美国哲学家的正义理论研究简评……317

第十章　美国的生态道德文化发展状况……323

　　一、寂静的春天：伦理叙事的生态化？……323

　　二、生态扩张主义：一种道德记忆？……333

　　三、生活在极限之内：一个生态伦理原则？……343

　　四、只有一个地球：应有的生态道德忧患意识？……350

第十一章　美国的道德文化输出战略……358

　　一、美国道德文化输出战略的缘起……358

　　二、美国道德文化输出战略的实质……362

　　三、美国梦与美国道德文化输出战略的关系……370

　　四、美国和平演变战略与美国道德文化输出战略的关系……374

　　五、美国道德文化输出战略的主要特征……377

　　六、美国道德文化输出战略对中国的启示……380

第十二章　美国道德文化的堕落……388

一、美国道德文化堕落的肇始……388

二、美国道德文化堕落的具体表现……396

三、美国道德文化堕落的影响……411

第十三章　美国建构现代道德文化的经验教训……420

一、美国建构现代道德文化的历史必然性……420

二、美国建构现代道德文化的基本经验……427

三、美国建构现代道德文化的历史教训……453

四、美国现代道德文化的双重性特征……468

结　语……471

参考文献……488

导　论

当今美国正在为其世界霸主身份认同问题而苦恼。冷战结束后，它一超独大，但好景不长，其世界霸主地位时不时遭到欧盟、俄罗斯、印度、中国、巴西、伊拉克、利比亚、叙利亚等国家联盟或国家的挑战，因此，它需要千方百计维护和证明自己的世界霸主身份。为了达到这一目的，它对敢于挑战其世界霸主地位的国家采取了"分而治之"的策略。它首先发动科索沃战争，用阴谋搞垮了宣称既不亲苏联也不亲西方的南斯拉夫联盟共和国，尔后通过战争手段颠覆了伊拉克萨达姆政权和利比亚卡扎菲政权，但它企图推翻叙利亚巴沙尔政权的行动因为俄罗斯的介入而流产。为了报复俄罗斯，并从根本上遏制谋求东山再起的俄罗斯，美国最近又通过拱火浇油的方式诱发了俄乌冲突。对于正致力于实现中华民族伟大复兴的社会主义中国，美国视之为眼中钉、肉中刺，采取了一以贯之的遏制战略。美国的所作所为都指向一个目标：必须让全世界认同它的世界霸主身份。

一个国家在世界上具有何种身份和地位，这不是由它自己说了算。如果希望被公认为世界霸主，它应该具有一定的资质，其中最重要的是必须具有与其霸主地位相匹配的德性。如果德不配位，它的世界霸主地位不可能长久。这就是国无德不强的道理。建国需要道德，立国需要道德，做世界霸主更需要道德。道德是人之根本，也是国之根本。

孔子说："不患无位，患所以立。不患莫己知，求为可知也。"[①] 一

[①]《论语　大学　中庸》，陈晓芬、徐儒宗译注，中华书局2015年版，第44页。

2 美国道德文化的演进与嬗变

个人不应该担心自己没有职位，而应该考虑如何使自己能够胜任某个职位；不应该担心没有人知道自己，而应该考虑自己有什么值得让人们知道。国家又何尝不是如此呢？作为当今世界的唯一超级大国，美国应该更多地思考如何使自己的德性与霸主身份、地位相匹配的问题，而不是时刻害怕被其他国家超越而焦虑。另外，作为超级大国，美国的名号无人不知，因此，它无需思考如何提高知名度的问题，而是应该更多地考虑如何使其自身值得让人知晓的问题。

问题在于，一超独大的美国似乎仅仅关注如何保住它的超级大国身份和地位问题，而对支撑其身份和地位的资质尤其是德性资质漠不关心。对内，它对种族隔离、种族歧视、枪支暴力、阶级剥削、社会不公等问题几乎采取听之任之的态度；对外，它肆意侵犯他国人权，粗暴干涉他国内政，非法制裁他国国民，恶意发动侵略战争，野蛮颠覆他国政权，疯狂掠夺他国资源；这两个方面既损害美国作为一个超级大国的道德形象，也消解美国在国际社会的影响力、感召力。

一个国家的发展需要战略智商。"战略智商"是商业管理学中的一个常见概念，是指公司在竞争环境中能够克服战略惰性、有目的地及时调整发展战略和工作思路的智慧和能力。美国学者韦尔斯认为："战略智商位于最底层的公司尚无法意识到改变的需要，或即使意识到了也无法实施。聪明的公司会对外部变化采取对应措施，尽量跟上脚步；但智商更胜一筹的公司会比外部环境变得更快，能把外部环境向有利于自己竞争优势的方向上引导。"[①] 韦尔斯强调战略智商对企业发展的重要性，要求企业因时而变，避免患"战略失忆症"。他说："一些公司患有战略失忆症；它们虽然曾经有过好战略，但总是不长记性，任由

---

① 〔美〕约翰·R.韦尔斯：《战略的智慧》，王洋译，机械工业出版社2013年版，第3页。

公司自生自灭。"① 具体地说，一些公司拥有实施战略的成功经验，但它们将实施战略的理由、逻辑等抛之脑后，总是固执地、机械地重复着过去的行为，不与时俱进，因而饱受战略失忆症之苦。如果一个国家缺乏战略智商，并且患有战略失忆症，它的发展必然会严重受阻。

冷战期间，美国坚持强化冷战思维、零和博弈观念，采取极限遏制、和平演变、价值观输出等战略，最终达到了促使苏联解体、东欧剧变、社会主义阵营震荡等邪恶目的。冷战结束之后，美国既没有摈弃冷战思维、零和博弈观念，也没有改变极限遏制、和平演变、价值观输出等战略；相反，它不断制造"敌人"，在全球范围内推进遏制战略，对一切可能给美国超级大国身份和地位带来挑战的危险力量采取遏制、打压、围堵、迫害的战略。当它发现自己的战略不再有效时，它并没有做出及时调整，而是顽固地坚持，从而表现出"战略失忆症"病灶。

孟子说："彼一时，此一时也。"② 其意指，时移世易，情形不同，人们看问题的视角和眼光都必须有所变化。冷战期间与冷战之后的世界情形迥然不同，但美国不审时度势，固守冷战思维、零和博弈观念，这要么说明它具有战略盲目性，要么说明它在利用冷战思维、零和博弈谋取一己之私。

在经济全球化时代，国家的政治主体性和伦理主体性得到进一步增强，而不是被弱化。从伦理主体性来看，一个国家不仅应该以合乎伦理的方式对待自己的国民，而且应该以合乎伦理的方式对待其他国家、其他民族。经济全球化将整个世界变成了"地球村"，使国与国、民族与民族之间的交流和交往变得日益频繁，将整个人类变成一个命

---

① 〔美〕约翰·R.韦尔斯：《战略的智慧》，王洋译，第17页。
② 《孟子》，万丽华、蓝旭译注，中华书局2006年版，第97页。

运共同体，同时将国际伦理建构提上紧迫日程，要求世界各国共同确立并严格遵守国际伦理原则。一个不受伦理规约的世界必定乱象丛生，必定让世界各国深受其害。

当今美国在国际舞台上的所作所为，不仅反映它是否遵守国际伦理的事实，而且折射它的道德文化状况。甚至可以说，美国遵守国际伦理的状况只不过是其国内道德文化状况的延伸而已。我们不难想象，不能善待自己国民的美国不可能非常友善地对待其他国家、其他民族。作为超级大国，美国不仅不择手段地遏制中国、朝鲜、越南、古巴等社会主义国家的发展，而且千方百计地压制法国、德国、日本等资本主义国家的发展。

我国目前正处于民族伟大复兴之大局与世界百年未有之大变局复杂交汇的历史方位。当代中华民族既要致力于实现民族伟大复兴的宏伟目标，又要应对错综复杂的国际局面。在努力实现中华民族伟大复兴和应对复杂国际局面的过程中，我国必须正确认识和处理自身与美国的关系问题。无论我们是否愿意，我们都必须与它打交道。美国时刻都在关注和研究我国的发展状况，甚至将我国视为它维持世界霸权的严重挑战和危险，并且时常炮制出"中国威胁论"。虽然"中国无意与美国竞争全球权力，坚持走和平发展道路的意志和决心是坚定的"[1]，但是美国从来不是这么看待中国的。美国学者施密特就曾经明确指出："美国和世界很有可能在未来将面对一个崛起和威权的中华人民共和国。"[2] 在施密特的眼里，中国不仅是美国的挑战和危险，而且是整个世界的挑战和危险。

施密特认为中美之间已经在展开殊死竞争。他说："将会主宰整

---

[1] 张芳：《跨越修昔底德陷阱：中美新型军事关系研究》，复旦大学出版社2016年版，第2页。
[2] 〔美〕加里·J. 施密特：《中国的崛起：美国未来的竞争与挑战》，韩凝、黄娟、代兵译，新华出版社2016年版，第6页。

个21世纪的中美之争既涉及权力也关乎信仰。一个正在崛起的雄心勃勃的大国与一个守成大国正在为东亚的领导权而较量。"①他甚至强调:"冲突的所有典型条件都已经具备,只是在等待一系列合适的事件来提供导火线。中美的对抗绝不是误解或错误的产物,能轻易消除。"②施密特认为中美之争在所难免,并且视之为国际政治演绎的必然结果。

美国是一个特别重视国际战略部署的国家。第二次世界大战之后,美国开始实施全球战略。它的所有全球战略部署都围绕一个根本目的而展开,这就是遏制一切可能危及美国霸主地位的国家或国家联盟。它的战略重心首先是遏制苏联和华沙条约组织。冷战结束之后,它的战略重心东移,矛头指向中国。特别是奥巴马入主白宫之后,美国加快了其全球战略东移的步伐,防范和遏制中国的意图愈加明显。

我国在努力实现中华民族伟大复兴的过程中必然会遭到美国的百般阻扰、残暴压制。对此,当代中华民族既应该有充分的思想准备,也应该以积极的态度加以应对。狭路相逢勇者胜。既然不可避免,那就坦然面对。我们既不能消极回避,也不能鲁莽行事,而是应该智慧地迎接挑战。当代中华民族在面对美国阻扰、压制时也应该体现战略智商。

中华民族曾经取得过抗美援朝战争、抗美援越战争的伟大胜利,在与美国的贸易摩擦中也有不少辉煌战绩,但我们不能患"战略失忆症",应该与时俱进,及时调整应对美国的战略。当代人类不仅进入了经济全球化时代,而且步入了网络化时代、信息化时代、智能化时代。国与国之间的战争不一定直接表现为传统的军事对抗模式,完全可能

---

① 〔美〕加里·J. 施密特:《中国的崛起:美国未来的竞争与挑战》,韩凝、黄娟、代兵译,第11页。
② 〔美〕加里·J. 施密特:《中国的崛起:美国未来的竞争与挑战》,韩凝、黄娟、代兵译,第11页。

与网络战、信息战、贸易战、金融战、技术战、卫星战、心理战等复杂地交织在一起。在如此错综复杂的局面下,任何战略惰性、战略盲目、战略失忆症等都可能给我们带来难以挽回的损失。

中国近代史是中华民族的屈辱史。在英国、法国、美国、日本等列强轮番不断或狼狈为奸的侵略下,中华民族遭受了空前的屈辱,任人宰割,几乎达到亡国灭种的程度。在国家和民族危难之时,中华儿女忍辱负重、奋起反抗,最终在中国共产党的领导下建立了中华人民共和国,实现了站起来的伟大目标。20世纪末,中华民族又在中国共产党的正确领导下,进行了广泛而深刻的改革开放,全力推进小康社会建设,实现了富起来的战略目标。十八大以后,中国特色社会主义进入新时代,中华民族空前迫近伟大复兴的奋斗目标。十九大以后,党中央宣布中华民族迎来了"强起来"的光明前程。十九届五中全会不仅做出我国"十四五"时期的发展规划,而且对2035年建成社会主义现代化强国的战略规划和远景设计做出高瞻远瞩的部署。站在当下的时间节点,中华民族展现出更加强烈的理论自信、制度自信、道路自信和文化自信。在此时代背景下,我们既应该保持自我反省、自我批评、自强不息、自我革命、自我超越、自我完善的意志品质、精神状态和情感态度,也应该加强研究世界发展的总体格局、现实状况和未来趋势。2020—2022年的新冠肺炎疫情,社会主义中国让世界看到了自己的理论优势、制度优势、道路优势和文化优势,但同时也将自己推入了更加错综复杂的国际矛盾之中,尤其是中美之间的博弈变得空前激烈,宣扬"美国优先"和反对全球化的美国政府对中国进行了近乎疯狂的污蔑和攻击。要屹立在当今世界,中国不能不了解世界,更不能不了解世界超级大国——美国。

当今美国之所以处处围堵、阻挠和打压中国,其根本目的是要遏制中国的发展。美国不会任凭社会主义中国和平崛起,或者说,它绝对不会让社会主义中国轻易地崛起和挑战它的超级大国地位。本书的研究主题是"美国建构现代道德文化的经验教训"。此项研究工作只不过是国内外学术界所掀起的美国研究潮流中的一个脉流,但它的重要性不容忽视。在我们看来,了解美国的关键是必须了解它的道德文化。道德文化是所有国家的灵魂和根本,美国也不例外。

很多学者在研究美国,但很少有学者聚焦于研究美国道德文化。对此,我们需要通过梳理相关学术史来加以分析。

有些学者通过研究中美关系的路径切入相关研究领域。冷战结束后,由于我国经济持续高速增长、综合国力稳步提升,加上美国逐渐将战略注意力聚焦于中国,中美关系在当今国际关系中的重要性变得越来越突出,国内外学术界对中美关系的关注和研究也掀起了高潮。中外学者从政治学、国际关系学、社会学等学科领域研究中美关系,形成了多种学术观点。

部分西方学者认为"崛起大国"中国与"守成大国"美国必定陷入冲突,甚至宣称中美必有一战。持这种观点的有美国哈佛大学科学与国际事务中心主任爱里森(Graham Alison)、芝加哥大学政治学教授米尔斯海默(John J. Mearsheimer)等。这些美国学者认为,中国和美国未来必定陷入所谓的"修昔底德陷阱",因为中国的崛起必定会挑战美国在亚洲的主导地位和在世界的主导地位。[1] 这就是在当今西方占据一定市场的"修昔底德陷阱"说。它宣称中美冲突合乎历史规律,强调中美战争不可避免,并且将冲突主要归因于中国。

另一部分西方学者认为中美之间未来不可避免地会存在激烈竞争,但中美之间的合作空间也很大,中美不一定必有一战。持这种观点的人主要有美国学者费正清(John King Fairbank)、巴里·波森(Barry

---

[1] 张芳:《跨越修昔底德陷阱:中美新型军事关系研究》,第 1 页。

R. Posen）和英国学者科克尔（Christopher Coker）等。费正清著有《中国与美国》等著作，认为中美之间应该增进相互了解和共同理解，而不是诉诸武力和战争来解决问题。科克尔则在《大国冲突的逻辑：中美如何避免战争》一书中通过严密的逻辑推演，认为中美之间避免战争是完全可能的。

相比较而言，绝大多数中国学者强调中国的和平崛起，认为中美关系既有竞争、博弈的一面，也有合作、共存的一面。例如，赵明昊在《战略克制：新型中美关系的构建》一书中认为，中美都应该保持必要的战略克制，致力于建构和谐相处、良性竞争、合作共赢的新型大国关系，因为两国都承受不起战争的代价。陶文钊也认为，中美之间存在广泛的共同利益，中国的和平崛起不会挑战美国的世界霸权地位，因而中美完全可以避免战略摊牌。曾经担任中国驻美大使的周文重则在《斗而不破：中美博弈与世界再平衡》一书中明确指出，中美关系应该是一种"斗而不破"的关系。

有些学者通过研究中美软实力对比的路径切入相关研究领域。冷战之后，中美两国总体上维持着"斗而不破"的双边关系，这有助于将中美之间的硬实力博弈保持在可控制的范围内，但同时为两国展开软实力博弈提供了现实动因；换言之，当中美两国在硬实力博弈方面"谁都伤不起"的情况下，软实力博弈就必然成为两国争夺国际影响力、控制力、吸引力的主要阵地。正因为如此，有些学者致力于研究中美软实力的对比问题。

美国哈佛大学肯尼迪政府学院的约塞夫·奈教授 1990 年在论文《软实力》和著作《注定领导世界：美国实力的变化本质》（*Bound to Lead: The Changing Nature of American Power*）中最先提出"软实力"概念。此后，他还分别于 2004 年和 2011 年出版著作《软实力：通达世界政治成功道路的手段》（*Soft Power: The Means to Success in World*

Politics）和《实力的未来》（The Future of Power），并着手研究"巧实力"。此外，奈注重研究中美软实力比较。在他看来，中美两国在21世纪既有竞争，也有合作；合作能够给两国带来益处，竞争则可能导致两败俱伤；中美应该致力于提高各自的软实力，这不仅有利于两国人民，而且有助于增进世界和平、繁荣与和谐。

我国学术界有较多学者接受了约塞夫·奈的"软实力"概念。刘德定、丁学良、沈壮海等学者分别在《当代中国文化软实力研究》《中国的软实力和周边国家》《文化如何成为软实力》等著作中使用"软实力"概念。不过，我国学者普遍侧重于研究"文化软实力"。例如，沈壮海认为，历史与现实的诸多因素交织在一起，使我国不得不面对以美国文化为代表的西方文化在全球的强劲横流；在当今世界软实力竞争的牌局中，中国、俄罗斯、日本乃至西欧国家手中的筹码都不能与美国相提并论，但中国可以通过"中国道路"不断提升自己的文化软实力。

还有些学者通过研究中美文化的路径进入相关研究领域。美国学者对中国文化的关注和研究至少可以追溯到19世纪中期。例如，19世纪的美国著名生态伦理学家爱默生和梭罗均深受中国传统哲学思想的影响。爱默生被美国总统林肯称为"美国的孔子"。亨利·梭罗在他的著作《瓦尔登湖》中多次引用孔子、老子等中国哲学家的思想。这两位美国伦理学家以倡导尊重自然、亲近自然、保护自然的生态伦理思想而著名，但他们的思想有深受中国传统伦理思想影响的明显痕迹。

爱默生和梭罗也对美国文化展开批判性研究。在《美国的文明》一书中，爱默生批评了美国人过分依赖欧洲思想传统、缺乏独立意识的状况，并且对美国社会日益严重的政治腐败、物欲横流、种族迫害等现象予以揭露和抨击。梭罗更是对美国文明表现出极大的不满。他抨击美国工业文明对自然环境日益严重的破坏，并且在1845年7月4

日（美国独立庆祝日）选择到瓦尔登湖边的小木屋隐居。他一生反对奴隶制度，并多次帮助美国南方的黑奴逃亡到自由的美国北方。1849年，他发表《对政府的抵抗》，提出了"消极抵抗"思想，认为人民有权消极抵抗政府要求他们做违背良心的事情。

法国政治思想家夏尔·A. D. 托克维尔是较早对美国文化展开系统研究的欧洲学者。他曾经在1831—1832年期间专门到美国考察9个月，并出版了名著《论美国的民主》。该书认为，以强调等级区分为核心价值取向的贵族制度必然衰落，而以强调平等为核心价值取向的民主制度则势不可挡。托克维尔对美国日益浓烈的民主气氛大加赞赏，但同时将美国社会日益盛行的个人主义视为资本主义民主的主要弊端。

对美国文化展开系统研究的中国学者主要有朱世达、陈亚军、刘杰、赵学功、史静寰等人。朱世达著有专著《当代美国文化》，对当代美国文化做了全方位介绍。陈亚军对美国哲学发展史深有研究，尤其是在研究美国实用主义哲学方面取得丰硕成果。刘杰著有《当代美国政治》，介绍了美国的政治传统、政治制度等内容。赵学功著有《当代美国外交》，解析了美国外交传统、外交理念、外交政策、外交战略等。史静寰著有《当代美国教育》，对当代美国的教育状况、教育改革、教育战略等做了深入探究。这些中国学者对美国文化的介绍和研究，为我国社会各界了解和研究美国文化提供了窗口。

作为当今世界最大的社会主义国家，我国目前正致力于推进国家治理体系和治理能力现代化，实现道德文化现代化是应有之义。美国是当今世界最具有代表性的现代化资本主义国家，在建构现代道德文化方面也积累了经验教训，能够为我国推进道德文化现代化建设提供前车之鉴。我们研究美国建构现代道德文化的经验教训，不是要照搬美国推进现代道德文化建设的模式，更不是要不加批判地引进内含于现代美国道德文化中的价值观念，而是为了给我国推进现代道德文化建设和增强国家软实力提供一个借鉴的镜面。

第一，本书坚持以马克思主义为指导，坚持马克思主义同中国具体实际相结合、同中华优秀传统文化相结合，致力于凸显守正创新的学术理念。

在由众多国家组成的国际社会中，国与国之间的竞争在所难免，大国、强国之间的竞争更是激烈。为了在国际竞争中占据优势，除了进行正常的交往和交流之外，国与国之间还会进行相互研究，其目的当然是为了"知己知彼"。在当今世界，中国与美国之间的竞争呈现日益加剧的态势，这一方面要求当代中华民族以平常心态对待这种新形势，另一方面也要求我们加强对美国的理论研究。长久以来，我国学术界在研究西方国家方面存在"重欧洲，轻美国"的问题，这是我国在改革开放时代与美国打交道的时候常常陷入被动局面的一个重要原因。近些年，由于中美关系的重要性变得越来越突出，我国学术界对美国的研究得到较大强化，但总体水平还处于偏低的状态。本书对美国建构现代道德文化的经验教训展开研究，抓住了我国学术界在研究美国方面存在的薄弱环节，它的推进有助于拓展我国学术界研究美国的理论视野。

现代道德文化是美国作为一个现代化国家的最重要标志。它不仅塑造了美国精神，而且为美国现代经济、政治和文化的发展提供了强有力的支撑。在中美关系成为国际关系格局中重要一极的今天，我国伦理学界更应该加强对美国道德文化的理论研究，以为我国在中美软实力博弈中赢得优势提供理论支持。在过去20年，我国伦理学界对美国道德文化的研究主要集中在美国伦理学理论和伦理思想史两个方面，并且以介绍性内容为主，迄今为止还没有人对美国建构现代道德文化的经验教训展开宏观、综合、系统的批判性考察。这一不足使我国伦理学界在研究美国道德文化方面形成的理论成果总体上显得比较零散，缺乏理论宏观性、综合性和系统性的问题比较明显。本书对美国现代道德文化的研究有助于改变这种状况，并能够在一定程度上拓展我国伦理学界对美国道德文化研究的理论格局和范围。

美国在建构现代道德文化方面经历了一个从传统到现代、从本土到世界的发展历程。这与美国的国家发展历程大体上是吻合的，说明一个国家推进道德文化现代化的过程必然表现为一个从传统到现代、从本土到世界的过程。美国建构现代道德文化的历史进程反映了现代道德文化在一个国家发展的普遍规律。我国目前致力于建设的中国特色社会主义道德文化本质上是一种现代道德文化形态。我们应该如何建构中国特色社会主义道德文化？要解答这一问题，我们既要有道德文化自信和继承中华优秀道德文化传统的意识，也要有向包括美国在内的西方国家借鉴现代道德文化建设经验教训的意识。一方面，我国在建构现代道德文化方面必定会在形式上走类似于美国的道路，即从传统到现代、从本土到世界的道路，因而了解美国建构现代道德文化所彰显的规律性是非常必要的；另一方面，从美国建构现代道德文化的历史进程来看，我国在建构中国特色社会主义道德文化的过程中必须着力解决的关键问题有两个，即传统与现代、本土与世界的关系问题。本书对此展开的研究能够为我国社会各界认识和把握中国特色社会主义道德文化建构和发展的规律性提供理论启示。

交叉融合是当今西方人文社会科学研究的一个显著特征，也是世界人文社会科学研究的未来趋势。由于我国很多人文社会科学学科是在改革开放时代新建或复兴的，我国人文社会科学研究的交叉融合水平至今还处于偏低水平。本书写作在理论视角上以伦理学视角为主导，但同时融合了政治学、国际关系学、社会学、教育学、经济学等相邻学科的思想、知识、理论和研究方法，因而在研究内容和方法方面均具有学科交叉性或跨学科性特征。这种学科交叉性不仅说明这些相邻学科具有可以相互贯通、相互支持的特性，而且有助于它们之间的深度合作。通过探索伦理学、政治学、国际关系学、社会学、教育学、经济学等相邻学科之间的融合和合作，本书能够为我国进一步提高人文社会科学研究的学科交叉性进行一些探索。

第二，本书坚持用正确学术观点为人们的思维活动、认识活动、实践活动提供价值引领，致力于体现以学术服务社会的学术价值观念。

中美关系受到我国社会各界的广泛关注。我国学术界对中美关系的研究也呈现日益拓展之势，但从目前的情况来看，我国学术界对中美关系的研究多见于政治学、国际关系学、社会学、教育学、经济学等领域，从哲学特别是伦理学角度展开的相关研究一直相当薄弱。这一方面造成了我国学术界对中美关系的研究缺乏全面性、深刻性的事实，另一方面也容易将我国社会各界审视、考察和分析中美关系的理论视角引向偏差。本书将在充分吸收政治学、国际关系学、社会学、教育学、经济学等学科对中美关系的已有研究成果基础上，主要从伦理学的角度对中美关系展开深入系统的研究。这种研究视角的优势在于，它能够弥补政治学、国际关系学、社会学、教育学、经济学等学科注重对中美关系进行实证研究的不足，将价值分析、伦理分析的方法引入有关中美关系的研究中，从而提高理论分析的广度和深度。

在当今中国，有些学者以美国为参照系，否认党和政府对道德文化建设的领导作用，甚至主张将道德文化建设完全社会化、市场化。这是对美国现代道德文化发展机制的严重误解。正如法国社会学家弗雷德里克·马特尔所说，美国确实有反对联邦政府介入文化建设的思想传统，但美国政府从来没有放弃用决策和政策领导美国文化发展的做法。事实上，美国政府总是以"看不见却又无处不在"的方式主导着美国文化的发展格局。本书通过对美国建构现代道德文化的体制机制进行深入研究，认为美国建构现代道德文化的经验告诉我们，党和政府应该在中国特色社会主义道德文化建设方面发挥领导作用。习近平总书记说："办好中国的事情，关键在党。"[①] 要建设中国特色的社会主义道德文化，必须坚持党和政府的领导地位。

在推进中国特色社会主义道德文化建设的路径选择上，当今中国存在西化主义和历史复古主义的争论。西化主义者认为我国推进中国特色社会主义道德文化建设的路径应该照搬以美国为代表的西方模式，而历史复古主义者则要求用新儒家思想主导中国特色社会主义道德文化建设。我们认为这两种观点都是错误的。本书对美国建构现代道德文化的历史进程展开研究的结果说明，美国现代道德文化是继承欧洲道德文化传统和进行现代性创新、强调本土特色和面向世界有机统一的产物。美国建构现代道德文化的经验启示我们，我国要建构中国特色社会主义道德文化，既应该立足弘扬中华传统道德文化的精华和增强当代中华民族的道德文化自信，也应该对西方道德文化进行批判性借鉴。特别是在发展成为世界第二大经济体和经济总量有可能在不久的将来超过美国的新形势下，我国更应该具有避免"修昔底德陷阱"的强烈意识，致力于建设既具有中国特色又能够为世界各国普遍认同的中国特色社会主义道德文化和文明体系，在不忘本来的同时吸收外来和面向未来，为中华民族伟大复兴提供强有力的道义支撑和价值支持，增强中华道德文化对世界和人类社会发展的影响力和价值引领力。

出于维护一超独大的目的，美国对我国的和平崛起实行了疯狂围堵和遏制战略，中美之间的硬实力和软实力博弈也因此而在近些年呈现出日益加剧的态势。在与美国的软实力博弈中，我们不仅需要充分展现理论自信、制度自信、道路自信和文化自信，而且需要大力增强对美国的了解。为了在与美国的软实力博弈中立于不败之地，我们尤

[①] 习近平：《习近平谈治国理政》第三卷，外文出版社2020年版，第331页。

其需要深入系统地了解美国借以立国、强国的精神基础和支柱——美国式的现代道德文化。美国是一个只有两百多年发展历史的资本主义国家，但它在推进国家治理现代化的过程中建构了具有鲜明美国特色和强大国际影响力的现代道德文化。这是推动美国从蛮荒走向"帝国"的强大精神动力。研究中美软实力博弈和美国建构现代道德文化的经验教训，有助于增进我国社会各界对美国社会特别是美国文化发展战略的认识、了解和把握，能够为我国建构中国特色社会主义道德文化、推进社会主义文化强国战略、提高中华文化软实力和扩大中华文化的对外传播和世界影响提供有益的理论启示。

第三，本书坚持学术批判原则，注重体现学术批判精神，致力于揭示社会主义道德文化与资本主义道德文化的根本区别和本质差异。

当今世界是社会主义国家和资本主义国家并存和争鸣的世界。在这种世界格局中，中国作为最大的发展中国家和社会主义国家而存在，而美国则作为最典型的发达国家和最强大的资本主义国家而存在。通过对中国和美国展开深入系统的比较研究，我们能够全面而深刻地看到社会主义国家与资本主义国家之间的异同，尤其是社会主义道德文化与资本主义道德文化之间的异同。通过研究中美软实力博弈和美国建构现代道德文化的经验教训，我们会发现中美在建构现代道德文化方面既有可以相互借鉴、相互学习的一面，也有相互反对、相互对立的一面。中国的社会主义道德文化与美国的资本主义道德文化具有根本区别和本质差异，但并不是水火不相容的关系。这种现实是中美认识和处理彼此关系都应该重视和考虑的因素，也为两国以求同存异的方式进行交往、交流提供了理据。

我国社会各界需要对美国梦和美国道德文化输出战略有正确了解。"美国梦"是美国人的民族梦，但它既包含鼓励美国人追求个人幸福的合理诉求，也内含着美利坚民族的世界霸权梦想。"美国梦"的背后隐藏着美国人以强调价值观入侵为核心内容的道德文化输出战略，这一方面说明美国现代道德文化具有推崇美国优先主义、民族利己主义和霸权主义的内在价值取向，另一方面也说明美国一直致力于建构的现代道德文化模式不可能得到世界各国的广泛认同。通过揭示美国建构现代道德文化的机制体制，本书能够深刻揭露美国梦以及隐藏于美国梦背后的道德文化输出战略，这不仅能够推动我国社会各界更多、更深地了解美国道德文化的实质，而且能够推动当代中华民族增强抵制美国"价值观入侵"或"和平演变"的意识。

　　世界发展和人类社会进步需要道德正能量的引领。中国和美国在当今世界的激烈竞争和博弈，不仅代表社会主义阵营与资本主义阵营当前争鸣和斗争的前沿，而且表征两种道德力量之间的激烈较量。作为一个正在从现代化大国向现代化强国转型升级的社会主义国家，我国既应该致力于用中国特色社会主义建设成果造福国民，也应该致力于承担更多的国际道德责任。在当今世界，中国和美国在建构现代道德文化方面的差别正变得越来越清晰。美国在建构现代道德文化方面比我国起步早，但它在此领域的所作所为既有成功的经验，也有失败的教训。在推进现代道德文化建设方面，我国可以借鉴美国基于现代国家理念建构现代道德文化、推进现代道德文化本土化发展、致力于将本土道德文化推向世界等做法，但必须避免重蹈它以推崇本国优先、民族利己、价值观入侵、世界霸权等为主要价值取向的现代道德文化发展覆辙。我国应该基于中国特色社会主义制度自信、理论自信和道路自信，进一步树立中国特色社会主义文化自信，致力于建构具有中国特色和中国特征、反映国际社会普遍价值需求、真正代表国际道德正能量的中国特色社会主义道德文化，使中国现代道德文化与以美国为代表的资本主义现代道德文化的根本区别得以充分彰显，并借助于中国特色社会主义道德文化的强大力量为推进国际社会和人类文明的健康发展做出应有的更大贡献。

中国和美国都是当今世界大国，都具有不容忽视的国际影响力。两个大国如何看待彼此的关系、如何处理国际问题、如何对待联合国和国际法、如何彰显国际道德修养，对其他国家能够起到不容忽视的示范作用。国际舞台是世界各国的舞台。在这个舞台上，谁都不是永远的主角。美国不是，中国也不是。它应该是世界各国平等相待、相互尊重、和平共处、同生共荣的场域。

冷战结束之后，美国试图充当整个世界的控制者、统治者，但事实证明这只不过是它的一厢情愿。这既不符合人类历史发展规律，也不可能得到世界各国的价值认同。经济全球化时代、网络化时代的到来，极大地增进了世界各国在各个领域的交流、合作，同时增强了世界人民的民主意识、人类命运共同体意识、国际责任意识。在此时代背景下，世界各国应该摒弃相互否定、相互对立的思想观念，特别是应该摒弃死守冷战、零和博弈、你死我活的思想观念，追求共同发展，谋求互利共赢，为实现人类文明的可持续发展共同努力。

英国学者科克尔说："历史并没有表明我们正处于一个道德不断提高、进步越来越大的过程。几个世纪以来，国际关系的发展进程更像是一个在治世与乱世之间、在战争与和平之间不停摇晃的钟摆，而这个钟摆未来可能再次摆动。"[1]科克尔的论断不是没有道理的。在后冷战时代，美国企图主导的世界正在朝着越来越乱的方向演进，发达国家与发展中国家之间的矛盾以更加严重的方式表现出来，战争以更高的频率爆发，生态危机、贫困等全球性问题变得更加突出，越来越多的人生活在水深火热之中。这些问题的背后都有美国的影子。

---

[1] （英）克里斯托弗·科克尔：《大国冲突的逻辑：中美之间如何避免战争》，卿松竹译，新华出版社2015年版，第12页。

后冷战时代的美国在道德文化方面出现了日益明显的堕落趋势。它对国内的种族隔离、种族歧视、枪支暴力、社会不公等问题采取冷漠、忽视的态度，但醉心于维持自己的世界霸权地位，迷恋于在国际上拉帮结派，陶醉于在世界上制造敌意，习惯于使用制裁、战争等手段来解决国际争端，这些在国际社会产生了严重的负面道德影响，并且极大地损害了美国的国际道德形象。当今世界，有些国家对美国"敬而远之"，有些国家谈美国而色变，有些国家对美国满怀怨恨。究其根源，从根本上来说是因为一超独大的美国正在发生质变。它不再注重国家道德修养的修炼、国际道德形象的塑造和国际责任担当，越来越严重地表现出自甘堕落的态势。如果美国的自甘堕落愈演愈烈，这会对整个世界带来难以估量的灾难性危害。对此，世界人民应该高度警惕。

第一章　美国建构现代道德文化的肇始

美国建构现代道德文化的过程肇始于它建立之前。那是一幅错综复杂的图景，其中既有清教徒试图反叛欧洲道德文化传统的历史事实，也有现代资本主义道德文化与印第安原始道德文化激烈冲突的复杂画面。美国建构现代道德文化的历史进程是在尖锐的冲突中开启的。

一、美国建立的历史记忆

历史是人民创造的，但历史是由历史学家书写的。历史学家书写的历史不可能是对过去事实的完整再现。一方面，他们不是过去的亲身经历者，也不可能回到过去，因此，他们对过去事实的书写必定存在这样或那样的不足；另一方面，他们在书写历史的过程中不可避免地会掺杂自己的主观意识，主观性会影响其书写的客观性。在阅读历史学家书写的历史时，我们不能完全"当真"。

历史学家对美国历史的书写大都以哥伦布发现"新大陆"作为起点，而对前哥伦布时期的印第安历史或多或少采取忽略的态度。事实上，在哥伦布发现"新大陆"之前，早就有人在北美洲居住。他们创造的古代文明可以追溯到18000—40000年以前。[①] 哥伦布到达北美大陆

---

① 〔美〕乔治·布朗·廷德尔、大卫·埃默里·施：《美国史》第1卷，宫齐、李国庆、裴霜霜、喻文中、曾昭涛、张立平译，南方日报出版社2012年版，第4页。

的时候，将他见到的原住民误认为印度人。在证明哥伦布所发现的地方是"新大陆"——北美大陆之后，人们将它的原住民称为"印第安人"。

15世纪的哥伦布主要是在马可·波罗所写的《马可·波罗游记》的诱惑下踏上航海和探险之路的。马可·波罗是意大利威尼斯商人。他于13世纪通过经商的方式游历了中国和其他亚洲国家，并且将他的所见所闻写成了《马可·波罗游记》。该书将亚洲描写为美丽神话般的地方，特别是将马可·波罗在中国游历17年的奇闻逸事栩栩如生地展现出来。在马可·波罗的笔下，当时的中国是一个幅员辽阔、财富无尽、商业发达、交通便利、人民富裕的国家，这在当时极大地激发了欧洲人来亚洲经商、游历和探险的欲望。哥伦布原本试图寻觅一条通往亚洲的航海线，却阴差阳错地偶然发现了北美大陆。他先后四次航海到达北美大陆，但他坚持认为自己到达的是亚洲的一个新地域，并且美其名为"新大陆"。哥伦布至死都不相信他没有到达过他自己梦寐以求的亚洲。1499年，意大利人阿梅里戈·韦斯普奇（Amerigo Vespucci）在南美洲登陆，并且向外界宣称他到达的地方是一个广袤无边的新大陆。从此以后，欧洲各国用"美洲"（America）一词来指称哥伦布和阿梅里戈所说的"新大陆"，并且将它写进了欧洲各国绘制的世界地图。也就是说，地理学中的America（美洲）是Amerigo（阿梅里戈）的变体。

哥伦布和阿梅里戈发现"新大陆"之后，越来越多的欧洲职业探险家前往美洲探险。早期的探险家多为意大利人，但进入16世纪之后，西班牙人成为主流，并且将西班牙帝国的统治延伸到美洲。正如美国史学家所说："16世纪，西班牙通过对美洲的征服和殖民统治，创立了世界上最强大的帝国。"[①] 事实上，在此后的3个世纪里，西班牙

---

① 〔美〕乔治·布朗·廷德尔、大卫·埃默里·施：《美国史》第1卷，宫齐、李国庆、裴霜霜、喻文中、曾昭涛、张立平译，第18页。

一直主导着美洲的殖民统治地位，其重要原因之一是当时的其他欧洲国家（如法国、英国等）大都忙于内战和宗教改革，它们无暇顾及美洲事务。在主导美洲殖民统治期间，西班牙人试图用他们的天主教文化取代美洲原住民的"异教徒"文明，但遭到了原住民的反抗和抵制。不过，西班牙文化对美洲文化产生了深刻影响，这种影响后来直接延续到了美国。"在殖民统治的大部分时间里，现今美国的大部分地区都隶属于西班牙，因此西班牙文化给美国的生活方式烙上了永久的印记。西班牙的殖民统治一直持续了3个多世纪，远远超过了英、法两国的统治时间。"[①] 在当今美国，旧金山、圣巴巴拉、洛杉矶、圣迭戈、图森等地名是西班牙人遗留的。除此以外，当今美国的艺术、建筑、文学、音乐、法律、烹饪等仍然有受到西班牙文化影响的痕迹。

美国的诞生更多地与英国的崛起直接相关。1588年，伊丽莎白女王统治下的英国打败西班牙的无敌舰队，这一历史事件具有划时代意义。"西班牙无敌舰队的战败不仅标志着英国海上霸权的开始，同时也为日后英国对美洲的殖民统治扫清了障碍。海军的胜利将伊丽莎白女王的统治推上了顶峰。16世纪末是英格兰政权开始崛起的春天，满怀探究新世界和发现新奇迹的青春热望。"[②] 1588年以后，英国人在欧洲的影响力大幅度提升，同时将更多的精力投入对外殖民扩张。它首先将西班牙从美洲的殖民统治秩序中排挤出去，尔后又在1763年通过与法国签署《巴黎和约》的方式终结了后者在美洲的帝国版图，从而最终夺取美洲的殖民统治权，在美洲建立一个个英属殖民地，彰显了"日不落帝国"的强大和强势。

---

① 〔美〕乔治·布朗·廷德尔、大卫·埃默里·施：《美国史》第1卷，宫齐、李国庆、裴霜霜、喻文中、曾昭涛、张立平译，第24页。
② 〔美〕乔治·布朗·廷德尔、大卫·埃默里·施：《美国史》第1卷，宫齐、李国庆、裴霜霜、喻文中、曾昭涛、张立平译，第37页。

英国在美洲夺取殖民统治权之后，美洲特别是北美经历了 10 年左右的稳定发展期。各个殖民地将发展农业和商业作为主要任务来抓，并且取得实际成效。一方面，美洲殖民地的农业和商业均呈现出欣欣向荣的良好态势，它们的经济基础和社会生产力水平得到显著提高；另一方面，英帝国日益重视和依赖美洲殖民地的经济，同时加大了对后者的经济压迫和剥削程度。美洲各个殖民地之间在管理观念和模式上存在明显差异，但当它们强大到一定的水平，它们就开始越来越强烈地对英国政府的殖民统治表示不满，并最终决定联合起来，以革命的方式争取独立。

18 世纪 70 年代以后，英国政府与美洲殖民地的关系迅速恶化。许多重大历史事件在此期间发生，推动着英国政府与美洲殖民地的关系朝着日益恶化的方向发展。例如，1773 年 12 月，波士顿发生了著名的"波士顿倾茶事件"。紧接着，英国议会又颁布了《波士顿港口法案》《司法公正管理法案》《马萨诸塞政府法案》《魁北克法案》等一系列强制性法案。这些强制性法案旨在对美洲殖民地进行更加严密的控制，但适得其反，它们的颁布和实施进一步激发了美洲殖民地人民反对英国政府的情绪，推动他们发动了抵制英货、焚烧商品等抗议行动，促使他们在 1774 年 9 月 5 日召开以争取自治权利为主要内容的第一次"大陆会议"。在此历史关头，英国政府不仅没有采取措施缓和矛盾，而是不断加大镇压美洲殖民地人民的力度，这导致局势完全失控的结局。在英国政府步步紧逼的形势下，美洲各殖民地纷纷采取武装斗争方式，1775 年 5 月召开第二次"大陆会议"，并推选乔治·华盛顿担任大陆军总司令。在富有战争经验的华盛顿的领导下，大陆军不断取得胜利，而英国政府军则节节败退。1776 年 7 月 4 日，大陆会议正式通过《独立宣言》，宣布北美各个英属殖民地联合成立"自由而独立"的"合众国"——这就是美利坚合众国。

历史常常具有讽刺意味。如果从签署《巴黎和约》的1763年算起，英国在北美的完全殖民统治是13年时间。在这短短的13年时间里，北美洲所发生的巨变震惊了整个世界。用美国历史学家的话来说："美国之外的观察家几乎没有人会想到，这些突然涌出来的革命者居然可以战胜世界上最强大的帝国——尽管美国人的确输掉了这场革命的大多数战役。但是，他们最终还是迫使英国请求和平并允许其独立。"①美国的诞生是一个让整个世界为之震惊的传奇故事。诞生之后，美国无疑经历了很多波折和困难，但作为一个新生国家，它克服了那些波折和困难，日渐强大，在19世纪末20世纪初一跃而成为世界上最强大的资本主义国家，并且在此后的发展历程中一直保持着强劲发展态势。

美国的诞生是由多种历史因素导致的必然结果。美国历史学家认为："华盛顿及其陆军将士们充分发挥了他们的才能和坚强意志，美国军队也最大地利用了他们的地理优势去对抗英军。法国对美国独立的支持及其介入也起了不容忽视的重要作用。实践证明，美法联盟起到了决定性的作用。1783年，在经历了长达8年断断续续的战役和巨大人力、财力的损失后，英国最后放弃作战，也放弃了他们的美洲殖民地。"②这种看法部分正确地揭示了美国走向独立的原因，但它没有看到美国得以诞生的根本原因。

美国诞生的根本原因是经济基础与上层建筑的辩证运动规律。根据历史唯物论，经济基础和上层建筑的辩证运动规律是支配人类社会发展的客观规律。经济基础决定上层建筑。马克思说："每一时代的社会经济结构形成现实基础，每一个历史时期的由法的设施和政治设施

---

① 〔美〕乔治·布朗·廷德尔、大卫·埃默里·施：《美国史》第1卷，宫齐、李国庆、裴霜霜、喻文中、曾昭涛、张立平译，第189页。
② 〔美〕乔治·布朗·廷德尔、大卫·埃默里·施：《美国史》第1卷，宫齐、李国庆、裴霜霜、喻文中、曾昭涛、张立平译，第187页。

以及宗教的、哲学的和其他的观念形式所构成的全部上层建筑,归根到底都应由这个基础来说明。"① 不过,上层建筑也能够对经济基础发挥能动的反作用。从美国来看,美洲殖民地经济的迅猛发展为它的独立提供了必要的经济基础或物质基础。经济上的不断壮大不仅使美洲殖民地的人民增强了经济独立意识,而且推动他们致力于改变当时的法律体系、政治体系和道德体系。在日益强大的经济基础面前,英帝国原来建构的上层建筑土崩瓦解是必然的。

美国的建立是人类发展史的一个重大事件。它不仅从根本上改变了北美洲的政治格局,而且对世界格局产生了深刻影响。诞生之后,它在短短的一百年左右的时间里就跻身于世界强国之列,并在此后的历史时期长期保持强劲的发展态势。它参加了第一和第二次世界大战,并且在战争中发挥了重要作用。冷战期间,它作为北约的领导者与华约的领导者苏联对峙。冷战结束后,它一超独大,试图扮演"世界警察"的角色。无论怎样评价美国的建立和发展史,我们都不得不承认这样一个历史事实:它的发展或多或少是一个奇迹。在仅仅两百多年的发展历程中,它实现了从无到有、从小到大、从弱到强的迅速推进,创造了日益强大的国力,并且产生了不容忽视的国际影响力。对此,我们需要展开深入系统的研究。

美国学者斯特雷耶认为,现代国家模式最先出现在欧洲,欧洲建立现代国家的模式是世界公认的模式。他说:"今天我们看到的任何现代国家,都是基于1100年到1600年在欧洲出现的模式。"② 在他看来,在建构现代国家模式方面,欧洲是被模仿的对象;非欧洲国家要么模

---

① 中共中央马克思恩格斯列宁斯大林著作编译局编译:《马克思恩格斯文集》第9卷,人民出版社2009年版,第29页。
② 〔美〕约瑟夫·R.斯特雷耶:《现代国家的起源》,华佳、王夏、宗福常译,格致出版社、上海人民出版社2010年版,第7页。

仿欧洲建立现代国家，要么经历了殖民地的过程，而它们被殖民的过程也具有欧洲国家模式的诸多特征。应该说，斯特雷耶的观点非常适合于评价美国。它是在西班牙、法国、英国等欧洲国家进行过殖民统治的北美大陆诞生的一个"新"国家，尤其是受到英国人的现代国家理念的深刻影响，因此，它不仅从一开始就是以典型的现代国家形象出现，而且在国家品格上具有典型的现代性特征。

美国是一个典型的现代国家。它的建立者都是具有现代国家理念的人。他们来自欧洲资本主义国家，具有强烈的反封建意识，同时信奉和追求自由、民主、平等等现代资本主义价值观。在致力于建立资本主义制度和资本主义国家的过程中，他们开始了建构资本主义文化的历史进程。也就是说，美国建立在西方资本主义达到较高发展水平的历史时期，在建国理念和文化模式上具有鲜明的资本主义特征。它从一开始在各个方面都是现代的。现代性是美国作为一个资本主义国家的根本特征。

每一个国家的建立对它的国民来说都具有极其重要的意义。人类需要有国家的社会状态。对于那些试图逃离欧洲的美国人来说，他们的头等大事就是要建立属于他们自己的国家。他们不仅需要通过建立新的国家来重新确立自己的身份和国籍，而且需要借助这种方式找到自己安身立命之所。从欧洲资本主义国家摆脱出来之后，如果不能建立属于自己的国家，他们就不能找到自己的归属感。他们需要借助"美国"这个国家概念来重建自己的生活秩序和生活观。

最重要的在于，美国的建立象征着美国人开始着手建构美国精神，即美国文化。对于美国人来说，身体独立不等于精神独立；他们的独立最终必须通过建构美国精神的方式得到彻底实现，如果不能成功建构美国精神，他们永远是欧洲国家的殖民地。从这种意义上来说，美国的建立不仅意指一个新的国家的诞生，而且意指美国精神或美国文化的诞生。一旦踏上独立的轨道，美国必定要以新的形象和精神气质出现。美国就是美国。虽然它可能在形式上与欧洲国家保持着一定的相似性，但是它的国家精神肯定在很多方面不同于包括英国在内的所有欧洲国家。

美国的建立为美国人建构自己的道德文化提供了最基本的政治条件。这不仅意味着美国人只能在"美国"这一现代国家的背景下建构自己的道德文化，而且意味着他们建构的道德文化必须服务于"美国"这一国家机器。美国从一开始就是作为一个典型的现代资本主义国家的姿态登上历史舞台的，它拥有自己的资本主义经济基础和政治制度，这一客观事实一方面会使它的道德文化不可避免地打上现代性烙印，另一方面也会使它必然以服务美国的资本主义经济基础和政治制度作为主要目的。在"美国"这一现代资本主义国家机器驱动下建构的美国现代道德文化必定是以"资本主义"作为底色的。

我们对美国现代道德文化的研究不能脱离"美国是一个资本主义国家"的历史事实来展开。在建构现代道德文化方面，美国人可能为整个人类贡献一些具有共同价值的道德价值理念，但这并不会否定他们在资本主义国家背景下建构现代道德文化的局限性。他们建构的现代道德文化无疑具有美国特色或美利坚民族特色，但它不一定是放之四海而皆准的现代道德文化模式。这就好比这样一个事实：美国是当今世界唯一的超级大国，但它的发展模式不是人类社会发展的终极模式；同理，美国建构现代道德文化的模式也不是世界各国必须照搬照抄的模式。深刻认识这一点是我们研究美国建构现代道德文化的经验教训的立足点。

二、清教徒对英国道德文化传统的反叛和继承

美国人往往将那些最先在北美大陆建立英属殖民地的英国移民视为他们的"先祖"。1620年,一批英国移民乘坐"五月花号"轮船前往现今美国的弗吉尼亚,但中途偏离了航线,结果于12月26日被迫在马萨诸塞海岸的科德角登陆。他们在那里建立第一个英属殖民地,并且以他们出发的英国港口"普利茅斯"来命名。那一批移民总共有102人,由41位清教徒担任领导,企图与英国国教断绝一切联系。历史学家称之为"分离主义派"。[1] 由于坚持新教教义,他们在英国遭到了宗教迫害和政治迫害。出于躲避宗教和政治迫害的原因,他们冒险外逃。那些清教徒刚刚抵达北美大陆的时候并没有彻底脱离英国的想法,因此,他们仍然用英国的地名来命名他们建立的殖民地。他们当时并没有想到,建立普利茅斯殖民地的举动竟然是"美国"这个国家得以建立的第一步。美国人坚持以建立第一个英属殖民地的人作为他们的先祖也不是完全没有道理。

17世纪的英国处于斯图亚特王朝的统治之下。那是一个动荡不安的时代,保王党与议会之间的斗争非常尖锐。国王詹姆斯一世和查理一世顽固地维护王权,不仅对议会采取压制政策,而且对主张宗教改革的清教徒不断实施迫害活动,其结果是导致英国资产阶级革命的爆发。英国资产阶级革命是通过保王党与支持议会的"圆颅党"之间的内战展开的,最终是以议会军的胜利而告终,但革命胜利的最早果实被独裁者奥利弗·克伦威尔窃取。克伦威尔去世之后,由于他的儿子软弱无能,英国政局落入军队之手,查理二世登上王位,恢复君主制,

---

[1] 〔美〕乔治·布朗·廷德尔、大卫·埃默里·施:《美国史》第1卷,宫齐、李国庆、裴霜霜、喻文中、曾昭涛、张立平译,第55页。

王室和议会最终通过 1688 年的"光荣革命"达成和解，王室得到保留，议会则争得治理国家的主导权。

需要指出的是，在动荡不安的 17 世纪，英国在两个方面为清教徒前往北美大陆提供了条件。一是被詹姆斯一世、查理一世等英国国王支配的英国王室对主张宗教改革的清教徒进行了残酷的宗教迫害和政治迫害，这使得那些清教徒具有了"逃离"到北美大陆的主观动机。二是英国的航海技术和海外扩张并没有因为王室和议会之间的斗争而中断，而是呈现出日益强劲的态势，这为英国清教徒前往北美大陆提供了客观条件。可以说，英国资产阶级革命具有双重意义：一方面，它促进了英国本身的社会变革；另一方面，它也为美国的诞生提供了主客观条件。

那些阴差阳错到达北美大陆的英国清教徒具有虔诚的基督教信仰，但他们同时受到欧洲文艺复兴运动的深刻影响。他们信奉上帝，愿意按照上帝的旨意生存，但他们也相信上帝赋予人类意志自由的事实。他们崇尚自由，追求知识，推崇人文精神，强调世俗幸福。在他们眼里，英国乃至整个欧洲的天主教教义已经不合时宜，必须进行变革；然而，他们的宗教变革诉求遭到了天主教派的顽固反对和阻扰。由于在力量上处于劣势，他们在与天主教派的斗争中陷入被动。他们似乎不将自己外逃的行为视为"逃跑"，而是看成上帝的考验以及履行上帝使命的行动。在他们看来，他们最终漂流到北美大陆是上帝的旨意；上帝指派他们到北美大陆传播上帝的福音。换言之，他们将自己漂流到北美大陆的事实当成神圣而伟大的征程，因为他们是被上帝挑选的优秀基督教徒，他们的身上肩负着神圣的使命。这就是所谓的"盟约说"。

无论那些英国清教徒如何看待他们自己，他们本质上是一批反叛者。他们对当时的英国社会状况具有强烈的不满和怨恨情绪。他们是基督教徒，但更重要的事实在于他们是新兴的资产阶级。新的阶级利益驱动是他们推进社会变革、宗教变革的深层原因。他们是幸运的，因为在他们选择外逃的时候，地球上竟然还存在没有进入国家状态的地方等待他们去占领。

在任何一个社会，人的成长都会经历一个脱离父母而走向独立的环节。所有人都是父母所生、父母所养，但到了一定的年龄或到了一定的时候，作为子女存在的人毕竟会独立成家。有些子女是通过与父母友好协商的方式而独立。例如，一个儿子一旦达到结婚年龄，他往往会在父母的帮助下另立新家，但他自始至终与父母保持着良好的关系。也有些子女是通过与父母结怨的方式而独立。例如，一个儿子完全可能因为与父母价值观不同而离家出走，并且在外建立自己的家庭。处于这种情况的儿子与父母的关系通常存在隔阂，但不一定达到相互为仇的地步。一旦父母有难，怀有怨恨的儿子也可能出手相助。

那些从英国逃至北美大陆的清教徒就是一群出家创业的游子。他们与英国的关系本质上是父母与子女的关系。原本生活在英国父母的家里，但由于不满他们的管束，他们决定离家出走。这与很多子女出家创业的情形如出一辙。出家创业的孩子不一定都是成功的，但毕竟有很多人是成功的。那些漂流到北美大陆的英国清教徒则是游子成功创业的范例。他们赌气、负恨而离家出走。刚开始的时候，他们一定是带着怨恨、迷茫和困惑，但开弓没有回头箭，一旦踏上自主创业的征程，他们就无法回头。他们中的很多人一定希望在外成功创业之后"衣锦还乡"，但让他们料想不到的是，他们在北美大陆开创的事业远远超出他们的初衷，因此，他们最终选择独立成家。一旦这样做，他们就与英国的父母彻底分家。成了两家人，自然要说两家话，但毕竟曾经是同一家人，打断骨头连着筋，因此，虽然美国和英国是两个不同国家，但是它们之间的亲属关系永远不可能割断。这是英美两国在国际舞台上总是眉来眼去、相互帮衬的深层原因。

美国清教徒对英国天主教的反叛是历史事实。他们和英国天主教徒信奉不同的基督教教义，对基督教管理也持不同看法。总体来看，他们的基督教信仰被融入了大量人本主义因素，因而更加适合于资本主义社会，但由于资本主义社会当时仍然处于积聚发展力量的初级阶段，他们的基督教信仰难以在资本主义社会得到广泛认可。天主教徒借助国家权力对他们进行的政治迫害和宗教迫害非常残暴，而他们"势单力薄"，难以应对，只好选择出逃。所到之处，他们竭尽所能传播清教教义。他们自己坚持清教教义，同时试图将它们传播到印第安人中间，但印第安人具有自己的原始宗教，对清教教义采取排斥态度，因而被他们视为"异教徒"。

刚刚踏上北美大陆的时候，清教徒的日子过得非常艰难。他们远道而去，从欧洲文明社会投身于北美原始社会状态，这对他们的身心都是严峻考验。原始的自然环境迫使他们体会远古人类的野蛮生存状态，野兽袭击、自然灾害等让他们防不胜防，不知所措。在那种环境下谋求生存，除了凭借自身的毅力、勇气、勤劳和智慧以外，他们不得不祈求上帝的保佑。他们最终在北美大陆生存了下来。虽然给予他们实际帮助的是友善的印第安人，但是他们更加相信是神佑的结果。1621年，普利茅斯殖民地出现持久旱灾，清教徒面临着或生或死的抉择。为了生存，他们向印第安人学会了种植玉米的技术；与此同时，他们的领导召开会议，决定组织清教徒祷告，并禁食、悔罪一天。让他们震惊的是，在他们祷告、禁食的第二天，天降大雨。他们将此归功于上帝，认为他们虔诚的祷告、禁食和悔罪感动了上帝，因此，上帝决定拯救他们。他们感激涕零，举行盛大庆典。美国的感恩节就是因为那次庆典而确定的。

在北美大陆成功生存的事实更加增强了清教徒的宗教自信。他们更加坚信自己的清教信仰。他们相信，上帝的意志是绝对的，但它并不从根本上否认人的意志自由；上帝是万能的，但他将做行动决定的权力交给人类；只要按照自己认为正确的方式去行动，上帝一定会保佑每一个清教徒。为了谋求生存，那些最早在北美大陆建立殖民地的清教徒对自己有严格的道德和制度要求。早在登上北美大陆的第一天，清教徒的领导们就制定了一部法律《五月花号契约》。除此以外，领导们要求清教徒严格遵守谨慎、节俭、勤奋、诚实、仁慈、公正等道德原则，对违背这些道德原则的人进行严厉惩罚。

北美的英属殖民地在管理模式上既有借鉴英国社会管理经验的成分，也有自主创新的成分。天高皇帝远。虽然在名义上属于英国，但是殖民地本身在管理上具有很多自主权。为了增强管理效果，清教徒的领导们将政治、宗教、道德等融合在一起。他们强调清教徒对领导的尊重和服从，将一些重要的宗教仪式纳入法律的内容体系，并将人的道德价值观念与宗教信仰牢固地捆绑在一起。应该说，最早担任美国清教徒领导的那些人大都是在政治信念、宗教信仰和道德理念上极其严谨的人，他们努力将崇尚自由、追求自由的清教徒整合到一定的社会秩序之中，并且在这方面取得了实效，这是英属殖民地能够得到有效管理的关键。

美国清教徒是从英国专制式的社会管理、国家管理和宗教管理模式中摆脱出来的基督徒，因此，虽然他们对自身的管理是非常严格的，但是他们绝对不是在走英国封建专制统治的老路。他们的内部管理具有强烈的民主特征。他们推选自己的领导，并且自觉接受他们的领导。所有管理决策都是由领导们集体研究决定的，而不是由任何一个人说了算。在绝大多数时候，领导们能够做到以身作则。他们带头遵守政治原则、道德原则和清教教义，因而在清教徒中间具有很高的威望和影响力。在管理社会的过程中，领导们的能力也得到很好的锻炼和提高。他们中的很多人逐渐成长为睿智的政治家，不仅在美国独立战争中立下汗马功劳,而且为美国独立之后的政府运转和经济社会发展贡献了巨大智慧。如果说清教徒是美国的先驱或开拓者,那么,他们中间的那些优秀领导者则是对美国的独立和发展起到关键作用的人物。他们将清教徒团结在一起,引导他们的政治生活、宗教生活和道德生活,从而为美国的独立奠定了坚实的思想基础和有利的主观条件。

17世纪的英国仍然处于从封建社会向资本主义社会的转型时期。虽然英国已经在发展资本主义方面取得显著进展,但是资产阶级与封建顽固派之间的斗争仍在继续。这种斗争反映在道德生活层面,它至少导致了两个重要结果:(1)新兴的资产阶级和保守的封建势力分别在为资本主义制度和封建制度的道德合理性进行辩护;(2)政治伦理学在当时的英国伦理学中占据举足轻重的地位。

处于社会转型时期的英国动荡不安。封建保守势力日渐衰弱,但他们仍然在垂死挣扎,因此,新兴资产阶级争夺国家统治权的努力并不是一帆风顺的。虽然双方最终通过"光荣革命"的方式减少了暴力,但是政治斗争所导致的各种骚乱还是给英国人造成了巨大不安。为了使动荡不安的英国尽快恢复正常秩序,霍布斯、洛克等英国哲学家试图借助政治伦理学贡献自己的力量。

霍布斯和洛克的政治伦理学理论都是以社会契约论作为理论基础的。他们都试图通过区分"自然状态"和"社会状态"的方式论证建立良序社会的必要性和重要性。虽然他们对自然状态和社会状态的认知和解释不尽相同,但是他们都认为人类是从无政府的自然状态转入有政府的社会状态的。他们一致认为,政治伦理学的核心问题是解释人类为什么应该从自然状态转入社会状态的原因。霍布斯将自然状态视为"战争状态",即人与人之间相互敌对的状态。在他看来,由于自然状态是一种没有国家公共权力的状态,人与人之间出现的矛盾和冲突是无法得到有效解决的,因为每个人不仅会从自己的主观角度看问题和处理问题，而且会将事务的裁断权牢牢地掌握在自己手里，因此，自然状态必然是混乱无序的状态，自然状态是不适合于人类生存的状态，而要脱离自然状态，人类需要通过订立社会契约的方式将自己在自然状态下享有的自然权利转化为国家公共权力，并且将它们交付给一定的国家机构和公职人员代理行使。霍布斯所说的社会状态是由具有绝对权力的君主统治的国家状态。他将"国家"比喻为"人造的人"，并称之为"利维坦"[①]，主张通过德治和法治手段治理有国家的社会。洛克是宪政民主政治的倡导者。与霍布斯一样，他也认为人类应该从自然状态转入社会状态。他认为自然状态能够带给人类极大的自由，但它存在诸多不便。自然状态下的人类自由是一种不受任何限制的自由，因而本质上是不自由的状态。不过，虽然洛克没有像霍布斯那样将自然状态描写为人与人相互为敌的"战争状态"，但是他也认为自然状态不适合于人类。他试图论证这样的观点：真正意义上的人类自由只能是德治和法治框架内的自由，即社会规范下的自由，而要实现这种自由，人类必须通过缔结社会契约的方式建立国家。洛克反对将国家权力集中到"君主"，主张捍卫人的生命、自由、私有财产权，倡议将国家权力分为立法权、行政权和对外权，并且强调赋予人民最高政治权力的重要性。洛克将国家公共权力或政治权力归结为民主权力，试图将它的道德合理性建立在有效的权力制衡机制之上，这为西方资本主义国家设计和安排政治权力制衡体制奠定了基础，对英国、美国、法国等国家的资本主义制度设计和安排产生了深远影响。美国的三权分立政体就是主要受到洛克政治伦理思想的影响而设立的。托马斯·杰斐逊、乔治·华盛顿等美国独立战争的领袖人物普遍推崇洛克的政治伦理思想。

---

① 〔英〕霍布斯：《利维坦》，黎思复、黎廷弼译，商务印书馆1997年版，第1页。

美国清教徒反叛主要针对的是作为英国国教的天主教的教义。天主教主导着 17 世纪的英国社会生活，它与保守的政治统治理念交织在一起，极力限制人的意志自由，将具有宗教和政治变革思想的清教徒斥责为"异教徒"，并对他们进行残暴的宗教迫害和政治迫害，其结果是导致民怨沸腾和大量基督徒外逃。至于霍布斯、洛克等政治伦理学家的思想，美国人则采取充分借鉴的态度。从这种意义上来看，美国对英国的反叛从一开始就是有限度的。纵然是独立之后，美国也从来没有试图完全割断自己与英国的渊源关系。美国人与英国人始终是无法割舍的亲戚。他们分属于两个国家，中间还隔着一片大洋，但他们之间的亲情从来没有被彻底隔绝。

美国的清教徒是欧洲特别是英国道德文化传统的反叛者。他们带着对欧洲道德文化传统的不满到达北美大陆，但他们始终没有彻底摆脱欧洲道德文化传统的影响。这是我们认识美国建构现代道德文化的历史进程不能忽视的一个事实。美国是从英国分立出来的一个国家，但美国人的心里始终保持一种英国情结。英国是美国清教徒的根，也是后世美国人的根。正因为如此，如果说美国在当今世界有什么铁杆盟友，那一定是英国。美国与法国、德国等北约国家的关系永远不可能与美英的亲密关系相提并论。

三、殖民者对印第安道德文化的残暴压制

根据唯物史观，所有国家都是一定历史阶段的产物，最早的国家是人类社会出现阶级之后的产物。美国学者斯特雷耶认为，人类发展史上确实存在没有国家的时期；在那个时期，"国家确实不存在，那时

也没有人在意它存不存在"①。恩格斯更是旗帜鲜明地强调："国家并不是从来就有的。曾经有过不需要国家，而且根本不知国家和国家权力为何物的社会。在经济发展到一定阶段而必然使社会分裂为阶级时，国家就由于这种分裂而成为必要了。"②这意味着，国家的诞生是人类进入文明时代之后的事情，国家的存在是人类文明的根本象征。"国家是文明社会的概括，它在一切典型的时期毫无例外地都是统治阶级的国家，并且在一切场合在本质上都是镇压被压迫被剥削阶级的机器。"③国家的诞生是与阶级压迫、阶级剥削的出现同步的。

美国是在没有国家的北美大陆建立的。在它建立之前，北美大陆的印第安人依靠原始部落而生存，部落与部落之间存在矛盾和冲突，但那种矛盾和冲突不是国与国之间的矛盾和冲突。他们之中也没有阶级划分，因此，他们无需承受阶级压迫和阶级剥削之苦。美国建立之后，他们作为北美大陆原住民的合法地位没有受到应有的尊重；相反，他们被置于美国资本主义社会的最底层。美国曾经对印第安人长期采取压制、迫害、消灭的态度。对于印第安人来说，美国的建立并不是福祉。在"美国"这部资本主义国家机器的碾压下，印第安人作为北美大陆原住民的合法身份、权利、尊严等遭到无情践踏。美国的发展史是北美印第安人的血泪史。

欧洲殖民主义者从踏上北美大陆的第一天起就一直试图对印第安人进行绝对的殖民统治。他们向印第安人学习种植玉米、马铃薯和各种豆类植物的农业技术，采用印第安人发明独木舟、吊床、皮艇、狗

---

① 〔美〕约瑟夫·R.斯特雷耶：《现代国家的起源》，华佳、王夏、宗福常译，第1页。
② 中共中央马克思恩格斯列宁斯大林著作编译局编译：《马克思恩格斯文集》第4卷，第193页。
③ 中共中央马克思恩格斯列宁斯大林著作编译局编译：《马克思恩格斯文集》第4卷，第195页。

拉雪橇等方面的技术，甚至在困难的时候受到过印第安人的友好帮助，但他们显然对这些恩惠不以为然，而是用欺骗、武力、传染病、侵占土地、奴役等手段对待印第安人。仅仅以传染病为例，欧洲殖民主义者通过生物交换甚至人为的方式将天花、黑死病、霍乱等传染性疾病带到美洲殖民地，其后果是导致印第安人死于传染性疾病的人数远远多于死于战乱的人数。因此，历史学家指出："在美洲殖民地，随着成千上万的印第安人死于传染性疾病，疾病也便成了欧洲侵略者最强有力的武器。"[1]

在欧洲殖民主义者入侵之前，印第安人生活在原始社会状态，他们的生活方式是原始的、简单的，但也是比较和平、宁静的。欧洲人的入侵不仅导致他们的原始生活格局土崩瓦解，而且将他们拖入长期的社会混乱。在欧洲人强大的军事武器面前，他们的原始武器根本无法抗衡。传染性疾病的侵袭更是让他们防不胜防，不知所措。在那种历史背景下，他们曾经长期坚持的部落管理体制失去了效力，部落酋长的权威遭到质疑和否定，部落的向心力、凝聚力和感召力迅速下降，印第安文化传统陷入日益严重的合法性和合理性危机。

欧洲殖民主义者对印第安人的殖民统治是压制性的，甚至是消灭性的。他们不仅没有将印第安人视为美洲原住民的意识，而且总是试图将他们赶尽杀绝。在对付印第安人方面，欧洲殖民主义者达到了不择手段的程度。例如，英国殖民者发动了佩科特战争、菲利普王战争等以征服、屠杀印第安人为根本目的的战争，对印第安人居住的部落进行极其残暴的烧杀抢掠，抢占他们的居住地，将战俘卖为奴隶，并对投降的印第安人进行奴隶制统治。

---

[1] 〔美〕乔治·布朗·廷德尔、大卫·埃默里·施：《美国史》第1卷，宫齐、李国庆、裴霜霜、喻文中、曾昭涛、张立平译，第17页。

英国殖民主义者残酷对待印第安人的历史事实是美国发展史上极其阴暗的一面，更是美国人羞于启齿的历史篇章。那些被视为美国人先祖的英国殖民主义者披着文明的外衣，做的是对人类文明极具讽刺意味的野蛮之事。在美国历史中，印第安人自始至终处于退隐状态。在欧洲人到达北美之前，他们已经在广袤的北美大陆生活了很久，并且形成了自己的文明或文化，即印第安文明或印第安文化。与其他地方的古人一样，他们经历过游牧生活，尔后才以部落的形式生存。他们发明了多种多样的语言，慢慢学会了种植农作物、驯养动物、修建建筑、掌握数学和天文学知识、设计日历等，从而彰显值得敬佩的智慧。他们是人类文明的重要缔造者，但他们并没有在美国历史上受到应有的尊重。究其原因，可能是因为美国人不愿意将他们的历史建立在侵占印第安人家园的事实之上。

印第安人在长期的原始生活过程中形成了原始的道德文化传统。印第安道德文化传统既强调人与自然的和谐，也重视人际和睦。他们对自然存在物进行图腾崇拜，敬重和维护部落酋长的权威，共同劳动，共享劳动成果，在原始的部落管理体制中充分体现分配正义。虽然各个部落之间也会因为划分势力范围、抢夺猎物等原因发生各种各样的矛盾和冲突，但是他们的原始生活总体上是比较平静的。无论他们相互之间的矛盾和冲突多么惨烈，也不能与他们从欧洲殖民主义者那里遭受的残暴侵害同日而语。

作为从英国的出逃者，英国殖民主义者深受文化压制之苦，但他们又将文化压制之法应用到印第安人身上。他们的做法有过之而无不及。凭借先进的武器和在文明社会锻炼的精明，他们能够轻而易举地欺骗和战胜朴实、善良的印第安人。特别是在早期，印第安人因为完全不了解他们的来意而天真地对他们采取欢迎态度的时候，他们更是容易采用欺骗、战争等手段掠夺印第安人的土地和财富。当印第安人开始洞察他们的侵略意图时，他们就彻底暴露出侵略者的贪婪和残暴，不择手段地对待仍然生活在原始状态的印第安人。他们对待印第安人的残暴事实是对人类文明的莫大讽刺。

　　印第安人在美国遭受的残暴压制和迫害是持续不断的，其根源是美国白人具有根深蒂固的种族歧视观念。独立之后，代表美国白人利益的美国政府对东部的印第安人迅速采取种族灭绝政策。1812年，正在进行英美战争的美国政府时刻不忘镇压、消灭印第安人的"工作"，大肆屠杀俄亥俄州和密西西比东部的印第安人。在一些地方，甚至出现了白人士兵以印第安人作为活人猎杀对象的游戏。1825年，总统门罗向美国国会提交"驱逐印第安人清单"；1830年，总统杰克逊通过《印第安人驱逐法》，将屠杀印第安人的行为完全合法化。在清剿东部印第安人之后，美国政府又在19世纪中叶推动了"西进运动"，其根本目的是为了杀戮美国西部的印第安人，抢夺他们的土地和资源，而美国好莱坞的很多电影却往往将那些在"西进运动"中犯下滔天罪行的美国白人描述为具有传奇色彩的"英雄"。

　　美国政府对印第安人的长期屠杀导致他们的人数急剧下降。数量日益减少的印第安人在美国社会总是处于被严重边缘化的地位。受到美国政府的长期驱逐，他们只能不断迁徙，在一些偏远、落后的狭窄区域谋求生存，过着极度贫困的生活。这种情况直到19世纪末期才有所改变。迫于国际舆论压力，美国政府决定改变对印第安人的种族灭绝政策。19世纪70年代，美国政府制定了印第安人保留地制度，将印第安人集中的区域划定为他们的自留地，允许他们长期居住在那里。这意味着印第安人在美国社会的合法地位得到了法律上的肯定，但与此同时，美国政府借机加强了对印第安人的管理和同化教育。印第安人保留地的管理权归美国政府，它们的教育制度、宗教管理制度等均由美国政府设计和安排。美国政府希望通过这些方法和途径增强印第安人对美国政府和美国社会的政治认同和价值认同。

美国政府对印第安人的同化教育是强制性的。它在印第安人的保留地设立各种各样的公立和私立学校，统一设置教育课程，强制性地将印第安人纳入到模式化的教育体系之中。在这种教育体系的支配之下，越来越多的印第安人彻底"归顺"美国政府，同化教育在美国取得实效。在当今美国，印第安人与白人之间的矛盾和冲突得到缓和，这得归因于美国政府实行的强制性同化教育政策。通过强制性同化教育，印第安人的种族身份意识被淡化，他们对印第安文化传统或印第安文明的记忆被消解，取而代之的是日益增强的美国国民意识和美国文化意识。从道德文化的角度来看，强制性同化教育使印第安人逐渐遗忘他们曾经长期坚守的印第安道德价值观念，取而代之的是美国式的现代道德价值观念。由于长期受到美国政府和美国白人的压制，印第安道德文化传统在美国建立之后从来没有在美国社会获得主导地位。

四、清教伦理：美国道德文化的最早形态

"认祖归宗"是所有民族共有的思想传统。中华民族的祖先是炎帝神农氏和黄帝有熊氏，因此，我们自称为"炎黄子孙"。美国人则自认为是那些乘坐"五月花号"轮船漂流到北美大陆的清教徒的子孙后代。

那些最早到北美大陆开疆拓土的清教徒相信他们自己就是被上帝择优选用的优秀基督教徒，甚至相信上帝与他们有这样一个盟约：上帝委派他们到北美大陆开疆拓土，但他们必须服从他的意志，而作为回报，他们将因此而获得更多的神佑。可能就是因为这一原因，早期的清教徒在坚守基督教信仰方面非常严肃，在遵守道德规范方面也非常严格。他们将基督教信仰与自己的日常工作、日常生活紧密结合，

处处用基督教教义和道德原则衡量自己的行为。做到这一点并非易事，但他们尽力而为，而且取得显著成效。他们追求美好生活，但他们同时要求自己培养严肃、严谨的生活态度。他们推崇谨慎、节俭、清洁、勤奋、公正等美德，对不具有这些美德的人进行道德惩戒。他们勤奋工作，艰苦奋斗，他们自觉地将自己在工作方面的优异表现归功于神的恩赐或神的选择。虽然他们在工作和生活中遭遇了各种各样的挫折、痛苦和失望，甚至常常遭到死亡威胁，但他们总是保持着昂扬向上、积极进取的乐观主义人生态度。他们希望通过这种方式证明自己对上帝的虔诚信仰，并且证明自己作为优秀基督教徒的事实。

美国清教徒强调秩序和规范的重要性，认为人必须服从一定的权威。他们主张通过宗教信仰、道德、法律等手段建构社会秩序和确立社会规范性。不过，他们最重视的是宗教信仰的社会作用。在他们眼里，人们服从法律的根本目的是为了让人们更好地服务于上帝。他们倡导政教合一的社会治理模式，因此，主张政教分离的思想与清教伦理思想格格不入。清教徒强调精神与肉体、上帝与世界的区分，但他们在这两种区分中确立的权威不是人，而是上帝和《圣经》。这意味着，他们将政府和人类道德生活的领导者归结为上帝，而不是归结为人本身。

如何树立道德权威是清教伦理思想的核心问题。在清教伦理中，上帝的权威至高无上。它是一个超然的、无形的权威。为了树立这一权威，必须宣传上帝无所不在的存在状况、无所不能的意志和能力，只有这样，人与上帝之间的关系才能得到确立。清教徒也知道，人们不可避免地要在日常宗教活动中建构各种各样的社会关系：父母与子女的关系、丈夫与妻子的关系、牧师与信徒的关系、地方官员与普通民众的关系。如何在复杂的社会关系中树立道德权威是极其困难的事情。在美国殖民主义时代，这是一个非常严峻的现实问题，也是一个非常重要的伦理问题。

　　强调"原罪"是美国清教伦理思想的一个重要内容。原罪说宣称每一个人生来就具有戴罪之身，它在所有基督教教派的教义中都占有核心地位。任蒙·B.爱德华兹是原罪说的著名辩护者。1757年，他专门撰写了一篇题为《为"原罪"这一伟大基督教教义论辩》的文章，用于回应约翰·泰勒对原罪说提出的质疑。泰勒认为，原罪说宣称人生来就有罪，并且认为人类整体上是堕落的，这是一种夸张的说法，因为许多人事实上是诚实的、守法的；原罪说的错误在于它对人的认知是错误的，因为它全盘否定了人，过分否定人的存在意义和价值，从根本上否定人追求道德生活的积极意义和成果。爱德华兹反对泰勒的观点，认为原罪说既能够证明"重生"的必要性和重要性，也能够为基督教强调神能够选择人的思想观念提供了合理性基础，因此，它应该被视为清教思想乃至基督教思想体系的核心。爱德华兹认为，任何试图颠覆原罪说的观念只会导致人类无法深刻认识罪恶之本质内涵的后果，同时会否定上帝拯救人类的基督教教义。在论证过程中，爱德华兹常常从《圣经》中引经据典，并且展开深入系统的分析。他的目的就是要证明有关原罪、人类整体堕落之类的说法出自《圣经》，都是有根有据的内容，而《圣经》是上帝授意而作，它的内容具有绝对可靠的权威性，不能随意更改。

　　爱德华兹力图用《圣经》来论证原罪说的真理性，反对随意理解和解释人的原罪本质。在他看来，泰勒对原罪说的质疑是对上帝之善的违背，因而是站不住脚的。他有时也承认人类犯罪的可能性，但他认为一切人类犯罪都是得到上帝允许的结果，而上帝本身并不是人类犯罪和堕落的原因或发明者。上帝并不希望人类犯罪和堕落。人之所以会有原罪，是因为我们是有智慧和选择能力的存在者。有些人用自己的智慧和选择能力谋取私利，而不是用它们来为上帝增添荣耀，这是问题的症结所在。另外，爱德华兹认为，人类有犯罪的强烈倾向和能力恰好证明人类在地球生物界具有独特性的事实。最重要的在于，原罪是《圣经》或上帝的最重要规定，原罪说恰好为人的重生和获救提供了依据，但《圣经》或上帝从来都没有规定人可以通过自力更生、自我进步和自我提高的方式获得拯救。

清教伦理思想试图通过原罪说来宣扬基督教的宿命论，其后果是迫使美国清教徒必须面对人的意志自由与上帝意志的矛盾。在18世纪的美国，与爱德华兹宣扬的宿命论相对立的观点主要来自阿米纽教。它是从荷兰传到美国的一种宗教，因其倡导者雅科布斯·阿米纽的名字而得名。这种宗教首先从荷兰传入英国，后来从英国传到北美大陆的英属殖民地。阿米纽教不仅公开宣扬人的意志自由，而且宣称人具有犯罪的自主权。它对人的意志自由的宣扬得到了不少美国清教徒的支持。爱德华兹往往通过批评阿米纽教来为自己的观点辩护。事实上，在爱德华兹生活的年代，"自由"的观念已经在美国社会深入人心，阿米纽教对意志自由的宣扬迎合了当时美国的社会心理。可以肯定的是，阿米纽教教义直接冲击了清教伦理思想体系的核心，因此，作为清教伦理思想的忠实维护者，爱德华兹不能不竭尽全力予以反击。

爱德华兹关注人的自由问题。他认为"自由"是一个内涵丰富的概念，可以区分为身体自由、政治自由等形态，因此，人们不能抽象地谈论自由问题。他主张将"意志自由"与身体自由、政治自由等自由形态严格区分开来。他坚决认为，人能够具有政治自由、身体自由等自由形态，但不可能具有意志自由。显而易见，爱德华兹的自由说从根本上来说属于道德宿命论的范围，因为它总是将人的主观能动性、创造性置于绝对必然性的绝对支配之中，其结果是把人的道德意识和道德行为实际上变成了人类消极地服从和应付神性的产物。在爱德华兹的眼里，上帝的绝对意志否定了人类意志自由存在的可能性。

爱德华兹承认人可能根据他的本性来进行行为选择，但他所说的人的本性不是人的意志自由，而是指人的"脾气"或"性格"。他认为，脾气或性格是人类行动的动因。无论一个人脾气暴躁还是脾气温和，他都是根据自己的脾气或性格行动的。在现实中，由于人们往往是在其堕落的本性驱动下进行行为选择，人类的行为选择往往无法达到上帝的要求，因而通常是不合理的选择。除此以外，爱德华兹还提出了人的道德能力问题。他认为道德生活涉及人的道德能力问题，并且通过区分"道德无能"和"生理无能"两个概念来展开论证。在他看来，"生理无能"是指一个人不能凭借其体力去做某事。例如，一个人不能凭借其微弱的体力杀害另外一个人。"道德无能"是指一个人没有能力控制自己的意志，因而不能自由、自主地完成某个道德行为。道德无能发生的时候，一个人就会被迫做违背其意志的事情，而这种情况一旦出现，他可以不对其行为承担责任。如果我们要求一个人对其行为承担责任，其前提是他自愿或有意选择了该行为，但这绝不意味着他的选择是自由的。

美国清教徒否认人的意志自由，但追求思想自由。他们主张将无关紧要、非根本性的信念和习惯从基督教教义中清除掉，试图在北美大陆建立一个新的基督教世界。他们坚信，包括人类在内的世界万物都是由上帝创造，并且都是为了上帝的荣耀而存在，因此，人必须按照上帝的意志或规划生活，否则人就是一无所是、一无所有的存在者。他们也信奉原罪说，认为人有能力为其原罪忏悔，但没有能力凭借自身的努力赎罪。显而易见，这两个事实决定了清教徒对待上帝和道德的基本态度并没有从根本上与欧洲的天主教徒区别开来：人的意志受到上帝意志的绝对支配，不能自主、自由地追求德性和善的行为，但人必须为他们的不道德行为或原罪受到道德上的指责。所不同的在于，他们相信世界上存在由上帝择优选用的人，他们更加接近神性，并愿意帮助为世俗欲望所累、具有原罪的其他人。他们还相信，人类不能依靠自身的努力赎罪，但有些人是造物主的"优秀"信徒，他们诚心诚意地服从造物主，为他提供诚心诚意的服务，因此，诚心诚意地传播他的旨意，诚心诚意地给他增添荣耀，因此，他们最终会被上帝优先拯救。

基督教历来主张将人的宗教信仰和道德信念结合起来，因而在道德观上兼有超自然主义和人本主义特征。美国清教徒将人类行为的道德价值归因于人类本身对上帝的信仰状况。在他们眼里，人类的一举一动都应该体现对上帝的尊敬和服从，其道德意义只能通过虔诚地信奉上帝的途径得到确立。世界万事万物都是上帝创造的，因而也都属于上帝，因此，人类没有权利也没有能力将任何事物据为己有。纵然人类希望将某些东西献给上帝，那也必须出于对上帝的虔诚信仰，或者纯粹是为了感谢上帝的恩典。美国清教徒在现实中也看到了人的利己和虚荣本性，但他们视之为人类容易堕落的原因。他们甚至认为，如果人类用诚实、勤奋、仁爱等美德谋取私利，它们就不是让人引以为荣的美德，而且会将人类变成有罪的和不道德的存在者。

早期的美国清教伦理思想简单明了。它将道德上的"善"与宗教信仰上的"虔诚"相等同，而把违背道德的行为等同于宗教上的犯罪，因此，道德惩戒与宗教惩戒往往交织在一起。这是政教合一的做法。它有助于强化清教徒的管理，但也容易激发社会矛盾，甚至容易导致利用道德手段进行宗教迫害的问题。将道德与宗教紧紧地捆绑在一起，这能够在一定程度上增强道德的规范性，但也很容易将人们对宗教的狂热追求转化为道德上的激进主义。事实亦如此。在宣称自己是上帝的优秀选民并以此为傲的过程中，清教徒很容易滋生唯我独尊的意识。他们在坚持一神论的过程中往往用残暴的方式对待信奉其他宗教的异教徒或那些在他们看来背离了宗教信仰的人。他们崇尚教育和学习，甚至创办学校，但他们同时对"异端学说"采取压制态度，甚至对持不同意见者进行残暴迫害。

清教主义在17世纪末就走向了衰落。美国不是那些最早到达北美大陆的清教徒完全凭借清教主义思想建立的一个国家。作为清教主义的基本表现形式，清教伦理思想兼有超自然主义和人本主义特征，这使得它具有其自身难以化解的内在矛盾。超自然主义的基督教伦理与人们的人本主义伦理价值诉求之间往往存在张力。E. S. 摩根（E. S. Morgan）曾经说过："美国清教主义制度体系失败的原因在于，清教徒希望他们的子孙后代成为教会会员，同时又希望国家把他们的子孙后代变成真正的国家公民。"[1] 自17世纪末开始，由于殖民地实行政教合一管理模式的经济基础、社会基础和政治基础开始弱化，清教徒试图通过政教合一的方式垄断政治权力、宗教权力和道德权力的做法越来越不得人心，各种非清教主义思想流派纷纷崛起，思想启蒙运动在北美各地迅猛开展，清教伦理思想乃至清教主义日渐式微。

历史地看，清教伦理思想对美国社会发展产生了不容忽视的影响。18世纪以后，清教伦理思想中的超自然主要因素被逐渐淡化，而强调现实关注的内容得到了继承和发扬。本杰明·富兰克林（Benjamin Franklin）等美国政治家的形象就典型地体现这一点。他们继承了早期清教伦理思想中的勤奋、节俭、谨慎等美德，同时在很大程度上抛弃了清教伦理思想中的宗教内容。例如，富兰克林的《自传》处处都表现出他对人本身的充分肯定和赞美。他提出"自助者，神助之"这一名言，高度肯定人的意志自由、自主性和创造性。

清教伦理思想的主要价值在于它塑造了美国人坚忍不拔、讲究实

---

[1] Edmund S. Morgan, *The Puritan Family: Religion and Domestic Relations in Seventeenth-Century New England*, New York: Harper & Row, 1966, p. 185.

际的道德精神。这种精神在美国建国之前得到塑造，后来在美国人中间代代相传，是美国民族精神的源流。继承了清教伦理思想遗产的美国人往往感到他们肩负着一定的道德使命感和道德理想。清教徒试图通过宣扬宗教信仰的虔诚使神的意志和现实道德生活达到和谐的努力最终以失败而告终，但他们用历史事实从反面证明了道德生活的现实性和现世性。时至今日，基督教信仰仍然在美国人的社会生活信念中占据十分重要的地位，大部分美国人至今仍然保持着信奉基督教的传统，但他们对上帝的信仰越来越沦为形式主义的诉求。

"清教""清教徒""清教伦理""清教主义"等概念早已经成为美国的历史，但它们对美国的影响是深远的。美国历史发端于清教徒登上北美大陆的那个时间点，美国精神则肇始于清教伦理思想在北美大陆开始传播的那个时间点。清教伦理思想在美国道德文化发展史上占据着奠基性地位，是美国精神得以建构的基础，这在世界历史书中是独一无二的一页。清教徒是怀着建立"上帝之国"的理想到达北美大陆的。在欧洲，他们遭到了残酷的宗教迫害和政治迫害，因此，他们选择了出逃，并试图在北美大陆建立一个属于他们自己的自由王国——那应该是一个远离宗教迫害和政治迫害的理想国家。他们到达北美大陆具有象征意义，象征着人类追求自由、民主的精神。不过，漂流到北美大陆之后，清教徒本身又迅速陷入了宗教迫害、政治迫害的历史覆辙。为了维护社会秩序，清教徒不仅迫害印第安人，而且对自己内部持不同意见的人进行残酷迫害，这可能是清教伦理思想逐渐式微的一个重要原因。

清教伦理思想是美国道德文化传统的重要内容，也是美国精神遗产的重要内容。它在美国人身上遗传了一种道德使命感和道德理想感。在历史不断演变的过程中，它在美国人的思想观念和生活方式中变得根深蒂固。美国清教徒试图通过宣扬宗教信仰的虔诚将上帝的意志和人的意志统一起来，但事实证明他们的做法最终是失败的，但他们用历史事实从反面证明了道德生活的现实性和现世性。清教伦理思想将人的基督教信仰与道德生活密不可分地结合在一起，这导致了两个紧密相关的美国道德文化传统：一是强调和维护上帝的绝对意志，坚持用神性解释人类道德生活的超自然主义道德文化传统；二是重视人类道德生活的现实性，要求人们安于现状的人本主义道德文化传统。正因为如此，美国人的道德生活历来呈现出明显的两面性：一方面，他们一直普遍信仰上帝，一直普遍过着基督教教义要求的宗教生活方式；另一方面，他们又过着非常世俗的现实生活，甚至沉迷于现实的物欲横流之中。如果说这是美国道德文化传统内含的一个矛盾，那么，它是从美国清教时代就已经形成，尔后在美国历史上不断延续下来的一个矛盾。

清教伦理思想对美国人的深远影响集中体现在美国历史上的一些名人身上。虽然杰斐逊、富兰克林、爱默生、林肯等美国领袖人物不是宗教意义上的清教徒，但是他们都是道德意义上的清教徒。在他们每一个人的身上，人们都可以看到清教伦理思想所要求的那种道德生活严肃性和道德使命感。清教伦理思想强调工作责任、生活节俭性、事业奉献心，这些都已经成为美国人在现实生活中普遍追求的道德价值取向。纵然是到了今天的商业社会，仍然有不少美国人把它们视为理所当然的道德要求。

清教伦理思想能够在美国社会代代相传的一个重要原因在于，清教徒十分重视知识传播和教育。他们从一开始就把宗教事务和社会治理看成复杂的、高度知识化的事务，因此，他们不仅十分注重神学家的培养，而且高度重视教育。爱德华兹就是在清教时代受到良好清教思想教育的神学家和哲学家。他精通神学，同时擅长哲学。具体地说，他运用欧洲哲学家特别是洛克的经验主义哲学为清教伦理思想展开辩护。他的辩护至少非常深刻地揭示了清教伦理思想的主要内容和本质特征，拉开了美国人研究道德哲学的序幕。

总而言之，美国建构现代道德文化的历史进程可以追溯到它建立之前。在欧洲殖民主义者踏上美洲的第一天，美国的现代道德文化就播下了种子。随着殖民统治的扩张，那颗种子随即开始发芽、生长，最后长成一棵大树。经过两百多年的历史演进，美国建构的现代道德文化已经形成一定的传统，并且成为标识美国精神的最重要象征。

那些创建美国的清教徒既有值得称赞的一面，也有应该受到批评的一面。出于追求自由的缘故，他们勇敢地与欧洲残留的封建保守势力决裂，毅然决然地前往美洲建立新国家。在刚刚踏上美洲大陆的时候，他们在恶劣自然环境中谋求生存的过程中表现了坚强的意志，并且展现了很高的管理智慧和能力。与此同时，他们对美洲的印第安人采取极其残暴的种族灭绝政策，其行为又与人类文明的进步背道而驰。

美国人对杀戮和文明有着同等的爱好。他们一方面强调和追求文明，另一方面又对杀戮表现出浓厚的兴趣。他们呼喊着自由、平等、民主等口号，同时又不断推崇战争和武力。自踏上北美的第一天起，他们就在不停地发动大大小小的战争。他们首先与西班牙、法国、英国等资本主义国家为争夺美洲殖民地而战争，尔后对印第安人发动以灭绝种族为根本目的的战争。当他们觉得有利可图的时候，他们参加了两次世界大战。时至今日，他们仍然在不断发动战争。他们似乎就是为战争而诞生的一个民族。

探析美国建构现代道德文化的肇始，有助于我们深刻认识、理解和把握"美国"这个历史短暂的国家。美国之所以如此这般地呈现在世人面前，这与它自身的发展历史和道德文化传统有着千丝万缕的联系。由于缺乏悠久的发展历史，加上道德文化传统中存在大量不光彩的记忆，美国人普遍不重视历史感和道德文化传统的建构和传承。他们更加重视现实感和未来感以及道德文化创新。美国人的眼睛不看过去，或者说，很少看过去。他们对现在和未来的兴趣远远多于对过去的兴趣。

第二章　启蒙运动时期的美国道德文化

　　清教伦理思想是美国建构的第一种现代道德文化形态。在清教时代，清教伦理思想不仅在美国社会管理中发挥着极其重要的作用，而且主导着美国社会的意识形态。它兼有超自然主义和人本主义特征，标志着美国建构现代道德文化的肇始，在塑造美国道德文化传统、美国人的性格、美国精神等方面都发挥了奠基性作用，但它毕竟主要是适应美国清教时代的社会需要而兴起、流行的一种伦理思想形态，必然会因为美国社会的巨变而逐渐丧失历史合理性和合法性基础。18 世纪中后期，美国独立成为历史必然，清教伦理思想的历史合理性和合法性地位在美国社会开始遭到日益严重的质疑和否定，取而代之的是启蒙伦理思想。启蒙伦理思想是适应美国启蒙运动的现实需要而兴起的一种伦理思想形态，是主导美国启蒙运动时期的道德文化形态。

一、启蒙运动在美国的兴起

　　启蒙运动首先发生在欧洲。它是欧洲资本主义国家在文艺复兴运动之后爆发的一次大规模的思想文化运动。欧洲文艺复兴运动的主题是通过回归古希腊、古罗马的人本主义文化传统，反对封建统治阶级与基督教教会狼狈为奸形成的专制统治秩序，主张弘扬人文精神，充分凸显人在存在世界中的意义和价值。历史地看，那一场思想文化运动在推动欧洲从黑暗的中世纪向现代资本主义社会转型方面起到了重要作用，但它主要是通过"复古"的方式展开的，并不能为资本主义制度的兴起和发展提供绝对可靠的合理性支撑，因此，为了彻底瓦解封建统治秩序和进一步建构和完善资本主义制度，欧洲资产阶级不仅需要进行资产阶级革命，而且需要开展深刻的思想文化运动。

欧洲启蒙运动发生于17、18世纪。它是一场由欧洲新兴资产阶级发动、人民大众广泛参与的思想启蒙运动，其核心思想是弘扬人的理性。运动是以反对封建专制主义、封建特权和宗教愚昧作为出发点，抨击封建等级观念和等级制度，高举倡导自由、平等、民主、博爱等思想观念的旗帜，号召人们以革命或社会变革的方式推进社会发展，为欧洲各国的资产阶级革命做了思想和舆论准备，在催生社会主义思想方面也起到了不容忽视的历史作用。此次思想启蒙运动波及欧美国家，涉及自然科学、哲学、政治学、经济学等知识领域，是一场规模宏大、影响深远的思想文化运动。

法国是欧洲启蒙运动的中心。与英国、荷兰等欧洲国家相比，法国的启蒙运动声势最大、革命性最强、影响最广泛。1789年爆发的法国大革命不仅产生了建立人民公社、攻占巴士底狱、制定《人权和公民权宣言》等积极成果，而且产生了孟德斯鸠、伏尔泰、狄德罗、卢梭等伟大启蒙思想家。孟德斯鸠反对君主专制，主张实行君主立宪制；提出"三权分立"学说，主张将国家权力划分为立法权、行政权和司法权，倡导以权力制衡的方式控制国家权力；强调人民主权原则，呼吁弘扬法的精神。伏尔泰也反对封建专制，主张由开明的君主统治国家；强调天赋人权，认为人生来是自由、平等的；倡导法治，认为法律面前人人平等；猛烈抨击天主教会的腐败和黑暗，呼吁宗教信仰自由。

17、18世纪的北美大陆还是英属殖民地，但它已经在为独立战争做着各种各样的准备。欧洲启蒙运动如火如荼地开展对北美大陆发挥了示范作用。欧洲启蒙思想家提出的启蒙思想是北美大陆的清教徒为美国独立战争进行思想和舆论准备的精神武器。他们深受欧洲启蒙思想家的影响，将欧洲启蒙思想家的思想引进到北美大陆，使北美大陆紧随欧洲国家掀起了启蒙运动，这是美国能够摆脱英国殖民主义统治和走向独立的思想先导和基础。

美国启蒙运动爆发于18世纪后半期，即美国独立战争前后。与欧洲启蒙运动一样，它具有反封建、反宗教愚昧、崇尚理性等特征，体现新兴资产阶级的资产阶级革命诉求或社会变革要求。不同之处主要在于，美国启蒙运动的最高使命是要通过思想启蒙实现建国的政治目标。对于18世纪后半期的北美清教徒来说，建立一个独立的国家是一项意义重大而又难度极大的事业，它不仅需要富兰克林、杰斐逊等启蒙思想家的领导，而且需要得到广大人民群众的鼎力支持。正因为如此，美国启蒙运动高举的思想旗帜主要是反对英国殖民主义统治和宣传独立。作为一场思想文化运动，它是以推动北美清教徒深刻认识英国殖民主义统治的危害性、培养独立精神和树立建国意识作为核心主题的。

《独立宣言》是美国启蒙运动的最重要思想成果。1776年7月4日，北美13个英属殖民地联合宣布脱离英国政府，即拒绝英国政府的殖民主义统治，同时建立美利坚合众国。《独立宣言》强调以启蒙思想家倡导的自然权利学说和人民至上思想建国的重要性，历数英国在北美大陆推行殖民主义统治的残暴罪行，力陈独立的合理性、合法性和正义性，充分肯定人的平等性以及人的生命权、自由权和追求幸福的权利，认为政府治理国家的权力和行为应该得到被统治者的同意，并且赋予人民在政府违背正当政治目标时推翻政府的权利。

美国独立战争具有世界意义和国际影响。它既是美国启蒙运动的制高点，也是西方启蒙运动的重要内容。它不仅造就了一个新的资本主义国家，而且对世界格局产生了巨大影响。因此，历史学家普遍认为，美国启蒙运动是美国历史上的一件大事，也是人类历史上的一件大事。阿德瑞林·科奇曾经说："美国启蒙运动标志人类历史翻开了新的一页。"①

绝大多数西方资本主义国家爆发过启蒙运动，但由于各国具有不同的历史背景和现实国情，启蒙运动并不是铁板一块。美国历史学家亨利·F. 迈认为，世界历史上出现的启蒙运动有四种类型：一是温和的启蒙运动或理性的启蒙运动。它主要盛行于英国，从牛顿、洛克等人生活的17世纪末延续到18世纪中期，在思想观念上是以强调平衡、秩序和宗教妥协为主要内容。牛顿、洛克等是其主要代表人物。二是怀疑的启蒙运动。它在1750年前后兴起于英国、法国，法国的伏尔泰、英国的休谟等是其主要代表人物。这种启蒙运动试图通过怀疑、否定的方法树立人们的世界观、人生观和价值观。三是革命的启蒙运动。它要求人们用革命的手段改造旧世界和建立新世界。法国的卢梭，美国的佩恩、哥德文等是它的主要代表人物。四是教诲的启蒙运动。它与第二、三种启蒙运动形成鲜明对比，既反对怀疑主义，也反对诉诸革命手段改变社会，其核心思想是强调世界的可认识性、道德的价值和社会进步，其运动中心是苏格兰。这种启蒙运动开始于18世纪中期，19世纪初转移到美国，并且在美国达到发展高潮。亨利·F. 迈认为，这四种启蒙运动按照时间的先后循序发生，也大体上按照时间的先后顺序影响了美国的发展进程。②

康德曾经说过："启蒙就是人类对他自己招致的不成熟状态的摆

---

① Adrienne Koch, *The American Enlightenment: The Shaping of the American Experiment and a Free Society*, New York: George Braziller, Inc., 1965, p. 20.
② Henry F. May, *The Enlightenment in America*, New York: Oxford University Press, 1976, Introduction, p. 6.

脱。这个不成熟状态就是这样的一种状态，即人们在没有别人指点时，无力使用自己的知性。"① 美国启蒙运动深受欧洲启蒙运动的影响；可以说，它是在欧洲启蒙运动的启蒙下发生的。亨利·F.迈对启蒙运动的上述划分至少告诉我们，美国启蒙运动是受欧洲启蒙运动影响的结果，它具有一种欧洲品格。这很容易理解。在19世纪以前，美国文化与欧洲文化一脉相承，几乎处处都打上了欧洲文化的烙印。

美国启蒙思想家都是美国独立战争的领袖人物。他们的启蒙思想大都来自欧洲启蒙思想家。洛克、霍布斯、休谟、孟德斯鸠、卢梭等欧洲哲学家对詹姆斯·麦迪逊、约翰·亚当斯、托马斯·杰斐逊等美国独立战争的领袖人物产生了深刻影响。以洛克为例。他参加过1688年在英国爆发的"光荣革命"。他的《政府论两篇》就是受到那次革命的启示而完成的一部著作。在该著作中，他最先提出了分离政府权力的思想。法国启蒙思想家孟德斯鸠借鉴和发展了他的思想。美国一直坚持的三权分立思想与这两位欧洲哲学家有着千丝万缕的关系。

美国独立战争又称美国革命。它本质上是一场资产阶级革命，根源于经济基础与生产关系的矛盾。英属殖民地的领袖人物反对英国政府强加于殖民地人民的苛捐杂税，对英国政府盘剥殖民地财富的商业政策也非常不满。他们仍然是英国国民，但他们对英国政府的怨恨和敌意与日俱增。随着经济基础的日益增强，英属殖民地的人民对自身经济利益的诉求也变得日益迫切。当怨恨和敌视英国殖民统治的"情绪"在英属殖民地达到一定的强度，那些长期遭受英国殖民主义统治的人民就不再仅仅停留在怨恨和敌视的层面，而是渴望建立自治政府和彻底摆脱英国政府的控制。震惊世界的美国独立战争就是在这样的

---

① 〔德〕伊曼努尔·康德：《道德形而上学基础》，孙少伟译，九州出版社2006年版，第169页。

历史背景中爆发的。从思想渊源来看，美国独立战争是北美人民深受欧洲政治哲学思想启蒙影响的结果。发动独立战争的领袖人物向英国、法国的政治哲学家学习，学习他们的政治哲学思想。当然，他们的很多思想也是他们自己在北美大陆开天辟地形成的新经验。那些发动美国独立战争的领袖人物都不是教条主义者。他们以欧洲哲学家为师，同时展现一定的思想创新能力。

美国启蒙运动是在欧洲启蒙运动带动下发生的。那些发动美国独立战争的领袖人物很有智慧地将欧洲政治哲学家的思想与他们的北美生活经验结合在一起，但他们并没有提出什么新的政治理论。他们是一群具有政治智慧的人，因此，他们能够深刻领会欧洲政治哲学家的思想和理论，能够将它们成功地运用于建立新国家的实践，这是他们能够最终领导北美人民赢得独立战争胜利的重要原因。历史地看，他们引进欧洲政治思想和理论的做法具有值得肯定的重大历史意义。欧洲政治哲学家的思想和理论被他们深刻领悟、全面掌握，并且被他们写进了美国的《宪法》。美国是一个推崇创新的国家，但它对《宪法》的尊重和坚守举世瞩目。美国《宪法》在制定之后很少被修改，至今保持着欧洲政治哲学家的思想和理论精华。

我们对美国启蒙运动的审视和考察必须在西方启蒙运动的大背景下展开，否则我们的视野必定显得狭窄。西方启蒙运动发端于17世纪后半期，终止于19世纪初，历时一百多年。作为一场思想文化运动，它历时长久，影响深远，为资本主义制度在西方的确立和巩固发挥了不容忽视的重要作用。可以说，没有那样一场大规模的思想启蒙运动，西方资本主义社会的存在和发展必定缺乏必要的合理性和合法性基础。西方启蒙运动具有极其重要的政治意义。美国启蒙运动也如此，它不仅是北美人民赢得独立战争胜利的思想和理论武器，而且是美国资本主义政治、经济和文化制度体系得以建构的思想和理论依据。

西方启蒙运动的核心主题是推崇人的理性能力，并且试图借助人的理性能力将整个世界理性化。它甚至将西方人推上了崇拜理性的轨道。理性成为西方社会的主导力量，西方人普遍歌颂理性，其实质是将理性归结为人的本性，这直接冲击了西方根深蒂固的基督教文化传统，甚至在很大程度上促进了基督教的思想变革。受到启蒙运动的影响，到18世纪后半期的时候，许多西方加尔文教教徒也承认理性有助于深化人们对"神启"的认识和理解。在美国，在独立战争胜利的鼓舞下，美国知识分子对理性的崇拜更加明显。他们变得更加务实、更加理性，将启蒙运动的内涵和要义归结为理性启蒙，坚信理性在改变人们思想观念方面的积极作用。

需要指出的是，美国启蒙运动根据欧洲国家的标准而展开，并且极大地促进了美国的政治自由、经济自由和文化自由，但美国人对基督教的认识始终保持着一定的民族特色，他们对待基督教的态度始终是比较"温和"的。这是美国启蒙运动的一个重要特点。例如，富兰克林、杰斐逊等美国独立战争的领袖人物都是求实、务实的人，但他们从来没有公开要求废除基督教。在他们身上，人们可以看到显而易见的包容精神。更没有任何美国人像欧洲的休谟、伏尔泰那样认为，应该让经验和理性击溃人们对客观真理和客观道德的普遍信念。

美国启蒙运动确实有别于欧洲国家的启蒙运动，这主要体现在美国人对待基督教的包容态度上。领导美国启蒙运动的领袖人物当然知道基督教已经成为阻碍美国社会发展的因素，但他们并没有试图从根本上否定它的存在合理性基础，更没有要求消除它。他们所做的仅仅是希望通过大规模的启蒙运动建构另一种强有力的政治秩序和宗教秩序。也就是说，美国启蒙运动并没有试图把美国人从基督教的阴影下解放出来，而是尊重他们的宗教信仰自由。这或许与他们对宗教的社会作用的深刻认识有关。在独立战争之前，宗教一直在维系社会秩序方面发挥着重要作用。这可能是美国启蒙运动的领袖人物没有取消基督教的重要原因。

必须强调的是，美国启蒙运动确实极大地动摇了基督教在美国社会控制政治、经济和文化的绝对地位，并且极大地改变了美国社会的精神面貌。在启蒙运动之前，上帝对美国人的支配是绝对的，美国人的基督教生活是庄重、严肃的。经过启蒙运动之后，美国人并没有从根本上抛弃基督教，但基督教对美国人的支配和规范更多地流于形式。独立战争的洗礼改变了美国人。艰苦奋斗的生活经验让美国人更多地将生活的意义和价值定位在现实世界。他们不愿意抛弃对上帝的信仰，这或许是为了在复杂而残酷的生活现实之外保留必要的精神依托。在清教时代，美国人将生活的意义和价值更多地寄托给上帝主宰的天堂。启蒙运动则使他们在理性之光的引导下变得越来越现实或世俗。启蒙运动改变了美国。经历启蒙运动之后的美国已经不再是清教时代的北美大陆，此时的美国人也不再是清教时代的清教徒。

美国启蒙运动影响巨大。它首先是一场社会政治运动，具有重大政治意义。美国独立战争的胜利不仅使美国一跃而成为一个政治独立国家，而且为美国的发展和强大奠定了基础。凭借富有启蒙性的政治思想、理论和社会理论，美国启蒙运动的领袖人物在北美大陆建立了新的政治秩序。他们是美国的开拓者或先驱。受到欧洲启蒙思想家的深刻影响，他们对国家和政府的社会作用有着独到的认识和理解。在他们看来，国家和政府是确保人的自然权利得到实现的必要手段，个人的生命、自由和幸福都必须在国家和政府的有效保护下才能现实化。他们相信"自然法则"和自然权利，要求将政府建立在理性基础之上。另外，他们将唯一合乎理性的政府归结为民主政府。它不是专制政府，而是由被统治者自主决定的政府形式。

美国启蒙运动还是一次扭转社会思想状况和道德状况的文化运动。

在清教时代，清教伦理是在北美社会占据主导地位的伦理形态。它是殖民主义时代的产物，也服务于英国的殖民主义统治。它是政教合一社会管理模式的辅助手段。虽然它具有德治的明显特征，但是它更多地受到基督教教义和基督教管理模式的支配。启蒙运动不仅催生了独立的美国，而且给新生的美国带来了"自由""民主""权利"等思想财富。启蒙运动在美国的爆发从根本上冲击了清教时代的社会价值体系，并且在美国引起了思想巨变和精神巨变。它将美国推入了受到启蒙伦理思想主导的时代。启蒙伦理思想肯定人在道德价值认识、道德价值判断和道德价值选择方面的主观能动性和意志自由，与清教伦理思想有着根本区别。以强调"原罪说"和"宿命论"作为核心内容的清教伦理思想在美国启蒙运动中遭到严重冲击而陷入难以逆转的合理性和合法性危机。

二、启蒙时代的美国道德文化状况

启蒙运动对美国的诞生和发展起着至关重要的历史作用。没有启蒙运动，北美大陆的人民既不可能深刻认识英国殖民主义统治的危害性，也不可能具有独立意识。启蒙运动是北美大陆的人民建立独立的美利坚合众国和实现自主发展的思想基础和精神条件。

美国启蒙运动的一个突出特点是将道德理想与现实生活非常紧密地结合在一起。在启蒙时代，走向独立是英属殖民地领导者的强烈愿望，但他们的愿望并没有得到普通民众的广泛支持，因此，为了实现自己的愿望，他们需要在殖民地开展广泛的思想文化运动，其根本目的是要启蒙遭受英国殖民统治、缺乏自立和自强意识的民众。一方面，他们需要深刻揭露英国殖民主义统治的巨大危害性；另一方面，他们也需要推动北美民众全面认识独立建国的合理性和合法性。因此，发生在18世纪后期的美国启蒙运动与北美大陆的民众当时的政治利益、经济利益和文化利益诉求紧密相关。在这两个方面，本杰明·富兰克林、托马斯·杰斐逊、托马斯·佩恩、詹姆斯·麦迪逊等美国的创建者所发挥的历史作用不容忽视。他们不仅是一群具有优良道德修养的人，而且是一群聪明能干、讲究实干的知识分子政治家。在道德生活上，他们严于律己，每一个人身上都闪耀着道德的光芒。在政治生活上，他们勤政务实，清正廉洁，以身作则，因而在美国民众中间赢得了很高声望。他们的道德形象和政治形象具有代表意义，堪称美国社会文明的重要标志。

启蒙运动对美国清教伦理构成严峻挑战。启蒙伦理思想在道德上积极肯定人类自由和人类社会进步，鼓励人们在现实世界实现人之为人的意义和价值，这与清教伦理思想形成鲜明对比。清教伦理重视学问，鼓励人们接受教育，但它毕竟从根本上将人置于宗教的解释框架。在清教伦理的解释框架内，人或多或少处于被遮蔽的状态。它对"原罪"和"无助"的过分强调只能将美国人引入一个虚无缥缈的世界，不可能给他们提供一种切实可行的美好生活模式。它没有否认人的幸福，甚至强调人的自由和希望，但它所说的幸福、自由和希望仅仅存在于来世，根本不是现实的，因而是虚无缥缈的，是人难以获得的。清教时代是基督教牧师主导社会生活的时代。他们是北美大陆的真正统治者。他们从事社会领导工作，想方设法将人们的基督教信仰与现实的政治生活捆绑在一起。与此形成鲜明对照的是，启蒙运动时代的美国领导人都是贴近社会生活现实的发明家、政治家和周游世界的旅行家。他们知识渊博，见多识广，并且具有很强的社会实践能力。更重要的是，他们对北美殖民地民众的生活疾苦有深入了解，但他们坚信自己有能力将受苦受难的民众带出困境。他们对人与自然界、个人与社会的关系有深刻认识，尤其深知人与自然界、个人与社会之间很容易产生矛盾和冲突，但他们相信人不仅具有善良本性，而且具有追求道德完善的良好愿望，因此，人类能够实现人与自然界、个人与社会的和谐。

美国启蒙运动领导者旨在树立的道德信念在很大程度上代表大多数美国人当时的道德理想。它将美国人从清教伦理思想中拯救了出来，使得他们不再仅仅根据人的宗教信仰的虔诚度来判断事物的善恶，同时将自然万物和人的一切活动都置于理性和自然法则的支配下，这就从根本上改变了美国人的世界观、人生观和价值观。在清教时代，基督教信仰是美国人认识、理解和把握世界的唯一手段，上帝启示是美国人认识和理解周围世界的必由之路。经过启蒙运动，美国人对理性和经验的信念日益增强，甚至将理性和试验视为人类认识和理解周围世界和处理人际关系的最有效手段。受到启蒙运动洗礼的美国人对基督教《圣经》的信任严重减弱，对封建专制政治更是嗤之以鼻。他们强烈地要求通过理性和试验的方式推进社会变革。启蒙思想家在道德上相信常识的合理性和科学试验的有效性。在他们看来，常识和科学试验的可靠性远远胜过君主的神圣权力和奇迹。正是在日益高涨的启蒙思想的引导和推动下，美国社会发生了深刻的变化。富兰克林在电试验方面取得巨大成功，杰斐逊则在农耕技术和农耕机械试验方面取得重大成就。最重要的在于，美国启蒙运动的领导者与美国民众一起，进行了具有重大历史意义的政治"试验"。他们撰写《独立宣言》和美国宪法，对英属殖民地的民众进行思想启蒙，最终在北美大陆建立了一个后来在世界格局中举足轻重的独立国家。

美国启蒙思想家的伦理思想具有显而易见的人本主义特征。他们将人视为推动社会历史发展的真正力量，将社会变革的主体归结为人，认为有关社会运动的认识和解释都应该从人的角度展开。在美国启蒙思想家的眼里，世界是人的世界，它不排斥上帝的在场，但它应该充分体现人存在的意义和价值。尊重人、肯定人的存在价值集中体现了美国启蒙运动的价值。它不仅启蒙了美国人的思想，而且在当时的美国造成了人才辈出的历史局面。之所以如此，这与美国启蒙运动的人本主义价值取向有着千丝万缕的关系。

清教伦理思想倡导公正、诚实、节俭、勤奋等美德，但它忽视人的自然权利。进入启蒙时代之后，清教伦理思想倡导的美德仍然在北美大陆传承，但它们的内涵和内容均发生了根本变化。在清教伦理思想的框架里，人所能具有的所有美德都不是人通过自身的努力培养的，而是由万能的上帝赋予的。上帝将包括美德在内的一切东西恩赐给人，人才能够成为有美德的人。人能够拥有美德，但不应该因为拥有这些美德而感到光荣和自豪。上帝将各种各样的美德赋予人类，人类所能做的是接受它们、践行它们。由于启蒙运动从根本上突出了人的意义和价值，美国人不再仅仅从上帝的角度来认识和解释自己身上的美德，而是将所有美德赋予功利的目的，并且将人对美德的追求与人对自由、幸福等社会价值的追求联系在一起。不过，启蒙时代的美国人既强调人的权利，也强调人的义务和责任。清教伦理思想要求人们培养爱邻居、爱同胞和爱上帝的美德，将人的最高美德归结为"爱上帝"。它内含的美德论本质上是基督教的，从根本上忽略人的自然权利是它的明显缺陷。

与清教伦理思想不同，美国启蒙伦理思想恰恰聚焦于人的"自然权利"。为了改变清教伦理思想以上帝意志凌驾于人的理性、意志和权利之上的道德生活格局，美国启蒙思想家从霍布斯、洛克等欧洲哲学家的政治哲学中借鉴了"自然权利"概念，称之为人之为人不可剥夺的权利，以之对抗清教伦理思想宣扬的天赋人权论。"自然权利"是美国启蒙伦理思想体系的核心概念，因而也是美国启蒙伦理思想的支柱。

它贯穿于美国人在美国启蒙运动时期建构的政治观、道德观、宗教观和教育观之中，这说明美国人的思想观念在启蒙运动的驱动下确实发生了深刻转变。经过启蒙运动，美国人在思想观念上"脱胎换骨"。他们不再仅仅从上帝的视角审视和看待世界和自身的存在，而是开始主要用自己的眼睛看世界和认识自己。

自然权利论的核心思想是充分肯定人之为人应有的自由。例如，霍布斯将"自然权利"界定为"每一个人按照自己所愿意的方式运用自己的力量保全自己的天性"，即每一个人天生具有的保全自己生命的自由；而所谓"自由"，是指"外界障碍不存在的状态"，或者说，它是每个人用他自己的判断和理性认为最合适的手段做任何事情的自由。[1] 自然权利论也强调"自然法则"和"社会法则"的重要性，并且要求人类以遵守它们的方式彰显自己的自由。

欧洲启蒙思想家往往将"自然权利"的主要内容归结为：（1）每个人生来都是自由的、平等的，这种自由和平等是自然而然的，不能以任何理由予以否认；（2）每个人都天生具有保全生命的平等权利；（3）每个人都天生具有追求幸福的平等权利；（4）每个人都无权侵害他人的自然权利。这些思想几乎被美国启蒙思想家照搬到了北美大陆，并且通过杰斐逊起草的美国《独立宣言》得到集中体现。《独立宣言》规定："我们认为这些真理是不言自明的，即所有人生来就是平等的，所有人拥有造物主赋予的某些不可剥夺的权利——它们包括生命、自由和追求幸福的权利。"[2] 托马斯·佩恩在《人的权利》一书中对"自然权利"做了类似的论述。他说："自然权利是指与人的生存直接相关的权利，它们包括求知的权利、思想的权利、人作为个人在不损害他人

---

[1] 〔英〕霍布斯：《利维坦》，黎思复、黎廷弼译，第97页。
[2] Steven M. Cahn, *Classics of Political and Moral Philosophy*, London: Oxford University Press, 2002, p. 1168.

自然权利的基础上追求舒适和幸福的权利等。公民权利是指人作为社会成员应该具有的权利。任何一种公民权利都以某种先天存在于个人的自然权利为基础。"[1]

弘扬人的自然权利是欧美启蒙运动的共同旗帜。无论是在欧洲启蒙思想家的眼里，还是在美国启蒙思想家的眼里，自然权利既是一个政治理念和政治原则，也是一种道德理念或道德原则。作为一个政治理念或政治原则，它与任何形式的政治强制、政治压迫和暴政都是对立的，它旗帜鲜明地反对专制政治，倡导政治自由。作为一个道德理念或道德原则，它认为压制人们的思想自由和粗暴地干预人们的生活是不道德的做法，主张弘扬人的道德自由。从美国来说，启蒙思想家将其政治批判和道德批判的矛头直指当时的英国政府。英国政府在北美大陆推行的殖民主义统治违背了人的自然权利，因而不得人心。因此，《独立宣言》强调："英国国王的历史是反复损害民众权利和篡权的历史，那些国王的直接目的是在所有殖民国家实行绝对的暴政。"[2] 美国启蒙思想家要求反抗英国政府的政治压迫和暴政。在他们看来，在遭受政治迫害和暴政的情况下，人们不仅有权进行反抗，而且有权建立新的政治制度和政治秩序。虽然美国启蒙思想家对自然权利的弘扬主要是出于当时的政治需要，但是他们的做法同时被赋予了强烈的道德意义。在启蒙运动时期，美国人的当务之急是推翻英国殖民主义统治，创建新国家；为了实现这两个目标，他们必须赋予自然权利这一概念政治性或革命性内容，以达到唤醒民众、树立独立意识、激发革命热情和增强革命斗志的目的。不可否认，很多美国人就是在自然权利这面旗帜的感召下参加了美国独立战争。

---

[1] Nelson F. Adkins, *Thomas Paine: Common Sense and Other Political Writings*, New York: Bobbs-Merrill, 1953, p. 80.

[2] Steven M. Cahn, *Classics of Political and Moral Philosophy*, p. 1168.

在谋求国家独立的特殊背景下，美国人普遍将人的自主权视为自然权利的首要内容。人的自主权首先是通过人的意志自由得到体现的，它意指人具有自由地做出行为决定的能力。具体地说，每一个在地球上生活的人都有自主地做出行为决定的权利，这种权利是人类从自然手中获得的；个人是通过他的个体意志来履行这一权利的，而人群则是通过大多数人的意志来履行这一权利的；多数原则是每一个社会都遵守的自然法则。其次，美国人从人的自主权推导出人自主选择政府的权利。这意味着：政府只能由人民选择产生，政府的意志即人民的意志；如果一个政府将其意志强加于人民，人民具有废除这种政府的权利。美国启蒙思想家将这种权利称为人的道德权利。他们对这种道德权利的强调至少具有三层含义：（1）政府的意志必须与人民的意志高度一致；（2）人民有权反对，甚至反叛一个与他们的意志不一致的政府；（3）一个好的政府一定能够允许人民对它的批评。人自主选择政府的权利在启蒙时代深入人心，因此，它被写进了美国宪法："政府是为了确保人的权利而建立的，它的权力是被统治者赋予的。任何政府在任何时候违背了这一目的，人民都有权利改变或废除它，并以这些原则为基础和以这种权力组织方式组建新政府，以确保他们的安全和幸福。"[①] 再次，人的自主权也体现为宗教信仰的自由权，其要义是政府应该赋予人们宗教信仰自由，不能武断地要求人们信奉某种宗教，应该用宽容的态度处理宗教信仰问题。也就是说，人们信仰什么宗教，这完全是他们自己的事情；人们根据自己的需要和良心选择宗教信仰；宗教信仰自由是人类应该拥有的重要自由，它不应受到政治的支配。在宗教信仰问题上，美国启蒙运动的领袖人物不仅普遍持包容的态度，而且称其自身为泛神论者或宣称他们信奉自然宗教。富兰克林、杰斐

---

① Steven M. Cahn, *Classics of Political and Moral Philosophy*, p. 1168.

逊等美国启蒙运动的领袖并不从根本上否定宗教,也没有避而不谈宗教信仰问题。他们的宗教信仰是以理性和经验为基础的,因而包含强烈的人文主义精神。他们认为,宗教并不排斥人的理性和感觉经验;理性和感觉经验是人人皆有的自然能力,它们使得人能够创造世界的规则和秩序。这样一来,世界和人的存在不再完全是由上帝的意志或纯粹的命运决定的,而是由人决定的;人是自然之子,完全有能力自主地生存。

自然权利是自然界赋予人类的权利,这是客观事实,但这并不意味着它们的实现不需要任何条件。美国启蒙思想家普遍认为,人类在没有政府的自然状态下是不可能充分享有自然权利的;要保障人的自然权利,人类必须进入有国家或政府的社会状态;政府是人类享有自然权利的必要条件。维护人的自然权利是政府的价值所在和最高使命。政府是社会和国家的治理者,因而也是社会秩序的营造者。只有在由政府主导的社会里,人的生命权、自由权以及追求幸福的权利才能得到有力保证。如果没有政府,人的自然权利无从谈起。自然界是有理性的,人是有理性的,政府也是有理性的。政府理性是通过民主制度的设计和安排得到体现的。民主制度是土地法得以形成的前提条件,但它不是仅仅建立在统治阶级的意志之上,而是必须建立在被统治者知情同意的基础之上,因此,杰斐逊认为,土地属于所有活着的人,政府是保证人的自然权利全面得到实现的唯一方式,但要保证政府体系能够有效运作,它不能将权力集中到某个人或少数人手里,而是必须采取权力制衡机制——这种机制能够确保人们的意志是政府工作的最终权威。

出于捍卫人的自然权利或考虑人的普遍意志而建立的政府可能犯错误,但这并不意味着政府的存在没有任何价值,而是意指人的普遍意志并不绝对可靠,它也可能将政府引向错误的方向。人类社会应该允许政府犯错。这种情况一旦出现,政府不仅应该有改正错误的勇气,而且应该不断进行变革。变革是政府不断优化的内在动力。杰斐逊对美国政府抱有绝对信任,认为最大范围地、最大程度地体现所有人的意志是美国民主的特色。他同时认为,民主制度在任何一个国家的推行都会遇到很多困难,但这并不意味着民主制度不好,而是仅仅意味着它是一个需要不断试验的过程。人类总是在做着各种各样的试验,实行代表民主制只不过是人类所做的众多试验中的最重要试验。这一试验规模大,涉及整个国家,因此,它的难度很大。不过,无论难度有多大,人们都可以找到保证试验成功的方法。通过启蒙运动,并诉诸强有力的教育,民主制度就能够在人类社会得到很好的、成功的试验。

美国启蒙运动的领袖人物试图将美国民主制度建立在强大的教育体系和科学知识体系之上。他们相信教育的价值,认为教育是推动一个民族摆脱无知、走向文明的根本手段。它不仅可以改变个人的生活状况、培养个人的美德、增进人的幸福,而且能够提高一个国家和社会的文明程度。他们把接受教育视为人的自然权利,认为这种权利是不可剥夺的,并且是每一个人都应该享有的平等权利。另外,要建设一个强大的美国,美国人必须尊重科学、尊重知识、掌握知识和技术,而要做到这些,必须大力发展教育。他们将重视教育的诉求写进美国政府的重要文件里,要求政府重视教育、发展教育、投资教育。在他们看来,政府是发展教育的主导力量,政府在发展教育上的作用是任何个人、企业和社会组织都难以相提并论的。

三、美国启蒙伦理思想的代表人物

雅斯贝尔斯说:"大人物在任何时候都被当作榜样、看成神话,并且拥有他们的追随者。"[1] 在雅斯贝尔斯看来，人类历史在很大程度上是由大人物刻写的；大人物是"存在的镜子或者说是其代表"[2]，他们具有伟大的心灵、坚定的道德观念、放眼世界的眼光和深厚的知识素养，因此，他们在人类社会中是清晰夺目的，其存在意义和价值能够得到人们的广泛认可——"跟久远的历史记忆长河一样，大人物一直受人敬仰"[3]。

大人物可以是政治家，也可以是哲学家。美国启蒙时代的大人物则兼有政治家和哲学家的精神气质。他们献身于领导美国独立战争的政治活动，但他们深知哲学对独立战争的先导作用，因此，除了重视提高自身的哲学理论素养和道德修养之外，还将大量的精力用于启蒙民众的思想。他们是启蒙政治家或启蒙思想家，而赋予他们启蒙能力的武器是哲学。虽然他们本身没有实践创造哲学，但是他们学习和掌握了霍布斯、洛克等欧洲哲学家的政治哲学思想和理论。他们是一群热爱哲学的人，勤奋好学，因而获得了极高的哲学智慧。

美国启蒙思想家大都怀有强烈的人本主义情结。他们关注人，关心人，关爱人，对人谋取生存的智慧和能力深信不疑，在人生哲学上彰显出明显的乐观主义倾向。在道德信念上，他们相信人有能力进行正确道德判断，能够通过其自身的道德努力成为具有道德修养的人。他们认为人类普遍具有道德本性，能够培养公正、节制等美德，同时主张充分发挥道德的社会作用。最重要的在于，他们反对将人类自主追求道德生活的做法视为与上帝旨意相背离的行为，更反对将它定为

---

[1] 〔德〕卡尔·雅斯贝尔斯：《大哲学家》上，李雪涛、李秋零、王桐、鲁路、姚彤译，社会科学文献出版社 2010 年版，第 1 页。
[2] 〔德〕卡尔·雅斯贝尔斯：《大哲学家》上，李雪涛、李秋零、王桐、鲁路、姚彤译，第 1 页。
[3] 〔德〕卡尔·雅斯贝尔斯：《大哲学家》上，李雪涛、李秋零、王桐、鲁路、姚彤译，第 3 页。

一种"罪"。在他们眼里，热爱道德、追求道德和践行道德恰好体现了人之为人的伟大，恰好是人类与非人类存在者从根本上相区别的地方。

本杰明·富兰克林是美国启蒙伦理思想的杰出代表。他1706年1月17日出生在北美洲的波士顿，是一个在北美大陆土生土长的人。他的父亲是从英国移居北美的漆匠，移居之后主要以制造蜡烛和肥皂、出售杂货为业，但他生育了17个小孩，富兰克林年龄最小。富兰克林从小热爱学习，8岁入学读书，但由于家境并不富裕，他10岁就辍学在家，帮助父亲制作蜡烛。12岁的时候，他进了哥哥的小印刷所做学徒，紧接着当了整整10年印刷工人。不过，辛苦的工作并没有阻止他的好学天性。他将工作之余的时间大都用在学习自然科学和社会知识上。在后来人生历程中，富兰克林一直保持着勤奋好学的良好习惯，这为他成为出类拔萃的政治家、思想家和物理学家奠定了基础。特别值得一提的是两个事实：（1）虽然富兰克林本人没有受到很好的学校教育，但是他从1743年开始用了8年时间筹办了一家学院，它后来成为美国著名的宾州大学。（2）富兰克林酷爱科学研究，是避雷针、双焦距眼镜等的发明者，但在美国独立战争的关键时刻，他毅然决然地投身于其中，并且为夺取独立战争的胜利做出杰出贡献。

富兰克林是美国历史上的一个传奇人物，头衔众多，荣光耀眼。他是科学家、商人、政治家、外交官、作家和记者，在建构启蒙伦理思想方面也有较大影响。他在《自传》里对自己的启蒙伦理思想做了全面论述，尤其是对人的美德做了比较深入系统的梳理和归纳。他认为，美德是人人应该遵守的行为规范，反映社会生活的内在要求。他主张继承清教伦理倡导的三种美德，即节俭、节制和勤奋，但他没有将它们当成不变的教条。在他看来，一种美德可以是从历史中沿袭下来的，但它的内涵总是变化的，因为美德与习惯紧密相关，习惯改变，则美德的内涵随之改变。另外，美德不是依靠纯粹的反省获得的，而是在道德实践中培养的。

富兰克林推崇美德。这既与他自身重视美德修养的生活习惯有关，也与他对美德之社会作用的深刻认知有关。他认为美德不仅可以规范人的行为，而且能够使人达到道德上的完善。他本人就是一个热爱美德、遵守道德规范的人；或者说，他是一个在道德生活上非常严肃、严格的人。可以说，他的一生都是在追求道德完善，他不能容忍自己在道德上犯错。他对自己的要求是："我希望在生活的任何时候都不犯任何错误，因此我努力控制一切自然欲望、习惯和他人的引诱。"[1] 不过，富兰克林也深知人类追求道德完善的困难，但他将这种困难主要归结为人的习惯，认为人的习惯会分散人的道德生活注意力，从而为人类走向道德完善设置障碍。富兰克林坚信人能够达到道德完善，但他同时号召人们抵制习惯势力，培养坚持不懈的毅力。他强调："相信我们乐意追求道德完善的信念并不足以阻止我们犯错误，但不好的习惯应该被破除，好习惯应该被保留。只有这样，我们才能依靠一套稳定的、统一的行为规范。"[2] 富兰克林对人类美德的归纳和分析在理论上不一定站得住脚，但他至少做了这样一种值得肯定的努力：他试图从美德论的伦理视角来通过归纳和分析人类的美德体系，并且以此作为人类道德行为发生的依据或原因。

富兰克林不仅是深受美国人民敬重和爱戴的一位政治家，而且是美国历史上第一位享有国际声誉的科学家和发明家。他参加过美国独立战争，是美国革命的老战士。他热爱科学和发明创造，为美国人民树立了追求科学真理和求真务实的榜样。最重要的在于，他注重个人道德修养，处处严于律己，德高望重，堪称美国人民的道德典范。在

---

[1] Charles Capper, *The American Intellectual Tradition*, New York: Oxford University Press, Inc., 1997, p. 96.

[2] Charles Capper, *The American Intellectual Tradition*, pp. 96-97.

富兰克林身上，人们可以看到政治修养与道德修养的完美结合。可以说，他在美国历史舞台上的出场是美利坚民族崛起的象征。"富兰克林的政治角色是独一无二的。他个人的生活象征他的国家从屈从的殖民状态转变成了创建国家的独立状态。"① 他坚持不懈地践行节俭、节制、勤奋的美德，更重视培养独立自主、自强不息、砥砺前行的道德精神，集中体现了美国人在启蒙时代或独立战争期间积极进取、昂扬向上、崇尚德性的道德精神面貌。他用自己的言行树立了美国人应有的道德形象："作为一名从殖民转变而成的爱国者以及《独立宣言》和美国宪法的签署者，富兰克林是代表我们以个人的方式和值得记忆的方式直接面对欧洲的第一个美国人。他的经验证明他确实是第一个'美国人'，因为他留下了美国性格的第一印象。他不仅为他的新国家提供了一种性格，而且为她提供了面子；不仅为他的新国家提供了事业成功的谚语，而且为她提供了各种理想。"② 托马斯·杰斐逊对富兰克林赞誉有加，称他为"美国之父"。

事实上，托马斯·杰斐逊也是一位伟大的启蒙思想家。美国历史学家亨利·斯蒂·科曼杰曾经如此高度评价他："在大西洋两岸的启蒙思想家里，他的思想最连贯，他的活动最多，他的影响最大。……杰斐逊的治学思想与众不同。他的身上体现了所有启蒙哲学。在阐述他的启蒙哲学的时候，他不仅口若悬河，而且在其中注入了他自己的思想。不仅如此，他还把他的启蒙哲学思想转变成了法律和实践。"③

杰斐逊的家庭背景与富兰克林迥然不同。他 1743 年 4 月 13 日出

---

① Adrienne Koch, *The American Enlightenment: The Shaping of the American Experiment and a Free Society*, p. 53.
② Adrienne Koch, *The American Enlightenment: The Shaping of the American Experiment and a Free Society*, p. 55.
③ Henry Steele Commanger, *Jefferson, Nationalism and the Enlightenment*, New York: George Braziller, 1975, p. 637.

生于一个富裕移民家庭，父亲为农场主，母亲的家庭背景也很显赫。他受过良好教育，9岁便开始学习拉丁文、希腊文和法文。1759年，他入学威廉斯堡的威廉与玛丽学院哲学系，学习数学和哲学，在导师的指导下系统学习了培根、洛克等欧洲经验主义哲学家的哲学思想。他较早参加政治活动，担任过很多政府职务，是美国《独立宣言》的主要起草人之一，曾任美国第三任总统（1801—1809年），足见其政治威望之高。不幸的是，担任总统期间，他欠下巨额债务，并且最后因为还债劳累致死。与此同时，他自1816年起开始筹办弗吉尼亚大学。杰斐逊爱好非常广泛，多才多艺，热心于公益事业、教育事业和文化事业，在美国社会享有极高声望。最重要的在于，他是名副其实的哲学家。

与其他美国启蒙思想家一样，杰斐逊深受欧洲思想家的影响，被称为"欧洲启蒙运动的孩子"[①]。他热爱哲学，熟读古代欧洲的哲学经典，对培根、洛克等近现代欧洲哲学家的著作更是钟爱有加。由于社会活动和政治活动繁多，他没有撰写任何哲学专著。对此，他本人就曾经多次抱怨过。

受到培根、洛克等欧洲哲学家的影响，杰斐逊在哲学观上抱持唯物主义立场。他认为，物质是世界的本原，物质是运动的，人的精神活动和一切生命都依赖运动的物质而存在。他反对怀疑主义哲学观，批评它否定物质的本原性、精神和生命对物质的依赖性和宣称人不能认识物质本原的思想。他深信科学进步对哲学发展的促进作用，认为物理学的发展和其他自然科学学科的长足发展向人类揭示了物质的本原性及其对精神、生命的决定作用。在他看来，人类可以借助数学、

[①] Adrienne Koch, *The American Enlightenment: The Shaping of the American Experiment and a Free Society*, p. 278.

物理学等自然科学的发展成果对物质及其丰富多彩的存在形式进行测量，将其数量化和加以控制。他对牛顿之类的自然科学家赞美有加，认为他们发现了物质运动的规律和性质，这不仅能够帮助人类摆脱迷信和无知，而且能够产生难以估量的应用价值。

　　杰斐逊一生创造了诸多丰功伟绩，但他为人低调、清正廉洁，在面对生活困难的时候总是保持着乐观主义态度。他一生光明磊落，对政敌也怀有敬意和尊重。约翰·亚当斯与他的政见存在巨大分歧，但他始终珍惜彼此之间的友谊。他对自己参与创建的美国怀有深厚感情，因此，他竭尽全力活到1826年的美国国庆日才离世。他生前亲自设计自己的墓碑图样，要求选用没有花纹的普通石碑，并且指定这样的墓志铭："托马斯·杰斐逊在此下葬。其人是：美国《独立宣言》的作者；弗吉利亚州的提案人；弗吉利亚大学之父。"杰斐逊是一个声名显赫的政治家、思想家、哲学家，但他的一生过得简简单单，清清朗朗，明明了了，因而在美国人民中间留下了很好的印象。

　　一个伟人之所以能够活成上述样子，这一定与他的伦理思想和道德素养紧密相关。作为一位唯物主义哲学家，杰斐逊对人类道德生活有着独到的认识和理解。在他看来，人类生活固然是由物质利益决定的，但追逐物质利益绝对不是人类生活本身；幸福或福利是人类生活的全部目的，但这一目的必须通过人本身的适当行为才能得到实现；为了拥有人生幸福，人们应该谨慎地追求适当的快乐，谨慎地避免不必要的痛苦。在人生观和道德观方面，他受到伊壁鸠鲁快乐主义伦理学的深刻影响，并自称为"伊壁鸠鲁"。伊壁鸠鲁认为，人生在世，当以追求快乐为目的，但人对快乐的追求不应该是盲目的。他说："凡是必要的，也就容易满足；凡是难以满足的，也就是不必要的。"[1] 其意

---

[1] 宋希仁主编：《西方伦理思想史》，中国人民大学出版社2004年版，第87页。

指，人应该追求自然的快乐，因为只有这样的快乐才能真正有利于身心健康。显而易见，杰斐逊并没有照搬伊壁鸠鲁的快乐主义伦理学，而是在其中增加了一些功利主义要素。他用功利主义者的口吻指出，美德之所以会受到人们的重视和推崇，是因为它们可以产生一定的功利。也就是说，道德是有用的、功利的，但道德上的功利不仅应该在安静的环境中来实现，而且应该体现理性思考、身体健康、普遍福利等价值。"无知"和"恐惧"是阻碍人类追求幸福或福利的主要障碍。"无知"意指"不知道"或"不了解"。无知的人不知道或不了解他周围的物质世界和社会环境，更不知道幸福为何物。"恐惧"则体现为人在追求幸福的时候所表现出来的一种意志力状况。恐惧的人不敢积极面对现实生活，在追求幸福的时候犹豫不决，不敢作为。杰斐逊意在强调，幸福问题与人的认识能力、知识状况和意志力有关；一个人受启蒙的程度越高、所掌握的知识越丰富、意志越坚强，他获取幸福的能力就越强，他获得幸福的机会就越多。

杰斐逊对幸福的认识和理解当然与他的人生经历直接相关。他出生于富裕家庭，事业成功，造福美国人民，但自己在晚年饱受贫困之苦。他的一生是精彩的，也是苦难的，但他自始至终保持着自强不息、昂扬向上、积极乐观的人生态度，这是极其难能可贵的。从他的身上，我们看到了一位饱经沧桑的政治家、思想家和哲学家对待人生和事业的道德态度，也看到了美国的开国领袖们厚德载物的优良品质。与很多国家在创业时期产生的伟大人物一样，他们具有胸怀国家、甘于奉献、公而忘私的道德情操。

在哲学观上，杰斐逊受到苏格兰常识哲学的深刻影响，保持实在论立场。在启蒙运动时期，大部分美国大学开设了苏格兰常识哲学课程。杰斐逊在大学期间系统地学习过苏格兰哲学，对苏格兰常识哲学尤其感兴趣。苏格兰常识哲学包含大量启蒙思想，当时在欧洲具有广泛影响。它重点研究人的感觉和观念，认为它们都是外部世界的客观事实的反映，而不是主观世界的产物，这是常识可以证明的事实。深受苏格兰常识哲学影响的杰斐逊认为，人的感觉、情感和观念都是真实的，但它们都不是个人纯粹想象或幻觉的产物，而是与客观事实相对应的一种实在性，因此，真理不是封闭在人的头脑里的某种东西，它反映人的头脑中的思想或感觉与外部世界的事实相符合的事实。他还进一步认为，人的感觉和观念既可能是正确的，也可能是错误的。这绝不意味着人的所有感觉和观念都是错误的，但确实提出了真理的检验问题。真理问题本质上就是人的感觉和观念是否真实可靠的问题，真实可靠的感觉和观念是正确的，不真实可靠的感觉和观念是错误的。如何证明人的感觉和观念是真实可靠的？唯一行之有效的方法和途径是生活实践。生活实践是检验真理的唯一标准。例如，你可能感觉自己的汽车出现了故障，如果你要检验自己的感觉是正确的，你就不能仅仅停留在猜测或想象层面，而是必须亲自去驾驶你的车。杰斐逊的实在论哲学观对美国实用主义哲学产生了一定的影响。

　　杰斐逊将他的实在论哲学观运用于伦理学领域，因而形成了他的实在论伦理观。作为一位伦理实在论者，他关注和研究道德观念与道德事实的关系问题，认为道德观念不是个人偏好的反映，更不是个人想象的产物，而是客观道德事实或道德价值的反映。基于这种认识，他坚信人天生就具有道德感。什么是道德感？它是人天生具有的道德敏感性。在杰斐逊看来，在判断行为的善恶性质时，人天生具有道德敏感性。道德敏感性是人普遍具有的一种能力。由于具有道德敏感性能力，人在进入道德语境的时候能够敏锐地产生道德感。也就是说，每一个人天生就能够判断善恶和对错，即天生就能够判断什么是诚实、什么是公平、什么是节俭、什么是勇敢等，而无需借助于外在的权威（如神）和复杂的推理。不过，人的道德感并不是一成不变的，它会受到环境的影响,并且会随着环境的变化而变化。这样一来,判断人的道德感是否正确的标准是什么呢?在这一点上,杰斐逊借助功利主义伦理学做出解答,认为只有"功利"才有资格成为标准。他说:"自然赋予人以功利,它是检验德性的标准。"[①]"功利"即"有用性"。将道德感的判断标准归结为"功利",这不仅意味着用"有用性"来说明人类道德行为的道德价值,而且意味着人类道德行为的道德价值是因人而异的。另外,由于人的道德感可能随着环境的变化而变化,环境可能改变人的道德感的用途或改变人的道德感被运用的结果,人类道德行为的道德价值只能是相对的。杰斐逊试图强调的是,人类普遍具有道德感,但它在发生的时候既有人际差异性,也具有语境性特征。

坚持人本主义是杰斐逊伦理思想的突出特点。杰斐逊猛烈批判基督教伦理思想。他主张从根本上确立道德的前提和基础。在他看来,基督教伦理将道德的前提和基础归结为人类对上帝的虔诚信仰或对上帝的爱,反对以人的自爱作为道德的前提和基础,这是站不住的伦理观;攻击基督教伦理思想的有力武器是无神论伦理学;宗教有存在的合理性基础,但它必须受到道德的检验。另外,杰斐逊的伦理思想具有功利主义特征。他强调"自爱"和"自利"的道德合理性基础,同时认为自爱和自利应该保持在一定的限度内。他旗帜鲜明地反对把绝对的自爱或自我利益作为道德的基础,倡导合理的自爱和自利,认为自爱和自利不能以损害他人的方式得到实现。基于这种认识,杰斐逊认为道德从根本上来说不是个人性的,而是社会性的。这意味着,人应该对同胞的福利或利益有社会性的感受,这是道德得以产生的必要条件。

[①] Adrienne Koch, *The American Enlightenment: The Shaping of the American Experiment and a Free Society*, p. 360.

杰斐逊也批判犹太人的伦理思想。他的批判主要集中在两个方面：一方面，犹太人的伦理思想本质上属于宗教伦理的范围，它不可避免地具有宗教伦理思想无法避免的局限性；另一方面，犹太人的伦理思想存在明显不足。犹太人信奉犹太教，他们是一神论者，但他们建构的"神"观念是错误的甚至有害的。他说："他们的伦理学不仅不完善，而且经常与理智、道德的合理要求相冲突……他们的伦理学在对待其他民族方面具有排斥异己和反社会的特征。"①

杰斐逊并没有彻底否定宗教，对人的宗教信仰也总是抱持宽容的态度。他甚至对基督教伦理包含的合理因子进行了肯定。他说："我确实反对基督教的腐化，但我不反对基督本身的真实戒令。我是一个基督教徒，这是指我是基督希望任何一个人都可以成为的基督教徒。我真诚地服从他的教义，我也希望所有其他人这样做。"② 显然，杰斐逊本人自始至终具有无法摆脱的宗教情结。不过，他认为宗教教义不应该成为凌驾于所有社会事务的东西，更不应该对人们提出强制性的要求，而是应该充分尊重个人的宗教信仰自由。他主张人们凭借自己的"良心"做出宗教信仰选择。他尤其反对把人对上帝的虔诚信仰或对上帝的爱视为道德之唯一基础的做法。在他看来，人具有两种道德义务：一是对上帝的道德义务；二是对人本身的道德义务。这两种道德义务是可以贯通的，因为人对上帝的道德义务只不过是人的道德义务的另一种表现形式；如果将道德的基础完全归结为人类对上帝的虔诚信仰或爱上帝，那么，世界上为什么还存在无神论和非基督教伦理思想呢？

---

① Adrienne Koch, *The American Enlightenment: The Shaping of the American Experiment and a Free Society*, p. 345.
② Adrienne Koch, *The American Enlightenment: The Shaping of the American Experiment and a Free Society*, p. 344.

"道德感"是杰斐逊特别强调的东西。他不仅认为人类天生具有道德感,而且要求尊重人生而具有的"自然权利"。如果说人类生来具有道德感,所有人生来就具有平等的自然权利。自然权利是自然界赋予人类的权利,它本质上是一种道德权利,而不是一种政治权利。杰斐逊从功利主义伦理学的角度阐述"自然权利"的内涵,认为自然权利从根本上是由人类对公正、诚实、节俭等美德的感觉或需要决定的,既不是由某种外在的政府权威决定的,也不是完全由某个神决定的。在他看来,政府的权威恰恰是基于人的自然权利得到确立的;政府应该对人民承担道德责任和其他责任,对人民负责是政府不可推卸的责任。政府应该限制自己的权力,不能强制性地要求公民信奉某一种宗教,也不能强制性地要求公民不信奉某种宗教。政府更不能做奴隶制度的帮凶,干贩卖人口、强迫人成为奴隶的勾当。英国政府就一直在干贩卖人口、强迫人做奴隶的勾当,因此,它一直在做违背人的自然权利的事情,因此,它的存在缺乏道德合理性基础,它应该被推翻。

在强调道德感的同时,杰斐逊强调理性在人类道德生活中的作用。他把理性、自然权利和功利看成三个相辅相成的道德概念:理性使人们能够认识他们的自然权利,并尊重彼此的自然权利,人的自然权利可以通过它们在促进人的幸福和福利的时候所体现的功利来证明自己,而功利则是连接理性和自然权利的桥梁。

特别值得一提的是,杰斐逊等启蒙思想家都特别注重道德实践。他们将他们自己的伦理思想和道德哲学运用于他们那个时代的社会实践,力图解决美国启蒙时代的尖锐道德问题。最引人注目的在于,他们总是努力把人的道德追求与爱国精神连接在一起,号召美国人民共同争取自治和独立。在他们眼里,自治和独立是人类最有价值的东西。他们坚持认为,美国独立战争的结果从根本上取决于美国人民是否能够团结合作的事实,因此,他们必须唤起美国人民团结战斗的道德精神和爱国精神。杰斐逊呼吁美国人把争取个人自然权利的努力变成一种争取社会权利的努力。他强调："对于每一个社会成员正确的事情对于他们构成的社会整体也是正确的，因为整体的权利就是个人权利的总和。"① 杰斐逊等启蒙思想家对团结精神和爱国精神的强调具有强有力的道德感召力和凝聚力，在美国独立战争时期发挥了鼓舞斗志、激扬斗争精神、弘扬爱国精神的积极作用。

四、启蒙伦理思想的历史价值和局限性

美国的诞生是一个重大历史事件。它不仅涉及英美两国的关系，而且涉及国际格局的变化。美利坚合众国于 18 世纪末在北美大陆诞生之后，一直保持着强劲发展态势，其世界影响力也不断提升。

美国是在英国、法国、德国等西方国家向资本主义发展阶段整体推进的时代背景下诞生的。那个时代至少有三个主要特征：

第一，自然科学的迅猛发展极大地改变了西方人看待世界的眼光。在看待世界的问题上，18 世纪的西方人与他们的前辈有着显著不同。17 和 18 世纪上半期，天文学、物理学等自然科学学科在西方突飞猛进，这极大地改变了西方人的思维方式和看待世界的眼界。在天文学方面，哥白尼、开普勒提出"日心说"，这不仅从根本上颠覆了西方人自古希腊就一直坚持的"地心说"，而且从根本上改变了他们的世界观。在物理学方面，伽利略发现"落体原理"，牛顿发现"万有引力定律"，这些科学发现推动西方人重新思考世界的存在状况以及人与物的

---

① Adrienne Koch, *The American Enlightenment: The Shaping of the American Experiment and a Free Society*, p. 330.

关系问题。随着自然科学的新进展，西方人的科学眼界和科学眼光均发生根本性改变。一言以蔽之，他们审视世界的科学视角得到极大改善，他们对科学真理的信念也得到极大提高。

第二，科学的迅猛发展不仅改变了西方人的知识体系，而且直接冲击了在西方国家长久占据主导地位的基督教神学，其结果是越来越多的西方人开始质疑，甚至否定基督教神学解释世界的思想和话语体系，有些人甚至要求对基督教解释人生意义和真理的方法和方式解释进行重审和判断。虽然这并不足以从根本上瓦解基督教在西方国家的重要地位，但是它毕竟对基督教构成了巨大冲击。出于对基督教传统的路径依赖，只有极少数西方人选择放弃基督教信仰，即弃绝对上帝的信仰，但基督教对上帝本质及其与人的关系的解释体系确实失去了说服力。西方人的基督教信仰因为遭到人类理性和经验的重新审查和检验而面临着合法性危机。

第三，崇拜理性是西方人在启蒙时代的普遍倾向。在启蒙运动中，欧洲人崇拜理性，美国人也崇拜理性。那个时期的欧美人对理性的信任高于经验和神启。他们都相信理性是人类获取真理的唯一可靠途径，主张借助理性的力量解决科学问题、宗教问题和道德问题。理性是思想启蒙的工具。它不仅是人类知识最可靠的自然来源，而且是人类知识体系得以建构的方法论来源。西方人借助理性获取自然科学知识的逻辑方法、数学方法和经验方法，甚至凭借理性彰显自己的直觉认识能力。理性是欧美启蒙运动的旗帜，也是欧美启蒙运动的灵魂。美国启蒙运动是在欧洲启蒙运动影响下爆发的，因此，它对理性的崇拜是在所难免的。要认识和理解欧美启蒙运动，我们不能不关注和研究理性崇拜在其中所发挥的历史作用。

启蒙运动时期的美国是西方的缩影。它不仅具有西方国家在那个时代普遍具有的一般性特征，而且具有自己的特殊性特征。欧洲启蒙运动旨在推动人们从思想上放弃封建思想观念，接受资本主义思想观念，而美国启蒙运动不仅旨在引导人们接受资本主义思想观念，而且旨在推动他们树立新的国家观念。缔造新的国家是美国启蒙运动的最高使命，也是美国启蒙运动的最大成就。美国诞生之后，成了世界的重要一员。纵观人类社会发展史，美国的诞生确实是一件惊天动地的"世界大事"。发生在18世纪末的启蒙运动催生了一个具有活力的年轻国家。由于年轻，美国从一开始就保持着很强劲的发展态势。对此，整个世界都无法否认。

　　美国是在启蒙运动中崛起的。启蒙运动是美国发展史上举足轻重的一页。它使得资本主义政治制度、经济制度和文化制度在美国得到确立。从道德文化建设方面来看，美国启蒙思想家并没有创建具有美国特色的伦理学理论，但他们形成了启蒙伦理思想，也建构了启蒙伦理思想。他们的启蒙伦理思想是零碎的、非系统的，但这不是他们的过错。在那样一个动荡不安的年代，民族矛盾、政治冲突和军事斗争是当务之急，美国启蒙思想家只能以争取国家独立作为首要使命。他们奔波忙碌，劳心劳力，一切都是为了实现独立建国的目的。繁忙的生活确实无法让他们有更多的实践思考伦理学理论体系的建构问题。不过，重视道德实践的做法和注重道德修养的品格弥补了他们在建构伦理学理论体系方面存在的局限性。事实上，他们在美国伦理思想史上具有不容忽视的重要地位。他们的启蒙伦理思想是美国在启蒙运动时期的道德文化的核心内容。他们是一群在道德生活上严于律己的思想家，要求普通美国民众培养勤俭、节制、勤奋、爱国等美德，同时处处严于律己、以身作则。在道德生活上，他们是道德典范。身为美利坚合众国的开拓者和缔造者，他们在启蒙美国民众的思想观念和培养美国的民族精神方面做出了巨大贡献。他们不仅是美国启蒙运动时期的风云人物，而且是美国精神的丰碑。纵然是时至今日，很多美国人仍然知道本杰明·富兰克林、托马斯·杰斐逊、托马斯·佩恩、詹姆斯·麦迪逊等名字。那些名字是代表美国精神的重要符号。

美国启蒙伦理思想对清教伦理思想既有继承，也有反叛。清教徒在清教时代倡导和践行的节俭、节制、公正等美德在启蒙伦理思想中得到了继承和体现，而他们的"原罪"假设、宿命论等信仰主义伦理思想则遭到了启蒙伦理思想家的质疑和否定。在启蒙运动期间，虽然美国人并没有从根本上放弃"上帝"观念，但是他们对"上帝"的认识、理解和解释方式发生了深刻变化。他们不仅相信自己能够凭借理性能力认识和把握上帝的本质及其与人的关系，而且相信自己有能力认识和解释世界的存在以及人本身的存在。他们大力倡导启蒙伦理思想，并且以之取代清教伦理思想，其伦理思想的聚焦点从"神性"转向"人性"。在启蒙运动时期，启蒙思想家和普通美国人不再羞于或害怕谈论人性，他们中的很多人甚至旗帜鲜明地将人性归结为"善"，其矛头指向清教伦理思想宣扬的原罪说。他们反对将人犯罪的事实追溯到人类祖先堕落的"记忆"中，但他们并不否认人类在后天可能犯错甚至犯罪的事实，同时要求有错或有罪的人对其错误或犯罪承担责任。他们认为，一个人犯错或犯罪不可怕，可怕的是犯错或犯罪之后不知悔改；人类可以通过实践经验学习知识，也可以通过积累实践经验的方式提高道德生活水平；人类普遍具有道德判断能力和道德行为选择能力，也能够对自己所犯的道德错误承担道德责任。相信人、信任人是美国启蒙伦理思想的一个重要内容。这种乐观主义伦理观在启蒙时代的美国占据主流。

强调和尊重人的"自然权利"是美国启蒙伦理思想的基本理念，也是美国精神的基本内容。它兴起于美国启蒙运动时期，后来被美国人代代相传，是构成美国精神财富的重要组成部分。美国人在启蒙运动时代追求"自然权利"的伦理思想，具体表现为对自由、民主、个人主义、言论自由、宗教信仰自由等社会价值的追求，它们对后世的美国人产生了不容忽视的影响。大力倡导"自立性"的爱默生、呼吁生态环境保护的梭罗、宣扬意志自由的麦尔维尔等超验主义哲学家就显然受到了富兰克林、杰斐逊等启蒙思想家的影响。约翰·杜威、西德尼·胡克等现代美国伦理学家认为启蒙运动时期是美国伦理思想发展史上的一个重要阶段。

需要指出，美国启蒙思想家特别强调的"自然权利"是一个颇有争议的概念。他们不仅将人的"自然权利"视为人类天生具有的权利，而且强调在自然权利上人人平等。在倡导"自然权利"时，美国启蒙伦理思想家的立场是鲜明的，但他们的论证是薄弱的。他们在很多时候是将它作为一个口号喊了出来，并没有对它展开深入系统的哲学反思和论证。另外，他们围绕"自然权利"这一概念提出的很多思想是需要商榷的。例如，美国启蒙思想家普遍呼吁尊重和维护人的自然权利，并且视之为获取幸福的根本途径。问题在于，他们所说的"幸福"往往是抽象的，不是指个人幸福。他们有时称之为社会的"幸福"。什么是"社会的幸福"？对此，他们并没有进行明确说明。

美国启蒙运动的最大失败是它没有在美国废除奴隶制度，这不仅为后来的美国内战留下了"祸根"，而且暴露了美国启蒙伦理思想的致命缺陷。美国启蒙伦理学家大力倡导和维护人的"自然权利"，但他们却没有废除丑陋的奴隶制度，这是对美国启蒙运动的莫大讽刺。绝大多数美国启蒙思想家认为奴隶制度是非人道、有违道德的社会制度，但他们并没有道德勇气挑战和废除它。一个可能的原因是当时的美国还有很多人在支持奴隶制度。杰斐逊坚持认为奴隶制度是不道德的，违背了人的自然权利，并且在很多场合公开呼吁通过立法的方式废除它。他曾经在写给爱德华·科尔斯的信中猛烈抨击奴隶制度："我对黑奴制度题材论述已经很多，但时间似乎使它更加根深蒂固。对正义的热爱和对国家的热爱都是我们这些人追求的事业,但我们进行了长久而无效的努力。我们应该受到道德上的谴责。"① 在《独立宣言》初稿中,杰斐逊甚至公开批评英国国王贩运奴隶的行径。他说:"他向人性本身发动了残酷的战争,违背了神圣的生命权,违背了远离他而又没有冒犯他的人的自由权。他把那些人抓起来,然后使他们在另一个半球沦为奴隶。"② 可惜的是,这一段文字后来没有进入《独立宣言》的终稿。

美国启蒙思想家并没有对奴隶制度的邪恶性做出系统的理论分析,也没有对废除奴隶制度提供明确的价值导向,这是他们不能引导美国人废除奴隶制度的重要原因。在启蒙运动时期,很多美国人对奴隶制度的价值认识是模糊的。富兰克林、杰斐逊等美国启蒙思想家的首要任务是实现国家独立,即夺取独立战争的胜利,这使得他们对奴隶制度问题有所忽略。他们的工作重点是揭露英国殖民主义统治的黑暗以及推翻英国殖民主义统治的必要性和重要性。虽然他们发自内心痛恨奴隶制度,但是他们将它当成了一个次要问题。

美国启蒙伦理思想还具有系统性欠缺的不足。由于没有时间进行深入系统的理论反思和建构,美国启蒙思想家将很多伦理概念几乎变成了"不言自明"的概念。他们在很多时候对人的常识或直觉给予高度的信任,并且要求人们与他们的立场保持一致。过分强调常识和直觉的做法既与他们崇拜理性和试验的立场相矛盾,也很容易将人们引向认识的误区。在启蒙运动时期,有些人就是凭借常识和直觉支持奴隶制度的。在伦理学研究中,人们固然不能完全通过诉诸理性和经验的方式来认识、理解和解释伦理概念,但这并不意味着人们应该完全

---

① Adrienne Koch, *The American Enlightenment: The Shaping of the American Experiment and a Free Society*, p. 361.
② Adrienne Koch, *The American Enlightenment: The Shaping of the American Experiment and a Free Society*, p. 380.

信任人的常识和直觉。如果将伦理概念简单地归结为不言自明的东西，这不仅会将它们抽象化、神秘化，而且会将道德现象抽象化、神秘化，甚至完全可能将人类道德生活变成脱离现实的状况。美国启蒙思想家强调自由、节制、民主、"自然权利"等道德价值观念，但由于他们没有时间对它们展开深入系统的论证，它们的内涵和实践引导性都在很大程度上处于被遮蔽的状态。

第三章　美国本土道德文化意识的觉醒

18世纪后半期的美国启蒙运动是一场以实现独立建国为主要目的的思想文化运动，因此，启蒙思想家的所思所想和所作所为都服务于这一目的。美国启蒙思想家重视道德文化建设，并且提出了一些有价值的伦理思想，但他们在建构伦理学理论方面少有建树。他们推崇理性，倡导唯物论、自然神论，强调道德实践，其启蒙伦理思想具有受到欧洲经验主义伦理学深刻影响的明显痕迹。启蒙伦理思想是美国独立战争的思想旗帜，它在美国独立战争期间发挥了积极有效的政治宣传和道德激励作用，是推动美国人投身独立战争的强大精神力量，但它存在漠视人的欲望、兴趣和情感的问题。独立之后，美国的政治生活、经济生活和文化生活格局均发生根本性变化，美国人对政治生活、经济生活和文化生活的价值诉求也出现新动向、新特点和新特色，这必然要求美国调整道德文化建设的方向、思路和举措。本土道德文化意识的觉醒是美国从1830年至美国内战这一历史时期在道德文化建设方面展现的总体特征。

一、超验主义运动与超验主义者

独立战争的胜利极大地增强了美国人的自立意识。它用事实证明，一种统治秩序一旦陷入深重的合法性危机，它就可能被推翻。美国独立宣告了英国殖民主义统治的终结,同时宣告新的统治秩序在北美大陆的确立。虽然美国走的是与欧洲国家一样的资本主义发展道路,但是它从一开始就显示出一定的独特性。美国人千方百计从英国的殖民主义桎梏中挣脱出来,其根本目的不是要重蹈英国资本主义发展的老路,而是要探索资本主义发展的"新路",而要做到这一点,他们首先需要有强烈的自立意识。

在美国历史上,1830年至美国内战这一段时间往往被称为浪漫主义时期或超验主义时期。它之所以有这样两种称呼,是因为该历史时期的美国著名思想家大多集文学家身份和哲学家身份于一身。爱默生、梭罗、麦尔维尔等概莫能外。他们的思想存在个体性差异,但他们在一点上是共同的:他们都不是大学的教授,因此,他们的文风都不是文绉绉的学院派风格。

美国的超验主义运动主要集中在新英格兰地区。在很多美国人眼里,新英格兰地区是美国的真正诞生地。最早踏上北美大陆的英国清教徒就是在新英格兰登陆的。"新英格兰"的英语是 New England,字面意义是"新的英国",喻指那些最早到达北美大陆的英国清教徒具有建立新"英国"的理想。事实亦如此。他们乘坐"五月花号"轮船阴差阳错地漂流到北美大陆,在那里开辟殖民地,对印第安人进行殖民主义统治,对他们宣传清教教义。最重要的在于,他们不仅开创了美国最早的思想传统,而且在北美大陆种下了独立的种子。他们在新英格兰地区立足之后,迅速向北美其他地区扩展版图,使他们在北美的影响力日益扩大,直到最终在自然环境优美、自然资源丰富、地广人稀的北美建立美利坚合众国。由于美国的超验主义运动主要集中于新英格兰地区,它在美国常常被人们称为新英格兰的超验主义。

爱默生、梭罗、麦尔维尔等超验主义者首先是浪漫主义文学家。与欧洲的浪漫主义文学家一样,他们具有显而易见的自然情结,喜欢用生动的文学语言描写大自然，并热衷于表达自己对大自然的热爱。大自然是他们抒发浪漫主义情怀的核心主题。然而，他们又不是纯粹的文学家。他们并不满足于用文学的手法如实地描述大自然，而是将他们自己对大自然的观察和思考提升到哲学的高度。在哲学上，他们走的也是向欧洲哲学家学习的道路。与欧洲超验主义哲学家一样，他们借助哲学思辨的方式解析人与自然的关系，致力于探析人的理性、意志、思想等主观因素与自然规律之间相互联系、相互影响、相互作用的关系。在美国，他们同时被称为超验主义哲学家。由于努力将浪漫主义文学家的想象力与超验主义哲学家的理性思辨能力很好地结合在一起，他们所表达的思想便更容易在读者中间引起共鸣，因而也更加能够引人入胜。在美国，爱默生、梭罗等人一直是人们喜爱的文学家和哲学家，这与他们的写作风格有着直接关系。无论是视为浪漫主义文学家，还是被看作超验主义哲学家，他们都受到美国人民的喜爱和研究。培利·米勒曾经如此高度评价爱默生、梭罗等人："有关新英格兰超验主义者的著述已经和那些超验主义者自己的著述一样多。"[1]

浪漫主义文学和超验主义哲学在新英格兰出现是有原因的。沃尔特·L. 莱顿将它们归因于两个重大历史事件。一是《超验主义者》杂志的出版。1835年，一群年轻人在新英格兰地区创办《超验主义者》杂志，并组建了"超验主义俱乐部"。《超验主义者》主要发表超验主义者的文章，超验主义俱乐部则主要是出于哲学讨论的目的而组建。俱乐部吸引了很多有志于探究超验主义哲学的年轻人。1836年，爱默生在一个偶然的机会与该俱乐部建立了联系，后来还发展成为该俱乐部的领导人物。二是反一神论运动。它是一场宗教运动，与超验主

---

[1] Bruce S. Silver, Nancy A. Stanlick, *Philosophy in America, Interpretive Essays,* Vol. 2, New Jersey: Pearson Education, Inc., 2004, p.65.

运动同时发生。它高举反对一神论的旗帜，明确倡导多神论。这两次运动同时发生，相互影响，相互支持，相得益彰，对美国浪漫主义文学和超验主义哲学的崛起和发展起到了强有力的促进作用。超验主义者在《超验主义者》上面发表文章，表达其唯心主义哲学立场和文学思想。他们中的很多人深受法国社会主义者的影响，模仿他们建立各种协会和俱乐部，呼吁社会变革和社会进步，甚至尝试"共产主义"生活。①

新英格兰地区能够成为美国浪漫主义文学和超验主义哲学的萌发地，还与它的优良教育环境直接相关。它不仅拥有得天独厚的优美自然环境，而且拥有全美最好的教育环境。哈佛大学、耶鲁大学、布朗大学、麻省理工学院等世界名校汇聚于此。优美的自然环境和优良的人文环境为浪漫主义文学和超验主义哲学的兴起和发展提供了极其有利的条件。就是时至今日，新英格兰地区仍然是美国最能吸引人们眼球的地方。

浪漫主义文学于18世纪末率先出现在欧洲，尔后在19世纪上半叶达到繁荣昌盛期。欧洲浪漫主义文学坚持和继承了文艺复兴倡导的人文主义精神，同时对法国古典主义文学进行了猛烈批判。浪漫主义文学家坚持以现实为基础展开文学创作，擅长于使用热情奔放的文学语言，借助比喻、象征、夸张等手法展现文学想象力，同时对人类的未来保持理想主义和乐观主义态度。英国的塞缪尔·泰勒·柯勒律治、威廉·华兹华斯等是欧洲浪漫主义文学家的杰出代表，也是当时享誉世界的浪漫主义诗人。他们歌咏真善美，鼓励人们追求真善美，在当时的美国社会特别是新英格兰地区具有广泛影响力。就是在这些欧洲

---

① Walter L. Leighton, *French Philosophers and New-England Transcendentalism*, New York: Greenwood Press, Publishers, 1968, pp.14-21.

浪漫主义诗人的影响下，很多美国人产生了创作美国本土诗歌、散文的冲动，并且强烈要求把人从严格的基督教限制中解放出来。由于同时具有很好的超验主义哲学理论素养，他们不仅将浪漫主义文学与超验主义哲学有机地结合在一起，而且提出了以追求意识自立性作为核心的伦理思想体系。

爱默生、梭罗等是美国浪漫主义文学和超验主义哲学的重要代表人物。他们是一群特别崇尚思想自由、意志自由和宗教信仰自由的人士。应该说，在他们之前，富兰克林、杰斐逊等美国启蒙思想家已经在追求思想自由、意志自由、宗教信仰自由等方面取得重大成就，但他们的追求是不彻底的。他们没有废除宗教和奴隶制度。在宗教信仰上，他们倡导泛神论，主张宗教与理性的融合。正因为如此，美国的超验主义者普遍认为，启蒙运动增强了美国人的人本主义精神，但并没有使他们成为彻底的人本主义者，因此，他们的思想仍然缺乏鼓舞人心的力量。爱默生、梭罗等人认为，人们需要的不是在严格的一神论基督教框架内追求善和发展自身与神的道德关系，因为这只不过是对已有的观念、信念和机构进行改良或重建，他们需要一种新的视野、新的心灵状态和新的精神境界。他们主张建构具有美国特色的文学和伦理学，弘扬美国人自己的自我认识、灵感或直觉能力。这些也是超验主义伦理思想的主要内容。在他们看来，人对美德、德性或卓越的追求不能是出于服从外在规范或制度体系的目的，而是应该以实现人性或人格的整体性或完整性为目的。

与欧洲浪漫主义文学家一样，美国的超验主义者也特别重视从自然获取思想灵感和道德资源。自然是所有浪漫主义文学家特别钟爱表达的永恒主题。浪漫主义文学家普遍具有热爱自然、尊重自然和保护自然的道德情结。他们喜欢与自然界融为一体，将自然界视为灵感的重要源泉，甚至渴望过一种自然而然的生活方式。美国超验主义者所说的"自然"是神圣的、原始的和完美的。作为超验主义者，他们对自然以及人亲近自然方式的看法并不相同，但他们热爱、尊重和赞美自然的情感态度是一致的。他们普遍相信大自然可以给人类以启迪，主张人类应该以自然为师。在他们眼里，人类与大自然完全可以融为一体；大自然向人类开放，任凭人类自由自在地欣赏，而人类在欣赏自然的过程中可以向后者学习更高的道德法则或精神法则；大自然美不胜收，与人类本性完全吻合。他们甚至相信，如果说人类可以拥有最好的东西，那么这是指人类在欣赏大自然的时候能够与它融为一体的美好境界。美国的超验主义者大都是泛神论者，他们认为大自然中的一切事物都是合乎道德的、神圣的。

泛神论自古就存在，其核心思想是强调"神"与"宇宙"或"自然"的同一性，既赋予宇宙或自然至高无上的神圣性，又注重凸显神的实在性。在中国，道家哲学就是典型的泛神论，其核心主张是"道法自然"。它区分"人道"和"天道"，强调天道的神圣性和至高无上性，要求人类顺应天道而摒弃人道，从而达到与天地合一、与天道相通的境界和形成顺天承道的"德"。在西方，斯宾诺莎是泛神论哲学家。他反对将神视为自然的创造者，认为自然本身是神的化身。

美国超验主义者推崇泛神论的一个重要目的是要克服加尔文教和自然神论在论述自然、人等概念以及人与自然的关系时存在的局限性。他们尝试对自然、人等概念以及人与自然的关系做出新的诠释。一方面，他们坚持将人视为自然之子，主张从自然的角度来解释人的存在；另一方面，他们也强调人的自由。他们认为，人的观念或信念都是"自传式的"，它们体现人本身的本质和性格；人的存在是不能加以限制的，因为人和自然的存在具有无限的可能性；人的想象力和包容性受到其自身的"视点"的影响，视点越高，人的想象力和包容性就越强，反之，视点越低，人的想象力和包容性就越弱。他们反对经验主义和唯物主义道德观。在他们看来，由于一切事物都具有合道德性和神圣性，人类对伦理学的信仰或研究就不应该被视为一门专门化的学问或一种专门化的真理。他们并不否定物质和感觉的存在，但他们把物质看成人可以感觉、可以利用的东西，把经验看成人的意识的组成部分。他们更多强调人的意识，认为人的意识与感觉相比，是一种普遍得多、深刻得多的东西，因为人的感觉只能展现被动的具体现象，而人的意识能够自发地思考或理解高于现象的普遍法则或普遍原则。人的自立性是由意识的自立性决定的。人的意识或思想越纯，它的自立性也就越强；人的意识或思想的自立性越强，它所包含的德性也就越多。德性是人类安身立命的根本。

在美国超验主义者那里，德性的基础或评价德性的标准既不是超验的上帝意志或人对超验的上帝的爱（清教伦理的观点），也不是功利（启蒙伦理的观点）。在道德观方面，他们反对超自然主义，也反对经验主义。他们认为，人对道德的认识和理解不可能通过超自然主义的方法来获得，也不可能通过纯粹的经验来获得；人的德性对于人本身来说纯粹是一种内在的东西，它既不是外部原因导致的，也不能用外部的标准来进行检验。另外，人的道德理想只能在人的意识中得到确立，不能依靠某种高于他的外部权威来确立。也就是说，道德理想只能依靠人本身的意识来确立。人的道德理想是形而上的，它不是物理性的，因此，它不能用物理手段加以衡量，更不能采用物理手段进行交易。人的道德理想具有至高的形而上价值。

美国超验主义者普遍强调意识或思想的"自立性"。在伦理思想领域，他们主张颠覆基督教上帝的统治地位，同时反对政府和法律对人的约束。他们把"上帝"和"法律"都看成外在于人的东西，认为它们根本就不具备支配人类生活的道德权利。以爱默生和梭罗为例，他们都对人奴役人的奴隶制度深恶痛绝，主张废除它。他们旗帜鲜明地指出，保留奴隶制度是美国政府阻碍人的意识自由或思想自由的表现。在这一点上，梭罗显得最为激进。他抗议美国政府发动墨西哥战争和保留奴隶制度的做法，并以此为由拒绝向美国政府纳税。美国政府没有接受他的做法，而是将他关进了监狱。梭罗为了争取人的意识自立性付出了巨大代价。

事实上，美国超验主义者不仅在理论上论证人树立意识或思想自立性的重要性，而且试图将他们的理论付诸实践（行动）。他们付诸实践的首要方式是"独处"，即逃离社会。爱默生和梭罗都认为，要获得意识自立性，人应该远离纷繁复杂的社会约束，以"独处"的方式生存；"独处"不仅能够使人用一种独特的视角审视人自身的存在以及人与自然的关系，而且能够推动人与自然最终融为一体。爱默生认为："一个人独处的时候需要尽可能远离社会。"[①] 梭罗则认为，一个人在文明世界里过原始的、拓荒的生活是有好处的。爱默生和梭罗一致认为，受社会约束的人往往会疯狂地追求名利，这会从根本上破坏他们的意识自立性或思想自立性。

在追求意识自立性或思想自立性方面，梭罗比爱默生走得更远。他不仅反对和抗议他自认为不合理的社会制度，而且试图通过亲近自然的方式摆脱人类社会的制约。众所周知，为了摆脱人类社会的制约，他曾经在瓦尔登湖畔隐居过一段时间。此间，他想方设法亲近自然，并写出了举世闻名的《瓦尔登湖》。美国超验主义者追求绝对理想的生活，这种生活或者是隐居式的，或者是公共式的，其根本目的是要人类享受充分的思想自由和行动自由。他们所做的各种尝试最终都以失败而告终，但他们追求思想自由和行动自由的道德理想是实实在在的。

[①] Merton M. Sealts, Alfred R. Ferguson, *Emerson's Nature: Origin, Growth, Meaning*, London: Southern Illinois University Press, 1969, p. 7.

美国超验主义者追求简朴、自然和坦诚的道德生活方式。他们看不惯现实社会中广泛存在的道德伪善现象。他们要求人们以简朴、自然和坦诚的道德生活方式取代伪善的道德生活方式，呼吁人们超越一切表面的、虚假的道德关系（包括人与人之间的道德关系以及人与自然之间的道德关系），在道德生活上达到更加丰富多彩、更加人性化的境界。他们尤其强调自然对人类道德生活的价值维度。在他们眼里，自然永远是神奇的、神圣的，永远能够给人以道德真理的启迪；人类应该亲近自然；只要亲近自然的人能够向大自然敞开自己的心灵，自然就会向他们毫无保留地揭示它掌握的真理；人类普遍有能力欣赏大自然的美，也普遍有能力接受自然的真理启迪，但并不是所有人都能够看到大自然的伟大和神奇；只有诗人才有能力看到大自然的伟大和神奇。

需要指出的是，由于美国超验主义者都是以文学的方式来表达他们的思想，他们的伦理思想存在系统性不足的问题。他们的超验主义伦理思想分散在众多文学作品中，需要我们进行深入发掘才能显现出来。我们很难系统、全面地归纳他们的伦理思想，而只能尽力捕捉和总结他们的文学作品隐藏的思想倾向。不过，强调人的个体性、自主性和创造性似乎是美国超验主义伦理学家的共同思想倾向。另外，爱默生和梭罗应该被视为美国超验主义者中的两个最为杰出的人物。我们认为，如果没有这两位伟大的思想家，美国超验主义的历史画面将变得难以想象，其历史价值也令人怀疑。他们是世界著名的大哲学家。他们以自己的方式揭示了他们生活的那个时代所存在的道德问题和其他社会问题，并在试图解决这些问题的过程中显示了他们的哲学智慧。总体来看，爱默生相信每一个人身上都有一种"道德法则"潜在地在发挥作用，人类道德生活受到它的强有力支配，而在梭罗看来，人类道德生活应该更多地体现为实实在在的实践态度和实践精神。换言之，爱默生更多地相信道德法则对人类道德生活的指导作用；相比之下，梭罗更多地相信道德实践的意义和价值。

二、爱默生：美国道德文化独立宣言的发布者

爱默生的全名是拉尔夫·瓦尔多·爱默生（Ralph Waldo Emerson，1803—1882）。他集哲学家、散文家、诗人等身份于一身。当他于1803年5月在马萨诸塞州波士顿附近的康科德城出生的时候，美国正处于社会转型期。在国家刚刚诞生之际，美国人感到兴奋，也意识到一种新的力量在汇聚，但他们并不能非常清楚地表达这样的感受。毕竟很多事情处于不甚明朗的状态。国家没有统一的政体，人们的意识形态仍在形成过程中。最重要的是，他们刚刚从英国的殖民统治中挣脱出来，但欧洲文化传统依然深深地影响着他们的生活。旧的文化传统依然强有力地发挥着作用，而新的文化又尚未完全形成，这是美国建国之初的社会现实。许多美国人因此陷入彷徨、困惑。

爱默生是一位杰出的演讲家。每次面对听他演讲的观众，他就无比兴奋，并且具有难以言说的巨大成就感。他的浪漫主义文学作品和超验主义哲学著作之所以能够在美国社会广为流传，这与他的杰出演讲才华有着直接关系。他的演讲富有激情和逻辑性，又不乏思想性和理论性，往往能够引人入胜，这对于传播他的文学和哲学思想起到了不容忽视的重要作用。

歌颂自然是爱默生建构其超验主义哲学思想的起点。爱默生将自然的意义归结为两个维度：普通的意义和哲学意义。[1] 在他看来，自然

---

[1] 〔美〕爱默生：《美国的文明》，孙宜学译，广西师范大学出版社2002年版，第2页。

既是"普通的",也是深奥的。前者指自然具有人无法改变的本质,它总是通过空间、空气、河流、树叶等自然现象表现出来,具有客观性;后者指自然现象背后隐藏的富有诗意的意义,它是自然的精神,是自然的真理。爱默生说:"自然是精神的象征。"① 精神是自然的本质。爱默生还进一步指出,能够看到自然之精神的成年人很少,只有天真的小孩才能够看见自然精神。他说:"老实讲,能够看见自然的成年人很少。人们大都看不见太阳,即使看见,他们的印象也很肤浅。太阳只会照亮成人的眼睛,却能照进孩子的眼睛和心里。"② 其意指,要真正看到自然的精神,人必须具有纯真的心灵,一个人一旦成年,他的心里就会装满各种世俗的东西,他就不可能再看到自然现象背后隐藏的精神。

在爱默生的眼里,自然是美的世界。他说:"自然是极其相似甚至独一无二的形式之海。一片树叶,一线阳光,一道风景,大都会在心灵上造成类似的印象。它们之间共通的东西——完整与和谐——就是美。"③ 人类在与自然打交道的时候,实际上是在欣赏各种各样的自然美。在社会生活中,人类会因为肉体和精神会受到苦闷工作和群居生活的束缚而郁郁寡欢,因此,我们需要借助自然来调节自己的生活情调。自然是一剂良药。它不仅给我们提供无穷无尽的美的享受,而且让我们的灵魂不断得到升华。另外,"自然是思想的容器"④,通过亲近自然,人类可以得到关于知识真理的理解的训练。最重要的事实在于,"一切自然的过程都是道德命题的改写本。道德法则横在自然的中央,并向四周辐射"⑤。自然能够通过显示其道德真理的方式对我们进行道德

---

① 〔美〕爱默生:《美国的文明》,孙宜学译,第 13 页。
② 〔美〕爱默生:《美国的文明》,孙宜学译,第 3 页。
③ 〔美〕爱默生:《美国的文明》,孙宜学译,第 12 页。
④ 〔美〕爱默生:《美国的文明》,孙宜学译,第 13 页。
⑤ 〔美〕爱默生:《美国的文明》,孙宜学译,第 23 页。

教育。

爱默生是一个唯心主义哲学家。在认识和处理物质与精神的关系问题上，他强调精神是第一性的，物质是第二性的。他认为，自然会给人的心灵提出三个问题，即：物质是什么？它从何而来？它向何处去？他对这三个问题的解答是："世界和人的肉体一样，都发源于同一种精神。"① 爱默生将精神视为"最高的存在"，并且称之为世界的主导。他还特别强调："人的基础不在物质，而在精神，但精神的因素就是永恒。"② 因此，人本质上是由精神塑造的存在者，或者说，人的本质是精神。精神塑造、制造和改变着自然，也塑造、制造和改变着人类。

爱默生是对美国文明最先进行反思的美国人。一方面，他坚信美国的诞生标志着人类文明的进步，认为它使美国人生活在"一个新的自由的时代"，给美国人带来了机遇和希望③；另一方面，他对美国这一新兴国家对一些丑陋现象的容忍进行了批判。他尤其对美国在独立之后仍然保留奴隶制度的做法表示愤慨。他旗帜鲜明地反对奴隶制度，称之为美国社会存在的"赤贫"。在他看来，奴隶制度是人类社会处于低级文明水平才会允许存在的东西，进入高级文明水平的国家应该彻底摈弃它；作为一个新型国家，美国不仅应该将"好的文明"扩展到整个国家，而且有义务保证最大程度的公正。爱默生认为奴隶制度有损于美国文明的发展，更有损于美国社会的公正。他呼吁美国政府彻底废除奴隶制度："我们希望出现一个没有罪恶的国家，在今天的痛苦和将来的黑暗的阴影下，这是我们所能依赖的惟一安慰，世界性的政府是道德的，并且将永远摧毁非道德的一切。"④ 他将美国政府称为"世

---

① 〔美〕爱默生：《美国的文明》，孙宜学译，第 37 页。
② 〔美〕爱默生：《美国的文明》，孙宜学译，第 41 页。
③ 〔美〕爱默生：《美国的文明》，孙宜学译，第 48 页。
④ 〔美〕爱默生：《美国的文明》，孙宜学译，第 54 页。

界性政府",希望它成为世界各国政府的表率,在向善、求善和行善方面以身作则。

爱默生是较早具有文化自立意识的美国人。他很早就预见到美国人很快会走出欧洲文化阴影的事实。1837年,他发表一篇题为《美国学者》的演讲词,最先宣告美国文学已经脱离英国文学而独立,呼吁美国学者改变学究习气,不固守欧洲文化传统,与时俱进,推陈出新,开创美国文学发展新局面。他强调:"美国人并非只有机械技术方面的能力,他们应有更好的东西奉献给人类。美洲大陆的懒散智力,将要睁开它沉重的眼睑,来满足这个早该满足的希望了。我们依赖旁人的日子,我们学习他国的长期学徒时代即将结束。"[1] 他呼唤"美国学者"的诞生,希望"美国学者"真正成为"思想着的人"和有思想的人。在他看来,只知道模仿的学者是"书呆子",不是思想着的学者和有思想的学者;美国学者应该培养自我信赖的美德,"自由且勇敢"[2],能够用自己的脚走路,用自己的手工作,用自己的嘴巴发表自己的观点。此外,他还在演讲词中猛烈抨击了美国社会当时日趋严重的拜金主义现象,强调人类生活的精神价值维度。《美国学者》这篇演讲词在当时产生了比较广泛的社会影响,堪称美国道德文化的"独立宣言"。

需要指出的是,追求意识自立的爱默生也深受欧洲文化的影响。他出生在美国,但他在哈佛大学就读的时候就阅读了许多英国浪漫主义作家的作品,并且在那些作品的影响下踏上了浪漫主义文学创作的道路。1832年以后,他游历欧洲各国,结识了英国浪漫主义文学大师华兹华斯和柯勒律治,进一步了解他们的浪漫主义文学理念和超验主义哲学思想。另外,他的美国朋友多为浪漫主义作家和超验主义哲学

---

[1] 〔美〕爱默生:《美国的文明》,孙宜学译,第55页。
[2] 〔美〕爱默生:《美国的文明》,孙宜学译,第69页。

家。他经常与梭罗、霍桑、阿尔柯、玛格利特等人在"超验主义俱乐部"聚会,一起探讨浪漫主义文学创作和超验主义哲学问题。爱默生是一个既有传统意识又具有强烈自立意识的美国文学家和哲学家。

爱默生提出了比较系统的伦理学理论。他没有撰写过伦理学专著,但他在自己的著述(主要是文学作品和演讲词)中表达了丰富而深刻的伦理思想。他不仅配得上"伦理学家"的称号,而且是美国土生土长的第一位伦理学家。对此,我们可以从以下几个方面加以解释。

第一,爱默生特别重视伦理学和伦理原则对人类道德生活的引导作用,坚信道德教化是引导人们向善、求善和行善的必要手段。爱默生坚信自然万物和社会生活中的一切事物都具有道德启迪作用。他说:"一切事物都是道德的;在无限的变化中,它们与精神自然不断保持联系。……这种伦理性质如此深入地渗透在自然的骨髓里,以致自然似乎就是为了这一目的而存在的。"[1]

第二,爱默生的伦理思想具有神秘主义和自然主义特征。爱默生在很多时候表现出人本主义哲学家的精神气质,但他对神秘主义和自然主义也持肯定和支持态度。他对世界历史上的神秘主义者和自然主义者称赞有加,并且将神秘主义和自然主义贯穿于自己的伦理思想之中。例如,他认为自然界内含很多道德法则,但他对此并没有提供充分的论证。佛朗西斯·伯文对爱默生的神秘主义倾向进行了批评,认为它损害了爱默生的文采和哲学思想。在对爱默生的《自然》做出评论时,他毫不掩饰地指出:"我们在这本很小的著作里发现了华丽的文采和合理的哲学思想,但它的效果因为偶尔的抽象表达方式和贯穿于作者整个思想过程的神秘主义色彩而受到了损害。"[2]

---

[1] Merton M. Sealts, Alfred R. Ferguson, *Emerson's Nature: Origin, Growth, Meaning*, p. 21.
[2] Merton M. Sealts, Alfred R. Ferguson, *Emerson's Nature: Origin, Growth, Meaning*, p. 81.

第三，爱默生在年轻的时候就围绕"意识自立性"和"自然神圣性"两个概念提出了比较系统的道德哲学观点。作为一位超验主义者，爱默生不仅对人本身怀有绝对信心，而且对人改良自我、克服自我局限性和战胜邪恶的能力抱持乐观主义态度。如果这是美国超验主义伦理思想的核心内容，那么爱默生无疑是这种伦理思想的最伟大的弘扬者。爱默生是一个唯心主义者，认为一切存在从根本上来说都是精神的。他甚至将自然视为一种精神或现象，而不是视之为物质，但他的唯心主义哲学并不是通过哲学思辨得到表达的，而是通过他本人对人的绝对信念和乐观主义精神表现出来的。也就是说，他主要是用浪漫主义文学家充满想象力的文学语言来表达其道德哲学观点的，其中不乏语言的生动性和思想的深刻性，但缺乏论证的不足也显而易见。爱默生从来不在演讲中用高人一等的语气与他的听众说话，而是总是给予他们积极的肯定和鼓励。有时候，他也会抨击社会现实，但是他从来不挖苦普通人。之所以如此，是因为他相信每一个人都有自己的灵魂，每一个灵魂都具有特殊价值。他认为，人类是由不同的个人组成的，但个人并不是彼此的翻版；人不能相互比较，能够相互比较的只能是人的自立性状况；如果一定要对一个人进行比较，那只能用现在的他与他可能成为的状态进行比较，或者用他现在拥有的灵魂与他可能拥有的"超灵魂"相比较。

第四，爱默生的伦理学研究方法主要是直觉主义。他常常表达神秘主义和自然主义道德信念，但往往没有提供系统的理论论证。他不否认恶的存在，但他强调恶总是可以克服的。对此，他也没有进行有说服力的解析。在对待道德问题的态度上，他总是表现出一种乐观主义倾向，但这仅仅是因为他坚信，任何事物都不可能长久地处于错误状态或坏的状态中，恶的事物更加不可能长久地存在，因为一切恶的东西都会遭到时间的惩罚。他凭着直觉相信，随着时间的推移，善恶都会有定论，恶最终会一个个被克服。他相信人总是会用新的眼光看世界。在他看来，人之所以能够不断用新的眼光看世界，是因为世界是依靠人的思想而存在的；人的精神具有难以估量的创造力，它可以创造世界，也可以超越世界；在强大精神的驱动下，人能够拥有一种"超灵魂"；世界是在人的精神主导下存在的；在人的精神中，最强大的是思想；人的思想总是在更新，因此，世界也会像四季更替那样不断更新；只要人能够从思想上认识到恶的邪恶性，他们最终会战胜所有的恶。

第五，爱默生总是对人类道德生活抱持乐观主义态度。刚刚赢得国家独立的美国人普遍用乐观主义态度对待生活，在这一点上，爱默生显得更加明显。他推崇人的理性认识能力、思想或意识，而不是人的激情和感觉，但他的信念大都建立在直觉之上。他将人的最大力量归结为直觉意识，因此，在他的眼里，人之为人的现实状况不是通过人的行为和世界的存在状况得到体现的，而是主要依靠人的直觉得到呈现。他在演讲中喜欢谈"理想"，认为所有人都应该拥有自己的理想，并且相信理想是人类最大快乐的来源。他没有将"理想"理解为某种偶然的暂时的东西，而是赋予它永恒的、普遍的意义。显然，他所说的理想不是普通人追求物质享受的一时快乐，而是永恒的精神境界。正因为如此，爱默生往往表现出崇拜伟人的思想倾向。他认为"相信伟人是自然而然的事"，相信"大自然似乎就是为优秀人物而存在的"，甚至强调"追随伟人是青年人的梦想，是成年人最严肃的事业"。[①] 他认为，通过研究柏拉图、莎士比亚等伟人，一个人不仅可以发现他们的理想，而且可以激发自己的理想；或者说，通过敬重伟人，一个人也可以成就伟大；伟人都具有伟大的理想，每一个伟人都是依

[①] 〔美〕爱默生：《美国的文明》，孙宜学译，第154页。

靠他的伟大理想而成为伟人的；一个人拥有的理想越伟大，他的生活包含的德性也就越丰富；人类不能没有理想。

第六，爱默生重视语言在伦理学中的重要作用。作为一位著名演讲家，爱默生对语言的功能和作用有特别深刻的认知。他似乎认为，语言是人类的一种天赋能力，是"自然"服务于人的重要方式，是人与自然进行沟通和交流的根本途径。在爱默生看来，"自然"是思想的载体，它需要通过语言来表达。首先，词语是表达自然事实的符号。一部自然史就是一部用语言符号表达的历史。自然史的主要价值在于用语言帮助我们理解自然的历史。自然界的一切变化都必须通过语言才能被表达出来，也才能成为能够被人类认知的东西。另外，每一个被用于表达某个道德事实或认知事实的词语都是从某种物质现象那里"借"来的。"我们说，心表达情感，头脑装载思想，而思想和情感就是来自可感知事物、最终变成了精神自然的词语。"[1] 其次，自然事实是精神事实的符号。作为符号存在的词语都具有象征意义。之所以如此，是因为所有事物都具有象征意义。每一个自然事实都象征某种精神事实，自然中的每一个现象都与某种思想状态相对应，而每一种思想状态都必须借助语言来描述。语言与思想相对应，而思想又与自然事实相对应，因此，语言与自然相对应。再次，自然是精神的符号。自然不仅是一个物质的世界，而且是一个关于人的思想的比喻；或者说，它不仅是一个关于物质法则的比喻，而且是一个关于道德自然的法则的比喻。在自然中，物质与思想是对应的，物质法则与道德自然的法则也是对应的。他说："道德自然的法则与物质法则之间的对应关系就像照镜子的状态。"[2] 其意指，整个自然都具有道德意义，表达自然事实

---

[1] Merton M. Sealts, Alfred R. Ferguson, *Emerson's Nature: Origin, Growth, Meaning*, p. 15.

[2] Merton M. Sealts, Alfred R. Ferguson, *Emerson's Nature: Origin, Growth, Meaning*, p. 18.

的语言总是同时传达一定的道德意义。他进一步指出:"历史上流传下来的词语和各个民族流传的格言通常是由自然事实构成的,它们是被精选出来的道德真理画或寓言。"①

三、梭罗:公民不服从者和瓦尔登湖畔的隐居者

《瓦尔登湖》是梭罗最著名的著作。该著作是用散文形式写成的,内容以梭罗的生活经历为主,显得比较繁杂,但它的主题非常鲜明,贯穿整个著作的主题思想表面上看是追问"我(梭罗)为何生活",其实质是追问"人为何生活"。

19世纪中叶是美国腾飞的预备期。那时的美国人普遍沉浸在立国的喜悦之中,对生活满怀希望和信心,积极进取,同时表现出物欲横流的倾向。这种现实说明当时的美国人在思想观念上存在严重的误区,他们中的很多人错误地认为建立新国家的根本目的仅仅在于改善他们的物质生活,因此,他们很快就投身于物欲横流之中了。对此,只有爱默生、梭罗等少数哲学家进行了深刻反思。在这一点上,梭罗思考得更多,做得也更多。他的《瓦尔登湖》不仅是一部"游记",而且还可以说是一部追问人生意义和价值的哲学著作。

"我是在孤独地生活着,在森林中,在马萨诸塞州的康科德城,瓦尔登湖的湖岸上,在我亲手建筑的木屋里,距离任何邻居一英里,只靠着我双手劳动,养活我自己。"② 这是梭罗在《瓦尔登湖》的开篇说的一段话。这段话是对他在瓦尔登湖畔隐居两年零两个月生活的概述。

---

① Merton M. Sealts, Alfred R. Ferguson, *Emerson's Nature: Origin, Growth, Meaning*, p. 18.
② 〔美〕亨利·梭罗:《瓦尔登湖》,徐迟译,吉林人民出版社1997年版,第1页。

梭罗倡导简朴、亲近自然的生活方式，反对奢侈、浪费的生活方式。在《瓦尔登湖》中，他试图通过"经济篇"告诉人们：人类生活应该是简单、朴素的，因为每一个人的物质需求都是非常有限的；人之为人的意义和价值并不在于物质生活水平的高低，而是主要在于精神生活水平的高低。在这一点上，梭罗与爱默生的观点高度一致。

爱默生与梭罗是挚友。他们交情深厚，相互影响。作为美国最著名的两位超验主义哲学家、文学家，他们在建构超验主义伦理思想方面也卓有建树。正如历史学家莱尔佛·亨利·格布瑞尔所说："他们两个人关心的关键问题是伦理学问题。他们当时的任务就是要使道德在地球上发挥它的作用。"[1] 不过，格布瑞尔只是关注到了爱默生和梭罗建构伦理思想的共同志趣，并没有论及他们之间的伦理思想差异。

爱默生对伦理学和道德的重视常常溢于言表。梭罗与他的立场是一致的。他说："我们的一生都具有道德性。德性与邪恶之间永远都没有休战协定。善是永远不会亏本的投资。"[2] 不过，与爱默生总是对人类道德生活抱持乐观主义态度的事实不同，梭罗时不时地会对道德表示出抱怨甚至否定的态度。他有时会用道德虚无主义者口吻说："我的文章最让我恼火的是其中的道德因素。有悔改表现的人从来不标榜自己。他们的决心都是暗地里形成的。严格来说，道德是无益的。"[3] 有时候，他甚至干脆以道德上的"浪荡子"的角色呈现在世人面前。表面看来，梭罗对待伦理学和道德的态度和思想具有不连贯性，而事实上，这只不过是梭罗在运用反讽的方法表达自己的伦理思想而已。

在美国超验主义者中间，梭罗是一个与众不同的人。他的思想既

---

[1] George F. Whicher, *The Transcendentalist Revolt against Materialism*, Boston: Heath, 1949, p. 64.

[2] Carl Bode, *The Best of Thoreau's Journals*, Carbondale: Southern Illinois University Press, 1967, p. 63.

[3] Carl Bode, *The Best of Thoreau's Journals*, p. 63.

与爱默生有很多不同之处，也不同于美国超验主义的主流思想。更有趣的是，他本人的思想经常显得前后不一致。身为文学家的梭罗在哲学写作中一定受到了文学方法论的影响，因此，他的写作风格并不注重逻辑上的连贯一致性。他可能对文学家喜欢制造思想悬念的做法情有独钟，在写作的时候乐于给读者留下想象和解读的空间。与爱默生不同，他不是演讲家，也厌恶道德说教。他尤其不愿意就自己的思想展开长篇大论。他赞同爱默生把自然法则看成最纯粹的道德和认为每一个人都应该讲道德的观点，同时又反对以"良心"表现的道德支配人类生活。他似乎认为，良心很重要，但它不是道德的全部。另外，他有时高度肯定道德义务的重要性，但有时又反对将道德义务视为人的存在的全部内容。他重视道德义务和良心，将它们视为人类生活的必要组成部分，但同时强调人类生活应该包括更多的内容。他公开宣称自己是超验主义者、神秘主义者和自然主义者。

梭罗在表达自己的神秘主义和自然主义思想时采用的方法不同于爱默生。总体来看，他采用的是热情昂扬和具有感性色彩的方法，而爱默生采用的是小心谨慎、注重沉思的方法。他更像一位经验主义哲学家，而爱默生更像一位理性主义哲学家。这可能与他们喜欢不同生活方式的事实有关。梭罗喜欢积极、热情、活跃、激进的生活方式，而爱默生则喜欢恬淡、平静、单一、保守的生活方式。梭罗曾经到瓦尔登湖畔独居过一段时间，但他的生活自始至终都充满着"革新"，甚至"革命"的气息。他和爱默生都对美国当时流行的奴隶制度和工业化倾向深恶痛绝，但他们的态度和做法是有差异的。爱默生的态度和做法显得比较温和，而梭罗的态度和做法显得更加激进。他不仅时时刻刻努力改变它们，而且身体力行，将想法见诸行动。在瓦尔登湖畔独居期间，他仍然在做着各种各样的生活试验。梭罗不仅是思想家，而且是实践家。爱默生在年轻的时候有过一些"激进"的人生经历，但他的一生总体上是以平静的格调为主。他周游各地，发表演讲，著书立说，在宣传自立哲学和超验主义思想的过程中获得巨大成就感，从而为自己在美国哲学和文学史上赢得一席之地，但他的文笔总体上显得比较含蓄。梭罗似乎更像一位文学家，而爱默生似乎更像一位哲学家。

事实上，梭罗深受爱默生的影响。他曾经到爱默生家里居住过四年时间，可见他与爱默生情谊深厚。他到瓦尔登湖畔隐居的地方也是爱默生提供的。总体来看，梭罗赞成爱默生强调思想自立性和自然的观点，但他并没有全盘接受爱默生的观点。他具有强烈的创新意识，并且试图创建自己的学派。他认为，哲学家应该有巧妙的思想，应该致力于创建学派，应该热爱智慧，应该根据智慧的命令过简单、独立、慷慨和信任的生活。他努力把爱默生强调思想自立性和自然的思想极端化，并且试图在哲学上自成一家。另外，与爱默生不同，梭罗特别重视哲学的实践引导作用。在他看来，真正的哲学家不仅应该深入实际生活，而且应该用哲学理论解决生活实际问题和社会实践问题。

梭罗崇尚简朴、平静的生活。他对美国日益流行的奢侈生活方式多有批评。在他看来，美国社会当时流行的奢侈生活方式不仅不利于人类思想进步，而且对人类思想进步构成巨大障碍；一味追逐物质财富和生活安逸的人不可能以追求思想为乐；19世纪美国的哲学家并没有真正追求思想，他们已经发生"质变"。他毫不掩饰自己对美国哲学家的不满。他认为在他那个时代的美国，哲学教授很多，但没有哲学家。在他的眼中，真正的哲学家是那些能够站在时代前沿和引领时代潮流的人。他对古代中国、印度和希腊的哲学家赞美有加，特别钦佩他们为了哲学而"自愿贫困"的做法，认为这是他们能够提出伟大哲学思想的根本原因。与爱默生不同，梭罗对思想自立性和自然的认识、理解和把握不停留在理论上，而是深入到了实践层面。他似乎暗示人们，只有实际地经历过，一个人才能真正体会"思想自立性"和"自然"的真义。爱默生将人的思想自立性和自然主要置于超验的层面加以解释，而梭罗主要将它们置于实践经验层面来加以解释。梭罗反对人们用唯心的方法建构关于思想自立性和自然的认识，主张在实践中建构关于它们的认识。他还特别指出，自然并不是一只驯服的、家养的动物，人们不可能通过阅读故事书或走进动物园的方式来了解它。在他看来，自然不仅具有内在的野性、原始性，而且是深奥的、难以认识的，因此，我们必须身临其境地走进自然才能深入地了解、理解它。这可能就是梭罗到瓦尔登湖畔隐居的根本原因。

爱默生推崇人的直觉，将经验、具体事物、感觉等置于次于人的直觉的层面。与爱默生不同，梭罗推崇经验，并且是一个激进的经验主义者。他坚信经验的可靠性，主张通过亲身尝试和体验存在的方式证明真理的有效性，认为直接体会事物的存在状况可以给人提供感觉上的丰富性、全面性和完整性。在这一点上，他确实与爱默生形成了鲜明对比，他的许多观点甚至与爱默生是背道而驰的。爱默生热爱生活，把普遍性和永恒性看成生活的首要内容，并且要求人们追求遵循普遍性和永恒性法则的生活方式。与此不同，梭罗显然把特殊性和直接性视为生活的最重要方面，并且要求人们深入特殊的、直接的实践之中去体验生活。在梭罗那里，人们应该因时、因地而生活，应该在不同的地方享受不同的生活方式，应该在不同的季节呼吸不同的空气，喝不同的水，吃不同的食物，而不是过千篇一律的生活。他强调生活的变化性。在他看来，时间总是不断在推移，生活的地点也总是不断在转移，人的生活体验也应该是变化的。他引用中国《汤之盘铭》的浴盆刻文支持自己的观点："苟日新，日日新，又日新。"[①] 另外，爱默

[①] 转引自〔美〕亨利·梭罗：《瓦尔登湖》，徐迟译，第82页。

生更多地强调心智和思想的独立性，而梭罗更多地重视生活实践的自主性和独立性。梭罗是一个实践主义者。在瓦尔登湖畔，他过着自力更生的生活，用自己的双手搭建住处，用自己的双手种植农作物，用自己的双手采集野生食物。他亲力亲为，自得其乐。对于他来说，在瓦尔登湖畔隐居两年零两个月的生活是真正的人的生活方式。它让人有无限的机会亲近自然。他在倡导一种与爱默生不同的"自立性"。他所说的"自立性"不是心智上的独立和自由，而是身体上的独处和自由。

梭罗和爱默生都希望通过亲近大自然的方式获取美好生活。他们的出发点是一致的。当时的美国正在快速地向商业社会转型，政治腐败、物欲横流日益严重，整个社会开始弥漫着越来越浓烈的铜臭味。他们是最早洞察这种社会现实的哲学家。他们对生活的期待与现实格格不入。作为哲学家和社会批评家，他们试图用自然主义的美学理想和道德理想将美国人从庸俗和繁琐中拯救出来，但他们根本不可能摆脱现实的纠葛。当他们无法回避政治腐败、物欲横流等问题时，他们将解决问题的希望寄托在人亲近自然的天性和人普遍具有的道德敏感性。前者体现人的审美能力，后者涉及人的道德修养状况。梭罗和爱默生都试图通过激发人的道德良心和美学素养来应对和解决美国社会日趋复杂的政治问题、宗教问题和其他社会问题。作为超验主义哲学家，他们不满美国人的现实生活质量，认为他们的现实生活质量低劣、单调乏味。提高美国人的生活质量是梭罗和爱默生的共同理想。

爱默生对 19 世纪美国的文化状况多有抱怨。他如此描述当时的美国文化："我们的文化很廉价，也很容易理解。揭开任何一座房子的屋顶，你就可以发现这一点。所谓的幸福在于拥有足够的咖啡、吐司和一份日报；在于拥有一个装潢讲究的客厅，里面有大理石、镜子和桌子；在于一年中能够举行几次家庭聚会和开车到外面兜几次风。这就是一个家和一切。"① 其意指，19世纪的美国文化是极其庸俗的，美国人的生活目的过分集中于物质内容，过着低级动物式的生活。他呼吁美国人改变庸俗的生活方式，进入以高尚精神引领的时代。对此，他持乐观态度。他说："四足动物的时代就要结束了，大脑和心的时代就要来到了。"② 爱默生显然希望，美国的诞生不仅意味着北美大陆在经济和政治上发生巨变，更重要的是要在文化上出现质的飞跃。

梭罗也常常表达类似的抱怨。在抱怨美国文化方面，爱默生总体上显得比较含蓄，梭罗则显得更加激进。他批评19世纪的美国人不讲道德，不遵守任何美学准则，在生活中仅仅遵守经济原则或商业原则。他把美国比喻为一个名利场，认为美国人忙忙碌碌仅仅为了美元而活着，却将这种以物质利益为主导的生活方式称为文明的生活方式。事实亦如此。在19世纪的美国，主流的商业伦理具有明显的拜金主义特征，主张用金钱的数量和生活消费量来衡量人的价值观，甚至人本身的价值。它既不重视崇高道德的价值，也不鼓励人们追求自然的美学价值。在梭罗看来，当时的美国陷入了道德败坏的危机状况，美国总统保留奴隶制度和发动墨西哥战争的非道德行为就用事实证明了这一点。

梭罗既反对人过分地依赖物质财产，也反对人过分地依赖政府来保护其物质财产。他认为，一个人过分地依赖财产或过分地依赖政府来保护自己的财产，这是他缺乏自立性的表现。在政治上，他是自由主义者，主张政府对个人的干预越少越好。在政治伦理方面，他比爱默生表现得更加激进，主张公民不服从，并且敢于付诸实际行动。在反对奴隶制度方面，他的态度不像爱默生那样显得比较温和，而是表

---

① Brooks Atkinson, *The Complete Essays and Other Writings of Ralph Waldo Emerson*, New York: Doubleday, 1957, p. 843.
② 〔美〕爱默生：《美国的文明》，孙宜学译，第371页。

现得更加大义凛然。他猛烈抨击美国政府保留奴隶制度的行径，并且因此而被关进了监狱。他没有将良心视为道德的全部，但他随时愿意接受良心的召唤做正确的事。他认为道德责任担当不应该停留在口头上，而是应该落实到实际行动上。例如，如果一个人将追求自由作为自己的道德责任，他就应该用实际行动去争取自由，而不只是喊口号。作为一个自由主义者，他也强烈反对政府借社会之名要求个人承担某些义务的社会功利主义做法。

《瓦尔登湖》比较清晰地展现了梭罗人类生活意义和价值的认识和理解。在梭罗的心里有一幅人类美好生活的图景。与爱默生一样，他是以"善"来界定美好生活的核心要义。他向往的美好生活是一种富有浪漫主义色彩的生活方式，它是以自然、健康、自由、友谊、简单和宁静作为主要内容的。在梭罗的美好生活理念中，人类生活的意义和价值应该从人与自然、个人与社会之间的关系来加以界定。他特别强调自由的价值维度，认为"自由"不仅是指人的身体不受迫害，而且是指人必须拥有身体自由和精神自由。梭罗并没有仅仅从人与自然的关系角度来审视人类如何获得美好生活的问题。《瓦尔登湖》既鼓励人们亲近自然，也鼓励人们在社会中获得美好生活。梭罗本人就从来没有完全脱离人类社会。他是在享有现代文明的社会条件下去体会亲近大自然的生活方式。

梭罗和爱默生都是超验主义哲学家，但他们之间存在明显的立场差异。总体来看，梭罗是一个实践哲学家，他往往用个人主义行为去冲击不道德的社会制度。相比之下，爱默生则是一个理论哲学家，他更多从理论上来探讨社会变革的可能性和可行性。作为美国超验主义哲学的主要代表人物，梭罗和爱默生具有深厚的个人情谊，但他们在哲学立场上的分歧也是难以弥合的，这是导致美国超验主义无法形成强大统一阵线的一个重要原因，也在很大程度上弱化了超验主义思想在当时美国的社会影响力。好在他们的超验主义思想都是通过文学作品得到表达和传播的，他们在美国社会的影响还是非常广泛的。他们都是具有高道德标准要求的哲学家。爱默生要求人们追求具有普遍性的道德，梭罗则要求人们在道德生活中敢作敢为，他们的道德要求对大部分美国人来说是脱离实际的。不过，他们对自立、良心、社会公正等的强调和倡导是19世纪美国道德文化的一个重要内容，尤其是体现了部分美国人建构本土美国道德文化的自觉。

四、麦尔维尔对美国工业文明的反思和批判

在美国超验主义者中间，赫尔曼·麦尔维尔（Herman Melville，1819—1891）主要被当作一位小说家看待，而他事实上是一位颇有哲学思想的小说家。他的代表作是《白鲸》。

《白鲸》刚出版的时候并没有在美国社会受到应有的重视。究其原因，主要是因为该小说是一部篇幅庞大、主题复杂、思想玄妙、语言哲学化、宗教氛围强烈的鸿篇巨制，当时的美国人大都难以领悟其中的思想深刻性和理论玄奥性。在我们看来，麦尔维尔是一位与爱默生、梭罗一样伟大的哲学家。从一定意义上来说，他在某些方面所达到的哲学思想高度甚至超过了爱默生和梭罗。

《白鲸》又被翻译为《莫比·迪克》。莫比·迪克是英文Moby Dick的汉译名称，它是小说《白鲸》中的主人翁"白鲸"的名字。小说的社会背景是美国成立之后进入快速工业化时代的事实。建国之后，美国人扬眉吐气，斗志昂扬，对未来满怀希望。他们重视教育，推崇科技，大力推进工业化、城市化进程，使美国社会到处洋溢着"欣欣向荣"的氛围。就是在那样一种社会背景下，捕鲸业在美国变得特别

红火，堪称快速推进的美国工业化进程的典型象征。

麦尔维尔是一位眼光独特、视角新颖的小说家和哲学家。在美国人普遍崇拜物质文明、科学技术的时代背景下，他独具慧眼，将自己的艺术视角聚焦于收益丰厚、充满冒险而又具有传奇色彩的捕鲸业，向世人展现了一幅美国人全力以赴推进工业化进程的历史画面。在小说中，亚哈船长指挥"裴廓德号"捕鲸船踏上捕鲸的航程，带领船员一路追杀白鲸，与白鲸多次遭遇并展开殊死搏斗，但白鲸并没有屈服于他们的追杀，进行坚决反抗，最后甚至选择与"裴廓德号"同归于尽。

《白鲸》是一部主题思想非常丰富、非常宏大的小说。小说中的"裴廓德号"捕鲸船是美国社会的缩影，它由白人、黑人、印第安人等不同人种组成，每个人说着不同的语言，拥有不同的文化传统，信奉不同的宗教，但他们以捕鲸为生的目标是高度一致的，因此，在漫长而惊险的捕鲸过程中，他们相互尊重，相互配合，结成了一个命运共同体。小说中的"白鲸"是"大自然"的象征，它代表强大而傲慢的自然界。"捕鲸"是美国人试图征服和控制自然的象征。《白鲸》是一部关于美国人与自然的关系的小说。美国人千方百计征服和控制自然，而自然对他们进行了持续不断的反抗，其结果是美国人和自然界都没有成为赢家，而是同归于尽。这种思想让人想起恩格斯说的一句话："我们不要过分陶醉于我们人类对自然界的胜利。对于每一次这样的胜利，自然界都对我们进行报复。"[1] 显而易见，麦尔维尔是一位较早具有生态意识和生态道德意识的哲学家和文学家。他看到了美国人在工业化过程中与自然之间形成的尖锐矛盾，并试图警示美国人。

---

[1] 中共中央马克思恩格斯列宁斯大林著作编译局编译：《马克思恩格斯文集》第9卷，第559—560页。

小说融现实主义和浪漫主义手法于一体，在对现实生活进行生动描述的过程中糅杂着历史记忆回溯、哲理追寻、宗教反思和生态意识建构。它谈天论地，寓事于理，追溯历史，谈论宗教，赞美自然，歌颂人类，追踪哲理，在杂乱的故事情节中透射深刻思想，在玄奥的文学语言中揭示人生真谛以及人与自然、人与社会的复杂关系。小说还提供了大量关于海洋和鲸的数据，这为学术界研究航海、鲸鱼和捕鲸业提供了依据。更重要的在于，小说展现了麦尔维尔对人类文明和命运的深刻反思。《白鲸》是一部具有多重价值的小说。

与其他的超验主义者一样，麦尔维尔在《白鲸》中表达了他对意识自立性的重视和追求。麦尔维尔笔下的《白鲸》与基督教《圣经》有着千丝万缕的联系。小说不仅有一幅幅略作修改的《圣经》画面，而且直接用《圣经》的人名来命名人物。例如，小说的主人翁以实玛利源自《旧约·创世记》。他是亚伯拉罕和他的使女夏甲的私生子。他没有得到亚伯拉罕的保护，而是和他的母亲一起被亚伯拉罕及其妻子撒拉赶出了家门。根据《圣经》传说，夏甲并没有进行反抗，而是选择忍受。她带着年幼的以实玛利到处颠沛流离，后来受到上帝的眷顾和拯救，过上了安定、幸福的生活。麦尔维尔将《圣经》中的以实玛利直接引入《白鲸》，使之成为小说的主人翁。小说中的以实玛利年轻时就开始厌倦世俗生活，遭到社会的遗弃。为了生机，他选择做了一名捕鲸手。与《圣经》中的以实玛利一样，他过着四海为家的漂泊生活。他跟随"裴廓德号"捕鲸，但捕鲸对于他来说，与其说是一项工作，倒不如说是一种反思人生的旅程。他参加了捕杀巨鲸的过程。在捕猎鲸鱼的过程中，他不仅参与各种捕鲸任务，而且对捕鲸过程进行深刻观察和反思。他是出于无奈才走上捕鲸之路的。与其他人不同，他在捕鲸过程中追求的不是鲸油，而是知识和"真"。虽然他四海为家，居无定所，但是他一直在思索和探求人活着的意义和价值。他之所以选择出海为生，主要是希望自己能够像海水那样深邃。海水是深邃的，人应该向海水学习。从这种意义上来说，以实玛利投身于大海的举动不是出于谋生的简单目的，而是为了实现思想自由或意识自立。

19世纪中叶，信奉基督教的美国人依然很多，但他们对待基督教的态度已经发生显著变化。"宿命论""原罪说"等基督教教义仍然在美国基督教徒中间传播，但它们的影响力已经不如从前。经过思想启蒙，美国人对待基督教信仰的态度有明显变化，这在《白鲸》中得到了集中体现。麦尔维尔确实根据《圣经》中的人物来命名他的小说人物，但那些人物身上的宗教色彩已经被严重淡化。他们的身份缺乏基督教徒应有的"神圣性"。例如，小说中的约拿是根据《圣经》中的一个希伯来预言家的名字命名的，但他与《圣经》中的约拿有明显区别。《圣经》中的约拿违抗了上帝的旨意，乘船逃跑，是一个叛教者；为了惩罚他，耶和华安排一条鲸鱼将他吞入腹中，并且让他在那里待了三天三夜；不过，约拿在鲸腹中痛定思痛，不断向上帝祈祷，感谢上帝没有将他处死，赞美上帝的权威和仁慈，并且发誓改过自新、忠于上帝，于是，上帝就让鲸鱼将他吐了出来，他因此而成为被上帝救赎的人。《白鲸》中的约拿则是一个干瘪、丑陋、唯利是图的奸商。他奸诈、贪婪，经营"大鲸客店"专门赚取水手的钱财。凡是在他的客店住宿的人，他都会千方百计搜刮他们的财物。

麦尔维尔本人是加尔文教教徒。他出生在加尔文教家庭环境中，加尔文教教义对他的影响根深蒂固。正是由于这一缘故，《白鲸》的话语体系具有浓厚的加尔文教特征。主人翁以实玛利在小说中多次宣称自己是虔诚的基督徒，并且宣称自己的人生经历都是在完成上帝的旨意。熟悉麦尔维尔人生履历的人不难想象，他是在借以实玛利之口表达自己的宗教立场。他在小说中将整个世界比喻为一艘扬帆远航的船，即"裴廓德号"轮船，将基督教讲坛比喻为它的船头。他说："讲坛历来处于人间的最前列；其余的一切都跟在后面；讲坛领导着整个世界。上帝那惩罚的暴风雨就是首先从那里被远远看到的。……上帝的风，不论好坏，也是首先在这里被祈求转为顺风。"[1] 可见，基督教宣扬的上帝位居麦尔维尔的心灵深处，对他的思想活动发挥着主导作用。文若其人。《白鲸》就如同一面镜子，它映照了麦尔维尔的内心世界。

需要指出的是，麦尔维尔的基督教信仰并非坚如磐石。残酷的生活现实使得他的基督教信仰有时也会发生动摇。11岁的时候，他的父亲负债而死，这对他打击很大。他被迫放弃学业，开始从事各种各样的艰苦工作，这种生活经历使他有机会体会生活的艰辛和困难。他当过银行职员、推销员、农夫和小学教师。由于教育程度不高，他在每一个职业领域都无法享受较高的待遇。最让他印象深刻的是，他曾经在一艘捕鲸船上当过三年捕鲸手，那三年捕鲸生活让他一生难忘。海上生活的单调、船上劳动的艰辛、与鲸鱼搏斗的危险、发霉的食品、管理人员的虐待等给他留下了难以磨灭的记忆，对他的世界观、人生观和价值观都产生了深刻影响。在海上捕鲸期间，他不仅有机会从社会的最底层审视和思考人类生活，而且有时间让他反思人生的意义和价值问题。正是在捕鲸的人生经历中，他看到了下层人的生活现实，同时悟出了基督教信仰与社会现实之间的矛盾。他是一个爱思考的人。当他看到身边的人在私欲的驱动下忙忙碌碌地生活，他对基督教信仰产生了怀疑。他说："信仰就像豺狼，是靠在坟墓间觅食为生的，它甚至把全部希望都寄托在这些死者的疑惧上。"[2] 显而易见，他认识到了基督教信仰并不能改变现实的事实，并因此而对它表达了失望。

基督教是一神论宗教，它将它自身视为最好的宗教，将其他宗教

---

[1] 〔美〕麦尔维尔：《白鲸》，罗山川译，湖南文艺出版社1996年版，第45页。
[2] 〔美〕麦尔维尔：《白鲸》，罗山川译，第42页。

都视为"异教"或"异端",并加以蔑视、排斥和否定。麦尔维尔对此进行了批评。在《白鲸》中,他对基督教徒和异教徒进行了对比,认为基督教徒并不比"异教徒"更优秀;相反,在他看来,基督教徒伪善、冷漠,甚至麻木不仁,不容易打交道,而相比之下,异教徒真诚、友善、平易近人,容易打交道。他在《白鲸》中描述了不少异教徒形象,其中给人留下最深刻印象的是魁魁格。魁魁格来自一个偏远的小岛,是一个异教徒国王的儿子,具有野蛮的外表,言谈举止显得羞涩,但他的涵养并不逊色于任何一个基督教徒。他和蔼可亲,有教养,说话总是彬彬有礼。他之所以离开自己的国家并加入捕鲸船队,是希望从基督教世界学到更加文明的东西,以启蒙他的同胞。他原本觉得自己的同胞是愚昧的,需要接受基督教的启蒙,其结果是发现他先前向往、敬仰的基督教世界是一个极其邪恶的世界,其中没有一个地方是干净的、文明的,基督教徒普遍非常虚伪,尔虞我诈,他对此大失所望。麦尔维尔笔下的魁魁格心地善良,并且能够见义勇为。在"裴廓德号"捕鲸船上,他常常是白人基督教徒嘲笑的对象。一天,他、以实玛利和一群白人基督教徒乘船前往阿库希奈河,同船的白人基督徒对他百般取笑,但他仅仅一笑置之。当其中一个基督徒跌进河里而那些白人基督徒"一窝蜂全部朝船头跑过去"的时候,只有他挺身而出,跳入冰冷的水中救人。最重要的在于,他自己对救人的事情不以为然,认为那是应该做的事情,不值得骄傲。麦尔维尔旨在通过这种的对比说明一个事实:一种宗教的好坏不是靠宣扬来证明的;基督教排斥和否定"异教"的做法毫无道理,因为它本身并不优越于"异教";一个人的涵养和价值也并不完全是由他的宗教信仰决定的。

身为基督教徒的麦尔维尔具有强烈的人本主义情怀。他在小说中常常热情地歌颂人的智慧、能力和伟大,甚至赞扬反抗神明的精神。一方面,他充分肯定人的力量,坚信人具有改造自然、建设家园和谋求生存的能力。通过赞美捕鲸水手的勤劳和勇敢、歌颂南塔开特人征服海洋的壮举和称赞新贝德福人把他们的城镇建设得美如花园的事实，他展现了人的智慧、能力和伟大。当以实玛利看到美丽的新贝德福镇，他感慨万千，对人的巨大创造力深表敬意。他说："人的创造力真是无所不能；在新贝德福许多街区，主在造物的最后一天扔在一旁的那些贫瘠无用的岩石，人的创造力却给它们一一铺上了艳丽夺目的花坛。"①在麦尔维尔的眼里，人类才是真正的"造物主"。这无疑是对基督教的巨大挑战，因为根据基督教教义，只有上帝才是世界的创造者。另一方面，麦尔维尔笔下的不少基督徒具有反叛神明的精神和壮举。以实玛利可谓是典型例子。他宣称自己是虔诚的基督徒，但他从来没有因为宗教信仰而失去自己的任性。他信奉基督教，但他的感性和理性并没有泯灭。他坚守人的本性，敏于观察，勤于思索，善于推理，与人为善，总是以思想深刻的哲学家形象出现在读者面前。对于他来说，捕鲸不仅是一个谋生的过程，而且是一个探求真理的过程。他在捕鲸过程中获得了大量知识和真理。用他自己的话来说，他在捕鲸过程中获得的最大真理是他深刻认识了人与上帝的关系的本质。与爱默生一样，他坚信直觉是人类获得真理的根本途径。他强调："对一切世俗的事物有疑惑，对某些神圣的事物有直觉，这种组合造就的既不是善男信女，也不是离经叛道者，而只是对二者一视同仁的人。"②以实玛利并没有否定上帝和基督教，但他确实将人的智慧与神明置于同等的位置。表面上看，这只是以实玛利的做法，但实际上反映了麦尔维尔对待基督教和上帝的立场和态度。

麦尔维尔对基督教宣扬的博爱持肯定态度，认为它是人类必不可

---

① 〔美〕麦尔维尔：《白鲸》，罗山川译，第38页。
② 〔美〕麦尔维尔：《白鲸》，罗山川译，第428页。

少的一个重要道德原则。他将博爱看成人类处理个人利益与他人利益关系的一个道德原则。在他看来，任何人获取个人利益的前提是必须为他人谋取利益，人类不应该成为极端利己主义者。在看待人与人之间的关系时，他往往从全世界或全人类的视角出发，呼吁人类培养国际性的友爱精神。《白鲸》就是这种友爱精神得到张扬的场域。在《白鲸》里，虽然白人基督教徒与"异教徒"之间存在这样或那样的矛盾和冲突，但是基督徒以实玛利和"异教徒"魁魁格友好相处的事实为人们树立了典范；人类有种族、肤色、阶级之分，但这些客观因素不应成为人与人之间相互交往、相互交流和相互关爱的障碍。也就是说，人与人之间相处的时候，应该不分种族，不分肤色，不分阶级，互相帮助，亲密无间。作为一个博爱主义者，麦尔维尔本人总是对全人类表现出强烈的同情心。他甚至明确指出，交流是建立全球性友好关系的唯一途径，而要进行国际性交流，人与人之间应该能够看到并尊重彼此的优点和长处。他意在强调，只有通过诉诸交流和沟通的方式，人与人之间的关系才不会被表面现象所蒙蔽，人与人之间才能真正了解彼此的真实想法，人与人之间也才能真正建立相互信任的友好关系。基督徒以实玛利和"异教徒"魁魁格之间的深厚友谊就是通过真诚的交流和沟通建立起来的。事实上，刚刚认识魁魁格的时候，以实玛利将他看成一个可怕的野蛮人。魁魁格吃半生半熟的牛排，脸上和身上到处是令人恐怖的色斑，具有野蛮人的相貌特征，但通过交流和沟通，以实玛利改变了自己对魁魁格的最初印象和看法，并且与他结成了深厚友谊。他不再将魁魁格视为可怕的野蛮人，与他分享同一张毛毯睡觉，并且在日常生活中相互关心，相互照顾，因为他相信"不管什么样的皮肤下面都可能有老老实实的正派人"。以实玛利不仅具有善于交流和沟通的优点，而且具有能够欣赏他人优点的优良品质。魁魁格具有与以实玛利一样的优良品质。他自始至终都是以真诚、友善的态度对待他人，并且总是表现出勇敢、善良、有教养的品质。由于"臭味相投"，他们变成了"心腹之交"或挚友。在捕鲸的过程中，他们相互合作，相互关心，相互帮助，直到魁魁格最后遇难。在麦尔维尔的小说中，博爱不是抽象的，而是具体的。它可以通过人的具体观念、态度和行为体现出来。

不过，博爱只是麦尔维尔追求的一个理想。他在《白鲸》里展现在我们面前的世界并不是一个博爱的世界，而是一个充满宗教冲突、种族矛盾和阶级对立的世界。登上"裴廓德号"的人具有不同的世界观、人生观和价值观，他们的行为方式也各有差异，因此，它是一个支离破碎的世界，与麦尔维尔心目中的理想世界有着巨大差距。显然，麦尔维尔是立足于充满宗教冲突、种族矛盾和阶级对立的现实之中追求一种博爱的理想。

19世纪的美国已经开启现代化进程，但宗教冲突、种族矛盾和阶级对立依然十分严重，以极端个人主义为基本特征的生活方式在美国占据主导地位，整个美国社会并没有因为国家独立而迈入一个政体统一、制度统一、观念统一的格局。麦尔维尔显然对这种社会现实有着深刻认知。他具有自己的社会理想，但他无法摆脱社会现实。他将日渐流行的极端个人主义生活观念搬进了他的小说。亚哈是这种生活观念的最好象征。他曾经在捕鲸过程中被白鲸致残一条腿。为了复仇，他置自己的妻子和女儿于不顾，过着怨恨、孤独的生活。在"裴廓德号"轮船上，他将自己与水手隔离开来，很少与他们交流、沟通。他甚至在复仇的过程中变成了偏执狂，几乎完全丧失理性，不惜让所有船员与他同归于尽。对于他来说，走向悲剧是必然的，但根源在他自己身上。他缺乏爱，对人冷漠无情，没有朋友，并且很自私，他最终走向毁灭主要是因为他没有与任何人建立友谊关系。在他走向悲剧的时候，既没有人劝阻他，也没有人提醒他。他是盲目地走向悲剧的。

其实，如果有人劝阻或提醒，他完全可能避免人生悲剧。在"裴廓德号"捕鲸船疯狂追杀白鲸的第二天，断了牙骨腿的亚哈半靠在他的手下斯达巴克的肩膀上叹息说："唉，唉，斯达巴克，有时候靠一靠真舒服，不管靠在谁身上；亚哈老头过去要是多靠了靠就好了。"① 在即将走向悲剧的前夕，亚哈似乎认识到了自己身上的缺点。

亚哈是 19 世纪美国人的象征。19 世纪，美国人都在盲目地推进工业化、城市化进程，很少有人对它们进行理性的反思。他们在疯狂地工业化、城市化进程中破坏着自然环境，忘乎所以地争夺物质利益，对身边人的生存状况漠不关心，致使美国变成了追名逐利的名利场。亚哈的悲剧就是美国人的悲剧。他的悲剧固然令人痛心，但他的一生汇聚了美国整整一个时代的悲痛。② 他的悲剧之死具有象征意义。

《白鲸》不仅描述人与人之间的关系，而且描述人与自然的关系。与爱默生、梭罗一样，麦尔维尔也是一个自然主义者和神秘主义者。他对大自然满怀敬意和热爱，甚至赋予大自然高深莫测的神圣性。他对大自然的敬意和热爱在很多时候是通过描写海底鲸类王国的方式得到表现的。《白鲸》展现了一个神奇无比的鲸类王国。在麦尔维尔的笔下，鲸类动物具有很高的灵性。它们有自己的语言，有自己的生活方式，甚至有自己的生存规则。如果不是人类对它们殊死相逼，它们并不愿与人类为敌。由于人类将它们逼到了死胡同，它们才选择与人类同归于尽。在《白鲸》中，麦尔维尔旁征博引，对鲸类王国做了栩栩如生的介绍和描述。他对鲸类的描述既有现实主义成分，也有浪漫主义因素。白鲸被他人格化了，是具有人格的动物。他借以实玛利之口说："我深深感到，在鲸身上，我们看到了一种坚强独特的生命力之罕

---

① 〔美〕麦尔维尔：《白鲸》，罗山川译，第 644 页。
② 〔美〕麦尔维尔：《白鲸》，罗山川译，第 634 页。

见的品质,坚墙厚壁般之罕见的品质,胸怀博大之罕见的品质。啊!人们,赞美鲸,以鲸为表率吧!你也能置身冰雪之中而仍然浑身温暖?你也能生活在这世界上而不为这世界所左右?"[①] 以实玛利想回归自然。他只不过表达了麦尔维尔呼吁美国人回归自然的真切呼声。

五、超验主义伦理思想的得失评价

一个社会的发展往往都是在一次次的运动中不断推进的。在独立战争之前,美国经历了清教主义运动;在独立战争期间,它发动了启蒙运动;在独立战争之后,它又迅速出现了超验主义运动。历史地看,清教主义运动主要是一场宗教运动,启蒙运动主要是一次思想解放运动和社会政治运动,而超验主义运动并不是一次大规模的社会运动,仅仅是一次主要发生在新英格兰地区、以弘扬思想自立性和个人主义价值观为核心主题的思想运动。这三场运动都与美国人的伦理价值诉求有关。作为一种伦理思想,清教主义强调上帝的绝对权威和人对上帝的道德义务。启蒙伦理思想则主要强调人的存在价值以及人对同胞的道德义务。相比较而言,美国的超验主义伦理思想试图使人摆脱所有的"依赖"和"中介",完全成为一种具有意识自立性的存在者,能够深刻认识自我的状况和价值,能够自觉地保持自我的本质。美国的超验主义伦理思想是通过浪漫主义文学的形式得到表达的,因此,虽然它具有地域的局限性,但是它在美国的社会影响不是地域性的。

超验主义运动在美国新英格兰地区爆发的时候,整个美国正在进行大规模的扩张主义运动。它发动西进运动,大规模扩张领土。1803

---

① 〔美〕麦尔维尔:《白鲸》,罗山川译,第350页。

年，美国花费 1500 万美元向法国购买了路易斯安娜地区，大量美国人向西部迁移，史称西进运动。西进运动对美国政治、经济和社会产生了广泛而深刻的影响。它是美国走向富强的一个重要环节，彻底改变了美国的面貌和发展格局。通过西进运动，领土向北美洲西部大幅度延伸，美国领土扩大一倍；大片荒地被开垦，美国耕地面积空前增加，一大批农场建立起来，西部成为美国农业发达地区，为美国工业发展提供了必要的粮食、原料供应和国内市场；劳动力布局出现巨大改变，这为美国形成国内统一的大市场提供了条件；美国贸易体系发生重大变化，形成东西部互补性贸易模式；西部地区的自然资源得到更多开发和利用，美国能源供应得到充分保障；东西部贯通，美国交通运输业获得巨大发展。可以说，西进运动不仅极大地激发了美国人的创新意识和创造力，而且极大地增强了美国的经济活力。西进运动促进了美国经济发展，但在西进运动中，大量印第安人被屠杀，幸存者被驱赶到"保留地"。美国人的西进之路是美国印第安人的悲剧之路。另外，与西进运动同时，美国进行了国家大整合，不仅加强了原有各州的团结，而且吸引了 13 个州加盟美国联邦；它还进行了全国性的工业化和城市化运动，致使美国的现代化水平得到空前提高。所有这些历史事实一起构成了美国超验主义运动的复杂社会背景。

扩张主义是美国人在建国之后的思想主流和大趋势。他们沉浸在建国的巨大喜悦之中，满怀希望地工作和生活，信心满满地追求"美国梦"，绝大多数人对西进运动、国家大整合、工业化、城市化等没有表示怀疑和否定。在那种社会背景下，扩张主义具有不可置疑的合理性和合法性，任何人都不能与它背道而驰。正因为如此，当爱默生、梭罗等超验主义者对美国社会进行批判的时候，他们的立场和态度在很多时候会遭到美国人的质疑和否定。在扩张主义主导社会现实的背景下，他们倡导的超验主义和浪漫主义思想不容易被美国人普遍接受。

美国超验主义者反对美国人过分依赖传统和随波逐流的做法。他们不满美国社会现实，但他们并没有采取随波逐流的方式被动地适应社会，而是积极主动地努力改变社会现实。不过，为了展现超越现实的能力，他们在很多时候不得不从美国的社会现实中"隐退"。他们的"隐退"既有行动上的，也有精神上的，但是主要是通过追求意识或思想的"自立"得到体现的。他们试图通过强调意识或思想上的自立，推动美国人更好、更深地认识世界，建构独具特色的超验主义道德理论和美学理论。他们把这两种理论有机地整合在一起，追求善与美的统一，要求美国人将创造善和美的智慧与欣赏它们的能力结合起来。他们将"自立性"和"自然"这两个主题贯穿于他们的所有著作之中，并且努力将它们整合在一起。爱默生对大自然之美赞美有加，并且坚持从常变常新的大自然中获取灵感，而梭罗则更多地赞美大自然的美学价值和经济价值，尤其是对大自然的野性、生物多样性、简单性等带给人类的审美享受进行了肯定。

在清教时代，北美是作为欧洲国家的殖民地而存在，北美人严重依赖欧洲文化传统，同时努力从清教信仰中寻求人生的意义和价值。在启蒙时代，北美人的思想或意识得到启蒙，特别是自然权利意识得到了空前增强，但他们的物质欲望也被极大地激发了出来。当爱默生等超验主义者登上历史舞台的时候，美国已经作为一个独立的国家屹立在北美大陆，整个美国变成了一部制造工业文明的庞大机器，物质财富变得空前丰富，美国人享受到了前所未有的物质生活水平，而与此同时，美国也开始踏上庸俗化轨道，越来越多的美国人在日益丰富的物质财富面前变得越来越世俗化。爱默生、梭罗等超验主义者较早看到了美国和美国人不断庸俗化的趋势，认为美国人正在不断远离自然，而且陷入了精神堕落的危机之中。他们反对盲目地推进工业化进程和拜物教的做法，强调精神生活对人类的极端重要性，呼吁美国人重视精神生活的意义和价值。显而易见,他们推崇精神革命,试图用倡导高尚精神的方式拯救日益庸俗化的美国人。

美国的超验主义者既不是美国政府官员,也不是任何一所美国大学的教授或管理人员。爱默生仅仅在年轻的时候担任过一神论教派牧师。放弃牧师职位之后,他把大部分人生时光投入到了文学创作和公开演讲。梭罗更是一个自由人士,没有固定的职业,不参与教会活动,不参加选举投票,拒绝向国家纳税,甚至不吃肉、不喝酒、不抽烟。

美国的超验主义伦理学与19世纪在美国大学宣讲的保守、正统的道德哲学有根本区别。独立战争之后,美国使用最广泛的道德哲学著作是威廉·帕利(William Paley)在1785年出版的《道德与政治哲学》(*Moral and Political Philosophy*)。该著作是基督教伦理思想和功利主义方法论相结合的产物,它一方面宣扬宗教信仰是道德的前提和基础,另一方面又用功利主义为人在信奉上帝前提下追求现实功利的行为进行辩护。根据帕利的观点,德性既是以服从上帝的方式为人类谋取福利,也是从自我利益或功利目的出发而承担的道德义务。显然,帕利是从外在权威中去寻找道德本质的。除了帕利的伦理学教材之外,在当时的美国还有许多其他教材被使用,但它们都与超验主义伦理学有着显著差异。那些教材在当时构成了学术潮流,曾经流行一时,但现在已经被美国人遗忘。今天的美国人能够记起的只有爱默生、梭罗、麦尔维尔等超验主义伦理学家。

人们不禁会问:为什么超验主义伦理思想能够不断得到流传?答案应该很简单,这就是美国的超验主义伦理思想一定具有其他伦理学无法与之相提并论的优点,其中最引人注目的优点就在于它是由美国历史上的优秀作家用优秀的文学作品表达出来的。爱默生、梭罗、麦尔维尔等人的作品都是美国的经典文学作品——它们是美国文学传统中的永恒内容。爱默生的《自立性》(*Self-reliance*)、《自然》和其他许多作品可能是当时美国流传最广泛的文学作品。梭罗的《瓦尔登湖》和《公民不合作》也是美国文学传统中的经典著作。虽然麦尔维尔的《白鲸》在19世纪受到了不应有的"冷落",但是进入20世纪之后,它却被奉为世界名著。这些文学作品不仅充满文学想象力,而且包含丰富而深刻的伦理思想。在阅读超验主义文学作品的时候,读者往往在不经意当中接受了道德教育,而不会产生被强加某种外在道德模式的感觉。事实上,爱默生等文学家总是试图鼓励读者尽力去培养他们自己的道德观。

美国的超验主义者从来都没有要求人们服从某种绝对的、最终的道德原则或行为模式。在爱默生、梭罗和麦尔维尔的作品中,人们不可能对道德问题找到现成的答案。他们强调自立性和创新性,因此他们当然没有要求人们服从某种固定不变的行为模式的想法。与他们的著作相比,上述那些伦理学教材却往往宣扬一些僵化的道德教条,使伦理学变成了一种远离人类生活现实的东西。另外,美国超验主义者的伦理思想体系是开放的体系,这对于它们的传播具有不可低估的促进作用。例如,爱默生的作品不仅题材广泛,涵盖了人类社会生活的许多方面,而且从世界各地吸取了大量思想资源,尤其是他从世界各地的浪漫主义诗人那里吸取了许多灵感。梭罗也十分喜爱世界名著。这些事实都为他们的作品增添了许多魅力。正如奥克塔维斯·布鲁克斯·佛罗森汉姆在《新英格兰的超验主义历史》一书中所说:"在新英格兰,由外国思想家提出的超验主义思想在本土上生了根,并以社会生活的各种方式开了花。"[1]

美国超验主义者对美国传统中的人、自然、自由、民主等概念进

---

[1] Octavious Brooks Frothingham, *Transcendentalism in New England: A History*, New York: Harper & Torchbook, 1959, p. 105.

行了富有想象力的阐述和解释。在他们之前，美国的思想传统不仅几乎完全建立在欧洲思想模式基础上，而且很少对外来的思想进行诗学的或美学的反思和解释。清教伦理极端强调基督教《圣经》的权威性和常识的作用，而启蒙思想家则强调理性的作用。它们都没有试图去定义人、自然、自由、民主这些至关重要的概念。虽然美国超验主义者的思想仍然具有显而易见的"欧洲"痕迹，但是一种寻求思想自立的冲动也已经变得清晰可见。爱默生等人试图通过诗学或美学的方式来反思和解释人、自然、自由、民主的真正含义。他们努力凭借诗的直觉或美的直觉从根本上树立人本身在世界上的权威和价值。他们主张人应该热情地亲近其周围的世界，特别是周围的自然存在物，反对人以冷漠的态度将其自身与周围世界隔离开来。在他们看来，人与他们所看见或关心的事物密切相关；或者说，人是他们所看见的事物或所关心的事物的组成部分。

倡导"回归自然"是一切浪漫主义文学家的思想倾向。美国的超验主义者也不例外。对于爱默生来说，自然的一切都是无比美好的。"如果一个人独处，那么应该让他看星星。来自那些天体的光线会将他与世俗事物分开。人可能认为这是一种透明的设计，其目的是为了在各种天体中给人展现一种永恒的壮观景象。如果是站在大街上来观看，它们是多么伟大呀！如果那些星星每隔一千年才在晚上出现，那么人一定会对它们倍加珍爱，并且把上帝之城曾经出现的这一颗代代相传在记忆之中！然而，这些美丽的祈祷者每一个晚上都出来，用它们灿烂的微笑照亮整个宇宙。"[①] 对于梭罗来说，自然意味着宁静、自由和幸福。在超验主义者的笔下，大自然美不胜收，妙不可言。

美国的超验主义者都把大自然视为人类的"导师"，相信它可以给

[①] Merton M. Sealts, Alfred R. Ferguson, *Emerson's Nature: Origin, Growth, Meaning*, p. 7.

人以启迪和教诲。爱默生把大自然称为一门"学科"——一门教我们如何理解真理的学科。在他看来，我们可以通过接触自然界中可以感知的物体锻炼辨别事物的洞察力，并培养从"具体"推断"一般"的能力。而在梭罗看来，宇宙大于人的视野。通过贴近大自然的生活，他明白了许多人生哲理。他认为，一个人的生活可以很简单，他一旦简化他的生活，宇宙的法则也会变得简单起来。由于美国的超验主义者都呼吁人应该热爱、尊重和保护自然，有些学者认为他们的著作中包含着丰富而深刻的环境伦理思想。

需要指出的是，美国超验主义者对大自然的热爱最终演变成了一种泛神论。他们提倡的泛神论是对自然价值的过分夸张。人类自产生之日起就一直与大自然发生着非常紧密的日常联系。对于人类来说，自然从来都是一个集"善"与"恶"于一身的形象。人类文明是人类与大自然不断打交道的结果。在此过程中，人类亲近自然和改造自然从来都是同时进行的两个过程。文明化程度越来越高的人类不可能仅仅通过亲近自然的方式生存和发展，他们必然会不断地改造自然，以改善自身的生存条件。如果将大自然泛神化，不仅人类改造自然的必要性会遭到根本性否定，而且人与自然之间的道德关系也会遭到严重质疑。人类亲近自然固然是一种美德，而人类适当地改造自然当然也是一种美德。就是到了普遍弘扬"可持续发展观"的今天，人类改造自然以获取生存资源的活动和行为也没有被看成一种绝对的"恶"。

我们还需要注意到，美国超验主义者所提倡的社会伦理思想也存在难以克服的缺陷。爱默生、梭罗、麦尔维尔都是敏锐的社会批评家，他们的立场和行为甚至在某些方面表现出了英雄主义气概，但他们的社会伦理思想包含一些难以化解的困难。他们警告人们不能进行狭隘的社会改良，强调社会改良必须以人为本，这无疑是一种需要肯定的立场，但他们对社会和政府的看法有过分简单化的倾向。他们宣扬政府越小越好或法律越少越好的观点并不一定是正确的,因为它倾向于用数量或规模来衡量政府和法律的质量。就是在全球化趋势日益深化的今天,政府和法律的存在对于人类文明来说仍然具有无法替代的意义和价值。爱默生曾经说过:"国家是为了教育聪明人的目的而存在的,是随着聪明人的出现而消亡的。品质的形成意味着国家存在必要性的消失。"[1] 这种观点不仅犯了以数量来决定国家和政府存在价值的错误,而且显然割裂了道德和政治之间的正常关系。个人道德品质固然重要,但它不能取代社会制度的"善"。一个道德品质优秀的个人可以通过良好的道德行为对社会道德秩序的建立做出贡献,但这种"贡献"并不能与一个公正国家或公正政府所达到的善相提并论。事实上,人类自古以来就同时需要道德的个人和道德的社会制度,两者相辅相成,缺一不可。另外,个人道德品质的产生必然与一定的社会环境非常紧密地联系在一起。个人道德品质只有延伸到家庭、社会和国家才有实际意义和价值。如果将道德品质仅仅看成个人的内在修养,而把国家和政府完全看成外在的,甚至表面的东西,这必然导致道德与政治的脱节。社会伦理不仅要强调个人道德品质,而且应该重视国家和政府的道德责任。如果把国家和政府的责任从人类道德责任领域里排斥掉,这最终会从根本上否定国家和政府在人类道德生活中的地位和作用。

美国超验主义伦理思想具有强烈的理想主义、主观主义和个人主义色彩。爱默生等人倡导个人思想自由,强调人类生活的精神意义和价值,这在美国伦理学发展史上树立了一座丰碑。他们所开创的伦理学传统后来在洛叶斯的唯心主义伦理学和撒塔亚纳的自然主义伦理学中得到了一定程度的发扬和延续。然而,美国毕竟是一个以重功利、重实用为主要哲学传统的国家,因此随着工业化程度的不断加深,随

---

[1] Brooks Atkinson, *The Complete Essays and Other Writings of Ralph Waldo Emerson*, p. 431.

着社会物质财富的不断丰富，特别是随着社会制度的日益复杂化，超验主义伦理思想逐渐变成了与现实生活格格不入的思想。如果说现在还有不少美国人仍然对超验主义伦理学或超验主义文学感兴趣的话，那么他们主要是把它当成一种偶尔的精神消遣。

第四章　西方学者对 19 世纪美国道德文化的认知

美国的诞生震惊了整个世界。它受到了全世界的关注，但这种关注起初主要聚焦于社会制度层面，即美国的社会制度设计和安排上，很少涉及美国的道德文化，而事实上，这恰恰是世界最应该重视的内容。支撑美国发展最深层、最强大的力量是它的道德文化精神。它是在美国的发展历程中逐步形成的，但它一旦形成，就对美国社会发展发挥着经济、政治等其他因素不能与之相提并论的巨大作用。早在 19 世纪，一些西方学者就已经在开展这方面的研究工作。

一、托克维尔对美国道德文化的最先探察

历史地看，美国建构现代道德文化的事实早在美国独立战争前后就已经产生国际影响，至少已经引起国际社会的关注。华盛顿、富兰克林、杰斐逊等政治家都是带着一定的道德价值观念创立美国的。他们宣传自己的道德价值观念，并且借助它们凝聚人心，这是他们能够带领美国人民打败英国殖民主义者、建立美利坚合众国的重要原因。

新诞生的美国自然受到国际社会的广泛关注。它是在哥伦布发现的"新大陆"建立的第一个国家，它的自然风光、政治制度、法律制度、经济制度、文化制度等都具有更加容易激发人们好奇心的特质。尤其是对于欧洲人来说，美国是一个既与欧洲有着深厚渊源又背叛了

欧洲的国家。他们中的很多人都对美国的发展状况怀着强烈的好奇心。就是在这样一种社会背景下，法国的政治思想家、社会学家托克维尔千方百计踏上了美国的考察之旅。

托克维尔的全名是夏尔·阿列克西·德·托克维尔（Charles Alexis de Tocqueville，1805—1859）。他出生于法国伊夫林省塞纳河畔的维尔内伊。1827年任职于凡尔赛初审法院，1831年经法国司法部批准以调查美国新监狱制度的名义赴美国考察。他在美国考察了9个月零几天。回国之后，他撰写了调研报告《关于美国的监狱制度及其在法国的运用》和著作《论美国的民主》。前者只不过是托克维尔为了应付法国司法部的要求所撰写的一份调研报告，后者则是让他享誉世界的著作。《论美国的民主》上卷于1835年问世，下卷于1840年出版。该著作让托克维尔声名远播，为他赢得了法兰西学院院士、省议员、国民议会议员、外交部部长等荣誉和职位。

托克维尔对美国的考察，与其说是一次关于美国新监狱制度的考察，还不如说是一次关于美国社会的全面考察。在此次考察中，给托克维尔留下最深刻印象的是美国的民主。他在书的绪论开篇说："我在合众国逗留期间见到的一些新鲜事物，其中最引我注意的，莫过于身份平等。"[1] 众所周知，身份平等是民主的首要标志和内容。托克维尔将"身份平等"视为他在美国发现的"根本大事"。他说："随着我研究美国社会的逐步深入，我益发认为身份平等是一件根本大事，而所有的个别事物则好像是由它产生的，所以我总把它视为我的整个考察的集中点。"[2] 托克维尔认为民主是支配美国社会的观念。其意指："人民生活中发生的各种事件，到处都在促进民主。所有的人，不管他们是自

---

[1] 〔法〕托克维尔：《论美国的民主》上卷，董果良译，商务印书馆1996年版，第4页。
[2] 〔法〕托克维尔：《论美国的民主》上卷，董果良译，第4页。

愿帮助民主获胜,还是无意之中为民主效劳;不管他们是自身为民主而奋斗,还是自称是民主的敌人,都为民主尽到了自己的力量。"[①] 在托克维尔看来,他在美国看到的情况都说明了这样一个事实:所有美国人都是在为了实现真正的民主而共同努力、协同行动,他们所采取的方式不尽相同,但殊途同归,宗旨高度一致。

总体来看,托克维尔对美国社会的评价兼有赞美和批评。这在书的上卷第一章就得到了很好体现。一方面,他对北美大陆的美丽自然风景感到震撼,并进行了栩栩如生的描述。在他眼里,北美的自然环境简直是鬼斧神工的产物,一切都具有美不胜收的魅力。他说:"陆地和水系,山岳和河谷,都布置得井井有条。在这种简单而壮观的安排中,既有景物的杂陈,又有景色的多变。"[②] 他尤其对美国的密西西比河赞美有加。在他看来,密西西比河是一条"俨然如神"的河。他说:"密西西比河流经的河谷,好像专门为它而创造的。这条大河既有为善的意志,又有作恶的意志。在这方面,它俨然如神。"[③] 另一方面,他将印第安人遭到殖民入侵的悲剧如实地揭露了出来。与北美的美丽自然风光形成鲜明对照的是,印第安人在欧洲人入侵之后几乎遭到灭顶之灾。作为北美大陆的土著人,他们过着原始生活方式,但他们的举止并不粗野;相反,他们习惯于谦让持重、彬彬有礼、温厚好客。"他们为了搭救一个夜里敲门求宿的生人,可以甘冒自己饿死的危险。"[④] 欧洲殖民主义者出现在北美大陆的时候,他们既不"大惊小怪",也没有流露出任何敌意。对于印第安人被欧洲人残暴对待的命运,托克维尔表示了深切的担忧。他担心印第安人会重蹈一些民族灭亡的覆辙。他

---

① 〔法〕托克维尔:《论美国的民主》上卷,董果良译,第 7 页。
② 〔法〕托克维尔:《论美国的民主》上卷,董果良译,第 20 页。
③ 〔法〕托克维尔:《论美国的民主》上卷,董果良译,第 22 页。
④ 〔法〕托克维尔:《论美国的民主》上卷,董果良译,第 27 页。

指出:"真是怪事!一些生存得好好的民族,竟从地球上消失得无影无踪,以致他们的族名都从人们的记忆中抹去,他们的语言都已失传,他们的荣誉也象没有回响的声音那样消失得干干净净。"① 印第安人是北美大陆的原住民,但由于他们具有朴素、友善、好客等优点,他们恰恰面临着被消灭的危险。"印第安人虽然占据着那里,但并没有拥有它。"② 他们只不过是北美大陆的看守人,欧洲人到达之后,他们就只能面对种族灭亡的命运。"他们住在那里,好象是在等待别人到来。……整个这片大陆,当时好象是为一个伟大民族准备的空摇篮。"③

　　托克维尔对美国的考察是全方位的,涉及政治、经济、文化等所有领域。从文化方面来看,他关注了诸多问题。我们仅仅提及六个方面。

　　一是美国文化的总体特征。托克维尔认为:"美国人的社会状况是非常民主的。自各殖民地建立之初就具有这个特点,而在今天表现得尤为明显。"④ 在托克维尔看来,一个社会的状况一旦形成,它就会比较稳定地保持,并且会成为规约国民行为的大部分法律、习惯和思想的首要因素。他用"民主"来概括美国社会的总体状况,认为美国是人类历史上唯一真正实现人人平等的社会。在他眼里,美国社会,富人不多,大部分富人是先穷后富的,几乎每个人的财富都是个人奋斗的结果;贵族力量薄弱,纵然存在贵族因素,他们的社会影响力也是非常有限的;没有专制统治,整个社会弥漫着浓厚的民主气氛。

　　二是美国的人民主权原则。托克维尔认为,美国的政治制度是以人民主权原则作为核心原则的,这是由美国人的生活环境、种族来源、生存智慧、民情等因素决定的。他说:"在美国,人民主权原则决不象

---

① 〔法〕托克维尔:《论美国的民主》上卷,董果良译,第28页。
② 〔法〕托克维尔:《论美国的民主》上卷,董果良译,第29页。
③ 〔法〕托克维尔:《论美国的民主》上卷,董果良译,第29页。
④ 〔法〕托克维尔:《论美国的民主》上卷,董果良译,第52页。

在某些国家那样隐而不现或毫无成效，而是被民情所承认，被法律所公布的；它可以自由传播，不受阻碍地达到最终目的。"①在托克维尔看来，人民主权原则是英裔美国人在北美大陆建立殖民地之初就确立的政治原则，后来因为美国独立战争的胜利而在美国广泛传播；美国人生活在民主制度框架里，随意、自由地谈论一切政治问题，其中谈论最多的是人民主权原则；人民主权原则被美国人视为法律的法律，它使权力落入民主之手，并且成为民主的捍卫者；美国人将人民主权原则主要应用于选举之中，它极大地扩大了人民的选举权；由于广泛坚持人民主权原则，美国的所有权力都归社会所有，没有一个美国人敢于有到处寻求权力的想法；在美国社会，人民自己治理自己，人民是一切事物的原因和结果。

　　三是美国人的哲学方法。在托克维尔看来，美国人是最不注重哲学的民族，他们没有自己的哲学流派，对欧洲已有的哲学流派也漠不关心，但他们拥有自己的哲学方法。这是指，美国人"摆脱一统的思想、习惯的束缚、家庭的清规、阶级的观点，甚至在一定程度上摆脱民族的偏见；只把传统视为一种习得的知识，把现存的事实视为创新和改进的有用学习材料；依靠自己的力量并全凭自己的实践去探索事物的原因；不拘手段去获得结果；不管形式去深入本质"②。从一定意义上来说，托克维尔的观点是站得住脚的。他到达美国的时候，美国确实还没有自己的本土哲学，但这并不意味着美国人完全没有自己的哲学方法；他似乎认识到了美国人骨子里的实用主义哲学观。托克维尔的另外一种看法也是对的，这就是 19 世纪末之前的美国人几乎不从哲学著作里寻找哲学方法，而是往往从自己的生活中探寻哲学方法；那

---

① 〔法〕托克维尔：《论美国的民主》上卷，董果良译，第 61 页。
② 〔法〕托克维尔：《论美国的民主》下卷，董果良译，第 518 页。

个时候的美国人大都是自我封闭的，他们仅仅依靠自身的人生经验来判断一切，不愿意承认自己不能理解的事物，对超自然的事物甚至表现出厌恶的态度；由于没有哲学方法的引导，他们习惯于自己去寻找事物的证据，这使他们养成了喜欢自己研究的习惯。

四是美国人的宗教信仰。宗教在美国社会具有非常广泛的影响力。托克维尔对此深有研究。他说："我们决不要忘记，使英裔美国人的社会得以确立的，正是宗教。因此，在美国，宗教是同整个民族的习惯和它在这个国土上产生的全部情感交织在一起的。这就是宗教在美国获得一种特殊的力量。"[1] 美国人是英国人的后裔。他们反叛英国人，对英国人信奉的基督教教义持反对态度，但这并不意味着他们试图从根本上否定基督教。他们只不过是持有不同基督教信仰的基督徒。具体地说，他们是清教徒，对基督教教义有着自己的认识和理解。在北美大陆建立新国家的过程中，他们经历了很多艰难困苦，但他们最终走向了成功。他们将自己的成功归因于上帝，同时相信自身努力的重要性，因此，他们的基督教信仰具有超自然主义和人本主义的双重特征。托克维尔认为，在没有确定哲学方法的时代，基督教对美国人的思想发挥着强有力的控制作用。他指出："在美国，基督教的各派林立，并不断改变其组织，但基督教本身却是一个基础巩固和不可抗拒的存在，既没有人想去攻击它，又没有人想去保卫它。"[2] 托克维尔还特别强调，美国人在认识和处理政治与宗教的关系问题上采取了政教分离的态度，因此，他们在改变旧政治制度的时候不会触动自己的宗教信仰。

五是美国人的个人主义价值观。托克维尔认为，美国人信奉个人主义价值观，但他们又能够用自由制度防止个人主义价值观极端化。

---

[1] 〔法〕托克维尔：《论美国的民主》下卷，董果良译，第521页。
[2] 〔法〕托克维尔：《论美国的民主》下卷，董果良译，第522页。

在他看来，美国人崇尚平等观念，主张每个人依靠自己确立信念，因而普遍对个人主义价值观情有独钟。他说："个人主义是一种只顾自己而又心安理得的情感，它使每个公民同其同胞大众隔离，同亲属和朋友疏远。因此，当每个公民各自建立了自己的小社会后，他们就不管大社会而任其自行发展了。"① 美国人信奉的个人主义价值观是民主主义政治的产物。它有助于提升个人的自主性、创造性，但很容易导致个人与他人、社会的对立。托克维尔对此有深刻认识，但他同时对美国用自由制度防止个人主义极端化表示赞赏。他指出："民主主义不但使每个人忘记了祖先，而且使每个人不顾后代，并与同时代人疏远。它使每个人遇事总是只想到自己，而最后完全陷入内心的孤寂。"② 与此同时，他又认为："美国居民享有的自由制度，以及他们可以充分行使的政治权利，使每个人时时刻刻和从各个方面都在感到自己是生活在社会里的。"③ 显而易见，托克维尔既看到了个人主义在美国社会广泛流行的弊端，又认为美国找到了克服个人主义极端化的办法。

六是美国社会的民情。托克维尔认为，美国民情因为人们的身份平等而变得日益温和。在他看来，在贵族制度社会内部，由于所有人都按照职业、财产和出生身份被划入森严的阶级，属于不同阶级的人都有自己的观点、感情、权利、生活方式，人与人之间缺乏共同的思想和情感，甚至很难相信彼此属于同一个国家，所以人际矛盾和冲突在所难免；相比之下，在民主制度社会里，由于人与人之间是平等的，人际关系更容易达到和谐。他说："当一个国家的人在地位上近乎平等，在思想和感情上大致一样的时候，每个人都可立即判断出其他一

---

① 〔法〕托克维尔：《论美国的民主》下卷，董果良译，第 626 页。
② 〔法〕托克维尔：《论美国的民主》下卷，董果良译，第 627 页。
③ 〔法〕托克维尔：《论美国的民主》下卷，董果良译，第 633 页。

切人的所想所感。"[1]托克维尔相信平等社会或民主社会的人更容易产生共通的同情心，也更容易产生和谐社会秩序。他甚至以此作为美国与欧洲国家的重要区别。在他的眼里，欧洲国家之所以总是阶级矛盾此起彼伏，其根源是缺乏平等或民主导致的。

托克维尔是作为"旁观者"身份来观察和描述美国社会的。他对美国社会的观察和描述无疑具有强烈的主观性，但也包含值得肯定的理性分析。他在19世纪30年代那样一个特殊的历史时期前往美国考察，当时的美国刚刚独立不久，整个社会还处于美国独立战争的积极影响之中，美国人的思维方式、价值观念、行为方式都还在较大程度上彰显出"革命"特征，因此，他的所见所闻既让他具有耳目一新的感觉，而且让他赞誉有加。不过，在赞美美国社会的同时，他也洞察到了它存在的一些突出问题。虽然他没有以"旗帜鲜明"的方式批评美国残暴对待印第安人、过分推崇个人主义价值观等做法，但是他的言谈之中确实包含着批评的语气和态度。在他的笔下，北美大陆的美丽自然风光与印第安人遭受的非人待遇是不相匹配的，美国人所推崇的个人主义价值观完全可能因为个人我行我素的观念和行为转变为利己主义价值观。

托克维尔展现在世人面前的美国并不完全是美的。它拥有得天独厚的自然环境和自然资源，但它在人文精神建构方面存在这样或那样的问题。美国人不重视哲学，对一切事物的判断主要依靠个人的人生经验，这固然有其可贵的一面，但毕竟容易将美国人变成只顾个人眼前利益的民族。美国人是非常现实的。他们既看不到历史、历史记忆的重要性，也不重视未来和长远。虽然托克维尔没有对此给予公开的批评，但是他的言谈之中流露出这样的担忧。究其原因，19世纪30年

---

[1] 〔法〕托克维尔：《论美国的民主》下卷，董果良译，第703页。

代的美国正处于上升时期,在国际上的影响力正与日俱增,托克维尔对它的批评自然而然就显得比较谨慎。

需要强调的是,托克维尔对美国的考察和描述确实起到了让国际社会了解它的历史作用。刚刚独立的美国是一个什么样的国家?美国人是一个什么样的民族?他们为什么能够打败强大的大英帝国而独立?这些问题在19世纪上半期是欧洲人特别好奇、特别关心的问题。托克维尔的著作至少将美国比较全面地呈现在了欧洲人面前,让他们看到了一个不同于欧洲国家的国家。在《论美国的民主》一书中,托克维尔常常流露出要求欧洲国家反思自己的想法,他尤其常常在美国与英国、美国与法国之间进行对比,并且试图向欧洲人提出一些值得思考的问题。例如,他认为美国式的平等不可能在法国、英国等欧洲国家得到实现,它只可能出现在美国社会。在他看来,美国人经历的特殊发展历程使他们培养了与欧洲人不同的思维方式、价值观念和行为模式,他们所能拥有的东西不一定能够被欧洲人照搬照抄。

我们无需过多关注托克维尔对美国的观察和描述是否完全真实的事实。他毕竟是他那个时代的思想家,必然具有他那个时代的局限性。在此后的历史进程中,美国经历了错综复杂的历史变迁,美国人的思维方式、价值观念和行为方式也一直在变化。进入20世纪以后,美国一跃为世界强国,美国人的思维方式、价值观念和行为模式都与托克维尔看到的一切有显著不同。托克维尔19世纪看到的美国与当今的美国更是有着根本区别。托克维尔所看到的美国是过去的、历史的,他所描述的一切与今天的美国相去甚远。因此,我们也只能以历史的眼光来阅读托克维尔的《论美国的民主》。

托克维尔在书中阐述了自己考察美国的初衷。他说:"我之所以考察美国,并不单纯出于满足自己的好奇心,尽管好奇心有时也很重要。

我的希望，是从美国找到我们可资借鉴的教训。"[1] 他的本意是客观地描写美国的民主状况，不是要对美国的民主唱赞歌。他说："夸奖美国的全部统治形式，也不是我的全部目的，因为我认为任何法制都几乎不可能体现绝对的善，我甚至没有奢想评论我认为不可抗拒的这场社会革命对人类有利还是有害。"[2] 托克维尔确实没有一味地赞美美国的民主状况。他看到了美国社会推崇民主的好的一面，也看到了美国社会因此而隐藏的危机。能够用批判的态度看待美国，这是托克维尔难能可贵的品质。

二、美国的自由女神像与自由钟

托克维尔对美国社会的描写在欧洲产生了震撼性的影响。很多欧洲人阅读了《论美国的民主》之后，将美国视为人间的自由天堂，心向往之。

作为一个新生国家，美国成立之后曾经长期保持快速发展的良好态势。美国从一开始就表现出极强的开放性，对所有人敞开国门，其实际目的是为了招揽世界各国的人才，而在很多外国人看来，这是"民主"和"自由"的象征。加上美国对个人奋斗精神的强调，美国人和外国人都将美国视为可以实现人生梦想的地方。这大概就是"美国梦"的由来。

19世纪，美国的发展呈现出蒸蒸日上的态势，英国、法国、德国等欧洲资本主义国家的发展则显得比较缓慢。快速发展不仅让美国很

---

[1] 〔法〕托克维尔：《论美国的民主》上卷，董果良译，第16页。
[2] 〔法〕托克维尔：《论美国的民主》上卷，董果良译，第16页。

快融入了西方资本主义阵营，而且使美国很快成了西方资本主义阵营中举足轻重的成员。1876年，美国进行了总统选举，共和党候选人海斯当选为第十九届美国总统；与此同时，美国迎来了建国一百周年庆典。那时的美国经过一百年发展，各个方面都已经达到比较成熟的阶段，欧洲国家对它的认可度也达到了很高的程度。

1876年发生的一件世界大事是法国给美国独立一百周年赠送礼物自由女神像。自由女神像是法国著名雕塑家巴托尔迪以法国巴黎卢森堡公园的自由女神像作为蓝本、历时10年完成的雕塑作品。女神所戴头冠有7道光柱，象征由七大洲、四大洋组成的世界统一体；女神右手高举着象征自由的火炬，左手捧着美国独立宣言，脚下踩着象征旧传统、旧制度的手铐、脚链、锁链等。据说，女神的面貌是巴托尔迪依据他母亲的容貌设计的，女神高举火炬的右手是巴托尔迪依据他妻子的手臂设计的，但女神穿着的服装采用的是古希腊服饰风格。显而易见，自由女神像是一座兼有古典美和现代美的雕塑品。

法国给美国赠送自由女神像具有丰富的象征意义。我们可以从以下几个方面予以理解。

第一，它具有对美国独立战争的历史意义进行再次肯定的寓意。美国于1776年7月4日发表举世闻名的《独立宣言》，标志着美国作为一个新的国家诞生。美国独立战争是美国人民为了打碎英国殖民统治、挣脱暴政、赢得独立和自由而发动的一场革命。它的影响是世界性的，对人类发展历史进程发挥了不容忽视的积极促进作用。历史地看，美国独立战争的胜利是人类发展历史上的重大事件。它不仅催生了一个新的国家，而且对整个世界的发展进程产生了广泛而深刻的影响。正因为如此，历史学家往往对美国独立战争给予高度评价。美国历史学家乔治·布朗·廷德尔和大卫·埃默里·施将《独立宣言》称为一部政治哲学著作。他们说："这一部政治哲学著作至今依然发挥着重要作用,那一天也被确认为美国的独立纪念日。"①

第二,它具有强调美法两国共同追求自由理想的寓意。在美国独立战争期间,法国与英国因为争夺北美殖民地而发生尖锐冲突。为了帮助美国人打败英国,法国几乎倾尽了全国财力,甚至最终选择直接参战。法国参战是美国独立战争的天平能够向美国倾斜的重要原因。法国军队参加过切萨皮克湾海战、约克敦战役等重大战役。在具有决定意义的约克敦战役中,法军出动了7800人(美法军队共1.7万人,将近一半为法国军人),对美军夺取独立战争的最后胜利起到了重要作用。时值美国庆祝建国一百周年庆典,法国赠送美国自由女神像显然具有强调两国友谊和凸显两国共同追求自由理想之意。

第三,它具有张扬自由价值的寓意。自由是人类共同追求的理想。进入近代以后,西方人更是旗帜鲜明地提出了反对专制、追求自由的主张。新兴的西方资产阶级不仅以此作为谋求社会发展、人类文明进步的主要信条,而且借助它来凝聚人心。历史地看,西方资本主义制度之所以能够在近代得到确立,这与西方资产阶级谋求自由的主张有着密不可分的关系。他们打着反对专制、追求自由的旗号,在西方社会赢得了很多民众的大力支持。民众的广泛参与对西方资产阶级赢得资产阶级革命的胜利发挥了决定性作用。通过赠送自由女神像,法国张扬资本主义自由观念的意图是显而易见的。

第四,它具有呼吁全人类或全世界弘扬自由精神的寓意。自由女神像头冠上的7道光柱象征自由精神在世界各大洲的传承和传播。19世纪末的美国已经开始展现世界影响力。它在世界范围内吸引了越来越多的注意力和关注度。经过一百多年发展,美国的综合实力即将赶超欧洲资本主义国家。最重要的事实在于,以自由、民主等为主要标

---

① 〔美〕乔治·布朗·廷德尔、大卫·埃默里·施:《美国史》第1卷,宫齐、李国庆、裴霜霜、喻文中、曾昭涛、张立平译,第181页。

志的美国文化开始以前所未有的方式吸引眼球，越来越多的西方人开始把美国当成自由的天堂。法国赠送自由女神像，不仅是为了赞美美国人的自由精神，而且是为了在世界范围内弘扬自由精神。

虽然自由女神像是一件人工雕塑品，但是它的出场确实具有不容忽视的象征意义。美国人为了自由而发动独立战争，并且把自由作为他们的奋斗目标，这本身就具有值得肯定的意义和价值。如果美国人追求的自由精神能够在世界范围得到传承和传播，这也是一件极其有意义的事情。真正意义上的自由应该是全人类追求的共同价值。

自由女神像坐落在美国纽约港的一个小岛上，高46米，算上基座高达93米，重225吨，底座是美国著名学者约瑟夫·普利策筹集10万美金建成的美国移民史博物馆。19世纪末，没有国际航线通过纽约港，轮船是越过大洋的运输工具，但由于纽约港是美国沿海最大的港口，自由女神像恰好位于航线附近，进出纽约港的旅客都可以远眺它。每当轮船驶入或驶出纽约港，自由女神像就会首先映入人们眼帘。自由女神像体型高大，目视前方，手握火炬，姿态优美。在夜间，自由女神手握的火炬灯光通明，加上小岛地面有射向神像的探照灯光，自由女神像就显得更加壮观、美丽。自由女神像是美国纽约港的一大景观。1984年，联合国教科文组织世界遗产委员会将美国的自由女神像列入《世界遗产名录》，使之成为美国具有国际影响的重要世界遗产。

矗立在纽约港的自由女神像，与其说是一座雕塑，不如说是一个文化意象。它出自法国雕塑家之手，却集中体现了美国人在独立战争时期建构的美国精神传统。那些创建美国的政治家确实想建立一个不同于欧洲国家的自由国家，努力将他们追求的自由精神变成现实。他们追求自由、民主、平等，倡导个人主义价值观，维护个人的个性，鼓励个人创业，采用自由制度，实行多元文化主义政策，广泛吸纳来自世界各国的人才，从而使美国看上去像一个充满自由的社会。

世界人民对美国的关注往往首先是从自由女神像开始的。很多没有去过美国的人都知道自由女神像的存在。它是一个极具美国特色的地标建筑。正因为如此，美国历届政府都非常重视自由女神像的保护。"9·11"事件之后，美国政府更是加强了对它的保护，禁止对公众开放它的顶部。直到2009年7月4日国家独立日，美国政府才重新对外开放它的顶部。

自由女神像是美法两国人民具有深厚友谊的象征，但它的价值并没有局限于此。美国人这样看待它，世界人民也这样看待它。美利坚民族在独立战争期间对平等、自由、民主等价值的追求，被一个法国雕塑家借助雕塑艺术的形式淋漓尽致地表现了出来。自由女神像不仅是一个地标符号，而且是一个文化精神符号。

无论今天的美国是什么样子，它曾经给人类留下过值得称赞的历史记忆。如果说美国曾经凭借独立战争震惊世界，这实质上是指它曾经凭借自己对自由的不懈追求而让世界刮目相看。在独立战争后的很长一段时间，美国是世界人民向往的地方，因为那里具有强烈的自由氛围。当美国还充满着自由氛围的时候，美国能够向全世界释放出很强的吸引力和感召力。特别是自19世纪末20世纪初开始，美国开始跻身于世界强国之列，世界人民的眼光往往聚焦于美国的发展状况。

美国的自由女神像能否总是受到世界人民的关注，这不取决于自由女神像本身，而是取决于美国社会的状况。它只不过是一个文化符号而已。如果美利坚民族能够不忘初心，始终牢记美国开创者追求自由、平等、民主等价值的使命，或许坐落在纽约港的自由女神像能够长久地受到世界人民的关注。如果美利坚民族忘记初心和使命，他们的自由女神像必定会失去其吸引世界人民、感召世界人民的魅力。

美国是依靠自由精神立国的。事实上，早在法国赠送自由女神像之前，美国就在费城制作了一个自由钟。美国学者彼得·里尔巴克认为，自由钟是"美国人奔往自由的道德路上一个重要的里程碑"，它"在全世界范围内都被看作是美国独立的象征，同时也代表了全人类对自由的深切向往"。① 在里尔巴克看来，自由精神是美国和美国人民与众不同的地方，但它正随着美国的发展而被淡化、遗忘。他对此感到忧虑。他说："在美国，有一口残破的大钟，经受着这个国家的每一次风风雨雨，见证着每一个危急关头，这就是位于费城的自由钟。"② 显而易见，里尔巴克对美国现有的自由状况并不看好，其言下之意是美国人曾经孜孜以求的自由精神正在不断衰落。

里尔巴克也在书中谈及自由女神像。他指出："自由女神像自1886年落成以来，已目睹了数百万到美国寻求自由的移民。美国的早期欧洲移民，如清教徒，不只是渴望呼吸到自由的空气，更向往宗教自由。"③ 在里尔巴克看来，早期美国人对自由的向往与他们的（宗教）信仰紧密联系在一起。他进一步说："我们的国父们深信，正是由于美国的精神力量来自对上帝之护理的信靠，我们的自由才成为可能。"④ 里尔巴克是一位虔诚的基督教徒，所以他总是借助基督教信仰来诠释自由钟的象征意义。他似乎将美国现有的问题归结到一点：自由精神与宗教信仰的分离从根本上改变了美国社会现状，甚至从根本上改变了美国的国运。他说："我们如何对待上帝赐予我们的自由，将深刻影响到我们国家的命运。"⑤ 里尔巴克至少在一点上是对的，这就是，美国人一旦背弃他们追求自由的初心和使命，他们就违背了他们国父们的初衷，美国也就不再是原来的美国了。

---

① 〔美〕彼得·里尔巴克：《自由钟与美国精神》，黄建波、高民贵译，江西人民出版社2010年版，第4页。
② 〔美〕彼得·里尔巴克：《自由钟与美国精神》，黄建波、高民贵译，第3—4页。
③ 〔美〕彼得·里尔巴克：《自由钟与美国精神》，黄建波、高民贵译，第172页。
④ 〔美〕彼得·里尔巴克：《自由钟与美国精神》，黄建波、高民贵译，第172页。
⑤ 〔美〕彼得·里尔巴克：《自由钟与美国精神》，黄建波、高民贵译，第174页。

三、美国学者对美国道德文化的内部审视

时间演进到19世纪中后期,一些美国学者已经开始审视和反思美国建构现代道德文化的历史进程。这样的美国学者并不多,但他们所做的工作具有重要意义。

美国哲学家爱默生1837年在一次演说中指出:"我们依傍旁人的日子,我们学习他国的长期学徒时代即将结束。"[1]爱默生意在强调,美国必须摆脱依靠欧洲文化的状况,必须建构具有美国特色的文化。他如此呼吁美国人:"每一代人必须写出自己时代的书;或者更不如说,每一代都为下一代人写书。远古时代的书籍并不适用于此时。"[2]爱默生是美国历史上较早具有本土文化意识的学者。

爱默生对美国长期依赖欧洲文化的状况非常不满。19世纪的美国依然处于缺乏文化自立性的境地,大学图书馆充斥着欧洲学者的教材、著作,几乎没有美国学者的原创性成果。正因为如此,爱默生提出了"什么是美国学者"的问题,并对此提出了自己的看法。他说:"学者应成为'思想的人'。"[3]在他看来,美国学者应该是"自信者",其自信应该建立在思想基础之上。思想来自何处?它来自心灵。有思想的美国学者的职责是向大众揭示表象后面的事实,并且用它们去鼓舞、提高和指引大众。他将真正的学者比喻为"世界的眼睛"和"世界的心脏"[4]。

在爱默生眼里,学者应该是自由的、勇敢的。这是指,学者应该摆脱自身的束缚,能够进行创新性思维,同时能够抛弃对自由创新的

---

[1] 〔美〕爱默生:《美国的文明》,孙宜学译,第55页。
[2] 〔美〕爱默生:《美国的文明》,孙宜学译,第59页。
[3] 〔美〕爱默生:《美国的文明》,孙宜学译,第67页。
[4] 〔美〕爱默生:《美国的文明》,孙宜学译,第67页。

恐惧。爱默生还强调，学者心中应该保持圣洁，因为"若人内心有圣洁的成分，世界在他面前就会流动起来，并且会打上他的烙印，或具有他的形状"①。他呼吁美国人进行内省，认为内省对人有利无害。他说："我们身上遍布着眼睛，我们用脚去看。"② 爱默生批评不喜欢内心的人，并且视之为美国的突出问题。在他看来，不能内省就是缺乏思想自立性的表现。他强调："我们要用自己的脚走路，我们要用自己的手来工作，我们要发表自己的观点。"③

爱默生是一个具有洞察力的哲学家、文学家。他不在大学任教，但常常受邀到大学演讲。他通常采用不同于大学教授的风格演讲，语言生动活泼，通俗易懂，总是能够得到大学生的喜爱。他肯定伟人的价值，认为"相信伟人是自然而然的事"④。在他看来，伟人的伟大之处主要在于他们的精神；伟人不仅拥有伟大精神，而且能够用他们的伟大精神影响社会发展进程；伟人不是为了他们自身而生存，而是为了人类而生存。他说："伟人之所以存在，是为了有更伟大的人出现。"⑤ 伟人肩负着为人类确立和提升精神的重任。

"文化"已经在19世纪的美国成为一个热词。当时的美国弥漫着"美国梦"的浓烈气息，绝大多数美国人在疯狂地追逐各种各样的成功，特别是占有权力和财富方面的成功。爱默生较早洞察到了这一问题，并且对其进行了道德批判。他将"文化"视为解决问题的有效途径。他说："当整个世界都在追求权力，追求作为权力的手段的财富时，文化修正了关于成功的理论。"⑥ 爱默生所说的"文化"主要是指道

---

① 〔美〕爱默生：《美国的文明》，孙宜学译，第69页。
② 〔美〕爱默生：《美国的文明》，孙宜学译，第72页。
③ 〔美〕爱默生：《美国的文明》，孙宜学译，第76页。
④ 〔美〕爱默生：《美国的文明》，孙宜学译，第154页。
⑤ 〔美〕爱默生：《美国的文明》，孙宜学译，第174页。
⑥ 〔美〕爱默生：《美国的文明》，孙宜学译，第348页。

德文化。他对日益世俗化的美国社会深感担忧，希望能够借助道德的力量挽救美国社会。

爱默生并没有对美国人普遍推崇的个人主义价值观持肯定态度。在他看来，极端个人主义膨胀的结果必然导致利己主义的泛滥。他对利己主义表现出深恶痛绝的态度。他说："社会的害虫就是利己主义者。利己主义者是一种病，就像流感一样，弥漫于所有的机构之中。"[1] 在爱默生的眼里，利己主义者在美国社会比比皆是；要治疗美国人的利己主义疾病，需要借助文化的力量；文化就是能够给美国人带来精神的哲学、艺术、宗教等。

"文化的最主要的作用是从更高级的源头汲取力量，从而加强我们在修辞、政治、贸易和使用技艺方面的技能。"[2] 这是指，文化是支配人类社会的根本力量，它隐藏在五花八门的现象背后，但它的力量是无比强大的。爱默生似乎暗示我们，文化是一种柔性的力量，但它能够改变人的思维方式、思想观念和行为模式。他断言："没有什么是他克服不了、改变不了的，最后，文化将消融混乱和地狱。他将复仇女神转化为缪斯，把地狱变成天堂。"[3]

爱默生显然看到了美国社会已经存在的问题。在19世纪的美国，很多美国人陶醉于追名逐利的生活方式，不读书，不追求崇高的精神生活，整个社会呈现出日益世俗化的态势。爱默生还特别关注美国人破坏自然环境的问题。他不像当时的绝大多数美国人，既没有盲目沉浸于追逐"美国梦"的疯狂，也没有陶醉于物质生活的奢侈。他确实如他自己所说的那样，浑身长满了眼睛，用它们观察美国社会、自然界和整个世界。他看到了美国社会缺乏文化精神的可怕事实，将改进

---

[1] 〔美〕爱默生：《美国的文明》，孙宜学译，第349页。
[2] 〔美〕爱默生：《美国的文明》，孙宜学译，第367页。
[3] 〔美〕爱默生：《美国的文明》，孙宜学译，第371页。

美国社会的希望寄托在文化建设上。历史地看,他至少是美国历史上最早强调文化精神的哲学家之一。当然,他对文化精神的重视主要体现在道德文化精神领域。

梭罗、麦尔维尔等人是与爱默生同时代的哲学家、文学家。与爱默生一样,他们既看到了美国社会发展的好的一面,也看到了它已经暴露出来的很多问题。梭罗特别关心美国的自由问题,认为美国政治制度对美国人民进行严密控制,常常使自由无法得到保障、落实。他推崇"公民不服从"理念,亲自践行它,并因此而被关进监狱。在认识、理解和处理人与自然的关系问题上,他与爱默生一样,倡导以自然为师、人与自然和谐相处的道德价值观念。麦尔维尔则主要关注人的宗教信仰问题。他看到了美国人的基督教信仰受到各种挑战以及美国基督教徒对"异教徒"缺乏包容的问题,呼吁美国人尊重持不同宗教信仰的人。除此以外,他也反对美国人以算计、控制、掠夺的态度对待自然。在他看来,包括美国人在内的整个人类不善待自然,人类的结局只有一个,这就是与自然界同归于尽。

19世纪的一些美国学者是思想的先行者。他们走在时代的前列,提出了富有智慧的思想和理论。虽然他们的思想和理论在当时的社会背景下并没有受到美国人的充分重视,但是它们的历史价值是不容忽视的。历史地看,如果没有他们的思想和理论启蒙,美国不会出现此后重视本土文化建设的局面。当时间演进到19世纪末,美国人的文化觉醒意识普遍变得更加强烈。他们开始着力建设具有美国特色的文化,特别是道德文化。实用主义哲学的出现,标志着美国开始拥有自己的本土哲学,而实用主义哲学在短暂发展之后就迅速向伦理学研究领域转向,这又标志着美国在建构现代道德文化方面进入了新的历史方位。

第五章　美国道德文化的本土化发展

　　以爱默生、梭罗、麦尔维尔等人为代表的超验主义者最先注意到美国陷入物欲横流的事实，并且及时向美国人发出了警告。他们呼吁美国人增强"精神"或"意识"的自立性，同时试图推动美国人通过追求崇高的道德精神价值解决物欲横流问题。他们关心美国社会现实，关心美国的长远发展，关心美国人的精神家园问题，但他们力量微弱，不足以改变美国社会。步入19世纪中期以后，美国发生了广泛而深刻的变化。日益加快的工业化进程创造了日益显著的工业文明，社会物质财富日益增加的事实将美国人日益严重地拖入追逐物质利益的游戏。在此历史背景下，爱默生、梭罗、麦尔维尔等超验主义者的著作及其崇尚精神生活的超验主义伦理思想并没有在美国人中间消失，但它们实质上已经变成人们茶余饭后的谈资。沉醉于物欲横流的社会风气越来越严重，美国人越来越严重地沉浸于物质生活享受，精神生活被广泛视为可遇而不可求的东西。崇尚精神超越的超验主义伦理思想在美国社会不断淡化，取而代之的是重实用、重功利的实用主义伦理思想。19世纪末，实用主义伦理思想在美国兴起。它不仅改变了美国伦理思想借助超验主义伦理思想崇尚精神超越而形成的品质，而且从根本上重新塑造了美国人的伦理精神。实用主义是美国建构现代道德文化的关键环节，是美国道德文化的真正底色。

一、形而上学俱乐部与实用主义哲学的诞生

实用主义哲学在美国的诞生具有戏剧性。当爱默生、梭罗、麦尔维尔等超验主义者的著作及其崇尚精神生活的超验主义伦理思想在美国式微的时候,一些美国学者开始思考如何建构美国本土哲学的问题。查尔斯·山德斯·培尔斯(Charles Sanders Peirce,1839—1914)、威廉·詹姆斯(William James,1842—1910)、乔西·莱特(Chauncey Wright,1830—1875)等人是他们中的杰出代表。他们于19世纪70年代成立了美国历史上的第一个哲学俱乐部。成立之初,他们仅仅简单地称之为"哲学俱乐部",俱乐部成员的聚会是非正式的,也没有严格的俱乐部管理制度。它是因为培尔斯之故而得名。培尔斯在他的著作中称之为"形而上学俱乐部"。该哲学俱乐部在美国仅仅延续了大约9个月,但它被美国的一些哲学历史学家视为美国实用主义哲学的源头。历史地看,它确实是美国实用主义哲学的起点。

培尔斯、詹姆斯等人组建"形而上学俱乐部"的初衷是哲学研讨。他们聚会的时候会讨论当时流行的哲学话题,其中讨论最多的话题是"进化论"。由于俱乐部的成员来自不同学科领域,哲学讨论往往呈现为众说纷纭、莫衷一是的状况。例如,参与俱乐部的乔西·莱特是一个数学家、生物学家,但他同时对进化论哲学怀有浓厚兴趣。他1872年曾经前往英国拜访过现代进化论的提出者达尔文,并在后来成为在美国最早宣传进化论的学者之一。莱特坚信,"进化论"是达尔文最重要的科学发现,也是具有创新性的哲学理论。

培尔斯、詹姆斯等美国哲学家都深受进化论思想的影响。换言之,进化论思想是实用主义在美国产生和发展的最重要思想背景。达尔文在1859年出版的《物种起源》(*Origin of Species*)和在1871年出版的《人的面子》(*The Descent of Man*)是现代进化论思想的经典著作。在

这些经典著作中，达尔文提出了生物进化的观点，推翻了亚里士多德的"生物不进化"观点。他在生物学领域发起的挑战与哥白尼、伽利略等自然科学家提出的"日心说"具有同等威力。"日心说"挑战的是亚里士多德宣扬的"地心说"。达尔文的生物进化论不仅颠覆了人类长久坚持的生物学观点，而且使许多已有的旧道德观念和宗教观念遭到了怀疑，甚至否定。培尔斯、詹姆斯等美国哲学家首先就是基于生物进化论来认识、理解人及其道德观念、宗教观念的。

"形而上学俱乐部"确实是一个松散的俱乐部。它没有严格的运行机制，成员的观点各不相同。例如，乔西·莱特明确反对抽象的形而上学玄思，尤其反对用形而上学方法解析进化论思想。他对英国哲学家斯宾塞的批评更是猛烈。在他看来，斯宾塞将自然进化的一般规律应用于人类社会和整个物理世界的做法犯了社会达尔文主义的错误。相比较而言，培尔斯不仅不排斥形而上学，而且认为它可以与自然科学的方法、逻辑结合起来。他主张在形而上学的层面上用"进化"概念解释世界存在的实在性问题。

培尔斯是美国实用主义哲学的重要开拓者。不过，这一殊荣是在他去世之后才被确立的。他是那种"死后方生"的哲学家。他1914年去世，当时并没有被公认为美国实用主义的开创者，甚至没有被视为美国一流哲学家。他富有哲学智慧，但一生著述不多。在有限的论著中，他论及很多主题。去世后不久，他的作品被人整理，以《查尔斯·山德斯·培尔斯文集》（*Collected Papers of Charles Sanders Peirce*）为题出版。该文集集中体现了培尔斯的实用主义哲学思想。

培尔斯主要研究逻辑和科学哲学。他的实用主义哲学是以解析"信念"和"观念"的内涵作为起点的。早在1878年的时候，他就发表了《论信念的固定化》（*The Fixation of Belief*）和《如何使我们的观念清晰化》（*How to Make Our Ideas Clear*）两篇文章。两篇文章在当时并没有产生社会反响，但它们后来被美国哲学界公认为实用主义哲学的开山之作。它们的主要观点具有实用主义的典型特征。例如，在讨论"信念"与"怀疑"的区别时，培尔斯认为"信念"是我们愿意按照它行动的一种观念或行为规则、习惯，它有能力指导我们的欲望和塑造我们的行为，但"怀疑"不具有这样的能力。也就是说，"信念"就是关于"成果"或"结果"的信念。培尔斯还在那两篇文章里强调，关于对象的观念就是关于效果的观念，因此，要澄清我们的观念，其实质就是要澄清我们的观念所拥有的实际后果或效果，或者说，我们是在理解我们的观念的实际后果或效果时理解自己的观念的。

培尔斯是第一个采用实用主义方法的哲学家。他尝试将一种能够验证一般概念或观念的实验性方法引入哲学研究领域。哲学和科学必须借助一般概念或观念来表达自己。一般概念或观念往往是抽象的、含糊的，因此，要理解它们，我们需要找到能够将它们的意义确定下来的方法。哲学中的争议往往是因为人们没有清晰地理解争议中的观念的意义而变得无休无止。培尔斯认为"实用主义"就是这样的方法，只有它能够解决哲学中的难题。他将实用主义首先看作一种逻辑推理方法，并且称之为"推断逻辑"（abductive logic）。所谓"推断逻辑"，它是一种求取一般概念或观念的意义的方法。它反对把一般概念或观念的意义看成字典规定的定义或人们头脑中的主观印象，而是要求人们把它们当成一种假设或一种推理。培尔斯试图强调：为了阐述一个一般概念或观念的实用意义，我们必须把它转换成一系列有条件的命题：假设 A 指某种被采用的实验操作方法，B 就是那种方法得到运用的实际结果或可见结果。这就是实用主义的求取意义方法。这种逻辑推理方法很有用，但它只能提供一个可能的结论。这是指，通过推断逻辑推理得到的意义不一定绝对可靠。为了弥补这一不足，培尔斯又提出了"可错性理论"（fallibilism）。其意指，错误可能出现在任何一种实验性研究中，即所有实验性假设本质上都是尝试性的，而不可能是最终的，进一步的验证和探究是必要的。因此，用实用主义方法来求取一般概念或观念的意义，我们永远不可能得到关于它们的绝对意义或最终意义，但我们所得到的意义是最值得我们自己信赖的意义，这为我们探求进一步的验证和修正提供了基础和依据。

培尔斯的主要兴趣是论证实用主义方法的合理性。他试图建构"实用主义逻辑"（logic of pragmatism），并且试图将它运用于科学哲学研究中。他的研究领域主要是逻辑、科学哲学和科学形而上学发展史。在培尔斯的哲学中，形而上学的研究对象是"实在"，它是关于实在的最基本特征的玄思性研究。他偶尔也关注伦理问题，并且把伦理学作为"规范科学"（normative science）的一个分支来看，但他总体上对伦理问题缺乏兴趣。作为美国实用主义哲学的重要开创者，他没有建立实用主义伦理学的理想。不过，他开创的实用主义方法后来被威廉·詹姆斯等人所继承，并且被运用于实用主义伦理学研究。威廉·詹姆斯曾经在《实用主义》（*Pragmatism*）一书中高度评价培尔斯，认为他是最先将实用主义引进哲学殿堂的伟大哲学家。

二、实用主义哲学的伦理转向

威廉·詹姆斯深受培尔斯的影响，但他显然对培尔斯的实用主义哲学进行了激进改造。他将它变成了一种人本主义哲学，或者说，他使它发生了伦理转向。詹姆斯主张哲学生活化，认为一切有价值的哲学必然与人类生活非常紧密地联系在一起，并且必然以表达人的兴趣和理想为主题。他要求具体关注人的存在问题，要求将哲学建立在人性观念基础之上。他把人视为现实的存在，一种具有目的和目标的存在，一种能动的、富有生命力的存在。在詹姆斯的眼里，人是一种奋发图强、目标明确的生命有机体，具有追求自身利益的强烈欲望。在詹姆斯的哲学思想中，我们不难发现达尔文进化论的思想痕迹。詹姆斯还探析了理性与情感的关系问题，认为人的理性能力、认识能力从属于人性中的情感。在詹姆斯看来，人的理性不是人类所具有的一种自足的能力，因为它的价值必须通过与实际目的相关的具体情景体现出来；人的意识活动完全是一种有目的的活动，而人的认识活动仅仅是一种工具，因为它的功能完全受个人的偏好、欲望、目的和兴趣的限制。詹姆斯相信，个人的目的不需要任何辩护，它是自足的；个人内在具有的目的是人进行认识活动的动机。

作为一位实用主义哲学家，詹姆斯强调人类意识的目的性和经验的重要性。通过这种"强调"，他发展了培尔斯的实用主义哲学。他将培尔斯开创的实用主义变成了一种以人为本的人生哲学或伦理学。他沿袭培尔斯的做法，把实用主义视为一种方法，但他并没有将它看成最终的或确定的教条，而是借助于它建构了实用主义伦理思想体系。具体地说，他把实用主义方法变成了一种处理和决定人的价值选择以及人承担相关责任的方法。他也承认，实用主义方法被用于处理伦理问题时，并不能达到绝对的确定性，但它可以引导人们思考问题、取得思想进步和完成具体行为。詹姆斯认为，实用主义方法不仅可以帮助人们认识、理解和把握命定与自由的关系问题、自由选择与宗教信仰的关系问题，而且有助于推动人们对存在抱有乐观主义态度。他将培尔斯开创的实用主义哲学应用于日常生活中的个人问题（主要是伦理问题），实用主义哲学因此而转变成了实用主义伦理观。

詹姆斯因为研究哲学和心理学而著名。他在美国哈佛大学同时拥有哲学和心理学专职教授职位。他著有《心理学原理》（*The Principles of Psychology*），同时在建构实用主义伦理学方面卓有建树。

詹姆斯承袭了培尔斯的实用主义方法，并且主张运用它研究人的精神生活和道德生活。他将这种研究归结为功能性的和关系性的研究。在詹姆斯看来，道德与人的意识紧密相关，甚至可以说，人的意识对道德具有根本意义；如果人对道德没有兴趣或不关注道德问题，或者说，如果人对善恶、对错的问题无动于衷，"道德"这一术语的出场就没有必要；道德与人的意识之间是功能性的关系，任何一种道德都必须考虑出现在个人意识中的情感、敏感性、需要、欲望等因素，不存在独立于人的意识的道德秩序；道德之所以在人类社会产生，是因为它是人追求或欲求的东西。正因为如此，我们应该反驳道德怀疑主义，但这种反驳不能从纯粹理性或知识的角度来展开。

由詹姆斯开创的实用主义伦理学是一种人本主义伦理学。它认为人的道德努力在人类道德生活中发挥着核心作用。他强调的是，人的精神生活和道德生活都取决于自身的努力状况。宗教生活如此，道德生活也如此。他试图论证，人必须通过个人努力才能拥有道德生活，个人的道德努力既构建人的未来，也赋予人的未来以道德价值；人们在接受这种观点的时候，必须直接面对有关"自由意志"的争议。他认为"自由意志"问题从严格的心理学角度来说是不可能解决的。决定论者宣称已经做出的选择和已经完成的行为是不可逆转的，而非决定论者相信别的选择和行为也是可能的，并且可以取代已经做出的选择和已经完成的行为。决定论与非决定论之间的争议本质上是形而上学的争议，它不可以用证据的实际积累来加以解释，它更多地与人的世界观和人生观有关。詹姆斯试图证明，实用主义方法恰恰是适合于解决决定论和非决定论争议的最好方法。

在道德生活中和伦理学领域，詹姆斯是一个非决定论者。他认为决定论必然导致道德生活中的悲观主义。他呼吁重视人的道德努力，认为排除人的道德努力，必然让人看不到人类道德生活的未来。在詹姆斯看来，决定论产生的悲观主义是无法证明的，因为它缺乏事实基础；彻底的道德悲观主义本质上建立在人的情感基础上，他反映人类在面对一个没有意义的宇宙时而产生的一种绝望情感。他把"悲观主义"称为一种"宗教病"："这种噩梦般的生活观有许多来源，但它的最重要的来源一直是自然现象与自然背后的精神之间的矛盾。"① 詹姆斯认为，非决定论至少会将人引向某种形式的道德乐观主义。道德乐观主义不断言未来会更好，也不宣称人的每一次道德努力都会达到预期目标，但它确实认为"坚信未来会更好"是有道德意义的。作为一个非决定论者，詹姆斯说："不要害怕生活。相信生活值得一过。你的信念将有利于创造这一事实。"②

詹姆斯认为现实世界存在"恶""痛苦"等事实，但他反对用简单的方法来对待它们。与爱默生不同，他反对用浪漫主义方法来对待现实中的"恶""痛苦"等现象，认为生活中的"恶""痛苦"等因素不可能在某种绝对的或无限的善的背后被蒸发掉。另外，他反对把"恶""痛苦"等因素看成人类因"原罪"而遭受惩罚之结果的清教伦理思想。他坚信，从实用主义的角度看，生活中的恶、痛苦、失望等都是无法得到绝对辩护的东西，它们只不过是人类道德生活存在的缺陷或不足。道德上的"善"和"恶"总是和实际的、具体的情景联系在一起。詹姆斯推崇的实用主义伦理学反对人们把具体问题随意地套入任何普遍的规则，但这并不意味着一般性概念在伦理学中毫无价值。

"威廉·詹姆斯的思想和个性从哲学上最好地表现了美国的个人主义。"③ 詹姆斯的哲学思想强调个人的首要性和主动性，这与他对达尔文

---

① William James, *The Will to Believe and Other Essays in Popular Philosophy*, New York: Henry Holt & Co., 1890, p. 40.
② William James, *The Will to Believe and Other Essays in Popular Philosophy*, p. 62.
③ Ralph Barton Perry, *Characteristically American*, New York: Alfred A. Knopf, 1949, p. 70.

进化论持有的坚定信念有着直接关系。他用达尔文的进化论来探析个人与社会的关系。他认为，人类社会之所以一代一代地发生变化，是因为个人日积月累的影响；个人行为是社会运动的催化剂或发动机；个人完全可能将一个社会从一个发展方向引向另一个根本不同的发展方向。他甚至在此基础上提出了他的"英雄崇拜"思想。他指出："可见环境与伟人之间的关系恰好就像可见环境与达尔文哲学中的'变异'之间的关系。环境主要是接受或拒绝、保护或摧毁伟人。简言之，它选择伟人。一旦它接受和保护伟人，伟人就会凭借其影响以一种崭新的、特别的方式来改造它。"[1] 他甚至强调："天才人物的催化性影响必须被公认为构成社会发展的一个因素。"[2] 需要指出的是，詹姆斯并没有把"英雄"或"天才"看成推动社会发展的唯一决定因素。在他看来，社会发展是由个人和社会环境两个因素相互作用的结果。个人尤其是伟人引导社会潮流或发展方向，而社会则以接纳伟人及其天赋的方式促进社会发展。他认为："没有个人冲动的社会停滞不前，而没有社会同情的个人冲动则只能以死亡而告终。"[3]

詹姆斯倡导道德个人主义，但他反对将道德个人主义变成一种极端的理论。一方面，他强调个人的首要性和权利，同时也为他人的权利进行辩护。他的道德个人主义试图在"务实"和"超越"这两种极端之间保持平衡。他强调"务实"，要求将人的观念建立在事实之上，并要求通过事实来证明人的观念。他也强调"超越"，要求人们寻求和尊重人类的价值。作为一个道德个人主义者，詹姆斯认为具体的个人永远是道德对话及道德意义的最基本单位。在詹姆斯眼里，与个人无关的道德是不存在的；道德取决于个人的选择、责任意识和行为；如

---

[1] William James, *The Will to Believe and Other Essays in Popular Philosophy*, p. 226.
[2] William James, *The Will to Believe and Other Essays in Popular Philosophy*, p. 229.
[3] William James, *The Will to Believe and Other Essays in Popular Philosophy*, p. 233.

果说道德顺序实际存在，个人总是第一位的，社会或群体则只能是第二位的。

杜威是另外一位著名的实用主义哲学家。他不仅与詹姆斯一样对哲学和心理学感兴趣，而且对政治学、教育学有深入研究。他还是一位有争议的美国哲学家。有的人将他归于实用主义哲学家阵营，有的人将他归于自然主义哲学家阵营。另外，虽然他在很多方面深受实用主义者培尔斯和詹姆斯的影响，但是他本人认为自己的哲学与他们的实用主义哲学有着根本区别，因此，他宁肯把自己的哲学称为"工具主义"。

杜威是一位有创见的哲学家。杰里佛·威尔奇曼曾经指出："杜威从来没有试图放弃18世纪认为伦理学理论能够被提高到自然科学地位的经验主义信念。……杜威拒绝跟从由20世纪的英语语言哲学掀起的'语言学转向'。他还拒绝接受年轻的 R. M. 黑尔认为道德哲学就是'从逻辑学角度研究道德语言'的观点。"[①] 这一评论很到位，至少揭示了杜威伦理学的两个基本特征：(1)坚持以传统经验主义作为哲学基础；(2)坚持以传统规范伦理学作为自己的主要品格。

科学精神是杜威特别推崇的东西。在美国乃至整个西方的哲学思想传统里，人们普遍倾向于认为科学研究方法不能真正解决人类经验问题和伦理学问题。杜威将这一思想传统的主要原因归结为两个方面：(1)宗教的影响；(2)人们对过时的思想传统和习惯的思维方式具有依赖性。他认为，实验性、工具性的自然主义理论试图证明如何通过科学研究方法把人与自然、事实与价值有机地统一起来。另外，杜威经常感叹，科学在物理自然和技术王国里取得巨大进步的时候，人们

---

① Jennifer Welchman, *Dewey's Ethical Thoughts*, London: Cornell University Press, 1995, Introduction, p. 1.

运用科学认识和控制人类自然、社会和道德价值的步伐往往处于可悲的落后状况。何以如此？这是因为，人类在必须对人类事务做出价值选择和决定的时候，往往会因为受到各种情感的束缚而害怕变化。人们通常抱怨人类事务太复杂、多变和主观，以致科学方法无法对它们进行研究。在杜威看来，如果人们错误地期望科学方法能够为自己提供确定或明确的答案，那么，用科学方法来解决人类问题似乎是不够的。他坚持认为伦理学中的命令、原则和规范并非最终的真理或绝对的忠告，而仅仅是分析问题的工具。杜威将进步性归结为道德的本质，认为道德理想不是永恒的，而是变化的，因此，道德永远不会死亡。

　　杜威呼吁人们用科学的态度对待"变化"。他强调，我们应该对"变化"采取"变化"的态度；在任何条件下，人们都不应该恐惧地和被动地接受"变化"，而是应该为了实验的目的而深入研究"变化"；实验的方法可以排除理论与实践、人与自然、事实与价值之间的对立。杜威认为，人们应该用富有智慧的思想来解决实际问题；"思想"是适应解决"问题"的需要才产生的；思想就是思考问题，它是一个人做某事的前提和基础，思想及其产生的行为会产生实际后果；思考是人对"问题"做出的一种间接的反应；道德情景都是真实的，因为它是实际的、具体的，并且与具体的行为直接相关，但我们不能因此而错误地否定道德行为与智力的相关性，甚至错误地认为人们不需要精神努力就可以达到最大的实际成功或最好的效果。杜威认为，道德绝对不是人们对具体的生活情景做出纯粹反应或草率地做出结论的产物，它与人类的感性经验和理性认识能力紧密相关。

　　"经验"是实用主义哲学中的基本概念。杜威对道德经验的研究比较深刻。在他看来，道德经验是一种人类经验，但它最容易被人们误解；很多人错误地认为道德是一种独立于我们日常经验的纯精神的东西。杜威批判这种将道德与生活经验割裂开的思想倾向，认为它在西方文化传统里根深蒂固,折射了西方哲学家长期固守事实—价值二分法的思想传统。杜威试图改变这种割裂"事实"与"价值"的做法,并且提出了重建西方哲学传统的构想。他坚持艺术来源于生活的艺术观,反对把艺术看成脱离生活经验的"博物馆艺术"的做法。同样,他也反对人们割裂道德生活与实际生活经验之关联性的做法,主张将道德与科学、工业、政治等紧密联系在一起。

杜威强调伦理学和道德的社会性。他洞察到了人的社会性本质,将人视为一种不能脱离社会而存在的生命有机体,强调人的行为本质上是社会行为。在他看来,人的道德行为不可能是私人的事情,道德只能是社会的道德,因为道德从根本上反映人与社会环境之间的关系。杜威试图证明,道德行为和非道德行为都是因为人是社会性存在才具有可能性;一个行为之所以被视为道德行为,是因为它有利于他人或社会,而不是有利于某个人;一个行为之所以被视为非道德行为,是因为它有害于他人或社会。

另外,杜威认为道德主要是在人们的职业生活中形成和得到体现的。道德存在于人们的日常生活中,人的道德责任也是通过日常生活得到体现。例如,道德可以通过铁路工人的日常化职业生活体现出来。一个铁路工人可能仅仅是为了几美分的日收入而工作。一天,正当他在修理铁路的时候,一辆火车出人意料地过来了。在这种情景之下,他必须把铁轨放回原处,否则火车肯定会出现事故。出于职责的考虑,他冒着生命危险坚持把铁轨放回了原处,而他自己确实因此而牺牲了生命。这就是通过职业生活得到体现的道德。道德往往是通过人们有意识的、深思熟虑的决定得到实现的,他是没有时间限制的,而是体现在人们的日常工作习惯之中。那个铁路工人是一个具有强烈职业意识和职业道德的人,他在坚持它们的时候甚至献出了自己的生命。道德是日常的、平凡的,同时也是崇高的、伟大的。正是通过具体的、实际的职业生活，人们的道德责任得到了实实在在的体现。

杜威对道德的重要性有深刻认识。他认为，道德目的和道德价值是人类生活中最有影响和最重要的问题，因此，人类社会应该高度重视道德建设工作。社会中的很多问题与人类的道德价值判断有关。一个问题对人类影响越小，它的道德意义也越小；反之，则越大。发展在任何时候都是人类社会的第一要务，因此，唯一的道德目的是"增长"。所谓"增长"，就是增进、丰富或发展之意。幸福、快乐、忠诚等德性之所以具有真正的道德意义，是因为它们能够增进或丰富人类的生活。幸福是被人类普遍追求的东西，但它的道德价值不在于它是一种最终的状态，而是一个不断丰富、不断拓展的过程。幸福是因为能够保持进一步"增长"的潜在可能性而具有道德价值的。

与詹姆斯一样，杜威是一个人本主义哲学家。他特别关心如何改善人的生活特别是人的道德生活的问题，主张通过增进人与人之间的交流和改善教育这两个途径来改善人的生活。他尤其重视教育，认为教育是提升人的思想素质、道德素质和实践能力必不可少的手段。他看到了美国教育存在的严重问题，批评美国教育界总是采用传统题材的错误做法，抨击美国学校正规教育与社会实际情形严重脱节的问题，谴责美国教育与服务现实的目的背道而驰的状况。杜威试图强调，教育是社会进步和社会变革的根本方法，也是最有效的方法；如果一个社会确实追求进步，试图摆脱旧思想传统的影响，希望拥有更加美好的未来，它就必须重视教育问题。他总是把教育和社会进步联系在一起，因此，他提倡的教育模式被称为"进步教育"。倡导和研究"进步教育"是杜威的重要学术成就。

杜威的进步教育观将教育视为个人生活和社会生活之间的一个智力互动过程。一方面，学生的学习过程是通过不断扩大生活经验的方式或学习"做"的方式来展开的，因此，教育必须实现理论与实践的结合；另一方面，教育者在控制和规划学生实际行动和学习的过程中必须给予他们最大的关爱，爱的情感是联结师生关系的纽带。另外，学习是一个不断创新的过程，学生的能动性和创造性应该在教育中得到充分体现，因此，学校不能在教育过程中包办一切，其主要任务是培养学生的批判性判断力，而不是充当学生思想的最终建构者。在杜威看来，能够对学生的思想产生最终的根本性影响的是社会制度、职业、社会运行机制等因素；教育者的使命和任务就是要确保学生的观念是通过根本途径获得的，即必须确保学生接受的那些观念是活的观念，能够成为他们的行为动力；道德目的在教育中必然占有主导地位，发挥主导作用。杜威反对人们把道德目的直截了当地纳入教育过程，而是应该讲究方法。

教育者应该注重教育方法，教育方法贵在科学。杜威特别强调鼓励、引导的教育方法，反对教育者偏重于纠正错误而不重视积极引导、帮助的做法。他特别指出，学校老师在关注学生道德生活时往往更多地警惕学生违反学校规章制度的情况，而很少站在学生的角度考虑问题。事实上，学校制定的规章制度往往或多或少地脱离了学生的实际需要，往往被学生视为武断的规章制度。杜威呼吁在道德实践中培养学生的道德观念，反对简单地用称赞和批评、回报和惩罚的观念代替道德观念和道德实践的做法。他认为，人类总是有绵羊和山羊、善良的人和邪恶的人、守法的人和犯法的人、好人和坏人之分，绝对不能将人看成千篇一律的存在者。道德问题与是否遵守纪律的问题可能有关，但也可能无关。如果把道德行为简单地同等于得到称赞和回报的行为或被批评、惩罚的行为，这只能使真正的道德生活不再取决于学生的自我判断、创造性和实践能力；相反，它必定会将道德生活变成没有依据、枯燥乏味的东西。杜威倡导生机勃勃的道德生活方式。

杜威的"进步道德观"与他倡导的"民主"教育紧紧地联系在一

起。杜威相信教育，也相信民主，并且认为两者可以贯通、融合。他认为教育有助于解放人的思想，是实现全面民主的根本途径。他似乎认为，没有教育，民主的理想是不可能实现的；引导人们追求民主应该是教育的根本目的。杜威非常重视道德在教育中的作用，认为美国民主传统的源泉是道德的，而不是技术的、抽象的、狭隘政治的，更不是物质功利的。民主具有道德性，建立在人性基础上，而人性能够在为个人争取自由的同时考虑和尊重他人的自由以及社会的稳定。民主是一种自己说话，也让别人说话的道德生活方式。在杜威的眼里，民主不是指每一个人都可以或必须拥有同等数量的利益，但它确实强调真实利益的共享性，并且要求尊重不同的意见。民主可以通过政府制度形式得到体现，但它不局限于此。它从根本上来说是一种协调社会生活和共享经验的方式。民主是一种共享性生活方式，一个民主社会能够为它的成员提供平等追求共同善的机会。不过，民主目的的实现必须依靠一定的手段。换言之，民主目的必须用民主手段来达到。专制手段不可能带来民主。如果不是借助民主手段来实现民主，自由、发展和繁荣都不可能成为有价值的民主目的。民主目的和民主手段必须统一。

三、实用主义真理观的核心要义及其世俗化

实用主义哲学的核心思想是它的真理观。作为一种哲学理论，实用主义沿袭了西方哲学探求真理的悠久传统。每一位实用主义哲学家都关注和研究真理问题，但他们对真理的定义并不完全相同。

培尔斯最先提出实用主义真理观。他借助客观的、科学的研究方法探究真理问题。一言以蔽之，培尔斯的真理观强调：一切真理都必

须由科学研究人员来定义，因为真理仅仅是严肃的科研人员追求的目标。培尔斯倡导的是科学主义真理观。

詹姆斯的真理观则不同。他反对将真理仅仅看成科研目标的观点，主张将真理理解为一种具有个人意义和道德意义的东西。显而易见，詹姆斯所建构的真理观与他的意义理论、思想哲学、伦理学融合在一起。与培尔斯一样，詹姆斯把真理归结为观念的真理，并且对此作了深刻的论证。他们都强调，观念之所以能够成为真理，是因为它们能够把人引向具体的事实。可见，培尔斯和詹姆斯都是用观念的功能性价值来定义真理的。其意指，真正的观念一定将人们引向与其相关的事实，而错误的观念则不具备这样的功能。

詹姆斯是"实用主义真理观"的代表人物。他在《实用主义》《真理的意义：实用主义续篇》等著作中系统地论述了自己的实用主义真理观，并且为美国实用主义哲学的发展做出巨大贡献。艾伦·凯皮·撒克尔曾经说过："这一理论（指詹姆斯的真理观）是詹姆斯作为一个哲学家的最大贡献，它在他的哲学中处于核心位置。"[1] 需要强调的是，詹姆斯的实用主义真理观得到了杜威的支持，但杜威更愿意把他的实用主义真理观称为"工具主义真理观"，因为他认为实用主义真理观的主要价值在于它实际上把概念和理论纯粹当成了可以建构未来事实的工具。

詹姆斯的实用主义真理观主要是通过实用主义伦理学得到体现的。他致力于建构实用主义伦理学，提出了"信念的意志"概念。杜威曾经指出："詹姆斯通过提出信念的意志理论和他自己后来所说的信念的权利理论推动了实用主义的发展。发现某个信念的根本效果无一例外

---

[1] Ellen Kappy Suckiel, *The Pragmatic Philosophy of William James*, Notre Dame: University of Notre Dame Press, 1982, p. 91.

地对信念本身产生了某种影响。"[1] 詹姆斯将"信念"区分为三种，即对经验的信念、对具有逻辑必要性的真理的信念和对"理性假说"的信念，认为三种信念分别服从于三种不同的真理标准，即经验真理的标准、逻辑真理的标准和理性真理的标准。不过，詹姆斯强调的是经验信念和经验真理。事实上，他明确反对以逻辑命题来确立"真理"和"谬误"的做法，甚至拒绝"命题"这一观念。在他看来，"命题"纯粹是哲学家主观杜撰的产物，而真理是可以通过"信念"的某些具体载体（如陈述、断言、判断或概念）表达出来的。

詹姆斯对经验真理的追求建立在他的意义理论基础之上。他的意义理论本质上是以强调信念的实用主义意义为核心的理论。在他的意义理论中，一个信念的意义从根本上来说是由它的可预见的结果来确定的；观念中所包含的人的意志或信念本身就是一种力量，它能够有效地帮助那些信念的实现；如果人们不相信某个信念，它是不可能实现的。宗教事务如此，道德事务也如此。詹姆斯尤其强调，没有信念的道德生活是不存在的，信仰某种道德价值观的意志必须从我们希望的行为或选择所产生的实际效果中来认识。他还指出，我们只有以这种方式才能证明实用主义伦理学是可能的，并且是人可以追求的。这就是伦理学中的实用主义，或者说，它就是实用主义伦理学。伦理学中的实用主义本质上是经验的实用主义，它不仅要求人们尊重人的道德生活事实，而且要求伦理学必须能够适应和解决实际的、真正重要的问题。换言之，实用主义伦理学必须是人本主义的。

詹姆斯所说的"真理"是有条件的。首先，它必须具有经验上的可证实性。这是指，一个信念的可预见的经验性结果在适当的情况下一定会出现，或者说，没有任何经验事实能够证明的那种结果一定不

---

[1] John Dewey, *Philosophy and Civilization*, New York: Capricorn Books, 1963, p. 26.

会出现。其次，它必须能够满足人的需要。这是指，持有某个信念的人在期待该信念的可预见的经验性结果的时候会产生一定的内心满足感。显而易见，詹姆斯所说的真理既需要客观的经验事实作为证据，也需要主观的价值认同作为支撑。强调人的主观满足感是詹姆斯的真理观的独特之处。它意味着，"真理"问题涉及主体（持有一定信念的人）对"现实"的价值认同情况，真理之所以是真理，其重要原因之一是它能够满足人的实际需要，或者说，是因为它是有用的。真理与人的信念直接相关。如果说"现实"恰好与一个人的信念相符，这就说明他的信念是正确的；否则就说明他的信念是错误的。在詹姆斯看来，一个信念是否与"现实"相符，这并不取决于该信念本身，而是取决于持有信念的人。作为一位实用主义哲学家，詹姆斯试图将真理解释为某种兼有客观性和主观性的东西。

在实用主义伦理学领域，詹姆斯将"善"的本质与"真理"的本质贯通，认为善的本质在于需要的满足，同时认为真理的本质也在于需要的满足。他努力实现伦理学和认识论的融合，或者说，他努力赋予伦理学和认识论同样的内在精神。为了论证自己的观点，他有时甚至公开地贯通善和真理的联系，宣称真理是一种善，或宣称善也是一种真理。詹姆斯试图证明，善和真理都是能够满足人的需要的东西。

需要指出，詹姆斯认为道德、宗教追求的目标和科学不同。科学求真避错，但道德和宗教并不要求人们用充分的证据来论证他们的道德判断和宗教信仰。科学问题是事实问题、客观问题，而道德和宗教问题是个人的问题、价值的问题。科学所探究的问题可能在短期内得到解决，也可能需要很长的时间才能得到解决。相比较而言，道德和宗教往往把具体的选择摆在我们面前，要求我们在瞬间做出抉择。道德选择和宗教选择都与我们的信念紧密相关，我们的科学态度与道德观念、宗教信念之间并不是矛盾的关系，而是相辅相成的。科学讲究证据。在证据不充分的情况下将某个东西当成科学真理是不恰当的，避免错误和不准确性是科学问题的关键。科学不允许人们草率做出结论。在科学研究中，人们需要持慎重的态度，绝对不能因为个人想快速取得进展而草率地做出结论。人的道德生活和宗教生活却不同。它们往往要求人们当机立断，因此，它们通常具有相当大的风险性。在道德生活和宗教生活中，人们不能因为缺乏充分证据而悬置判断，而是应该迅速做出抉择。在宗教生活领域，人们从来都不可能为自己的宗教信仰找到充分证据。信念对人类道德生活和宗教生活发挥着引导作用，人们往往是凭借一定的信念完成道德行为和宗教行为的。

实用主义伦理学倡导实用主义道德真理观。它强调科学真理与道德真理的区别，允许人们在没有充分证据的情况下相信某种道德价值观或宗教价值观，从而将人类追求科学真理的生活与道德生活、宗教生活从根本上区别开来。在实用主义伦理学里，人们对一定价值观念持有的信念有助于推动人们完成实际的善行。具体地说，只要我们相信公正、勇敢等美德，我们的信念就会引导着我们将这些美德变成具体的善行，而科学研究或知识分析永远无法告诉我们应该如何衡量或估计"公正"较之于"同情"的比较价值。价值问题属于伦理学和宗教学的研究对象。价值的衡量和估计涉及人的选择、主动性等问题。

实用主义伦理学强调信念在人类道德生活中的重要性，认为人的道德行为都是在信念的引导下完成的。在实用主义伦理学中，道德真理是实实在在的，其实质内涵是要求人们相信道德事实、道德价值的真实性。实用主义伦理学基于道德信念和道德真理的有用性而建构。

强调实用性的实用主义很容易被人们归结为某种商业主义理论，或被当成一种追求世俗成功的人生哲学。它之所以能够在美国迅速崛起和发展，这可能是一个重要原因。实用主义者特别强调效果或结果对人类生活的有用性，因此，许多人认为实用主义哲学适合于商人、律师、医生等注重行为后果的人。正因为如此，那些最早批评实用主义哲学的人大都以此作为重要依据。英国哲学家罗素说："我发现美国人对真理的热爱被实用主义表达的商业主义给弄模糊了。"[1]

詹姆斯本人认为人们对他的哲学存在严重误解。他曾经后悔自己选用"实用主义"这一术语来强调观念的重要性，称之为一个"不幸"的错误，但他也指出，纵然使用别的词语，他的哲学也可能遭到误解。他有时甚至承认自己的实用主义哲学确实适用于商业世界和实际事务，但他否定他的哲学就是为商业主义和世俗成功服务的理论。他认为，观念确实有商业用途、法律用途、医疗用途等实际用途，但观念的用途并不完全局限于实际成效。带来实际成效只是观念的部分用途。它还具有理论用途和道德用途，而这两种用途是他的实用主义理论集中关注的最重要内容。实用主义首先是一种哲学方法，它不对已经得到确定的信念进行辩护，而是一种旨在帮助人们发现潜在真理和道德意义上的善的研究方法。詹姆斯意在强调，实用主义不以商业目的和物质目的为主要目的，而是以"认知"目的和"道德目的"为主要目的；观念之所以重要，是因为它们从认知和道德意义上来说是有用的。从认知方面来说，它的用途主要在于它能够充当一种认识工具，并且能够将我们引向未来的事实（结果）。从道德方面来说，它的用途主要在于它能够提高我们生活质量的事实。道德具有功能性价值。詹姆斯特别指出，实用主义绝不鼓励和倡导不择手段追求成功的做法，更反对盲目追求世俗的成功。

詹姆斯自始至终都认为道德与宗教在许多方面存在密切关系。他甚至认为宗教和道德关注相同的问题。在詹姆斯看来，道德和宗教共同关注人如何审视和看待宇宙的问题，因此，它们之间的关系特别密

---

[1] Gail Kennedy, *Pragmatism and American Culture*, Boston: Heath, 1950, p. 57.

切；道德帮助人类形成一定的道德信念，这有助于强化人的宗教信仰，而宗教则能够帮助人们培养正确的道德生活态度。另外，詹姆斯还认为道德和宗教都取决于人的信念，而不是取决于人的知识证据；道德和宗教都强调个人的意义和价值。在当时的社会背景下，詹姆斯看到了道德和宗教在美国社会被制度化的事实。他认为，美国的道德和宗教都得到了教会、法律和政府或明或暗的支持，并且严重依靠它们来显示其存在价值。

詹姆斯甚至认为，宗教经历能够对个人道德生活施加深刻影响。从实用主义角度来说，个人的宗教信仰是真实的和可以证实的。它是有用的，因为它可以满足主体的真实的主观需要。在詹姆斯看来，宗教不仅对理想的纯粹玄思，它还能够对人类的现实生活施加广泛而深刻的影响。宗教肯定看不见的精神的实在性，并且将具体的宗教经历视为人类精神生活的重要内容。詹姆斯相信上帝的存在能够给信奉上帝的人施加真正的影响，因此，上帝对于信奉他的人来说是真实的存在；在信奉上帝的人看来，上帝是真实的，而不是理想的，因为他的存在能够对现实世界产生实际的影响，甚至提高了人的精神品质和个人精力。不过，詹姆斯同时认为，是否信奉某种宗教是一个个人问题，任何个人都有权选择信奉某种宗教，也都有权选择不信奉某种宗教。也就是说，宗教信仰是一个需要个人做出决定的事情。一个人有权选择信奉某种宗教，也有权不信奉某种宗教。

实用主义真理观很容易引起争议。詹姆斯坚持从观念的功能来定义真理的含义，他提出的实用主义真理观就遭到了许多批评。有些人批评他的实用主义理论是以道德价值作为代价来美化人的行为，具有否定道德的危险。有些批评家认为他的实用主义真理观仅仅表达了疯狂追逐利润的美国商业价值观，因而是庸俗的。有些批评家甚至认为，实用主义就是为谎言辩护的理论，它内含着这样的逻辑推理：如果一个观念的真理性是由它的功能决定的，那么有效的谎言是正确的。不过，詹姆斯不这么认为。他反驳说，如果一个观念具有真理性，它必须发挥具体的功能，只有这样，它才能将我们引向它旨在实现的某种结果；谎言可能欺骗人们，甚至可能帮助说谎者获取利益，但这并不意味着谎言就是正确的，因为它们并没有把人们引向它们旨在达到的结果。

四、实用主义伦理思想评析

实用主义伦理学是在美国本土发展起来的伦理学，可谓真正意义上的美国本土伦理学。在它出场之前，美国的清教主义伦理思想、启蒙伦理思想和超验主义伦理思想总体上都是美国哲学家沿袭欧洲哲学思想资源和伦理思想资源的产物。可以说，先于实用主义的美国伦理学家普遍缺乏理论创新，他们所做的工作主要是对欧洲伦理学家的思想和理论进行了复述和辩护。另外，美国早期的伦理学理论大都致力于论证和确立欧洲哲学家所坚信的绝对道德真理。爱德华兹推崇和论证超自然的上帝，杰斐逊推崇和论证天生的道德感，爱默生则推崇和论证"自立性"的直觉。他们的观点确实存在差异，但本质上是殊途同归。他们都试图论证：只要使用正确的方法，人类不仅可以获得绝对道德真理，而且能够按照某种固定的、普遍的道德秩序来生活。在实用主义伦理学出现之前，美国到处弥漫着绝对主义伦理观的氛围。

实用主义伦理学在美国的出现标志着美国伦理学与绝对主义伦理观的决裂。实用主义伦理学重视"信念"的力量，但它所说的信念主要是指人类对自己所创造的思想、观点和理论之有用性的"相信"，或者说，它更多地关注和关心信念的实际效果。它既没有借助"信念"

来论证世界存在的实在性和真实性，也没有假设一定存在某种我们必须相信的绝对真理或必然性，而是仅仅强调信念的实际含义是由它本身所导致的实际的、可验证的结果来验证。从这种意义上来说，实用主义伦理学与其说主要是一种伦理学理论，不如说主要是一种伦理学研究方法。它反对教条主义做法，即反对将已有的伦理思想和伦理学理论当成一成不变的教条。在实用主义伦理学方法论体系里，哲学家不会首先假设伦理学研究应该基于某种不言自明的、确定无疑的或准确无误的伦理思想和伦理学理论基础之上。实用主义伦理学家总是用发展的眼光看待人的伦理思想和世界，他们不会拘泥于已有的道德真理，而是在发展中求证道德真理和发现新的道德真理。

作为一个实用主义伦理学家，詹姆斯的贡献主要在于：他发展了培尔斯开创的实用主义哲学，并且将哲学和心理学融合在一起，并在此基础上开创了实用主义伦理学研究的新方法。美国实用主义哲学的基础是由培尔斯首先奠定的，但美国实用主义哲学的适用范围却是由詹姆斯确定的。詹姆斯打破了培尔斯将实用主义仅仅局限于逻辑学和科学哲学研究的传统，对培尔斯的实用主义哲学进行了"革命性"的改造和发展，消解了培尔斯哲学的"科学品格"，赋予实用主义哲学强烈的人文精神。当然，这并不意味着詹姆斯的实用主义伦理学就是绝对正确的伦理学理论，而是仅仅意指詹姆斯在一定程度上发展了由培尔斯开创的美国实用主义哲学。他消解培尔斯哲学之科学品格的做法遭到了杜威的反对。作为一位实用主义哲学家，杜威所做的工作就是要在伦理学、哲学和其他重要的人文科学领域重申科学方法的重要性。他并不认同詹姆斯实用主义哲学中的个人主义和非科学的存在主义倾向。

将伦理学和心理学融合在一起是詹姆斯实用主义伦理学的一个重要特点。詹姆斯是现代西方心理学的主要开创者之一，特别重视研究人的精神生活。他在《心理学原理》的开头说:"心理学是一门关于精神生活的科学,它研究精神生活现象及其情形。"[1]詹姆斯对人类精神生活的关注涉及人的情感、欲望、认识能力、推理能力等因素。他更多地关注和研究主体对精神生活的主观体验情况。例如,他认为情感本质上是人的一种心理反应或感觉。心理学知识背景对詹姆斯的伦理思想有着深刻影响,使得他特别强调个人对道德真理和善的主观体验。

杜威在美国具有广泛而深刻的社会影响。詹姆斯和杜威都是典型的美国人。他们所倡导的实用主义伦理思想在建构美国人的道德生活方式和道德生活观方面发挥了重要作用。之所以如此,是因为他们所倡导的实用主义伦理思想非常贴近美国人的道德生活方式和道德生活观。美国人重实用,重功利,追求精神超越只是他们在追求实用价值和功利价值过程中的调剂品。绝大部分美国人的道德生活方式证明了这一点。他们在工作周忙忙碌碌地工作,只有在周末的时候才有时间去参加各种各样的基督教会活动。他们对基督教的信仰也具有很强的功利色彩。对于他们来说,与其说信奉上帝能够给自己带来巨大精神慰藉,不如说宗教信仰能够帮助他们缓解追逐物质利益造成的压力和疲惫。在经过周末"短暂"的"精神生活"之后,他们又会全身心地卷入"物欲横流"之中。要重新获得精神慰藉,他们只能再次等待周末的降临。在物欲横流和短暂的精神慰藉之中交替,这是美国人生活方式中最真实、最现实的一面,它根深蒂固,是美国生活传统的基本内容。事实上,自踏上北美大陆以来,美国人一直生活在宗教信仰和世俗欲望的尖锐矛盾之中。虽然绝大多数美国人对基督教保持着信仰,但世俗生活欲望才是他们生活的根本动力。

实用主义伦理学包含有价值的思想。例如,詹姆斯总是提醒我们,

---

[1] William James, *The Principles of Psychology*, New York: Dover Publications, Inc., 1918, p. 1.

日常生活中的道德文化和宗教问题不能按照纯知识的方式来回答或处理；实用主义不能为人们提供有关自由意志和道德信念的理性证据，因为有关人应该追求什么目的、人应该怎样生活之类的重要价值问题不是知识难题，不能通过诉诸逻辑或事实的方式来处理。人生观是人必须面对和解决的最重要问题。人生观即人生哲学。任何人生哲学都不可能纯粹依靠理性或理性知识来建立，它不能不依靠人的经验来确立。所有伦理学理论都有其心理学基础，离开个人的心理结构、需要和兴趣，伦理学乃至整个哲学是难以想象的。人类的世界观反映我们对世界的看法，但这种看法从根本上来说取决于我们对事实的选择以及我们如何将这些事实排列成图画的能力。我们总是根据自己的兴趣和偏好来选择事实和排列图画，因此，所有哲学本质上都是人本主义的，也只能是人本主义的。一切科学探索本质上也是人本主义的。科学研究与哲学研究都只能是人本主义的。科学真理可能是极其抽象、深奥的，但它不可能是无色的、中性的或静止的。科学研究不是价值中立的。科学真理因科学研究而被发现，但真理是一种价值、一种非常重要的"善"。

　　实用主义是美国道德文化的底色。它之所以能够在美国本土兴起，这是因为它与美国人的性格高度吻合。正如我们在前面所说，美国人是从欧洲大陆漂泊到美洲的。他们经历了艰苦创业、艰苦奋斗的建国历程，这使他们从一开始就能够深刻认识"成功"与"失败"的真正内涵。他们不可能对精神价值一无所知，但他们确实更多地相信"事实"和"效果"对于人生和事业的重要价值。他们几乎是从"零"开始创业的，因此，他们一方面不得不严重依赖欧洲的科学技术和文化传统，另一方面又不得不进行大胆创新。他们总是在进行观念创新，也总是在进行各种各样的试验。他们所做的最重要观念创新和最大试验是哲学。实用主义哲学是他们的最大成就。它不仅塑造了美国人的民族精神，而且为他们的建国和发展提供了价值引导。发明了实用主义哲学之后，他们没有将它束之高阁，而是用它指引自己的生活。他们仅仅相信相对真理，因为他们总是在进行观念更新。他们也总是希望通过一定的方式来检验他们的观念是否正确。他们在所有领域都是如此。纵然是在严肃的道德生活领域，他们也要求自己不断追求新的道德理想，而不是固守旧的道德传统。在美国人的眼里，生活就是冒险，道德生活也是具有风险的生活，谁也无法保证自己目前所做的事情一定在道德上是正确的，谁也无法证明自己目前所做的事情在道德上一定是错误的。或对或错，也不能由某个权威来决定，只能由"后果"或"效果"来证明。他们信奉的实用主义伦理观本质上是一种后果主义伦理观。

实用主义表征美国道德文化的根本特征。虽然美国人所表现的实用主义倾向并不能简单地等同于商业主义价值观，但是它确实塑造了美国人最深厚、最稳固的道德价值观念，甚至塑造了美国精神的核心内容。美国人都是很现实的，他们更多地关心自己，对身边的人和其他民族的命运多采取"事不关己，高高挂起"的态度。他们更多地关心眼前的利益，很少考虑未来会怎么样。在他们眼里，过去已然过去，无法倒转；将来可以期待，但难以预测；只有现在和当下是现实的、真实的。他们往往陶醉于现在和当下的物质生活。

在美国实用主义伦理学中，精神和物质的区别仅仅在于它们在经验范围内具有不同的功能。这在詹姆斯的实用主义伦理思想中表现得更加明显。如果要对詹姆斯进行哲学家归类，他既不是一个唯物主义者，也不是一个唯心主义者。他是一个经验主义哲学家，认为"经验"是人们认识和了解物质和思想的唯一途径。他强调纯粹经验，并且视之为我们在哲学中可以依靠的唯一原始材料或资料。在詹姆斯看来，人类生活的世界是由纯粹经验构成的，但经验是可以被人类认识和解释的东西；经验具有实实在在的多样性，并且处于连续的变化中，任何固定的原则都无法涵盖它的所有事实。我们可以在这里看到詹姆斯经验论的"极端性"。詹姆斯强调经验，忠于经验，并且称自己为"极端的经验主义者"。推崇经验的实用主义哲学是美国人重实用、重功利的伦理思想的理论基础。

不理解实用主义伦理学的核心要义，就不能理解美国人的思维方式、性格特征和生活方式。实用主义伦理学固然不能被简单地等同于庸俗主义伦理学，但它一定可以被称为现实主义的伦理学。它以对现实的绝对信任作为人类道德价值观念的核心，这种道德价值取向固然有其合理性的一面，但客观上很容易将人们引入庸俗的深渊。一方面，它会引导美国人深度关注现实，着力变革现实，创造美好现实，从而赋予现实社会生活极其重要的伦理意义；另一方面，它也会将美国人变得势利、短视、冒险，从而使美国社会呈现出唯利是图、急功近利、不求行稳致远的特征。

实用主义伦理思想在美国具有深厚的传统。虽然系统化的实用主义伦理学是在19世纪末才出场，但是它的始端可以追溯到清教徒踏上北美大陆的那个历史节点。为了在北美大陆立足，那些漂泊到北美大陆的清教徒必须战天斗地才能成功。他们用严格的清规戒律约束自己，同时展现出不同凡响的顽强意志。他们时刻面临着各种危险。在此起彼伏的危险面前，他们祈求上帝的佑护，但上帝似乎听不到他们的祈祷，因此，他们只能凭借坚强意志才能渡过难关。艰难的生活锤炼了他们的生存意志，更推动他们形成了重实用、重功利的伦理思想。他们坚信"自助"，尔后才相信"神助"。清教徒是美国人的祖先，他们战天斗地的生存经历给美国人留下了道德记忆，也塑造了美国道德文化的基本内容。

美国人富有冒险精神，敢作敢为，有时甚至达到不顾后果的程度。

这与他们骨子里的实用主义伦理思想传统和伦理精神有关。实用主义伦理思想不仅具有重实用、重功利的一面，而且具有乐观主义的一面。注重现实的美国人不仅势利，而且乐观。他们将一切信念的对错交给未来的后果来检验，因此，他们不太在乎现在和当下的对错。由于对错是由未来来决定，他们也就不怕冒险。他们在日常小事上敢于冒险，在科学研究、发动战争等大事上也敢于冒险。对于美国人来说，冒险简直就是家常便饭。在面对美国人的时候，我们不能想当然地认为他们不敢做什么或不会做什么，而是应该思考他们会冒险做什么，否则当他们做了什么的时候，我们就只有震惊、错愕的份儿。

第六章　美国的自由主义道德文化政策

美国是一个推崇自由主义思想的国家。这体现在政治、经济、文化等各个领域。从文化领域来看，美国政府对道德文化建设总体上采取"放任"政策，但这并不意味着它对道德文化建设"毫不干预"。它采取的是有限干预的自由主义道德文化政策。对此，我们应该以批判性考察的方式进行解析。

一、何谓自由主义道德文化政策？

文化本质上是集体性的。我们可以说一个国家、一个民族拥有某种文化，但不能说某个人拥有某种文化。中华民族拥有中华文化，美利坚民族拥有美国文化，大和民族则拥有日本文化。文化主要反映家庭、企业、政党、民族、国家等集体形式的集体性思维方式、认知能力、情感态度、意志力状况、信念状况、话语体系、行为习惯等。它既可以是无形的，也可以是有形的。无形的文化作为一个集体的精神而存在，它是集体的根和魂。有形的文化是无形文化外在化的表现形式。例如，中华民族将崇尚和合的道德价值观念应用于建筑之中，这就产生了强调风水布局、结构和谐的中国建筑文化。

道德文化是文化的基本形态，也是文化的最重要形态。它反映一个集体的道德价值认识、道德价值判断、道德价值选择状况。一个集体的道德文化一旦形成，它就会作为它自身特有的道德文化传统而存在，并且会对它的政治观念、经济观念、文化观念发挥奠基性作用。道德文化是集体的软实力，但这绝不意味着它"软弱无力"。

集体道德文化是人为建构的产物。或者说，它必须通过建设才能生成。在有阶级、有国家的社会状态，道德和道德文化都是由阶级建构或建设的结果。马克思指出："道德始终是阶级的道德；它或者为统治阶级的统治和利益辩护，或者当被压迫阶级变得足够强大时，代表被压迫者对这个统治的反抗和他们的未来利益。"[①] 这不仅意味着不同阶级建构或建设的道德、道德文化具有根本性区别，而且意味着不同阶级建构或建设道德、道德文化的方式也迥然不同。居于统治地位的阶级必定会按照它的阶级意志和阶级利益需要来建构或建设道德和道德文化；同样，处于被统治地位的阶级也会依据它的阶级意志和阶级利益需要来建构或建设道德和道德文化。

美国建构或建设道德、道德文化的控制权始终掌握在它的统治阶级手里。美国是一个典型的资本主义国家。资产阶级在美国是占据着统治地位的统治阶级，与之相比较的则是那些处于社会底层的无产阶级。美国常常宣称自己是民主社会，但这并不意味着它消除了阶级划分、阶级对立和阶级矛盾。作为一个在18世纪末才诞生的资本主义国家，美国在认识和处理阶级问题上进行了一些变革，但它没有从根本上消灭阶级。自建国以来，统治美国的阶级主要是拥有巨大财力的资产阶级。它出现过像林肯、奥巴马那样的"平民"总统，但他们的成功主要不是依靠个人的能力，而是靠各自所属政党的支持。为他们提供支持的美国政党是财力强大的美国财团，它们掌控着雄厚的资本，

[①] 中共中央马克思恩格斯列宁斯大林著作编译局编译：《马克思恩格斯文集》第9卷，第100页。

对美国社会发展具有强大的控制力。它们有能力将某个人扶上美国总统的"宝座",也有能力将他从"宝座"上拉下来。这样做,或不这样做,从根本上来说取决于美国总统能否满足其阶级利益需要的事实。在美国,资产阶级财团掌握着国家的政治大权、经济大权和文化大权,政府只不过是它们的代言人而已。

美国政府历来宣称采取自由主义道德文化政策,其核心是将道德文化建设工作交付给社会,而不是由美国政府来主导。美国政府没有设置主管文化建设的政府部门。它设置有教育部,但教育部主抓教育制度的设计和安排工作,并不专门负责道德文化建设。在美国,道德文化建设工作主要被交付给了家庭、教会、学校、企业和社会组织。创建美国的国父们在制定美国宪法的时候,对美国政府的公共权力进行了较多限制,明确规定美国政府不能过多干预文化建设工作。将道德文化建设主要交由社会负责,这确实显示了美国不同于欧洲资本主义国家的地方。

需要指出的是,虽然美国政府没有设置专门的文化部,但是美国总统通常会聘任"文化顾问",并且高度重视文化建设问题。约翰·F.肯尼迪 1960 年当选为美国第 35 任总统。在竞选美国总统的时候,肯尼迪提出了"效率、青春、创造"的竞选口号,那些竞选口号实际上是一些道德价值观念。肯尼迪之所以提出它们,主要是为了批判 20 世纪 50 年代的美国"已经转变为一种干瘪、乏味而又缺乏集体价值的社会"[①]的状况。在就职典礼上,为了宣扬爱国主义,肯尼迪不仅邀请黑人女低音歌手玛丽安·安德森演唱美国国歌,而且邀请诗人罗伯特·佛洛斯特朗诵诗歌,可谓用心良苦。后来,肯尼迪还聘请奥古斯

---

① 〔法〕弗雷德里克·马特尔:《论美国的文化:在本土与全球之间双向运行的文化体制》,周莽译,商务印书馆 2013 年版,第 11 页。

特·赫克舍担任他的文化顾问。据说，奥古斯特·赫克舍不仅精通艺术、文化产业建设，而且懂政治。

自由主义道德文化政策只不过是美国政府对外宣称的政策，其要旨是反对美国政府过多干预道德文化建设，要求将道德文化建设的权力交给社会，但美国政府从来没有真正放弃道德文化建设领域的掌控权。这就像美国的自由主义经济体制一样，它要求建立功能最少化政府，主张将经济权力交给市场，而美国政府并没有真正放弃对经济市场的干预。美国政府推行的自由主义道德文化政策实质上不是自由的。"虽然美国的文化部不存在，但是文化生活却比比皆是。"[①] 在美国的道德文化建设领域，处处都有美国政府的影子。美国政府通过各种各样的方式，充当着美国财团推进道德文化建设的代理人，为它们的阶级意志和阶级利益提供"忠实"的服务。

二、美国对内实行自由主义道德文化政策的原因

一个国家实行何种道德文化政策，这是由多种因素决定的。历史、政治体制、经济制度、社会治理模式、国民素质等因素错综复杂地交织在一起，对一个国家制定道德文化政策的理念和实践体系共同发挥作用。

美国对内实行自由主义道德文化政策，至少有三个主要原因。

第一，创建美国的清教徒是一群崇尚自由的基督教徒。他们反对英国政府利用天主教教义和世俗道德价值观念禁锢人民思想观念和意

[①]〔法〕弗雷德里克·马特尔：《论美国的文化：在本土与全球之间双向运行的文化体制》，周莽译，第10页。

识形态的专制主义做法，主张思想自由、言论自由、宗教信仰自由。由于他们的思想观念与英国政府所宣扬的意识形态不一致，他们遭到了英国政府的宗教和政治迫害。躲避迫害、追求自由是他们冒着生命危险奔赴北美大陆的主要原因。到达北美大陆之后，他们不愿意在道德文化领域走英国的专制主义老路，转而走自由主义道德文化发展道路，这是自然而然的事情。

清教徒是美国道德文化的开拓者和创建者。他们主张推行宗教改革，反对天主教和东正教强调繁琐宗教仪式的做法，提倡简单、勤俭、纯洁的宗教生活方式，主张给基督教信仰者的意志自由保留适当空间。他们中的很多人在英国牛津大学、剑桥大学等名校受过很好的教育，具有很高的理论水平，深知自由对于人类的重要价值。受环境所迫，他们还培养了勤劳、务实、朴素的生活习惯。他们不喜欢推崇高大上的东西，更推崇现实主义、实用主义生活观。他们在颠沛流离的生活中追求自由，经历过大风大浪、各种挑战和困难，也享受过自由散漫的生活乐趣。

美国的清教徒创造了美国道德文化的最早形态。清教伦理思想本质上是自由主义伦理思想。它没有彻底消除基督教教规，但比天主教、东正教更加重视体现信教者的自由权利。他们的宗教仪式在很多时候变成了"形式"。他们不愿意受到宗教仪式的严格约束，通常表现出喜欢"无拘无束"生活方式的倾向。美国人之所以显得自由散漫，这首先是由他们的清教徒祖先的文化基因决定的。清教徒是一群追求自由的流浪者，但他们对美国道德文化传统和美国道德文化精神的塑造和发展发挥了奠基性作用。

第二，美国社会从一开始就是一个多元文化社会，这为自由主义道德文化政策的形成提供了社会条件。美国自创建以来，不仅存在清教道德文化与印第安道德文化之间的巨大差异，而且存在不同族群道德文化之间的巨大差异。清教徒主要是来自英国的移民。美国创建之后，移民从世界各地涌入，将美国变成世界上最大的移民国家。移民众多的事实使美国在种族构成上具有显而易见的多样性，同时将美国变成一个典型的多元文化社会。具有不同种族背景的移民汇聚在美国社会，他们在思维方式、思想观念、行为习惯等方面均表现出巨大差异性，但他们又不得不共同生活在同一个社会。美国文化具有显著的多元性、多样性。

文化上的多元性是美国政府在制定道德文化政策时必须重点考虑的一个事实。美国历届政府都采取了自由主义道德文化政策，允许美国人自由地表达道德价值观念。在美国社会，人们可以自由自在地表达自己的道德价值认识、道德价值判断和道德价值选择，甚至能够对美国总统进行评头论足。

美国政府没有设立专门的文化部来抓道德文化建设工作，而是将这项工作主要交给了社会。在美国社会，承担道德文化建设任务的主体主要是家庭、学校和教会。家庭负责家庭道德建设，主要承担小孩的道德启蒙工作。学校是道德文化建设的重要场所，主要由教师对学生进行公民道德教育。教会在美国发挥着独特的道德教化作用。它将宗教信仰培养与道德信念培育融合在一起，在美国道德文化建设领域占据着不容忽视的重要地位。

第三，创建美国的国父们深受欧洲自由主义政治哲学思想的影响，他们的建国理念是以"自由"作为主轴的。

创建美国的国父们深受洛克、卢梭等欧洲政治哲学家的影响。这些欧洲哲学家是在英国、法国等国家爆发资产阶级革命的历史时期登上历史舞台的。他们反对封建专制制度，提倡"人生而自由"的思想，对欧洲国家和美国独立战争都起到了思想启蒙作用。

洛克反对奴隶制度，认为人类具有天赋自由。他在《政府论两篇》

的开篇说:"奴隶制是人类的一种可恶而悲惨的状态,是与我们民族的宽宏精神与英勇气质直接相反的,以致几乎难以想象,一个'英国人',更不用说一个'绅士',竟然为奴隶制辩护。"① 洛克批评的"英国人"和"绅士"是当时在英国很有名的罗伯特·菲尔默爵士,他在《先祖论》中大肆称赞绝对君权,并且为奴隶制度辩护。与罗伯特爵士截然相反,洛克反对绝对君权,认为人类是生而自由、平等的。

卢梭更是自由的坚定卫士。他说:"人是生而自由的,但却无往不在枷锁之中。自以为是其他一切的主人的人,反而比其他一切更是奴隶。"② 与洛克一样,卢梭坚决反对奴隶制度,认为人类生而自由、平等,并且将天赋自由视为人性的产物。他进一步指出:"人性的首要法则,是要维护自身的生存,人性的首要关怀,是对其自身所应有的关怀;而且,一个人一旦达到有理智的年龄,可以自行判断维护自己生存的适当方法时,他就从这时起成为自己的主人。"③ 洛克认为,每个人都是生而自由、平等的,除非为了自身的利益,任何人都不会转让自己的自由。

上述欧洲启蒙思想家既是欧洲资产阶级革命的思想先驱者,也是美国独立战争的思想先驱者。洛克的《政府论两篇》、卢梭的《社会契约论》等著作被美国的国父们奉为资产阶级革命和创建资本主义国家的理论纲领。洛克的影响更是显而易见。美国的一些历史学家深刻洞察了这一历史事实。他们指出:"最后的《独立宣言》包含了对约翰·洛克的政府契约论之最强有力的重述,该理论(用杰斐逊的话说)主张政府的权力'是经人民许可所赋予的公正权力',人民有权'更改

---

① 〔英〕约翰·洛克:《政府论两篇》,赵伯英译,陕西人民出版社2004年版,第1页。
② 〔法〕卢梭:《社会契约论》,何兆武译,商务印书馆2008年版,第4页。
③ 〔法〕卢梭:《社会契约论》,何兆武译,第5页。

或废除'一切否定他们'享有生存、自由和追求幸福'这些'不可剥夺之权利'的政府。"①

洛克、卢梭等人是自由主义政治哲学家，其政治自由主义立场给了美国国父们思想启迪、智慧启示和实践引导。创建美国的国父们是欧洲启蒙思想家的学生，是在他们的思想启蒙下创建美国的。他们将自己从欧洲启蒙思想家那里接受的自由理念应用于创建美国的全过程，即将它转化为《独立宣言》《权利法案》等重要文件的主要内容，从而把美国的创建建立在自由主义思想基础上。这体现在文化领域，其主要表现是美国政府坚持推崇的自由主义道德文化政策。

美国推行自由主义道德文化政策具有历史必然性。它具有历史基础、现实基础和社会基础，也具有主观基础。美国清教徒深受欧洲专制制度之苦，可谓深受其害，因而不愿重蹈它的覆辙。卢梭说："镇压一群人和治理一个社会，这两者之间永远有着巨大的差别。"② 美国人不仅从洛克、卢梭等欧洲哲学家那里学习了建国的理念，而且借鉴了他们的国家治理理念。受到欧洲启蒙思想家的影响，他们没有沿用欧洲的专制主义统治模式，转而采用民主主义治理模式。

洛克认为，人类没有天赋观念，道德原则也不是天赋的，人们的道德观念都是通过自身的理解力获得的。这种观点深刻影响了美国人。他们将其应用于道德文化建设领域，反对强制灌输道德价值观念的做法，强调人们道德生活的自主性、能动性和创造性，这应该是自由主义道德文化政策能够在美国社会站稳脚跟的深层原因。美国人具有崇尚自由的天性。他们喜欢自由自在的生活方式，不喜欢受约束、受限

---

① 〔美〕乔治·布朗·廷德尔、大卫·埃默里·施：《美国史》第 1 卷，宫齐、李国庆、裴霜霜、喻文中、曾昭泽、张立平译，第 183 页。
② 〔法〕卢梭：《社会契约论》，何兆武译，第 17 页。

制的生活方式，因此，在政治生活、经济生活和文化生活领域，他们都显得有些自由散漫。

三、美国政府主导道德文化建设的方式

马克思曾经指出，资本主义社会的正式代表是资本主义国家。[①] 美国是一个资本主义国家，是"美国"这一资本主义社会的"正式代表"和实际管理者。"现代国家，不管它的形式如何，本质上都是资本主义的机器，资本家的国家，理想的总资本家。"[②] 美国政府是美国资本家的代理人和代言人，它会处处维护美国资本家的利益。

美国资产阶级在革命时期具有一定的革命性。为了夺取独立战争的胜利，他们甚至会向工人、农民等阶级妥协。在与封建势力进行斗争的过程中，资产阶级不可能仅仅依靠单打独斗的方式就能轻易取得胜利。他们不得不与那些处于社会底层的阶级合作，而为了达成合作，他们又不得不给予后者一些"好处"。他们本身来自封建贵族，"最初是一个封建等级"[③]，因此，他们知道社会底层阶级的利益诉求是什么。他们拥有私有财产和自由，而处于社会底层的阶级没有，因此，他们将资产阶级革命的诉求确定为私有财产神圣不可侵犯、人人平等、人人自由等。这些口号被他们应用于资产阶级革命过程，其主要目的不是要在他们建立资本主义社会的过程中完全实现它们，而是为了博取

---

① 中共中央马克思恩格斯列宁斯大林著作编译局编译：《马克思恩格斯文集》第9卷，第294页。
② 中共中央马克思恩格斯列宁斯大林著作编译局编译：《马克思恩格斯文集》第9卷，第295页。
③ 中共中央马克思恩格斯列宁斯大林著作编译局编译：《马克思恩格斯文集》第9卷，第110页。

社会底层阶级的支持。"社会的经济进步一旦把摆脱封建桎梏和通过消除封建不平等来确立权利平等的要求提上日程，这种要求就必定迅速地扩大其范围。"① 要建立资本主义经济秩序，给社会底层阶级提供一些自由空间对于资产阶级来说也是必要的。

一旦取得资产阶级革命的胜利，资产阶级就会逐渐走向反动。他们对社会底层阶级的各种承诺就会被抛之脑后，取而代之的是千方百计维护他们在资本主义社会的统治地位。"一切社会形式为了保存自己都需要暴力，甚至有一部分是通过暴力建立的。这种具有组织形式的暴力叫做国家。"② 无论美国资产阶级如何美化美国，它都无法摆脱自己作为一个资本主义国家的本性。一切资本主义国家都是资产阶级统治、压迫和剥削无产阶级的机器。英国如此，美国也如此。为了维护自身的阶级利益，美国资产阶级会诉诸各种手段。如果有必要，他们会毫不犹豫地采取暴力手段。

道德和道德文化属于社会上层建筑的范围，它服务于经济基础。在资本主义社会，所有资产阶级之所以普遍对社会底层阶级采取统治、压迫、剥削的"道德"态度，这从根本上来说是由资本主义社会的经济基础决定的。资产阶级掌握着资本主义社会的经济大权，所有社会上层建筑的建设都必须以维护他们的经济权力作为根本目的。处于资本主义社会底层的阶级都明白这一社会现实。马克思说："每一个社会主义的工人，不论是哪一个国家的，都很清楚地知道：暴力仅仅保护剥削，但是并不造成剥削；资本和雇佣劳动的关系才是他受剥削的基

---

① 中共中央马克思恩格斯列宁斯大林著作编译局编译：《马克思恩格斯文集》第9卷，第111页。
② 中共中央马克思恩格斯列宁斯大林著作编译局编译：《马克思恩格斯文集》第9卷，第365页。

础，这种关系是通过纯经济的途径而决不是通过暴力的途径产生的。"①资产阶级以何种道德态度对待社会底层阶级，这是由资本主义经济基础决定的。

作为统治阶级的代理人和代言人，美国政府的所思所想和所作所为都是以美国资产阶级的利益作为旨归的。它受到美国资本家和大财团的严密控制，充当他们的傀儡。在美国，包括总统在内，他们依靠资本家和大财团获得从政资本，当然必须服从后者的政治意志和利益诉求。他们的思维方式、政治理念、道德价值观念和行为模式都必须围绕维护美国资本家和大财团的利益来确立。他们可以来自平民阶层，但他们不能不培养合乎美国资本家和大财团要求的思维方式、政治理念、道德价值观念和行为模式。如果美国资本家和大财团要求他们发动一场侵略战争，哪怕知道它是一场不正义的战争，他们也必须予以支持，否则他们就会被弹劾、罢免。他们就是美国资本家和大财团的提线木偶，一举一动都由后者操纵。

美国政府不是美国社会的实际操控者，但它必须为美国资本家和大财团"站台"。美国政府不是一个人，而是一个庞大的机构。美国采取三权分立政治制度，将国家的立法权、行政权和司法权分配给不同政府部门掌管，但它同时实行总统制，由总统充当国家公共权力的最高象征。美国总统是能够代表美国政府的国家元首、政府首脑和三军统帅。正因为如此，美国总统常常站出来代表美国政府说话，但他所说的话通常不是他自己的"心里话"，而是在"后台"发号施令的资本家和大财团。

人们常常会为美国总统的"善变"感到震惊。正如法国学者马特

---

① 中共中央马克思恩格斯列宁斯大林著作编译局编译：《马克思恩格斯文集》第9卷，第160页。

尔所说，肯尼迪竞选美国总统之前强调"效率、青春、创造"是他的政治纲领和道德价值观念，但一旦当选，他"很快便明白他从美国人民手中得到的总统任期不是为了施展那些新想法的，而是不得不延续其共和党前任艾森豪威尔的政策来取得成功"[①]。艾森豪威尔的政策是什么？在艾森豪威尔担任美国第34任总统期间，美国政府的要职几乎全部由大财团控制。例如，国务卿由洛克菲勒基金会主席约翰·福斯特·杜勒斯，国防部长和副部长由杜邦通用汽车公司的总经理查尔斯·欧文·威尔逊、副总经理凯斯分别担任。由于这个缘故，当时的美国报纸将艾森豪威尔组建的美国政府称为"大企业家集团"。另外，艾森豪威尔上台执政以后继续坚持冷战思维，大肆推行侵略扩张政策，推行核威慑战略，支持反对社会主义的所有政权，主张强化北约的力量。与其他美国总统一样，肯尼迪无法摆脱受到美国资本家和大财团支配的"魔咒"。

美国总统或美国政府通常以三种方式支配美国道德文化建设。

第一，重视美国价值、美国精神的建构和传承。与其他国家一样，美国高度重视价值观和国家精神建设。早在美国独立战争期间，美国的国父们就在为建构美国价值、美国精神而努力。他们创办了多种小型出版物，发表各种各样的理论著述，与五花八门的反动言论做斗争，努力为独立战争提供道德合理性辩护，并且为美国价值和美国精神的确立奠定基础。

小乔塞亚·昆西是美国独立战争的一个著名领袖人物。与其他国父一样，他不仅自己阅读洛克、培根等欧洲思想家的著作，而且要求他的小孩步其后尘，培养自由精神。他因病在美国独立战争胜利之前

[①] 〔法〕弗雷德里克·马特尔：《论美国的文化：在本土与全球之间双向运行的文化体制》，周莽译，第11页。

去世，但他的事迹被刻写进了美利坚民族的国家记忆。1774 年，他临终立下这样的遗嘱："等我儿子到了 15 岁，我要给他阿尔杰农·西德尼的《著作集》，约翰·洛克的《著作集》，培根勋爵的《著作集》，戈登的《塔西陀》以及卡托的《书信集》，愿自由之精神永远伴随他。"①

美国价值和美国精神主要是在洛克、卢梭、培根等欧洲思想家的哲学理论以及美国国父们在美国独立战争实践中积累的经验和理论反思基础上形成的。它们是美国的立国之本，也是美利坚民族希望代代相传的精神财富。美国政府采取自由主义道德文化政策，但它从来没有撒手不管道德文化建设问题。美国总统在竞选的时候往往会将平等、自由、民主等美国核心价值观挂在嘴巴上。通过这种方式，他们既宣示了自己对美国核心价值观的坚持和传承，也对美国广大民众施加了道德影响。有些美国总统会在就职典礼上大谈爱国主义情操，以引导美国人培养爱国主义精神。美国总统大都是出色的演讲家。在竞选演讲、就职演讲等活动中，他们竭尽所能，将自己的政治纲领和道德价值观念"生动"地表达出来。他们的演讲在很多时候具有"作秀"或"表演"的特征，但能够对支持他们的美国民众施加不容忽视的影响。

第二，将道德文化建设任务分配给政府各个部门和各种社会组织。美国没有专门的文化部，但它的国务院、内务部、教育部、劳工部、国家艺术基金会、国家促进人文学科基金会、美国文化艺术中心、环保署、国家科学基金会等政府部门、组织或多或少承担着推进道德文化建设的任务。这些美国政府部门和组织都可以向美国政府提出关于道德文化建设决策的建议。

美国总统吉米·卡特曾经说过："在这个国家，我们没有文化部，

---

① 〔美〕伯拉德·贝林：《美国革命的思想意识渊源》，涂永前译，中国政法大学出版社 2007 年版，第 22 页。

而且我希望我们永远没有。我们没有官方艺术，而且我祈祷我们永远不会有。"① 美国确实没有专门负责道德文化建设的政府部门，但这并不意味着美国政府绝对不会干预道德文化建设工作，更不意味着道德文化建设在美国完全处于无政府状态。例如，艾森豪威尔担任美国总统期间成立了"健康、教育和社会事务部"，该部门负责管理美国国家福利和学校，在当时的美国具有强大社会影响。另外，它还成立了美国国家艺术基金会，依托美国的洛克菲勒家族，设立各种文化研究项目，其中的很多项目在研究主题上涉及道德文化建设内容，为推进美国道德文化建设做出重要贡献。

将道德文化建设任务交给社会组织是美国文化的一大特色。其出发点是为了维护文化特别是道德文化的独立性，使之能够较少受到政治的影响。这种做法有其合理性，但不具有现实可行性。美国道德文化建设事关美国价值和美国精神的确立，将如此重要的工作主要交给社会组织具有很大的风险性。正因为如此，美国政府从来没有真正弃之不管。

第三，建构日益完善的道德教育体系。美国具有重视道德教育的优良传统。早在清教时期，道德教育就被当成了社会管理的重要方式。天高皇帝远，对那些最早到达北美大陆的清教徒的管理，诉诸英国法律的方式难以奏效，只能更多地依靠道德手段。为了维护社会秩序，清教徒的道德管理非常严格，对违反道德行为的惩罚也非常严厉。

美国清教徒不仅重视道德教育，而且注重建构教育体系。他们到达北美大陆之后不久就开始着手兴办教育。他们早在1636年就创办了哈佛大学。美国于1776年才创建，比哈佛大学的创办晚了将近140

---

① 〔法〕弗雷德里克·马特尔：《论美国的文化：在本土与全球之间双向运行的文化体制》，周莽译，第100页。

年。除了哈佛大学以外，普林斯顿大学、耶鲁大学、宾夕法尼亚大学、达特茅斯学院、哥伦比亚大学、布朗大学等世界著名高校建于美国建立之前。在这些美国高校，伦理学从一开始就被作为一门必修课，在塑造美利坚民族的道德人格方面发挥了重要作用。

美国清教徒还非常重视家庭道德教育。尤其是在建国之前，他们对家庭具有严重依赖性，每一个家庭都是最基本，也是最重要的伦理实体。与小乔塞亚·昆西一样，美国清教徒普遍将教育小孩视为重要大事。在他们的教育理念中，道德教育居于基础性地位。它既是帮助个人修炼道德修养的重要手段，也是建构社会伦理关系的必要途径。美国之所以能够在远离英国的北美大陆发展成为井然有序的市民社会，这与清教徒的道德教育工作有着千丝万缕的关系。"清教主义强调个人的自主和社区的共同性，这构成了美国市民社会的道德基础。"[①]

四、美国对内实行自由主义道德文化政策的效果

美国是一个特立独行的国家。自创立以来，它基本上都是按照自己的方式发展，很少考虑借鉴其他国家和民族的发展经验。这就是美国人所说的"华盛顿模式"。在道德文化建设领域，美国一直坚持实行自由主义政策。它是"华盛顿模式"的一个重要内容。

道德文化建设是所有国家都必须重视的一项工作。如何推进道德文化建设？大体上有两种做法：一种是国家主导的方式；另一种是社会主导的方式。在第一种方式中，国家公共权力是道德文化建设的主导力量，道德文化建设的理念、规划、实践体系等主要由政府来设计

[①] 朱世达：《当代美国文化》（修订版），社会科学文献出版社2011年版，第6页。

和安排。在后一种方式中，社会是道德文化建设的主导力量，家庭、学校、企业、社会组织等承担道德文化建设的主要责任，政府基本承担为道德文化建设提供政策引导的职责。美国采取的是第二种方式。这是由美国的发展历史、社会背景等多种因素决定的。

上述两种道德文化建设方式各有所长，也各有所短。国家主导的方式有助于整合国民的道德价值观念，即能够将具有显著差异性的国民道德价值观念统一起来，使之成为国家意识形态的重要内容，这有利于增强民族和国家的向心力、凝聚力和团结力。这种方式的主要缺点在于，它容易因为强调道德价值观念的一致性、统一性而忽略个人道德价值认识、道德价值判断和道德价值选择的自主性、能动性和创造性。换言之，在国家主导的道德建设模式中，如果国家公共权力不能受到有效制约，通过该模式培养的国民在道德修养上往往是平均化的，这会在一定程度上消解人类道德生活的丰富性和多样性。

社会主导的道德文化建设方式有助于张扬个人在道德价值认识、道德价值判断和道德价值选择方面的自主性、能动性和创造性，但它不利于塑造道德价值观念的一致性和统一性。在一个社会，如果国民的道德价值观念完全缺乏一致性和统一性，它必然陷入严重的分裂状态。道德价值观念的分裂往往是一个国家、一个社会在政治上、经济上难以形成合力的深层原因。

美国对内实行自由主义道德文化政策，既有成功的一面，也有失败的一面。一方面，它有助于凸显人类道德生活的个体自主性、个体自觉性、个体差异性和个体创造性，有助于形成多元文化社会格局，这在一定程度上契合了人类道德生活主要依靠个体意志自由、个体道德修养和个体自律的主要特征；另一方面，它也容易导致个人主义价值观膨胀、利己主义价值观泛滥等问题，甚至会加剧人与人之间的道德冷漠、道德冲突。因此，在审视和评析美国的自由主义道德文化政策时，我们应该自始至终保持批判性态度。

美国的自由主义道德文化政策是一种"外松内紧"的政策。表面上看，美国政府对道德文化建设采取"放任自流"的态度，注重发挥个人在道德生活中的自主性、能动性和创造性，但它从来没有停止对道德文化建设的干预。事实上，美国在推行自由主义道德文化政策方面采取了"一明一暗"的运行机制。美国政府表面上鼓励基督教会、社会组织、企业等积极参与国家建构现代道德文化的历史进程，这使得美国现代道德文化建设具有社会化、社区化、宗教化等特征，但美国政府实质上一直是美国建构道德文化进程的主导力量。

在自由主义道德文化政策的框架内，个人在美国社会表面上具有参与道德文化建构的绝对自由权利，但他们实际上无法摆脱美国政府在道德文化政策方面的严密控制。由于无法脱离美国社会而"独善其身"，美国人不仅时刻受到美国政府的经济政策和政治政策的控制，而且时刻受到各种非政府组织、机构、团体的文化控制。在美国，几乎每一个人都属于一定的党派、社会组织或教会团体，并受到它们的集体性道德价值观念的严密支配，因此，他们参与美国建构道德文化的权利实质上受到了严格限制。

自由主义道德文化政策对美国造成的负面影响是多方面的。对此，我们可以从以下几个方面予以了解。

第一，它容易导致极端个人主义意识和极端个人主义价值观念膨胀的后果。

美国人推崇个人主义价值观念，排斥群体主义价值观念，这与美国政府推行的自由主义道德文化政策有着紧密关系。自由主义道德文化政策表面上充分肯定个人在道德生活上的自主性、能动性和创造性，这不仅很容易让美国人产生"不受政府干预"的感觉，而且很容易增强他们的个人主义意识。

个人主义意识和个人主义价值观本身有值得肯定的价值。马克思说："全部人类历史的第一个前提无疑是有生命的个人的存在。"① 个人不仅具有自己的生命实存（身体），而且具有自己的心灵。身体是第一性的，对个人的生命发挥着决定性作用，但作为第二性存在的心灵对个人生命状态也发挥着不容忽视的重要作用。个人心灵是由理性、情感、意志等多种要素构成，它的品质对个人生命的整体品质能够产生深刻影响。从这种意义上来说，美国自由主义道德文化政策有助于增强美国人的个人主义意识和个人主义价值观，具有一定的正面价值。

问题在于，如果不对个人主义意识和个人主义价值观进行必要的引导和规约，它们就很容易导致极端个人主义问题，其主要表现是把个人自由视为至高无上的价值，其结果是在极端个人主义与极端自由主义之间画上等号。美国人往往在追求极端或绝对的个人自由过程中，将自身变成了极端个人主义者。

2020年爆发新冠肺炎疫情以来，极端个人主义在美国得到了淋漓尽致的体现。很多美国人以维护"个人自由"的名义，不服从美国政府管控、防控疫情的要求，上街游行抗议，其结果是导致新冠肺炎疫情在美国大肆蔓延、大量美国人惨死的悲剧。

个人自由从来都不是绝对的。追求自由是人类表现其生命的重要方式，但它是一种有条件的方式，因而也是一种有限度的方式。马克思说："个人是什么样的，这取决于他们进行生产的物质条件。"② 其意指，个人之所以如此这般地存在，从根本上来说是由他们已有的和需要不断创造的物质条件决定的。马克思还说："人的本质不是单个人所

---

① 中共中央马克思恩格斯列宁斯大林著作编译局编译：《马克思恩格斯文集》第1卷，第519页。
② 中共中央马克思恩格斯列宁斯大林著作编译局编译：《马克思恩格斯文集》第1卷，第520页。

固有的抽象物，在其现实性上，它是一切社会关系的总和。"① 个人的生命总是与他人的生命交织在一起，因此，个人不可能成为"孤立的个体"。从这两种意义上来说，美国政府一味推行自由主义道德文化政策是需要商榷的。当它成为极端个人主义意识和极端个人主义价值观的孵化器时，如果不对它进行有效控制，其结果是可怕的。在新冠肺炎疫情肆虐成灾的情况下，美国人疯狂地喊着"自由"的口号走上街头，其极端个人主义情绪得到尽情发泄的结果却是人间惨剧，这是值得人们反思的事情。

私人持枪是美国的一个难题。我们认为，该问题与美国政府推行的自由主义道德文化政策也有着紧密关系。长期以来，美国政府很少对私人持枪进行道德谴责。在美国，私人持枪被绝大多数人视为事关个人自由权利的问题，因此，美国政府不敢轻易禁止。由于私人持枪导致了大量暴力事件，尤其是出现了很多惨不忍睹的校园枪击案，奥巴马总统曾经多次呼吁禁止私人持枪，但他的呼吁既没有在美国政府得到普遍支持，也没有在社会上得到广大民众的大力支持。何以如此？美国人希望借助枪支来捍卫他们的自由权利。

当个人的自由权利必须用枪支来捍卫的时候，这种自由权利就暴露了它的脆弱性和局限性。在美国政府的自由主义道德文化政策框架内，个人的自由权利被设定为一种道德权利，它应该被当作平等的道德权利受到广泛尊重，但由于它没有得到相关条件的支持，最终沦为了抽象、空洞的道德权利。在人人持枪的社会里，如果道德规约和法制规约不能到位，所有人都会陷入时刻面临危机的状况。当今美国社会绝对不是一个安定和谐的社会，而是一个人人自危的社会。究其根

---

① 中共中央马克思恩格斯列宁斯大林著作编译局编译：《马克思恩格斯文集》第 1 卷，第 501 页。

源，问题当然不是出在枪支上，而是出自美国人的思想观念上和美国政府的道德文化政策上。美国政府的自由主义道德文化政策与美国人的自由主义思想观念融合在一起，相互支持，相辅相成，这不仅使得美国政府不可能在禁止枪支方面取得任何实际进展，而且使得美国人不可能发动禁止枪支的社会运动。强调自由、追求自由的美国人喜欢上街游行，但他们很少会为了禁止枪支而游行。这或许是美国政府和美国人都应该反思的事情。

第二，它在美国社会导致了越来越严重的原子化问题。

齐泽克说："已知的东西被叙述，公认的东西被呈现，神圣的东西被预言。"[①] 在齐泽克的哲学话语体系中，"已知的东西"是指"过去"，"公认的东西"是指"现在"，"神圣的东西"是指"将来"。对于美国人来说，两百多年发展的历史变迁成就了"辉煌"的"过去"，留下了非常复杂的历史记忆，为他们叙述"美国成就"提供了素材；美国的"现在"以瞬息万变的方式呈现，美国人需要借助感性体验和理性认识来把握它；美国的"未来"还未确知，美国人需要借助愿望、希望和理想加以预测。

用"原子化"来描述当今美国社会正在发生的一种裂变现象是极其贴切的，并且具有学理依据。早在古希腊时期，留基波、德谟克里特等哲学家就提出了原子论哲学。留基波认为宇宙是由原子和虚空构成，原子是致密的、充实的存在者，虚空是不存在者，原子在虚空中运动。[②] 德谟克里特坚持了留基波的很多观点，但他不仅认为宇宙是由原子和虚空构成，而且强调人的心（灵魂）也是由原子构成的。他甚

---

① 〔斯洛文尼亚〕斯拉沃热·齐泽克：《自由的深渊》，王俊译，上海译文出版社2012年版，第119页。
② 北京大学哲学系外国哲学史教研室编译：《西方哲学原著选读》上卷，商务印书馆1981年版，第47页。

至将原子论世界观与人生观加以贯通，认为人生应该以追求灵魂的愉快或幸福为目的。① 可见，哲学中的原子论很早就包含用"原子"这一概念论述人事的人本主义内容。

原子论哲学将"原子"视为宇宙万物的构成要素，并且强调原子运动在宇宙生成中的重要地位和作用。现代原子物理学基于原子论哲学而产生，同时对原子论哲学提供实证支持。原子论哲学和现代原子物理学的主要价值在于，它们将人类的眼光引到了存在世界的微观层面，让人类看到了世界的微观性。如果一个人仅仅看到原子的存在，那么，他眼里的世界就是一个原子化世界。如果我们将个人比喻为构成社会的原子，并且仅仅看到个人的存在，我们眼里的社会就是一个原子化社会。当代美国科学家施塔格就直接将人称为"原子"。他说："你不仅由原子组成，你其实就是原子。"② 施塔格认为，我们每一个人都是一个相对独立的原子，而我们的人体又是由氧、氢、铁、碳、钠、氮、钙、磷等多种原子或元素构成。

原子式的人从根本上来说不能脱离社会而存在。马克思说："人不是抽象的蛰居于世界之外的存在物。人就是人的世界，就是国家，社会。"③ 科学家施塔格也强调："没有人可以真正与世隔绝。"④ 这些事实不仅说明人的本质属性是社会性，而且说明个人必须依托社会和国家而存在。人类社会不存在绝对独立的个人，因为所有个人都是一定社会状态中的个人，个人的个体性既受到社会关系的支配，也只有在社会关系中才能得到界定。一个社会就是一个命运共同体，一个国家也是一个命运共同体，它们的共同体性是通过社会关系体现的一种整体

---

① 北京大学哲学系外国哲学史教研室编译：《西方哲学原著选读》上卷，第47页。
② 〔美〕科特·施塔格：《诗意的原子》，孙亚飞译，北京联合出版公司2016年版，第7页。
③ 中共中央马克思恩格斯列宁斯大林著作编译局编译：《马克思恩格斯文集》第1卷，第3页。
④ 〔美〕科特·施塔格：《诗意的原子》，孙亚飞译，第97页。

性或统一性。共处一个社会的人并不相互隔绝。"即便是一个人独处荒山野岛,也不能断绝我们之间的深切联系。"[1] 如果有人坚信人与人之间存在某种隔墙,那堵墙一定是他们通过心理活动虚构的,因为"人的心理状态完全是虚构的"[2]。不过,个人一旦从心理上撕裂其自身与社会、国家的关系,它就会在行为上破坏社会和国家的共同体性,它所在的社会和国家也会因为受到它的破坏而出现原子化裂变。一个社会或国家的原子化裂变本质上是个人从心理和行为上对它的共同体性进行撕裂或破坏而给它带来的一种变化。这样的个人越多,一个社会或国家的原子化裂变越严重。

对美国原子化问题的探析不能脱离美国本身的社会背景。美国社会具有极强的开放性、流动性和创新性。移民多塑造了它的开放性。美国的大门朝着世界敞开,吸引了来自世界各国的民众。美国人喜欢流动,他们开着车四处流动,总是在搬家,可能是世界上流动性最强的民族。对于美国人来说,来一场"说走就走"的旅行是司空见惯的事情。美国人还特别崇尚创新,他们喜欢发明创造,喜欢不拘一格的生活方式,喜欢具有冒险性、挑战性的活动。他们的生活绝对不是一成不变、千篇一律的。为了生活得有新意、有创意,他们会不断改变自己的生活规划。

开放性、流动性和创新性能够给美国社会带来其他社会难以相提并论的活力,但也容易导致原子化裂变问题。在美国,人的个性能够得到空前解放,但因此而导致的原子化裂变问题也相当严重。一方面,开放性、流动性、创新性等就如同几部无比强大的动力机,将美国人的欲望、愿望和理想激发了出来,使之充分感受到作为个人存在的意

---

[1] 〔美〕肯尼思·J. 格根:《关系性存在:超越自我与共同体》,杨莉萍译,上海教育出版社2017年版,第84页。
[2] 〔美〕肯尼思·J. 格根:《关系性存在:超越自我与共同体》,杨莉萍译,第84页。

义和价值；或者说，它们使美国人摆脱了被支配、被贬抑、被遮蔽的存在状态，成为被推崇、被肯定、被突出的个人。这无疑是美国社会的重要进步，代表它抛弃欧洲的传统社会形态、坚决走现代社会发展道路的重要成果，反映美国社会发展的实际需要，具有一定的道德合理性基础。另一方面，开放性、流动性、创新性等也将越来越多的美国人推上了原子化的轨道。在实现现代化的过程中，很多美国人试图从社会共同体和国家共同体中挣脱出来，渴望变成完全独立自主的社会生活主体，大肆推崇自由主义观念和生存方式，主张随意任性地张扬自己的欲望、愿望和理想，从而使当今美国社会呈现出越来越严重的原子化裂变特征。

"哲学家无权构造一个人造的人，而必须描述一个实在的人。"[1] 我们将那些在社会发展过程中试图从其自身与社会、国家的紧密纽带关系中抽离出来的美国人称为"原子人"。这种人不是虚拟的人，而是现实的人。他们试图挣脱社会纽带，渴望成为"绝对自由的个体"。他们分布在美国社会各界和不同年龄阶段，既可能是正在成长的少年儿童和青年，也可能是中成年人，甚至可能是老年人；既可能是受过很好教育的人，也可能是未受过良好教育的人；既可能是还在为求职就业奔波的待业人士，也可能是已经功成名就的政治精英、企业精英和学术精英。他们可能并不缺乏智商和情商，但他们缺乏德商，即道德商数。总的来看，他们对道德的内涵和社会作用缺乏深刻认知，对人类道德生活的意义和价值也缺乏把握，因此，他们的出现和数量日益增多的事实给美国带来了巨大伦理风险。我们将这种美国人的特征做出如下概括：

拒斥文化传统，盲目推崇现代性。作为"现代"的产儿，美国的

---

[1] 〔美〕恩斯特·卡希尔：《人论》，甘阳译，上海译文出版社 2004 年版，第 17 页。

原子人对人类文化传统缺乏历史记忆，也不愿建构这种记忆，因而常常生活在文化虚无主义情绪之中。由于对人类文化传统缺乏历史记忆，他们不仅避而不谈世界各民族的文化传统，而且乐意听取批判和否定人类文化传统的意见。他们普遍对人类文化传统采取贬抑甚至全盘否定的态度。作为原子人存在的美国人热衷于将个人从它对社会和国家的紧密依附关系中抽离出来。在美国，个人对国家的依附关系是相当松散的，因为他们压根儿就不想依附在国家身上。

以自我为中心，缺少心系他人、心系社会、心系国家、心系世界的道德情怀。作为原子人存在的美国人大都是自我中心主义者。在他们的存在意识中，自我是最重要的。他们仅仅关注自身，关心自身，关爱自身，对他人的生存状况以及社会、国家、世界的发展状况漠不关心。他们以自我的成败标准作为衡量一切事物成败的标准。自我成功，则整个世界是成功的；自我失败，则整个世界是失败的。对于他们来说，自我是世界的中心，他人、社会、国家和世界都必须围绕着这个中心旋转。他们是完全依靠自我中心主义存在意识生存的人。一旦脱离"自我"这个中心，他们就什么都不是了，或者说，他们就会走向毁灭。由于时刻以自我为中心，原子人的存在意识对他人、社会、国家和世界都是拒斥的；或者说，以自我为中心的原子人在心里根本装不下他人、社会、国家和世界，他们根本不具有心系他人、心系社会、心系国家和心系世界的道德情怀。

唯利是图，缺乏人之为人应有的精神超越性。作为原子人存在的美国人很势利，是彻头彻尾的实利主义者。他们将人生的意义和价值几乎完全建立在物质生活享受上，并且将物质财富占有量作为衡量人生和事业成败的根本标准。在他们的眼里，社会是物欲横流的场所，只有金钱、房子、车子等物质性的东西才是真正有价值的东西。他们为物喜，也为物悲。在他们出现的地方，都会弥漫着一股浓烈的势利氛围。他们千方百计从社会共同体和国家共同体中抽离出来，但事实上无法完全摆脱他人而独善其身，因此，他们又不得不与他人结成各种各样的人际圈，但他们仅仅出于实利的目的建构人际圈。在原子人建构的美国人际圈中，人与人之间仅仅出于利益需要而相互交往。也就是说，美国式的人际圈的结成或解散仅仅出于利益之故，而不是因为人与人之间的情谊。他们精于利益算计，因而都是非常精明的人。最重要的是，他们习惯于将占有物质财富的快乐当成人生幸福。他们是"拜物教"的牺牲品，受到物的奴役，但他们常常在炫耀自己的实利主义或物质主义生活方式。由于满脑袋装着物质，他们的精神只能流于贫乏或空虚。

　　自私自利，欠缺仁爱精神。"利己的人是已经解体的社会的消极的、现成的结果，是有直接确定性的对象，因而也是自然的对象。"[①] 自私自利是美国原子人的共同特性，利己主义价值观则是他们的共同价值观。当然，他们的利己主义价值观在很多时候会以精致的行为方式表现出来。在自私利己的时候，他们不一定将自己的自私动机赤裸裸地流露出来，而是采取伪装的行为方式予以掩饰。美国存在很多精致利己主义者。他们往往非常善于伪装，其利己主义行为有时是非常难以辨认的。美国原子人也可能是极端利己主义者。这种情况一旦出现，他们就变成了野蛮人，美国社会就会退化到丛林化状态。在丛林化的社会里，人是野蛮的、残暴的，人与人之间相互敌对，彼此之间缺乏应有的尊重、关爱和包容，个人会为了一己私利而相互伤害，甚至自相残杀。我们常常可以在美国社会看到白人警察残暴对待黑人的事件，常常可以看见暴徒残暴枪杀无辜人民的事件。它们就是美国原子人野

---

① 中共中央马克思恩格斯列宁斯大林著作编译局编译：《马克思恩格斯文集》第 1 卷，第 46 页。

蛮化和美国社会丛林化的可怕后果。

  道德责任感不强。人类道德生活是以道德责任感和道德责任担当能力作为核心内容的，因此，道德责任感的强弱和道德责任担当能力是衡量人类道德生活状况好坏的关键性指标。由于具有脱离社会和国家的情结，美国的原子人普遍存在社会责任感不强和缺乏道德责任担当能力的问题。他们看不到人与人之间的道德责任关系，对身边的人和事漠不关心，不愿意帮助需要帮助的人，更不愿意捍卫道德的规范性，在需要展现道德勇气的时候退缩不前。在美国社会，受到反传统、自我中心主义、实利主义、利己主义等思潮的驱动，很多美国人在融入原子化潮流的过程中患上了道德冷漠症、道德失语症和道德行为残疾症。他们缺乏"道德人"应有的道德敏感性，是非不辨，不敢伸张正义，不能用实际行为践行道德的规范性要求，有时候甚至公开以非道德主义者自居，因而对美国社会的道德状况构成严重的破坏性影响。

  开放性、流动性和创新性突出了美国人的个体性价值，但也将他们中的很多人拖入了原子化的旋涡。这个旋涡仅仅向世人显露它存在的部分真相，因此，我们对它的体验和认知很容易流于肤浅。他们中的不少人在被原子化旋涡搅来搅去的生活方式中感到陶醉，甚至变得麻木。事实上，他们被原子化的旋涡抛到了社会生活秩序的边缘，但对此一无所知。在这种"无知"状态中，他们既看不到社会和国家的存在价值，也将自己人之为人的存在价值流失殆尽。在美国，绝大多数人要么陶醉于物欲横流和自己的"美国梦"得以实现带来的存在感、获得感和幸福感，要么沉迷于对人类传统文化、社会责任、人际关系等所持的冷漠态度。作为旁观者，我们看到的是，原子人在美国的出现带给美国的不是有利于增强社会向心力、凝聚力和创造力的道德福音，而是自由主义观念膨胀和社会分裂性加剧的巨大伦理风险。

  美国社会既有文明的一面，也有野蛮的一面。它汇聚了最多的世界一流大学，拥有其他国家难以比拟的科学技术，建构了非常完备的教育体系，但这些东西并没有将美国人变成世界上最文明的人。美国的大门朝着世界开放，将世界各国的人民吸引过去，但在对待他们的时候，他们的态度往往是野蛮的、粗暴的。美国是世界上种族歧视、种族迫害最严重的国家之一。也只有在美国这样的国家里，才会出现特朗普这样的总统。在新冠疫情肆虐成灾的时候，美国人民请求特朗普提供解救方法，而特朗普竟然公开要求他们"喝消毒液"。在有些人看来，这或许只是特朗普喜欢信口开河的一次表现而已，但我们不能忘记他是美国总统的事实。一个总统可以如此"随心所欲""我行我素"地说话，更何况普通的美国人呢？

美国社会的原子化裂变问题不一定完全是由美国的自由主义道德文化政策导致的，但它一定在其中发挥了基础性作用。通过推进自由主义道德文化政策，美国人的个人主义意识和个人主义价值观都被赋予了不容置疑的道德合理性基础。正因为如此，当美国白人警察残暴枪杀无辜黑人的时候，很多人对前者采取包庇、容忍的态度。如果不是因为黑人和少数族群游行抗议，美国政府肯定会对犯罪的白人"从轻处理"。到底是什么能够让"文明的美国"做出如此违背道德的事情？这与白人警察道德修养不到位的事实有关，也与美国长期推行的自由主义道德文化政策有关。

第三，它是分裂美国的重要力量。

每一个社会都兼有外显性和内隐性。外显的社会通过具体的人、社会制度、经济建设成就等实在性内容得到体现，而内隐的社会表现为人类隐而不露的文化精神，因此，美国社会学家默顿将个人所处的特定社会环境在结构上划分为文化结构和社会结构。他说："文化结构是指普遍适用于某一特定社会或群体之成员的指导行为的规范性价值标准。社会结构是指一整套把这一社会或群体之成员以各种各样的方式联系在一起的社会关系。"[1] 这两个结构体系相互关联、相互作用、相互影响，一方的变化必然影响另一方的存在状况，因此，一个社会的有序发展必须建立在两者实现良好结合的基础上。

每一场社会变革都意味着对一个社会的文化结构和社会结构进行调整或重建。在现实中，文化结构和社会结构都会对置身于其中的个人提出行为准则、价值认同等方面的要求，因此，它们之间很容易形成张力。一方面，文化结构可能提出与社会结构的需要不一致的行为准则、价值认同要求，其结果是导致社会结构要求的社会关系难以形成；另一方面，社会结构则可能歪曲文化价值标准，这会导致文化结构要求每一个人共同遵守的行为准则、共同具有的价值认同等难以到位。当文化结构所要求的行为准则、价值认同等与社会结构赋予个人的能力严重脱节时，社会就会出现群体性失范现象。因此，默顿强调，"失范被看作是文化结构的瓦解"[2]，而"失范概念指一个社会或群体中相对缺乏规范的状态"[3]。

"消除现实的危害，以便使之更宽松、更易于管理、更易于变化，这是现代精神的规定性特征。"[4] 在长期发展、变迁的过程中，美国的文化结构和社会结构均发生了重大变化。特别是由于社会原子化裂变致使越来越多的个人从依附于社会或国家的传统社会结构中脱落，美国的传统文化结构面临崩溃的危险。具体地说，当由市场经济体制主导的社会结构要求美国社会建构自由、平等、民主、开放、包容的人际关系时，如果它的文化结构依然完全停留在坚持和维护美国传统价值

---

[1] 〔美〕罗伯特·K.默顿：《社会理论和社会结构》，唐少杰、齐心等译，译林出版社2008年版，第260页。
[2] 〔美〕罗伯特·K.默顿：《社会理论和社会结构》，唐少杰、齐心等译，第260页。
[3] 〔美〕罗伯特·K.默顿：《社会理论和社会结构》，唐少杰、齐心等译，第258页。
[4] 〔英〕齐格蒙特·鲍曼：《被围困的社会》，郇建立译，江苏人民出版社2005年版，第2页。

观的层面，它的文化结构与社会结构之间的关系就是脱节的，两者的结合就是困难的。因此，经过两百多年的发展，当今美国必须完成的一个重大变革任务是必须进行社会重建。

社会原子化裂变问题日益严重的事实说明美国当前的文化结构和社会结构之间存在张力。原子人的不断增加极大地改变了美国的社会关系，其主要表现是人际关系的疏离和道德冷漠现象的加剧。如果不对现有的文化结构体系进行适当的调整或重建，当今美国社会就会缺乏必要的文化价值支撑。从这种意义上讲，当今美国社会的重建具有双重含义：一方面，由资本主义市场经济体制主导的社会结构需要不断优化；另一方面，美国现有的文化结构也需要顺应美国社会结构发生重大转变的现实进行必要的变革。

变革美国现有文化结构的核心任务是必须建构有助于消解自由主义的道德文化价值体系。它既应该是坚持和传承美利坚民族道德文化传统的产物，也应该是借鉴异质道德文化的产物。要建构这种道德文化价值体系，要求美国对其长期坚持推行的自由主义道德文化政策进行彻底变革，但这完全是不可能的事情。作为一个已有两百多年发展历史的资本主义国家，美国的社会结构和文化结构均已定型，要从根本上改变它们谈何容易。

美国是不会改变其社会结构和文化结构的。《共产党宣言》指出："在资产阶级社会里，资本具有独立性和个性，而活动着的个人却没有独立性和个性。"[①] 与其他资本主义国家一样，资本是支配美国的最强大力量，但这种力量"不是一种个人力量，而是一种社会力量"[②]。只要美

---

① 中共中央马克思恩格斯列宁斯大林著作编译局编译：《马克思恩格斯文集》第2卷，第46页。
② 中共中央马克思恩格斯列宁斯大林著作编译局编译：《马克思恩格斯文集》第2卷，第46页。

国还保持着资本主义制度，它就会在强大资本力量的控制下存在和发展，它的发展格局就不会发生根本性变化。要解决原子化问题，美国既需要借助道德治理的手段，也需要借助法治约束的手段。然而，美国并不是一个特别崇尚德治的国家，它更多地重视法治。因此，原子化问题是美国难以解决的难题。

原子人普遍具有强烈的文化虚无主义情结，这是他们缺乏精神根基的根源。在对他们进行道德教育的时候，应该首先让他们知道——"如果我们可以回顾人类的过去的话，会发现它一直生活在充满记号的世界里，它所生活的群体、组织和集体越庞大、越复杂，这个世界就越丰富、越复杂。"[①] 那个充满记号的世界就是人类赖以生存的文化。它是人类的精神根基，其中最重要的元素是人类源远流长的道德文化传统。从这种意义上来说，美国原子人对人类文化传统特别是道德文化传统的盲目否定和拒斥缺乏合理性依据，因而也是不合理的。由于他们对现代性文化的狂热追逐并不是建立在人类文化传统基础上，他们的精神只能是漂浮的、无根的状态。

道德教育是人类改造自身的基本方法。它之所以被人类长期使用，是因为它建立在人类本身的道德本性上，具有人类自身永远无法否定的道德合理性基础。道德是一种社会规范，并且是我们无法拒绝的社会规范，因为它内含在我们人之为人的社会本性之中。另外，道德的规范性本质上是道德准则的规范性。道德准则"不仅描述我们实际规范自己行为的方式，而且向我们提出要求。它们命令我们、强迫我们、提出建议或引导我们的行为；或者说，至少在我们利用它们的时候，我们对彼此提出了要求"[②]。由于道德准则是人类制定的，反映人类

---

① 冯亚琳、〔德〕阿斯特莉特·埃尔主编：《文化记忆理论读本》，余传玲等译，北京大学出版社 2012 年版，第 1 页。
② Christine M. Korsgaard, *The Sources of Normativity*, Cambridge University Press, 1996, p. 8.

自身的道德本性要求，人类具有非人类存在者不具有的道德身份。对于人类来说，拥有道德身份的事实不仅意味着我们从本性上是道德动物，而且意指我们的存在具有道德价值。作为具有道德身份的存在者，我们既能够看到和重视自己和他人的同等伦理尊严，也能够对自己和他人承担应尽的道德责任。或者说，由于具有道德身份，人类不应该，也不能以自我中心主义者、实利主义者、利己主义者的姿态生存或生活，更不能依照丛林法则残暴地自相残杀。

"任何解放都是使人的世界即各种关系回归于人自身。"① 对于美国来说，改造原子人的过程就是帮助他们解放自身的过程，其根本目的是要将他们从试图彻底脱离社会和国家的生存状态重新拉回到依附于社会和国家的生存状态，即帮助他们重新变成作为"社会人"或"类存在物"存在的"公民"。原子人不是真正意义上的公民，因为他们缺乏公民应有的社会性特征。通过诉诸行之有效的道德教育和制度约束，可以推动原子人实现自我改造或自我解放，自觉自愿地从"孤立的个体"变回从属于社会和国家的"社会人"或"公民"。他们一旦能够深刻认识到自己作为个人存在的力量和价值是通过社会关系得以体现的事实，他们的改造或解放就获得了成功。

作为一个典型的资本主义国家，美国不可能从马克思主义哲学中汲取智慧。它所信奉的哲学是在美国本土产生的实用主义哲学。实用主义哲学的核心思想是关于有用性的信念。受到实用主义哲学熏陶的美国人普遍看重眼前的利益。他们既没有尊重传统的思想意识，也不太重视未来。在他们眼里，眼前利益就是一切，至于未来的后果，他们往往交给时间去决定。只要世界格局和美国的资本主义社会性质没

---

① 中共中央马克思恩格斯列宁斯大林著作编译局编译：《马克思恩格斯文集》第1卷，第46页。

有发生根本性改变，美国就会继续推行自由主义道德文化政策。正如我们在前面所说，这种政策具有值得肯定的价值，但它也具有显而易见的局限性和缺陷。从历史唯物主义的角度来看，作为一个具有两百多年历史的资本主义国家，美国必定会顽固地坚持它的经济体制、政治体制和文化体制。在未来的发展中，自由主义道德文化政策的局限性和缺陷必将不断暴露出来，必将对美国社会产生越来越严重的撕裂或分裂作用。

第七章　美国人的硬实力和软实力观念

要研究美国建构现代道德文化的经验和教训，我们不能不关注美国人的实力观念。不可否认，美国在当今世界具有不容小觑的影响力。当今世界发生的一切事情，似乎都与美国有关。美国的航空母舰在四大洋游弋，美国的政客在世界各地出现。哪里有事情发生，美国就在哪里。目前正在发生的俄乌冲突与美国紧密相关。当前正变得空前紧张的中国台海问题也与美国有关。为什么美国具有这么大的影响力？弱国无外交。美国之所以能够在当今世界展现强大影响力，与其说与它的实力直接相关，不如说与它的实力观念密切相关。对此，我们可以从伦理学的角度展开分析。

一、冷战后的美国与美国政客的硬实力观念

20世纪世界政治有三大主题：（1）第一次世界大战；（2）第二次世界大战；（3）冷战。

两次世界大战的爆发用非常直接的方式暴露了帝国主义的侵略本性，也用铁的事实再次证明了正义能够战胜邪恶的真理。世界大战是帝国主义国家出现之后的产物。第一次世界大战发生在"同盟国"和"协约国"这两大帝国主义阵营之间，是帝国主义列强在瓜分亚洲、非洲、拉丁美洲、大洋洲殖民地、半殖民地过程中产生不可调和的矛盾

的产物，反映了帝国主义国家试图瓜分世界、争夺世界霸权的野心。让帝国主义国家始料未及的是，在第一次世界大战后期，俄国无产阶级在帝国主义比较薄弱的地方夺取了十月社会主义革命胜利。俄国十月社会主义革命的胜利影响巨大，带来了战后初期无产阶级革命在帝国主义国家如火如荼爆发，民族解放运动在亚、非和拉美国家普遍高涨的局面。第二次世界大战又称世界反法西斯战争，其直接原因是1929年爆发的世界经济危机。在那次世界性经济危机中，德意日三个帝国主义国家的国内矛盾空前激化，它们为了转移国内矛盾在世界范围内发动了一系列侵略战争，英、法、苏联、中国、美国等国家结成世界反法西斯同盟，最终在1945年夺取了世界反法西斯战争的伟大胜利，但世界人民为夺取战争的胜利付出了惨重代价。

冷战是第二次世界大战之后的事情。第二次世界大战结束后不久，以美国为首的资本主义阵营为了遏制以苏联为首的社会主义阵营的发展，组建了北大西洋公约组织；苏联针锋相对，组建以华沙条约组织为主的社会主义阵营与之对抗。在冷战过程中，以美国为首的北约组织无所不用其极，最终通过和平演变的方式战胜以苏联为首的华约组织，苏联解体，东欧社会主义国家发生剧变，美国夺得世界唯一超级大国地位。

冷战后的美国一超独大。苏联解体后，俄罗斯独立，但它的综合实力大幅度下滑。欧洲国家在第二次世界大战中元气大伤，难以与日益强大的美国抗衡，只得结成欧盟。社会主义中国处于艰难的发展过程中，世界影响力有限。在此背景下，美国独霸天下的野心大白于天下，让整个世界为之惊恐。冷战之后，世界上的局部战争主要由美国带头发动。众所周知的科索沃战争、伊拉克战争、阿富汗战争是美国领衔发动的侵略战争。有些战争不是由美国直接带头发动，但本质上是美国发动的"代理人战争"。目前正在进行的俄乌冲突，实质上是以美国为首的北约组织与俄罗斯之间的斗争。

我们不禁要问：冷战后的美国已经没有与之抗衡的"敌人"，为什么它仍然在不断发动战争？答案很简单，它意欲维护一超独大的世界霸主地位。美国依靠什么来维护其世界霸主地位？答案同样是简单的。它意欲依靠自身的超强实力。

美国的超强实力又是什么？它主要是指美国独一无二的军事实力、经济实力和科技实力。冷战后的美国拥有世界最强大的军事力量、经济力量和科技力量。在军事领域，美国拥有 11 艘航空母舰、10 个航空母舰战斗群，拥有世界上最大的核武库之一，拥有 B-52 型隐形飞机、"爱国者"导弹、双层坦克等先进武器。在经济领域，美国是世界第一大经济体，美元迄今为止是世界上最强劲的国际货币。在科技领域，美国在军事技术、航空航天技术、航海技术、人工智能技术等方面具有领先优势。美国之所以敢于在国际社会为所欲为、我行我素，主要凭借的是它在军事、经济和科技领域的强大实力。

军事实力、经济实力和科技实力都属于硬实力的范围。也就是说，美国主要是凭借自身的硬实力在当今世界"独步天下"的。由于具有超强的硬实力，美国才敢于发动各种各样的侵略战争，才敢于动不动就对其他国家进行经济制裁，才敢于对所有国家的人权状况指手画脚，才敢于以"世界警察""世界法官""世界霸主"的身份发号施令，而不少国家在美国的超强硬实力面前，只能表现出"服从"的态度。

美国政客具有根深蒂固的硬实力观念，这是由它的发展历史和现实力量决定的。历史地看，美国政客历来崇尚"硬实力"。它主要依靠硬实力占领了印第安人的土地，主要依靠硬实力打败了英国殖民主义者，主要依靠硬实力购买了法国、墨西哥、俄罗斯等国的土地。在后来的发展中，它的主要依靠力量还是硬实力。在美国的字典里，似乎并没有"软实力"这一概念。美国政客信奉的主要是"硬实力"。在国际舞台上，它主要依靠硬实力说话。现实地看，美国长期拥有很强的军事实力、经济实力和科技实力，这很容易使之滋生出"硬实力就是一切"的思想观念。

硬实力是美国用于恃强凌弱、霸凌天下的工具。在第二次世界大战中，虽然美国具有很强的硬实力，但它在是否参加反法西斯战争问题上一直表现出犹豫不决的态度。直到日本军国主义者轰炸了珍珠港之后，它才下定决心参战。冷战结束之后，美国专门挑选南斯拉夫联盟共和国、伊拉克、阿富汗等小国发动侵略战争。2022年，美国试图削弱俄罗斯，但它没有直接对后者发动战争，而是通过拱火浇油的方式怂恿乌克兰与俄罗斯交战。显而易见，虽然美国具有超强的硬实力，但是它并不轻易用它与世界大国对抗。

不过，美国之所以敢于在俄乌冲突中拱火浇油，它凭借的主要还是它的硬实力。如果没有超强的硬实力，它肯定没有拱火浇油的胆量。另外，它也充分利用了北约组织的集体力量。这种"利用"具有"扯起虎皮做大旗"之意，但它归根结底是为了增强美国的硬实力。美国无疑具有与俄罗斯对抗的硬实力，但它没有采取单打独斗的莽撞方式，而是选择了拖"北约"下水的方式。这极大地增强了美国的硬实力，当然也给俄罗斯造成了巨大压力。

由于具有强大硬实力作为后台，美国政客接受从政机能训练的内容似乎只有一项，这就是颐指气使地说话。美国总统如此，美国副总统、国务卿、众议院议长、国防部长如此，美国总统发言人也如此。无论置身何处，他们都是在以美国的名义发布命令。他们不习惯用平等、友好的协商方式进行国际交流，仅仅习惯于传达、强调或说明美国的想法。在很多时候，他们甚至会用赤裸裸的威胁、恐吓来表达"美国意思"。例如，2021年3月18日，美国国务卿布林肯和总统国家安全事务助理沙利文与中共中央政治局委员、中央外事工作委员会办公室主任杨洁篪和国务委员兼外长王毅在安克雷奇会谈。会谈期间，两位美国官员都强调，要从"实力地位出发"与中国对话。这种说话方式等于公开告诉中国："美国实力强大，美国说什么，中国听也得听，不听也得听。"不过，中国并不吃这一套。杨洁篪和王毅都明确表示，美国没有资格在中国面前说，美国从实力地位出发同中国谈话。

无论世界人民怎么看，美国政客就是喜欢从实力地位出发进行国际交流。这就是美国人的硬实力观念。在美国人的观念里，"实力"即"硬实力"，"硬实力"即"真理"，谁掌握着强大硬实力，谁就应该发号施令。冷战结束以后，一超独大的美国更是肆无忌惮，在国际舞台上耀武扬威，指手画脚，处处摆出一副"世界老大"的架势。认为硬实力决定一切，把世界视为美国的世界，这是美国政客的硬实力观念的核心。

二、约瑟夫·奈的软实力理论及其对美国行为的反思

美国政客极力推崇硬实力的做法主要是冷战期间和冷战之后的事情。冷战期间，美国出于战胜苏联和华沙组织的目的，自然会大肆强调硬实力的重要性，并全力提升自身的硬实力。冷战结束之后，一超独大的事实不仅增强了美国在国际社会的存在感，而且极大地促涨了美国的霸权意识。美国的硬实力观念与它的霸权意识交织在一起，两者具有相同的本质内涵。

事实上，美国大肆强调和极力推崇硬实力的做法不仅在国际社会遭到了反对，而且引起了一些美国人的警觉。在这样的美国人当中，约瑟夫·奈是一位代表人物。他因为提出软实力理论而著名。

美国不推崇软实力，但它是"软实力"这一概念的发源地。软实

力是人类自古就拥有的一种力量，但它成为热门话题仅仅是当代的事情。美国新自由主义学派代表人物约瑟夫·奈于20世纪90年代最先提出"软实力"概念以后，国内外学术界对软实力问题给予了越来越多、越来越深刻的关注，而且形成了越来越丰富的理论研究成果。约瑟夫·奈更是因为研究软实力问题而享誉世界。在我国，许多学者不加批判地采用他的观点，其结果是导致我国难以形成具有中国特色的创新性软实力思想和理论。

我们首先了解一下约瑟夫·奈对"软实力"的误解。

约瑟夫·奈被国内外学界尊称为"软实力之父"，这主要是因为他最早提出了"软实力"概念，并对其展开了系统的理论研究。在1990年出版的《注定领导世界——美国权力性质的变化》(Bound to Lead: The Changing Nature of American Power, 1990)一书中，约瑟夫·奈首次提出"软实力"概念，其主要目的是要反驳当时流行的美国衰败论。同年，他还在《外交政策》杂志上发表论文《软实力》(Soft Power, 1990)，对"软实力"的内涵进行了界定，其基本立场是认为软实力是一个国家利用文化、意识形态、制度等无形资源影响其他国家的能力。[1] 后来，他在文章《软实力的挑战》(The Challenge of Soft Power, 1999)中进一步指出："软实力是一个国家的文化与意识形态所产生的吸引力，它通过吸引力而非强制力影响其他国家的行为，并获得理想的结果。"[2]《软实力——国际政治的制胜之道》(Soft Power: The Means to Success in World Politics, 2004)是约瑟夫·奈研究软实力的一部成熟著作，较为全面地解析了软实力的内涵。该著作将软实力界定为国家、组织、个人都可以拥有的一种力量，认为它是国家、组织

---

[1] Joseph S. Nye, Jr., "Soft Power", *Foreign Policy* 80, 1990, pp.153-171.
[2] Joseph S. Nye, Jr., "The Challenge of Soft Power", *Time* 2, 1999, p.21.

和个人通过吸引力，而非威逼或利诱的手段达到目标的能力。[①] 软实力的"吸引力"来源于一个国家的文化、政治理念和政策。可以看出，约瑟夫·奈对"软实力"概念的认识、理解和把握表现为一个由浅入深的发展过程。

约瑟夫·奈对"软实力"的界定经历了阶段性调整与变化，但总体而言，他一直坚持将"软实力"的核心要义归结为"吸引力"的立场是鲜明的。以"吸引力"界定"软实力"能够在一定程度上揭示它的含义，但不足以揭示它的本质内涵。约瑟夫·奈所说的吸引力，并非仅仅强调软实力所促成的各主体间和谐关系达成的自觉自愿意涵（即非武力或非胁迫的实现方式），而是更多地强调软实力能够促成各主体间达成和谐关系这一既定结果，其意指：只要能促成主体间的和谐状态（即使是表面的、虚假的、短视的和谐关系），以"吸引力"之名使用任何手段都是合理的。除此以外，他还进一步用"影响""诱惑""说服""拉拢"等词语来阐释软实力的含义和实现方式。显然，约瑟夫·奈借助"吸引力"解释"软实力"的本质内涵，更多的是出于政治目的考虑，服务政治意图的意思很明显。他所说的"软实力"主要指政治上的"吸引力"。

"吸引力"能否概括"软实力"的本质内涵呢？这是一个有待于进一步反思、解析的问题。一个事物的本质是指该事物本身所固有的根本属性，是该事物成为其自身而与其他事物相区别的根本特征。约瑟夫·奈以"吸引力"界定"软实力"，实质上就是将"吸引力"视为软实力的根本属性，并以之作为软实力区别于其他事物的根本特征。我们认为，这是一个缺乏逻辑自洽性、难以自圆其说的观点。众所周知，

[①] 〔美〕约瑟夫·奈：《软实力：权力，从硬实力到软实力》，马娟娟译，中信出版社2013年版，前言第XII页。

"吸引力"作为一种属性或特征并非为软实力所独有，与之相比较而言的硬实力同样具有吸引力。约瑟夫·奈本人也认为，硬实力也能够制造不可战胜的神话来吸引他人。① 例如，科技、经济、军事等硬实力都具有一定程度的吸引力。对很多主体而言，硬实力或许能产生比软实力更大的吸引力。这也是为什么许多国家一方面惧怕美国的经济制裁与军事威胁，另一方面又向往和追求美国雄霸天下的经济地位与军事实力的原因。硬实力所产生的吸引力显然在其中发挥了重要作用。既然软实力和硬实力都可以用吸引力来标识和描述它们的特征，"吸引力"就不可能是"软实力"的根本属性和根本特征。因此，"吸引力"不能体现软实力的本质内涵和根本特征。它充其量是软实力的重要特征或实现手段之一。

每一种理论都是以建构一定的概念体系作为基础的。一种好的理论不仅应该以解释社会现实为宗旨，还应该以促进社会进步和人类发展作为内在价值诉求。具体地说，它提出的概念体系应该具有正确价值取向和价值导向。正确价值取向和价值导向是"好理论"和"好概念"的内在善性。约瑟夫·奈对软实力的界定恰恰无法体现其理论和概念的内在善性。由于"吸引力"本身是一个适用于任何主体的中性概念，它既能适用于良善目的，也能服务于邪恶目的。约瑟夫·奈以"吸引力"来解释"软实力"，实质上抱持的是一种没有明确价值取向和价值导向的价值中立立场。他认为，软实力是某种无所谓是非善恶的东西，这意味着它是任何一个具备足够的"吸引力"的国家、组织、个人都可以拥有的力量。如此一来，依照约瑟夫·奈的理解，希特勒利用极权政府的国家机器屠杀犹太人和本·拉登用录像成功招募大量基地组织成员的做法，都应当被视为具备软实力的表现。无疑，约瑟

---

① 〔美〕约瑟夫·奈：《软实力：权力，从硬实力到软实力》，马娟娟译，第33页。

夫·奈摒弃了道德价值观在软实力中的核心地位和主导作用，将软实力的本质归结为权术谋略、政治博弈层面。事实上，国际层面的软实力竞争涉及善恶的斗争、正义与邪恶的较量、正能量与负能量的博弈，如果用"和稀泥"的价值中立方式对待它，只会使软实力因缺失固有的内在善性而沦为不同利益集团的斗争工具。

好的理论都是有思想深度和高度的理论。一个好的理论不仅应该以服务现实为根本目的，而且应该具有超越现实的价值崇高性。约瑟夫·奈以"吸引力"界定"软实力"的做法本质是一种实用主义立场。它仅仅注重体现软实力的实用性，忽略它内含的价值引领性和精神超越性，从而最终将软实力变成了一种实用的工具。美国实用主义哲学认为，观念、概念、理论、思想在实质上都是工具，它们的作用在于指引人们摆脱行动中遇到的困难，继续行动，并达到人们预期的效果；而观念、概念、思想的真假则在于它们能否起到工具的作用，有效的理论即是真理；无效的理论即是谬论。正是基于这种认识，软实力的实现方式在约瑟夫·奈那里常常被简单归结为"诱惑""拉拢""说服"等手段。这样一来，软实力成了主体为了实现自身利益、达到自身目的而设计的工具，而为了使软实力能够成为对主体而言的"有效工具"，必须适时改变其本质内涵与实现手段。显然，约瑟夫·奈的界定使"吸引力"成为掩盖"软实力"工具本性的幌子，以"吸引力"阐释"软实力"只会将软实力限制在工具价值层面，这桎梏了他的软实力理论的高度。

约瑟夫·奈的软实力概念提出之后产生了很大国际影响。在当下，他的软实力理论被广泛视为各国学者研究软实力问题的共同理论源头。学界普遍推崇约瑟夫·奈以"吸引力"界定"软实力"的做法，而对其进行批判反思的人极少。我国学界在文化哲学话语体系上倾向于使用"文化软实力"概念，并普遍侧重于研究文化软实力，但对文化软实力的界定同样深受约瑟夫·奈的影响。具体地说，很多学者沿用了约瑟夫·奈以"吸引力"来界定"软实力"的一贯做法。然而，软实力的本质内涵绝不是约瑟夫·奈所强调的"吸引力"。他对"软实力"这一概念的内涵存在严重误解。对此，我们应该进行必要的深入批判。

约瑟夫·奈可能也认识到了他自己对"软实力"概念的定义存在问题的事实，于是，他在研究"硬实力"和"软实力"基础上，提出了"巧实力"概念。他认为美国政府常常运用"软实力"来解决国际问题，但没有取得实际效果。他总结说："软实力不能解决所有问题。"① 他举例说："朝鲜前领导人金正日也看好莱坞电影，但这并不会影响朝鲜核计划的实施。20世纪90年代，软实力也没能使塔利班政权放弃支持'基地组织'。2001年，推翻塔利班政权最终还是靠的军事硬实力。"② 显而易见，约瑟夫·奈对他自己倡导的软实力缺乏足够信心，这是他转而提出"巧实力"概念的根本原因。在他看来，硬实力和软实力都不是万能的，它们必须相结合才能发挥最大作用。他说："巧实力是胁迫和收买的硬实力与说服和吸引的软实力的结合。"③ 其意指，硬实力和软实力应该有机结合起来，才能成就成功的战略。约瑟夫·奈断言："美国可能仍然是21世纪最强大的国家，但这并不意味着美国将统治世界。我们实现目标的能力将取决于巧实力。"④

虽然约瑟夫·奈的软实力理论存在不少不足，但是我们不得不承认它内含哲学智慧的事实。一方面，它揭示了美国在国际社会一味强调硬实力的局限性，呼吁美国放弃逞强好胜的思想观念；另一方面，它也看到了软实力的不足，要求美国不要仅仅依靠它来处理国际事务。

---

① 〔美〕约瑟夫·奈：《论权力》，王吉美译，中信出版社2015年版，前言第XVI页。
② 〔美〕约瑟夫·奈：《论权力》，王吉美译，前言第XVI页。
③ 〔美〕约瑟夫·奈：《论权力》，王吉美译，前言第XVI页。
④ 〔美〕约瑟夫·奈：《论权力》，王吉美译，前言第XVI页。

他指出：“美国人不应该再问谁是全球老大的问题，也不应该总是考虑主导权，而应该开始了解，如何综合运用各种权力手段构建巧实力战略，寻求与他国相关而不仅仅是超越他国的权力。”① 不难看出，约瑟夫·奈对美国片面强调硬实力、一味逞强的做法是持批评和反对态度的。

在约瑟夫·奈看来，中国是一个擅长使用巧实力的国家。步入 21 世纪以后，中国成功举办奥运会，在世界各国创办了几百所孔子学院，推动实施"一带一路"建设，提出构建人类命运共同体的中国方案，吸引世界各国学生到中国大学就读，加大对外传播中华文化的力度，从而极大地提升了中国的国际声誉和国际影响力。约瑟夫·奈认为："在硬实力增长的同时提高软实力，中国正试着用巧实力向外界传递其'和平崛起'不会打破全球力量均衡的理念。"②

约瑟夫·奈为美国设计了一套包括五个步骤的巧实力战略，其内容如下：

第一步：明确目标。③ 美国应该在现实主义与理想主义、国家主义与世界主义、单边主义与多边主义之间做出正确选择。约瑟夫·奈建议美国学习杜鲁门、艾森豪威尔、肯尼迪等美国总统的做法，不偏重于某一种目标，对它们予以综合考虑，尽量借鉴多种传统。他尤其提醒美国更多地致力于提供国际秩序、国际法律和制度体制的发展和维护，国际发展、全球市场的开放性等全球公共产品，以提高美国在国际社会的声望和软实力。

第二步：列出准确的可用资源目录，并且评估情境变化时这份目

---

① 〔美〕约瑟夫·奈：《论权力》，王吉美译，前言第 XX—XXI 页。
② 〔美〕约瑟夫·奈：《论权力》，王吉美译，前言第 XIV 页。
③ 〔美〕约瑟夫·奈：《论权力》，王吉美译，第 252 页。

录的变化。① 约瑟夫·奈建议，具体列出美国可用军事资源、经济资源、文化软实力资源的目录清单，借助它们来制定美国国防预算、经济计划和文化建设投入规划等，以提高美国的资源利用效率。

第三步：评估试图影响的目标的资源和偏好。② 重点关注和研究美国军事力量的海外部署情况。约瑟夫·奈建议，美国应该深入研究世界各国、各地区处于后工业化、工业化和前工业化水平的不同情况，根据情境决定美国将军事力量投放海外的具体做法。

第四步：在各种权力行为之间做出选择，根据不同情况选择命令式的权力或同化式权力，同时调整战略，保证各种权力行为能够彼此强化，而不是相互削弱。③ 约瑟夫·奈建议，美国应该致力于协调其军事权力行为、经济权力行为、文化权力行为之间的关系，使它们能够相互支持、相互促进，并体现硬实力与软实力的有机结合。

第五步：仔细评估成功实现目标的可能性。约瑟夫·奈的建议是："既要从大战略层次进行评估，也要对旨在影响目标对象的特定行动的策略进行评估。"④ 这是对美国巧实力战略实施成效进行评估的环节，它能够反映美国的国际能力度。在约瑟夫·奈看来，这项评估工作需要考虑美国国内制度、美国公众的态度等方面的因素，不能仅仅依据美国的军事权力资源来展开。

约瑟夫·奈的巧实力战略是一个"自由现实主义"战略。首先，该战略要求美国正确认识和理解自身权力的力量和限度。约瑟夫·奈指出："优势不是绝对控制，也不是霸权。美国能影响但不能控制世界

---

① 〔美〕约瑟夫·奈：《论权力》，王吉美译，第257页。
② 〔美〕约瑟夫·奈：《论权力》，王吉美译，第259页。
③ 〔美〕约瑟夫·奈：《论权力》，王吉美译，第261页。
④ 〔美〕约瑟夫·奈：《论权力》，王吉美译，第265页。

其他地区。"① 其次，它要求美国深刻认识制定整体大战略的重要性，并通过结合硬实力和软实力的方式形成美国的巧实力。再次，它要求美国应该通过推进巧实力战略来保障美国及其盟友的安全，保持国内和世界经济强劲发展态势，避免环境灾难，在世界范围内促进自由民主和人权。

约瑟夫·奈明确反对美国用武力将美国价值观强加于其他国家、其他民族。他说："为了在 21 世纪取得成功，美国将需要重新发现如何成为一个灵巧的大国。"② 约瑟夫·奈希望他提出的巧实力战略能够将美国变成一个"灵巧的大国"。他认为，如果美国能够实行他所倡议的巧实力战略，"美国不大可能像古罗马帝国一样衰落，甚至也不会被包括中国在内的其他国家所超越"③。对此，我们可以做两种理解：一方面，如果美国从根本上改变以前那种动辄诉诸制裁、战争的做法，它就能够在世界舞台立于不倒；另一方面，如果美国仍然坚持走过去的老路，它的衰败就是在所难免的，它被其他国家超越也是自然而然的事情。

约瑟夫·奈确实是一位富有洞察力的学者。他是开明的，因为他没有总是将自己的眼光聚焦于自身。大多数美国政客恰恰不具有这一优点。他们具有过于强烈的自我中心主义和民族利己主义意识，因此，在他们的眼里，其他国家和其他民族基本上处于"退隐"状态。他还是睿智的，因为他不仅看到了硬实力和软实力的不足，而且看到了它们相互结合的合理性。他对美国行为的反思是深刻的，他提出的建议也是中肯的，但它们能否得到美国政客的重视和接受，这不得而知。从拜登、哈里斯、佩洛西、布林肯等美国政客近些年的表现来看，约

---

① 〔美〕约瑟夫·奈：《论权力》，王吉美译，第 267—268 页。
② 〔美〕约瑟夫·奈：《论权力》，王吉美译，第 271 页。
③ 〔美〕约瑟夫·奈：《论权力》，王吉美译，第 271 页。

瑟夫·奈的软实力理论和巧实力理论根本没有进入他们的法眼，更不用说被他们接受、采纳和运用。如此一来，美国的发展前景也就可想而知了。

三、亲和力：美国缺乏的东西

在当今世界，人们一提起美国，就会想起两个词：一是"制裁"；二是"战争"。"作为全球最大的经济体，美国经常带头实施制裁。"① 经济制裁是美国经常举起的"大棒"。由于对目前正在发生的俄乌冲突不满，美国总统拜登宣布对俄罗斯实施数千项经济制裁，同时威胁要制裁支持俄罗斯的国家。另外，美国动辄就诉诸战争来解决国际争端。建国以来，美国几乎一直在打仗。在"酷爱"战争方面，其他国家都不能与美国相提并论。美国似乎就是为了战争而创建的国家；或者说，美国就是一部战争机器。美国喜欢挥舞制裁和战争的"大棒"。

每一个国家都有自己的形象。英国哲学家霍布斯将国家的起源归因于"大自然"的观点需要商榷，但他将"国家"这一"利维坦"描述为"人造的人"② 的观点值得肯定。一个国家只不过是一个放大了的人。一个人立身于世，必然要受到他人和社会的评价，因此，人有好坏之分。一个国家存在于世，也会受到其他国家和世界人民的评价，因此，国家也有好坏之分。每一个人或国家的形象都是评价出来的。虽然有关一个人或国家的评价历来是众说纷纭、难以统一的状况，但是它毕竟能够建立在一定的普遍性标准之上。

---

① 〔美〕约瑟夫·奈：《论权力》，王吉美译，第85页。
② 〔英〕霍布斯：《利维坦》，黎思复、黎廷弼译，第1页。

人们通常会根据一个人已有的行为来评价他的好坏。同样，人们对一个国家的评价也主要依据它过去的行为。例如，德国曾经因为希特勒的法西斯主义行径而受到世界人民的普遍谴责，但它也因为在战后进行了真诚的反思和忏悔而重新赢得世界人民的好评。相比较而言，日本曾经因为发动侵略战争而受到世界人民的普遍谴责，但它在战后并没有进行认真反思和忏悔，总是寻机让军国主义死灰复燃，因此，它在世界人民心目中的形象并没有得到根本改善。

一个有智慧的国家都十分重视塑造自身的道德形象。何谓"有智慧的国家"？它不是那种仅仅精于算计的精明国家，更不是那种以自我为中心、仅仅关心一己之私的国家，而是能够深刻洞察国家的本质内涵以及国际关系存在和发展的规律性的国家。与人一样，国家在本性上都是自私的，但这并不意味着每一个国家都应该仅仅以自私自利的方式存在。在现实世界中，每一个国家的私利的实现都必须以尊重和维护其他国家的私利作为前提条件。只有那些能够超越自身的自私本性、能够对其他国家的私利给予充分尊重的国家才能树立光辉的道德形象。

美国曾经是一个很有吸引力的国家，其吸引力部分来自它的硬实力，部分来自它的软实力。创建之后，美国的军事、经济和科技实力曾经长期保持迅速增长之势，这是它凭借硬实力而形成的吸引力。与此同时，美国也凭借它宣扬自由、平等、民主等道德价值观念吸引了世界各地的人们。冷战期间，为了增强自身的吸引力，美国对硬实力和软实力采取兼顾的态度，这是它能够最终打败苏联和华约组织的重要原因。

不过，总体来看，美国并不是一个特别重视软实力的国家。这不仅是指它更加重视硬实力，而且是指它在展现软实力时大都采取武断、粗暴的方式。它将自己的价值观念视为放之四海而皆准的东西，并且总是试图将它们强加于其他国家、其他民族。由于美国具有强大硬实力，有些国家和民族迫于无奈而接受它强加于己的价值观念，但这种"接受"并非建立在"诚心实意"基础之上，因而不是坚定的、长久的。

上述分析告诉我们，"吸引力"并不等同于"亲和力"。作为世界强者，美国自然是有吸引力的。这就好比一个暴发户的吸引力一样。一个人一夜之间暴富，他的身边自然会汇聚一群试图从他那里获得好处的市侩之徒。那些市侩之徒簇拥着他，鞍前马后跟随着他，但这并不意味着他们都忠诚于他。一旦他沦于贫困的窘境，那些市侩之徒必定弃之不顾。正因为如此，我们主张用"亲和力"来诠释"软实力"这一概念的内涵才是合适的。

既然"软实力之父"约瑟夫·奈以"吸引力"定义"软实力"的做法有待于商榷，我们就应该尝试新的定义方法。要深入揭示"软实力"的本质内涵，关键是必须探察它的核心要义。我们认为，"软实力"的核心要义是"亲和力"。所谓"亲和力"，是主体所具有的一种爱的力量，其要义在于以爱的方式赋予爱的对象生机和活力。它类似于弗洛伊德所说的"爱欲本能"，其价值在于能够使爱欲对象变得生机勃勃、欣欣向荣。从这种意义上来说，亲和力的本质是爱、利他主义精神、和谐价值观和同生共荣的发展理念。另外，亲和力还是一个伦理概念，包含深厚的伦理意蕴。它不仅将人类的道德价值诉求纳入其本质意涵中，而且内含道德价值评价功能，从而能够为人际和谐、人与自然的和谐、人类社会发展、人类文明进步等提供源源不断的价值正能量和赓续不绝的动力源泉。

"亲和力"和"吸引力"是两个紧密关联又具有根本区别的概念。一般说来，一事物具有亲和力则必然同时具有吸引力；反过来说，一事物具有吸引力却不必具有亲和力。主体间相互吸引是亲和力作为软实力的核心要义在发挥作用过程中所展现的最一般、最基本的特征，缺乏相互吸引的各主体之间不可能存在发自内心的认可、尊重和包容，更不可能以相互关爱、相互促进的方式共存；各主体只有在相互吸引的基础上，才能真正发挥亲和力的功能和价值。反之，具备吸引力的主体不一定具有亲和力。吸引力是一个价值中立的概念，它的内涵非常丰富、外延特别宽广，具体可分为正价值的吸引力和负价值的吸引力。软实力具有吸引力，硬实力同样具有吸引力；出于正义、符合道德的目标具有吸引力，邪恶、虚伪的目标在某种意义上也具有吸引力。如果说具有正价值的吸引力在某种程度上能转化为亲和力，那么具有负价值的吸引力则因为与亲和力的价值目标背道而驰而无法形成亲和力。

在亲和力与吸引力之间，何者更能彰显软实力的本质内涵呢？要回答这一问题，我们可以通过对我们所处的时代语境进行深入分析来达到目的。众所周知，我们目前处于后冷战时代。在后冷战时代，随着世界多极化、经济全球化、文化多样化、社会信息化的深入发展，世界的整体性越来越受到人们的关注和重视，人类命运与共、世界各国休戚相关、同生共荣等价值观念开始代表人类社会和人类文明发展的潮流与大势。在此时代背景下，习近平总书记从实现人类整体利益的高度出发，高瞻远瞩地提出了构建人类命运共同体的中国方案，为世界的良序发展和长远发展贡献了中国方案和中国智慧。当今世界大势越来越明显地显示，不论身处何国、信仰何如，也不管人们是否愿意，当代人类实际上已经处在一个命运共同体之中。当下，人们更加向往和平，渴望稳定，谋求合作，也比以往任何时候都更加憎恶战争，反对霸权，避免冲突。这意味着当代人类正以前所未有的"亲和"方式在生存和发展。

"亲和"是当今世界的主流。或者说，它至少是当代人类普遍追求的主流价值目标。一种以合作共赢的方式应对人类共同挑战为目的的全球价值观已在酝酿之中，并逐步获得国际共识与广泛共鸣。"软实力"这一概念就诞生于这样的时代背景下。世界发展和人类社会进步需要道德正能量的引领。狭隘的民族中心主义和民族利己主义只会将人类引向冲突、斗争、对峙、毁灭，其不应该也不可能成为人类的核心价值追求和终极价值归宿。换言之，在当代，一国之军事、经济、科技等硬实力已不足以成为其他国家与人民对其马首是瞻的理由。民心所向，软实力只有以亲和力作为其内核，才能真正彰显其内在价值。"亲和力"直接指向"同生共荣"的核心价值诉求，充分展现人类追求和弘扬友好、和平、正义的正能量，因此，它为人类社会带来的是一种充满生机活力、富有爱与责任的精神生活格局。增进世界道德正能量、维护国际正义、承担解决国际冲突的道德责任、促进人类文明进步等都是实现软实力核心价值诉求的题中之义。用亲和力来界定软实力，既是对软实力的内在善性最大程度的挖掘，也是对其内在价值最大限度的实现。只有富有亲和力的软实力，才能真正实现软实力的内在价值诉求，这是以吸引力来界定软实力所不能企及的理论高度。

强调亲和力是中华道德文化传统的重要内容。中华文明博大精深，瑰丽万千，以其"海纳百川、有容乃大"的开放包容姿态书写了五千多年延绵不绝的中华文化精神。中华文化赓续不断，中国精神代代相传，而中华文化与中国精神最核心、最根本的内涵就在于强调亲和力的伦理价值诉求。"亲和力"是中华道德文化的精髓，也是中华民族代代相传的道德文化基因。这种文化基因深深地扎根在每一个炎黄子孙的国民性格中，引领我们向往和平共荣，驱使着我们追求和谐共生。爱好和平在中国传统道德文化中有很深的渊源，因为中华民族自古就推崇"协和万邦""亲望亲好，邻望邻好""国虽大，好战必亡"等和平思想，这些思想深深嵌入了中华民族的精神世界，今天依然是中华民族处理国际关系的基本价值理念。中华民族还极为重视人与人、人与自然的和谐关系，"以和为贵""求同存异""善邻怀远""己所不欲，勿施于人""天人合一"等思想已融入中华儿女的骨髓，潜移默化地影响着我们的思想和行为。当然，中华道德文化的最可宝贵之处在于，它从不打着博爱、普世价值的旗号，强迫任何人、任何民族遵从其文化理念，而是致力于传递一种"各美其美、美人之美、美美与共、天下大同"的中国价值观，主张"和而不同"的背后承载的是追求均衡、稳定、尊重、包容、同生、共荣的大国心态。"海不辞水，故能成其大"。亲和力自古以来就是我国人民一直坚持的道德思想。它不仅构成了中华文化软实力的核心要义，还是我国软实力理论的重要内容。

在西方以强调威慑为主流的文化传统中，亲和力同样占有一定地位。不过，总体来看，西方伦理思想传统偏重于强调国际关系的对立性、矛盾性和冲突性，倾向于否定国与国之间和谐共处、同生共荣、协同发展的可能性。美国芝加哥大学政治学教授约翰·米尔斯海默在著作《大国政治的悲剧》中指出，国际关系是一个险恶而残忍的角斗场，要想在其中生存，所有国家都别无选择，只能为权力而相互竞争。米尔斯海默的政治伦理思想代表了很大一部分西方学者的立场，被冠之以"攻击性现实主义"的名称。不过，即使在以崇尚竞争、对立和冲突为主要理念的西方文化中，以强调亲和力的方式来协调冲突与对立的做法有时也受到重视。康德在《永久和平论》中探讨了各民族如何通过文明的方式而非战争的方式解决冲突的可能性问题，其实质就是肯定国与国之间可以友好相处并建立和平、共享、友好的关系。他还提出建立"和平联盟"的共同体思想。这一理论构想后来成了联合国成立的理论基础。康德对永久和平的向往以及对"和平联盟"的构想正是基于对亲和力的深刻认知基础之上。我们必须看到的是，在以崇尚威慑为主流的西方文化中，亲和力显得特别难能可贵。我们还需要强调，如果一种文化缺少亲和力的温润滋养，一个社会很难想象会有"永久和平"与可持续发展，人民生活也难以获得安定与幸福。

"软实力"本质上是亲和力。软实力只有以亲和力作为其核心要义,才真正符合其本质意涵与根本属性。历史和现实都能够为我们提供大量相关佐证。在当今时代,不仅软实力的必要性和重要性变得更加突出,而且以亲和力界定软实力的必要性和重要性也开始受到越来越多的重视和肯定。

虽然我们不完全赞成约瑟夫·奈对"软实力"的界定,但是我们必须称赞他研究软实力问题所展现出来的理论勇气。他的研究从探析"实力"概念出发,继而对"软实力""硬实力"和"巧实力"进行了深入的区分,最终以倡导"巧实力"而告一段落。约瑟夫·奈的软实力理论达到高度的理论系统性,内含很多创新因子,能够为我们展开相关研究提供理论和实践启示。

"实力如天气,人人依赖它,谈论它,却极少有人真正了解它。"[1] 生活在自然界和社会之中,人类必须依赖实力。没有实力,人类不能战天斗地。"优胜劣汰"的自然法则是严格的,人类只能服从它们。如果不服从它们,人类必定会遭到自然界的严厉惩罚。虽然人类能够凭借自身的聪明才智改造自然界,但是我们永远只能在自然规律允许的范围内完成这项工作。没有实力,人类也不能拥有美好的社会生活。由于具有人之为人的实力,人类能够具有意志自由,能够为自己立法,即为自己确立行为准则。"实力"应该得到深入系统的理论研究。

约瑟夫·奈对"软实力"的研究比较深入。他说:"劝服他人、以理服人的能力虽然构成了软实力的重要组成部分,但也并非其全部。软实力还包括吸引的能力。"[2] 约瑟夫·奈倾向于将"软实力"界定为"一种吸引人的力量"。[3] 其意指:"软实力依靠一种不同寻常的手段

---

[1] 〔美〕约瑟夫·奈:《软实力:权力,从硬实力到软实力》,马娟娟译,第3页。
[2] 〔美〕约瑟夫·奈:《软实力:权力,从硬实力到软实力》,马娟娟译,第9页。
[3] 〔美〕约瑟夫·奈:《软实力:权力,从硬实力到软实力》,马娟娟译,第10页。

（既非武力，也非金钱）促成合作，它依靠的是共同价值观所产生的吸引力，以及实现这些价值观所需要的正义感和责任感。"[1] 有时候，约瑟夫·奈甚至这样理解"软实力"：它"靠的是拉拢，而不是强迫"[2]。显然在约瑟夫·奈的眼里，"软实力"从根本上来说是一种内含精明算计的手段。这种认识和理解存在没有抓住"软实力"精义之嫌。

当今美国缺乏的是亲和力，而不是影响力和吸引力。它仍然在凭借着自身的硬实力对整个世界施加着不容忽视的影响力和吸引力，但由于缺乏以亲和力作为核心的软实力，它的影响力和吸引力呈现出不断下降的趋势。强大的硬实力使美国显得过分武断、过分强势，这让许多国家和民族对美国产生了敬畏感，甚至恐惧感，因而在与之打交道的时候采取"敬而远之"的态度。美国与很多国家、民族之间存在难以逾越的距离。具体地说，很多国家和民族对美国具有强烈的防范意识。它们或者不敢与美国走得太近，生怕受到它的伤害；或者疏而远之，以求自我保全。在当今世界，美国是因为它的硬实力过于强大而与其他国家、其他民族越来越疏远的。如果美国不通过适当方式增强自身的亲和力，这种疏远将不断加剧。

四、美国：在硬实力与软实力之间

每一个国家都有一个实力天平，它的一端是硬实力，另一端是软实力。这两种实力本来应该是平衡的，但因国情不同，每一个国家的实力天平都会朝着某个方向倾斜。对于任何国家来说，要在硬实力和

---

[1] 〔美〕约瑟夫·奈：《软实力：权力，从硬实力到软实力》，马娟娟译，第10—11页。
[2] 〔美〕约瑟夫·奈：《软实力：权力，从硬实力到软实力》，马娟娟译，第8页。

软实力之间完全达到平衡是很难的，但应该以追求这种平衡作为奋斗目标。两种实力相辅相成，才能相得益彰。

汉唐时期的中国既有很强的硬实力，又有很强的软实力，实力天平处于比较平衡的状态。当时的中国是世界经济中心之一，也是世界文化中心之一，陆上丝绸之路和海上丝绸之路向世界各地延伸，很多国家派使节前来朝拜、学习、交流，因而留下了汉唐盛世的历史记忆。汉唐盛世是中国硬实力和软实力都很强且比较平衡的历史时期。

步入近代以后，中国硬实力严重衰落，软实力也因此而一蹶不振。近代中国既不能凭借硬实力影响世界，也不能凭借软实力影响世界；相反，很多国民出现了硬实力自卑和软实力自卑的现象，一些人把提升国家硬实力和软实力的希望完全寄托在西方。洋务运动、戊戌变法、辛亥革命等社会运动就是这一历史背景的产物，但它们最终都以失败而告终，并没有实现从根本上改变中国现状的目的，更不用说从根本上提升中国硬实力和软实力。

当今中国的硬实力和软实力都在大幅度提升，这得力于中国特色社会主义建设事业的成功推进。改革开放对中国特色社会主义建设起到了强有力的创新驱动作用，是推动社会主义中国的硬实力和软实力同时得到提高的根本途径。党的十八大以后，以习近平同志为核心的党中央坚持把马克思主义基本原理同中国实际相结合，同中华优秀传统文化相结合，大力推进"五位一体"发展战略，社会主义中国的硬实力和软实力均得到空前提高。

当今中国与美国的差距主要在硬实力方面。在军事实力、经济实力和科技实力上，我国与美国有明显差距，但在文化软实力方面，我国具有优势。当今美国主要凭借着强大的军事力量、经济力量和科技力量影响世界，而当今中国则主要依靠文化软实力影响世界。

世界上的每一个国家都会面对如何在硬实力和软实力之间做出选

择的问题。硬实力和软实力就好比孟子所说的"鱼"和"熊掌"。孟子说："鱼，我所欲也，熊掌，亦我所欲也；二者不可得兼，舍鱼而取熊掌者也。"[1] 在选择硬实力和软实力的时候，所有国家都想兼而有之，但如果两者不可兼得，应该如何选择？硬实力是鱼，还是熊掌？软实力是鱼，还是熊掌？这种选择不仅涉及一个国家如何认识硬实力和软实力之价值的问题，而且涉及该国家的意志自由、发展历史、现实状况等多种因素。

我们应该如何认识硬实力和软实力的价值？这需要我们深入系统地研究它们的内涵，尔后才能对它们的价值形成正确认知。

"软实力"是与"硬实力"相比较而言的。要进一步理解软实力的本质内涵，必须从根本上厘清软实力与硬实力之间的区别。所谓"硬实力"，是指由一国的基本资源（如土地面积、人口、自然资源）、经济力量、军事力量和科技力量等看得见、摸得着的物质力量共同构成的支配性力量。硬实力与软实力既彼此密切联系又相互根本区别，它们不是简单的数量关系，而是相互影响、相互制约、相互协调、相辅相成的关系。硬实力是软实力的有形载体，而软实力是硬实力的无形延伸。约瑟夫·奈指出，当传统的经济力量和军事实力不足以解释当前种种现象，软实力就有了用武之地。因此，深刻理解软实力与硬实力之间的根本区别是真正理解软实力本质内涵的重要环节。

软实力与硬实力在内涵上具有根本区别。亲和力构成软实力的本质内涵，而威慑力构成硬实力的本质内涵。软实力和硬实力是两种性质截然不同的力量，它们之间的差别具体表现为亲和力与威慑力之间的差异。

长期以来，国际社会的发展一直是以硬实力竞争为主要方式，竞

---

[1] 《孟子》，万丽华、蓝旭译注，第252页。

争的主要内容表现为经济实力的较量、军事实力的角逐、政治实力的博弈以及科技实力的比拼等。无论硬实力以何种形式出现，它本质上都表现为威慑力。威慑力是主体用武力或权威使对方感到恐惧的力量。军事实力的威慑力排在首位。在当代，那些有能力实施大规模毁灭性打击的武器，如核武器、生化武器等，即使未真正投入战争，也具有相当大的威慑力。另外，当一国的经济实力强大到足以支撑其施行经济制裁，其科技水平发达到能肆意进行科技封锁时，经济与科技作为一种硬实力都具备强大的威慑力。硬实力的一个最大特征在于，其存在本身就是一种威慑力。换言之，强大的硬实力，即使不在任何客体身上施加任何行为，其存在本身都足以让客体感到恐惧。可见，"威胁""压迫""破坏"等特征从一开始就内含在硬实力的本质属性中。西方社会在以竞争、威慑为主流的文化传统驱使下，凭借其自工业革命起积累起来的强大硬实力，强势引领当代国际社会认同并接受以强调"毁灭"为核心价值取向的西方价值观。

　　软实力在本质上表现为一种亲和力。与硬实力相反，它强调的是以"共生共荣"为核心价值取向的价值观。在当代社会，人类愈发作为一个命运共同体而存在，一荣俱荣，一损俱损，没有哪一个国家民族能够独善其身。亲和力作为软实力的本质内核，不仅为人类个体和群体达成真正友好、和谐的关系提供富有生机的精神指引和正确行动指南，还促成人类在突破文化价值观隔阂、跨越意识形态鸿沟、超越国家民族利益方面向一个历史新高度迈进。与硬实力不同的是，用亲和力来表达自身的软实力在一般情况下不会产生威慑力。换句话说，亲和力一般不会使人感到恐惧、害怕、退缩。软实力具备硬实力无法企及的强大力量，而这种力量不是依靠威胁或压迫的"硬"方式实现的，恰恰是其中的友好、和谐、包容等精神特质使软实力具有与硬实力迥然不同的内涵。

亲和力具有亲和性，而威慑力具有威慑性。威慑力作为硬实力的核心力量，正是通过它自身的威慑性发挥主要作用。威慑性是威慑力的本质属性，是一主体通过自身的武力或权威使其他主体感到恐惧、害怕的性质和特征。具有威慑性的主体不一定具有威慑力，只有当威慑性长期稳定存在并发展到一定程度时才能形成威慑力。亲和力是一种与威慑力截然相反的力量。作为软实力的本质力量，它是通过它自身的亲和性彰显其特殊价值的。所谓"亲和性"，是指一种主体在与其他主体互动交往的过程中表现出来的友好、包容、爱的倾向。偶然、片面的亲和性不能被称为亲和力，只有长久持续发挥作用的亲和性才能在真正意义上成为亲和力。与威慑性让人感到恐惧的事实不同，亲和性让人觉得愉悦。亲和性是人们乐于接受的东西，而威慑力通常是人们倾向于拒绝的东西。威慑性与亲和性是不能同时存在、同时发挥作用的，它们是水火不相容的关系。在当代社会，极权主义或恐怖主义等极端势力无疑具有极大的威慑性，并在某些时刻能够产生强大的威慑力，甚至会给人类社会带来惨痛的灾难；因此，极权主义以及恐怖主义等势力在任何意义上都不具备亲和性，不能产生亲和力，无法构成软实力。但依据约瑟夫·奈的界定，极权主义或恐怖主义等人类恶势力通过无所不用其极、蛊惑人心的宣传方式所产生的吸引力，也被归结为软实力，这是与软实力的本质相背离的，是对软实力的本质内涵认识不清的表现。约瑟夫·奈以"吸引力"定义"软实力"，对"软实力"仅作权术谋略或政治博弈层面的考察，试图模糊硬实力与软实力的理论边界和实际运用范围。从侧面进一步印证了这样一个事实，只有认清软实力与硬实力、亲和力与威慑力、亲和性与威慑性的本质区别，我们才能真正理解软实力的本质内涵。

亲和性与威慑性之间的根本区别导致了亲和力与威慑力之间的本质差异。软实力的实质内涵正是从它与硬实力之间的根本区别中得到凸显的。软实力在本质上不是个人或群体的吸引力。究其根本，它是主体的亲和力。只有亲和力才能真正彰显软实力的本质内涵和核心价值，而亲和力又是通过亲和性来彰显其存在价值的。软实力的存在价值在于它能够催生友善和亲和。硬实力能够形成威慑性，而威慑性多给人带来恐惧感和畏惧感。具有亲和性的软实力更容易让人接受，具有威慑性的硬实力更容易遭到人们拒斥。孰轻孰重，需要人们做出正确价值判断。

孟子还说过："生，亦我所欲也，义亦我所欲也；二者不可得兼，舍生而取义者也。"① 一个国家的硬实力和软实力之间的关系也好比"生"与"义"的关系。前者主要用于保全自身，而后者主要用于体现自身的道德修养。对于一个国家来说，硬实力和软实力都很重要，但它们的价值是由语境来确定的。在国家危难之时，硬实力自然是第一位的。如果无法自保，一味地讲道义对于一个国家来说是行不通的，也是没有意义的。在和平年代，软实力应该被放在第一位。如果自我保全的问题得到了解决，一个国家就应该思考如何借助软实力安身立命的问题。

美国是那种将"生"看得更重要甚至最重要的国家。在"生"与"义"之间进行选择时，美国总是优先选择前者。它总是将美国的生存和发展问题视为首要问题，这本身并不是完全没有道德合理性的理念。问题在于，美国在重视自我保全时，将其他国家和整个世界的发展视为无关紧要的问题。从美国发展史来看，它历来秉持"美国优先"的价值观念，总是将美国利益置于至高无上的位置。这是典型的民族中心主义、民族利己主义价值观念。

在现实中，一个国家往往不会被置于必须对"生"和"义"进行

---

① 《孟子》，万丽华、蓝旭译注，第252页。

二选一的困境中,"生"和"义"是可以兼顾的。尤其是像美国这样的世界超级大国,它的生存问题已经得到很好的解决,但它依然常常做出违背国际道义的事情,这只能说明它是一个藐视国际道德的国家。

在当今世界,任何一个国家想凭借自身的硬实力来消灭另外一个国家都是不可能的事情。冷战结束以后,美国曾经对南联盟、伊拉克、叙利亚、阿富汗等小国发动过侵略战争,但最终都没有将它们彻底消灭。从硬实力来看,这些小国都不能与美国同日而语,但它们都没有倒在美国发动的战争机器面前。一个国家、一个民族可能因为硬实力衰弱而被强国打败,但只要它的民族精神还在,它就有东山再起的希望。中国在近代遭到了西方列强的全面侵略,曾经一度陷入亡国灭种的边缘,但中华儿女最终觉醒,发起殊死反抗,力挽狂澜,拯救中国于危难之中,重新站起来,并吹响实现民族伟大复兴的号角。

约瑟夫·奈建议美国追求巧实力的做法是值得肯定的。他所说的"巧实力"本质上是一种"巧智",并没有达到"睿智"的高度,但他显然看到了美国片面强调硬实力之做法的局限性。他指出:"美国若想取得成功,就必须对软实力具有更深入的理解,并在外交政策中实现软实力与硬实力的更完美平衡,那其实就是巧实力。"[1]约瑟夫·奈并不赞成美国在国际舞台上热衷于搞单边主义、民族中心主义、民族利己主义、霸权主义的做法。他更愿意看到一个懂得如何将软实力和硬实力有机结合起来的美国。

老子说:"是以兵强则灭,木强则折。强大处下,柔弱处上。"[2]其意指,军队逞强必定会失败灭亡,树木长大就会被砍伐折断;强大者处于下方,柔弱者处于上方。世界各国之间固然存在相互竞争的一面,

---

[1] 〔美〕约瑟夫·奈:《软实力:权力,从硬实力到软实力》,马娟娟译,第198页。
[2] 《老子》,饶尚宽译注,中华书局2006年版,第182页。

但这并不意味着国与国之间只能是你死我活的关系。

世界上没有绝对的强者，也没有绝对的弱者。老子认为，弱者战胜强者的事情是常见的事情。霍布斯说："就体力而论，最弱的人运用密谋或者与其他处在同一种危险下的人联合起来，就能具有足够的力量杀死最强的人。"[①]国家又何尝不是如此呢？无论一个国家具有多么强大的硬实力，它都不具有绝对的安全。如果很多弱小的国家联合起来，最强的国家也难保其安全。

美国似乎并不懂得"弱能胜强"的道理，而是更多地相信"强者必胜"的事实。这就是它在冷战结束之后依然竭尽所能保留北约组织的根本原因。在俄罗斯决心重振雄风、中国决心实现民族伟大复兴、印度决心实现强国梦想的国际格局中，美国感到自己依然"不够强大"，难以通过单打独斗的方式应对这些国家的崛起，因此，它需要借助北约组织来增强自己的硬实力。它意欲将各种有利于增强自身硬实力的国家聚集在自己周围，通过它的领导整合一种能够对俄罗斯、中国、印度等国具有压倒性优势的硬实力，其实际目的则是为了保全其自身的全球霸主地位。北约组织只不过是美国试图延长其世界霸权地位的棋子而已。

目前正在爆发的俄乌冲突只不过是美国试图做的一次硬实力实验。它主要想试验一点：如果美国依然有能力将北约组织的成员国整合起来，它所产生的硬实力是否足以将俄罗斯这样的大国打败？如果实验成功，它下一步的目标就是中国、印度之类的国家。

在两百多年发展历程中，美国不断在创造敌人。在它的国际视野中，几乎所有的国家和民族都是它的敌人。除了防范中国、俄罗斯、朝鲜、叙利亚、伊朗等国之外，它对英国、法国、德国、加拿大、澳

[①] 〔英〕霍布斯：《利维坦》，黎思复、黎廷弼译，第92页。

大利亚等盟国也常常保持着强烈的戒心。作为一个超级大国，它时刻担心有国家图谋推翻自己的全球霸主地位。美国总想着如何用硬实力保住自己的世界霸主地位，而不是着力提高自己的软实力，这可能是本末倒置的做法。

第八章　整合美国社会的伦理精神

美国人特别崇尚个人自由和个人权利，但这并不意味着他们完全没有民族共同体意识、集体观念和团结精神。在两百多年的发展历史中，美国社会积累了这样或那样的问题，有时甚至表现出严重的分裂倾向，但它总体上维持了社会统一性、民族统一性和国家统一性。与其他国家一样，美国拥有整合其社会的伦理精神。

一、独立的民族精神

一个人，一个民族，一个国家不能没有独立精神。一个人没有独立精神，他的人格是不健全的。一个民族没有独立精神，它算不上一个具有健康族格的民族。一个国家没有独立精神，它必定是一个国格存在缺陷的国家。正因为如此，独立精神是一个人、一个民族、一个国家安身立命之本。

美利坚民族是通过独立战争确立其民族身份的。美国独立战争的胜利不仅缔造了"美国"这个国家，而且创造了"美利坚民族"这个民族。独立战争获胜之后，美国作为一个独立自主的国家屹立于北美大陆，美利坚民族则作为一个独立自主的民族活跃于世界舞台。对于美利坚民族而言，"独立"首先是政治、经济上的独立自主，但深层次的独立是精神上的独立自主。

美利坚民族的祖先是那些坐轮船漂流到北美大陆的清教徒。他们是"英国的弟兄",但他们最终为了实现独立民族精神而与其弟兄分道扬镳。《独立宣言》说:"我们并不是没有考虑我们英国的弟兄。他们的立法机关想把无理的管辖权扩展到我们这里来,我们时常把这个企图通知他们。"① 其意指,英国对北美英属殖民地的管辖达到独裁的程度,使得清教徒觉得忍无可忍,只能选择战争方式解决问题。"我们不得不宣布脱离他们,以对待世界上其他民族的态度对待他们:同我交战者,就是敌人;同我和好者,即为朋友。"②

"作为一个独立自由的国家,我们完全有权宣战、媾和、结盟、通商和采取独立国家有权采取的一切行动。"③ 说到底,美国独立战争是美国清教徒与英国人之间围绕精神独立性问题而发生的一次大规模战争。英国想方设法遏制美国清教徒的独立精神,而美国清教徒则千方百计争取精神独立。

一个民族拥有独立精神,主要是指它具有独立自主的道德价值判断能力。尼采曾经指出:"没有能力先作评价的民族是不可能生存的。一个民族要自我保存,就不能依傍邻人的评价而评价。"④ 尼采之所以持这种观点,是因为他深刻洞察到了道德价值观念的民族差异性以及用正确道德价值观念引领世界发展的必要性。他强调:"每个民族的头顶都高悬着一块善的标牌。"⑤ 尼采认为,每一个民族都有自己的道德价值诉求,被一个民族视为好的东西,另外一个民族完全可能视之为嘲讽

---

① 〔美〕查尔斯·W. 艾略特主编:《美国精神:美国历史文献中的励志精品》,刘庆国译,中华工商联合出版社 2015 年版,第 131 页。
② 〔美〕查尔斯·W. 艾略特主编:《美国精神:美国历史文献中的励志精品》,刘庆国译,第 132 页。
③ 〔美〕查尔斯·W. 艾略特主编:《美国精神:美国历史文献中的励志精品》,刘庆国译,第 132 页。
④ 〔德〕尼采:《查拉图斯特拉如是说》,黄明嘉译,漓江出版社 2000 年版,第 50 页。
⑤ 〔德〕尼采:《查拉图斯特拉如是说》,黄明嘉译,第 50 页。

和耻辱,因此,如果世界各民族都不站出来表达自己的道德价值观念,世界必定变成众说纷纭、莫衷一是的场域。

获得独立之后的美利坚民族始终表现出独立的民族精神。他们根据自认为正确的政治理念设计和安排政治制度,根据自认为正确的经济理念发展经济,根据自认为正确的文化理念推进文化建设。最重要的在于,他们总是坚持自认为正确的道德价值认识、道德价值判断和道德价值选择。

华盛顿是美国首任总统,也是美国具有独立民族精神的象征。他在就职演说中阐明了美国对国际关系的道德认知。他说:"我们要对所有国家遵守信约和正义,同所有国家促进和平与和睦。宗教和道德要求我们这样做。"[1]他特别强调,一个国家"不要对某些国家抱着永久固执的厌恶心理,而对另一些国家则热爱不已",应该"对所有国家都培养公正而友善的感情"。[2]一视同仁地对待所有国家是华盛顿倡导的国际道德价值观念,体现他对国际关系的独特道德认知。不过,华盛顿并没有一味强调上述国际道德价值观念。他也主张提防外国势力对美国的敌意和破坏。他说:"一个自由民族应当经常警觉,提防外国势力的阴谋诡计(同胞们,我恳求你们相信我),因为历史和经验证明,外国势力乃是共和政府最致命的敌人。"[3]

为了保持独立民族精神,华盛顿主张避免与任何国家订立永久的同盟。他说:"我们真正的政策,乃是避免同任何外国订立永久的同

---

[1] 〔美〕查尔斯·W. 艾略特主编:《美国精神:美国历史文献中的励志精品》,刘庆国译,第185页。
[2] 〔美〕查尔斯·W. 艾略特主编:《美国精神:美国历史文献中的励志精品》,刘庆国译,第185页。
[3] 〔美〕查尔斯·W. 艾略特主编:《美国精神:美国历史文献中的励志精品》,刘庆国译,第186页。

盟，我的意思是我们现在可自由处理这种问题。"① 华盛顿反对通过结盟而依附于外国，主张奉行独立自主的外交政策。

美国独处一方，加上具有独立民族精神，它在各个方面都表现出特立独行的特征。美利坚民族从一开始就是作为一个具有独立精神的民族登上历史舞台的。他们不会轻易借鉴、采纳其他民族的道德文化传统和道德价值观念。如果说他们通常给人留下"我行我素"的印象，这首先是指他们总是非常坚定甚至非常固执地坚持自己的道德价值认识、道德价值判断和道德价值选择。

在坚持独立民族精神方面，美国人达到了"刚愎自用"的程度。他们依靠独立自主的精神赢得国家独立、民族独立，也依靠独立自主的精神赢得生存和发展。坚持独立精神是他们立身于天地之间的法宝，因而受到他们的特别青睐。为了保持独立精神，他们会"固执己见"，甚至会"独断专行"。在国际舞台上，美国飞扬跋扈的做法常常让其他国家反感，但它也"生动"体现了美国强调独立精神的事实。

成为超级大国之后的美国更是在维持独立民族精神方面达到登峰造极的程度。它以"世界警察"自居，也以"世界道德法官"自居。它自认为有能力管理整个世界、整个人类。虽然它常常会感到力不从心，但是它乐在其中，乐此不疲。

追求独立民族精神是每一个国家的共同本性。没有独立民族精神的国家难以在世界舞台上获得发展空间。从这种意义上来说，美国自建立以来一直强调和追求独立民族精神的做法具有一定的道德合理性基础。问题在于，过分强调独立民族精神必然将美国变成一个独断专横的国家。建立之初的美国曾经是开放的、包容的、友善的，但由于

---

① 〔美〕查尔斯·W. 艾略特主编：《美国精神：美国历史文献中的励志精品》，刘庆国译，第187页。

过分强调和追求精神独立性，它最终变成了一个封闭自守、自私自利、推崇对抗的国家。如今的美国正在民族中心主义、民族利己主义的轨道上疯狂奔跑。

美国是一个移民国家，这似乎意味着它一定具有很强的开放性和包容性，但实际情况是，它的开放和包容从来都不是以牺牲自己的独立民族精神为代价。在坚持独立民族精神方面，美国做到了极致。它从来不会拿独立民族精神讨价还价。有时候，为了维护独立民族精神，美国会变得很偏执，但这只是其他民族、其他国家的看法，美国本身并不会这么认为。在美国的视域中，维护独立民族精神是天经地义的事情。

必须肯定的是，独立民族精神对美国社会起到了不容忽视的整合作用。它是一面精神旗帜，对美利坚民族发挥着强有力的价值引领作用，激励着他们追求自由、权利、公正等道德价值，在美国社会发挥着汇聚向心力、凝聚力和创造力的巨大作用。它还是一部强大的动力机，为美利坚民族推进社会进步、国家发展发挥着巨大驱动作用。在独立民族精神感召下，美国在独立之后的很长一段时间里展现出欣欣向荣的发展生机和活力。

独立民族精神是美利坚民族的支柱，也是美国的支柱。唯其如此，美国人特别看重它，重视它，维护它。独立民族精神也是其他民族、其他国家的支柱。唯其如此，其他民族也会特别看重它，重视它，维护它。然而，任何一个国家都不能过分地强调自身的独立民族精神，而不尊重其他国家的独立民族精神。美国具有强调和追求独立民族精神的权利，但这种权利的得以实现的前提是必须同时承认和尊重其他国家的独立民族精神。这不是来自其他民族的道德要求，而是来自美国人乃至西方人普遍坚持的契约伦理的道德要求。

二、道德文化自信

每一个民族都有自己的道德文化传统。道德文化传统是一个民族的文化的精髓。它是一个民族在长期共同生活中形成和积淀起来的，凝聚着其大多数成员的道德价值共识的道德价值理念和道德行为准则。一个民族的道德文化传统都是通过它的集体道德记忆得到建构，但它一旦形成，就会对该民族的道德生活产生深远影响，并且成为塑造该民族伦理精神的最重要力量。

如何对待本民族的道德文化传统是所有国家都无法回避的重大问题。在这一点上，人们通常有三种态度。第一种是自负的态度，它是人们对本民族道德文化传统所持的骄傲自满的态度。第二种是自信的态度，它是人们对本民族道德文化传统所持的确信态度。第三种是自卑的态度，它是人们对本民族道德文化传统所持的悲观看法和不自信评价的态度。我们可以将这三种态度分别称为道德文化自负、道德文化自信和道德文化自卑。

美国是一个历史比较短暂的国家，但由于一直发展顺利，美国人普遍对它抱持自信的态度。成立之后的很长一段时间里，美国在各个领域都表现出突飞猛进的态势，特别是人们的物质生活水平普遍得到提高，人与人之间的平等性得到明显提升，因此，整个美国社会弥漫着乐观向上的氛围。这种实力和现实状况不仅增强了美国人的存在感、获得感和幸福感，而且增强了他们对美国文化特别是美国道德文化的"好感"。他们确信美国所发生的一切都是最好的，而这又必须从根本上归因于美国人所坚持的道德文化传统。

美国人不太尊重其他民族的道德文化传统，但对其自身的道德文化传统则情有独钟。曾经在很长一段时间里，他们对那些创建美国的国父们所倡导的道德价值观念深信不疑，并且自觉地以它们来规约自己的行为。华盛顿、富兰克林等国父严于律己，以身作则，给美国人留下了美好的道德记忆，为美国人树立了光辉的道德榜样，这激励着很多美国人以担任美国总统作为人生目标。在美国，如果你询问一个小孩的人生理想，他很可能告诉你他想当总统。绝大多数美国人不仅把"总统"视为很高的职位，而且视之为道德典范的象征。

美国拥有不少值得肯定的优良道德文化传统。它拥有崇尚艰苦奋斗、勤俭节约、乐观向上的清教伦理精神，拥有华盛顿、富兰克林、林肯、罗斯福等对自己进行严格道德要求的好总统，拥有重视实践、强调实事求是、提倡昂扬向上精神的实用主义伦理思想，拥有推崇道德教育的教育体系，拥有追求理论创新、科技创新的创新伦理精神。在美国社会，社会制度和伦理道德都受到高度重视。

美国人注重传承自己在历史长河中形成的优良道德传统。在独立日，他们会举行盛大的庆典。这种庆典不仅具有纪念意义，而且具有道德教育意义。美国人懂得，让整个民族回忆和记住惊天动地的独立战争，有助于传承传播美利坚民族长期坚持的传统道德价值观念。美国人坚持的道德价值观念都是作为他们的集体道德记忆而存在。如果不能从记忆中翻找出来并将它们再现出来，它们完全可能被他们自己遗忘，而这意味着对传统和历史的背叛。

道德文化自卑是美国人不屑一顾的东西。美国人很少悲观。他们普遍信奉实用主义哲学，喜欢用"有用性"来衡量一切，用它来判断哲学、宗教、科学技术、战争、人生、事业等的价值。他们珍视本民族的传统，但并不像中华民族一样严重依赖它。他们更多地将眼光投向当下。未来未必可期，但他们似乎总是能够以乐观的态度看待它。他们在发展过程中确实很少遭遇失败，只是在朝鲜战争和越南战争中被中国军队击败过。如果没有这种经历，他们一定会变得更加自信。在与外国人交往的时候，他们会毫不隐瞒地谈论自己的价值观特别是道德价值观，因为他们具有道德文化自信。

美国人也喜欢批评其他民族的道德文化或道德价值观念，这也是因为他们具有道德文化自信。在他们眼里，只有美国道德文化才是最优秀的，它应该被美国人信奉，还应该向整个世界推广。他们对很多民族的道德文化持轻蔑态度。在看待中国道德文化、印度道德文化、日本道德文化等其他文化形态时，他们在态度上或多或少缺乏一些敬意。有时候，他们甚至会批评自己的欧洲盟国保守，缺乏进取精神。这就是美国驻联合国代表常常会在联合国人权会议上对除了它自己以外的所有国家"说三道四"的根本原因。

具有道德文化自信的美国很少进行自我反思，更不用说开展自我批评。他们大多数时候是在表达自己的道德价值观念，而不是在反思和批评自己的道德价值观念。在他们眼里，美国道德价值观念简直是不证自明的，其他国家的道德价值观念不能与之相提并论。正是由于具有超强的道德文化自信，美国动不动就把一些国家称为"邪恶国家"。

美国式的道德文化自信是具有美国特征的道德文化自信。它在很多时候表现为道德文化自负或道德文化傲慢。"自负"或"傲慢"出现的地方，必定存在"偏见"。美国将自己置于人类道德文化的巅峰，自以为达到了"一览众山小"的境界，因此，它不可能用正常的眼光去审视、看待其他国家的道德文化。例如，美国人会将中国人的谦让美德视为"懦弱"，而将印度人追求简单的道德价值观念视为"浅薄"。

美国式的道德文化自信背后隐藏着大量创伤道德记忆。美国人普遍不愿意把印第安人创造的道德文化作为美国道德文化的源头，甚至从根本上否认它对美国道德文化的影响。创建美国的清教徒大都参加过残酷迫害印第安人的战争。"欧洲人征服北美洲时，估计有2000万原住民屈服在侵入的疾病与战争杀戮之下，被迫迁离他们数百种文化一直赖以为生的土地。"① 雅各布斯称之为人类最可怕的"黑暗时代"之一。在美国式的道德文化自信得以建构的过程中,印第安道德文化却遭到了毁灭性打击和破坏。

雅各布斯说:"'黑暗时代'是文化的尽头。"② 所谓"黑暗时代",是指"文化崩塌"的状况。那些最早到达北美大陆的欧洲人对印第安人和印第安文化采取灭绝的做法就导致了美国历史上的"黑暗年代"。雅各布斯指出:"在北美洲,我们其实生活是生活在已消失的原住民文化的坟场中,他们之中的许多文化都是被集体失忆给断然解决掉的;而在那集体失忆的过程中,甚至连丢失了什么内容的这项记忆,也丢失了。"③

老子说:"上善如水。水善利万物而不争,处众人之所恶,故几于道。"④ 其意指,上善的人如同水一样。水之善在于它能滋养万物,但水从来不会因此而争功;水甘居人们厌恶的低位,但它接近大道。美国道德文化固然有其值得称赞的地方,但它也存在缺陷和不足。如果美国人一味地抬高自己的道德文化,看不到其他道德文化的存在价值,美国式的道德文化自信不可避免地具有盲目性。

美国式的道德文化自信具有盲目性,但它对整合美国社会发挥了重要作用。道德文化自信使美国人对其自身的道德文化传统有着强烈的依附感。这种"依附感"至少有两个方面的作用。一方面,它能够推动美国人在道德文化方面形成路径依赖,使他们能够共同坚持自己在发展过程中形成的道德价值观念;另一方面,它能够在一定程度上增强美国人的团结,将他们的存在联结在一起,使之围绕同一种道德

---

① 〔美〕简·雅各布斯:《集体失忆的黑暗年代》,姚大钧译,中信出版社2014年版,第9页。
② 〔美〕简·雅各布斯:《集体失忆的黑暗年代》,姚大钧译,第3页。
③ 〔美〕简·雅各布斯:《集体失忆的黑暗年代》,姚大钧译,第3页。
④ 《老子》,饶尚宽译注,第20页。

文化传统生活、生存。

道德文化自信是美国社会统一性的重要来源。一群具有道德文化自信的美国人聚集在一起，很容易结成一个命运共同体。美国人强调和追求道德价值观念的个体差异性，但他们在坚持美国道德文化传统方面始终保持着一致的态度。与其他民族一样，他们重视树立本民族的道德文化自信，重视本民族道德文化传统的传承传播。道德文化自信是将美国人联结在一起的重要纽带。

三、伦理实体

黑格尔认为，伦理是活的善。① 伦理是通过什么方式成为"活的善"？它主要借助三种方式：一是通过个人的道德生活实践；二是通过普遍有效的社会规章制度；三是通过依托伦理实体。个人依据一定的伦理开展实实在在的道德生活实践，可以将伦理变成现实的、活的善。一个社会可以通过设计和安排普遍有效的规章制度将伦理变成必然而现实的东西。伦理也可以依托在具体的伦理实体之上而获得现实性、活性。

伦理实体是具体的。黑格尔将它归结为家庭、市民社会、国家和世界四种形式。中国人喜欢讲家、国、天下三种伦理实体。美国人则将伦理实体归结为家庭、市民社会、教会、国家、世界等形式。无论人们如何界定伦理实体，它们都是能够对社会发挥强有力的整合作用的伦理精神。

在任何一个社会，家庭都是最基本的伦理实体。家庭是伦理精神

---

① 〔德〕黑格尔：《法哲学原理》，范扬、张企泰译，商务印书馆1961年版，第187页。

的生发地，只有到了家庭生活阶段，伦理精神才可能产生。黑格尔说："作为精神的直接实体性的家庭，以爱为其规定，而爱是精神对自身统一的感觉。"① 其意指，进入家庭生活阶段之后，个人就会融入由家庭成员构成的社会关系，家庭伦理精神就会以直接的现实呈现出来，爱是家庭伦理的核心原则，它要求人类消解自己单纯的个人身份，将自身变成"家庭成员"，彰显家庭成员之间的同一性。家庭之爱是伦理之爱，它"是伦理性的统一"②。

家庭往往被比喻为爱的港湾。以爱为核心伦理原则的家庭应该是温馨的场域。在家庭中，除了夫妻之间没有血缘关系以外，其他成员都被血缘关系牢牢地绑定在一起。家庭生活是爱情和亲情主导的生活方式。由于爱情和亲情都是特别珍贵的情感，人类普遍重视家庭生活。中国人如此，美国人也如此。在人类社会发展史上，偶尔会出现人们不重视家庭生活的状况，但这种状况不可能持续很久。作为社会的基本构成单位，家庭是人类不可缺少的生活场域。家庭伦理精神是人类社会的第一种伦理精神形态。

美国人重视家庭伦理精神的建构吗？答案是肯定的。有些人错误地认为，美国人仅仅强调个人的重要性以及个人道德修养的价值，不重视家庭、社会、教会、国家等实体所承载的伦理精神。美国人确实崇尚个人主义价值观，但他们并没有把个人视为可以独立于家庭、社会、教会和国家的存在者。他们强调个人自由和权利，但同时要求个人树立群体意识、遵守所属群体的规章制度。

美国人对家庭的重视不亚于任何其他民族。早在殖民地时期，他们就将英国的家庭制度带到了北美大陆。"英国的家庭制度和英国阶级

---

① 〔德〕黑格尔：《法哲学原理》，范扬、张企泰译，第199页。
② 〔德〕黑格尔：《法哲学原理》，范扬、张企泰译，第200页。

结构的其他因素一样，被搬到了美洲殖民地。"① 根据英国家庭制度，丈夫和父亲是一家之主，妻子和母亲没有独立人格，前者对土地、金钱等家庭财产具有绝对的处置权，后者只有服从的义务。父亲对子女的权威与丈夫对妻子的权威一样。不过，随着社会的不断发展，英属殖民地的人对英国家庭制度进行了反叛和改变。例如，"青年因为能自由从事经商、开设客栈、捕鱼和航运等新行业，家庭内的等级地位被逐渐打破，他们在家庭的阶梯上可以迅速地上下移动。"②

美国人对家庭的根本认知坚持了欧洲人的伦理思想传统。与中国人不同，他们既没有强烈的家国同构意识，也没有要求个人永远依附于家庭的伦理要求。在他们眼里，家庭首先是一种法律上的人格，其次才是一种伦理人格，因为家庭必须首先通过合法程序来建立，尔后才涉及伦理规约的问题。美国人承认家庭成员之间以及家庭成员与家庭之间的关系具有伦理性，但他们并没有将这两种关系视为一方依附于另一方的关系，而是从个人主义价值观来认识和理解它们。在美国人的家庭伦理思想中，所有家庭成员都具有平等的独立人格，任何一个成员都不应该依附于另一个成员。具体地说，所有家庭成员在法律上和伦理上都具有平等的独立人格。

在美国家庭中，子女不像古罗马社会那样处于类似于奴隶的地位。诚如黑格尔所说："子女是自在地自由的，而他们的生命则是仅仅体现这种自由的直接定在。"③ 美国人将子女视为与父母平等的存在者，他们的生存目标是拥有人之为人的独立人格，而不是依附于父母。他们也

---

① 〔美〕查尔斯·比尔德、玛丽·比尔德：《从蛮荒到帝国：美国文明的兴起》，雨轩编译，光明日报出版社2014年版，第31页。
② 〔美〕查尔斯·比尔德、玛丽·比尔德：《从蛮荒到帝国：美国文明的兴起》，雨轩编译，第33页。
③ 〔德〕黑格尔：《法哲学原理》，范扬、张企泰译，第214页。

不像中国父母,将子女视为永远长不大的孩子,甚至将子女当作自己的私有财产来看待。在美国人的家庭伦理思想中,子女独立成为成年人既是合法的,也是合乎伦理的;父母进行家庭道德教育的根本目的是要培养子女的独立人格,即培养子女的成年人人格。

虽然美国人是从个人主义价值观的角度来建构家庭伦理,但是这并不意味着他们不重视家庭的存在价值。家庭一直是美国社会的重要稳定器。在殖民地时期,由于英国政府远隔大洋,家庭对殖民地所发挥的稳定器作用更是显著。清教徒非常重视家庭管理和子女教育,这不仅为殖民地分担了社会管理责任,而且为殖民地培养了华盛顿、富兰克林等一大批杰出人才。美国的国父们之所以能够具有严于律己、富有智慧、敢于担当等美德,这与他们在家庭中受到的严格教育特别是家庭道德教育有着千丝万缕的关系。在后来的美国社会,家庭制度经历了很多变化,但它对美国社会的稳定器作用一直得到了维持。

在美国,家庭首先归属于社区。社区对家庭的管理比较松散,但仍然能够起到重要作用。它常常会将社区里的所有家庭组织起来,开展集体性活动,以提升人们的社会意识和社会责任感,为美国社会管理发挥不容忽视的辅助性作用。雅各布斯曾经指出:"我们从未这样需要过社区,我们需要它来同化并缓和如此史无前例的新状况,并协助个人及家庭做出适应和调整。"[①] 在当今美国,人们越来越重视家庭和社区建设,这是美国社会能够稳定发展的一个重要原因。

在社区之上,还有乡镇、州等政治机构设置。除了服从家庭、社区的政治支配以外,美国人对乡镇、州的政治支配大都持支持态度。托克维尔19世纪考察美国时就曾经指出:"美国人依恋其乡镇的理由,同山区居民热爱其山山水水类似。他们感到故乡有一种明显的和与众

[①] 〔美〕简·雅各布斯:《集体失忆的黑暗年代》,姚大钧译,第49页。

不同的特色，有一种在其他地方见不到的特征。"①这大概就是中国人所说的"故乡情"吧。

美国人对家庭、社区、乡镇、州、国家都有强烈的依附感或依托感。他们特别强调个人的自由和权利，但他们不会因此而否定家庭、社区、乡镇、州和国家的存在价值。他们喜欢流动，喜欢搬家，但这并不意味着他们不需要家的归属感、家乡的味道、祖国的情怀。与其他民族一样，除了关心自己的自由和权利以外，他们也会关心自己所属的家庭、社区、乡镇、州和国家的发展状况；在与来自不同国家的人谈论自己的家庭、社区、乡镇、州、国家时，他们也会自然地流露出激动之情、感恩之意、依恋之爱。这些都将他们牢牢地捆绑在家庭、社会、乡镇、州和国家的大树上，使之无法成为特立独行的存在者。

教会是美国社会的另一种重要伦理实体。美国的教会主要是基督教教会。美国人具有根深蒂固的基督教情结。1776年宣布独立时，他们废除了英国专制制度，但保留了基督教。他们实行了政教分离的制度安排，但他们的包容态度确实为基督教在美国的长期存在提供了空间。历史地看，基督教一直是美国文化的一个重要脉流。有研究美国文化的中国学者指出："根据美国文化的心理趋向，按照美国文化构成的方式及其稳定的特征，基督传统、自由主义和个人主义构成了美国文化的三大要素，它们像一只鼎的三足一样，支撑着美国的政治体制。"②美国的《独立宣言》将美国的诞生视为上帝的旨意。它强调："在人类事务发展的过程中，当一个民族必须解除同另一个民族的联系，并按照自然法则和上帝的旨意，以独立平等的身份立于世界列国之林时，出于对人类舆论的尊重，必须把驱使他们的独立的原因予以

---

① 〔法〕托克维尔：《论美国的民主》上卷，董果良译，第75页。
② 朱世达：《当代美国文化》（修订本），第1页。

宣布。"[1] 美国人将他们的一切成就都归因于上帝，这一思想传统根深蒂固。

美国的基督教徒数量众多。"如果了解到今天的美国，每 10 个人中就有 9 个人自称相信上帝，有 8 个人认为宗教对他们的生活非常重要，有 7 个人属于某个宗教组织，有大约 6 个人每天祈祷，有一半以上的人认为上帝是美国民主的道德引导力量，有 4 个人每周去教堂，以及有 30 多万座教堂寺庙遍及美国城乡这一事实时，我们也许就没有理由怀疑存在于高度发达的物质文明背后的美国宗教在美国社会中所发挥的作用。"[2] 绝大多数美国人是基督教徒，基督教对他们的生活具有非常广泛而深刻的影响。

华盛顿说："没有人能比美国人更坚定不移地承认和崇拜掌管人间事务的上帝。"[3] 美国人普遍重视基督教信仰。他们强调个人自由和权利，视之为神圣不可侵犯的东西，认为只有上帝的意志能够凌驾于它们之上。美国人为个人自由和权利设置的唯一限度是上帝的意志，只有上帝的意志才有能力限制个人自由和权利。也就是说，除了上帝的意志或旨意，美国人不害怕任何别的东西。这是他们敢于在地球上或世界上为所欲为的根本原因。他们不怕天，不怕地，不怕人，唯独怕上帝。

基督教对美国人的影响主要依靠它的教义，因此，美国人对上帝的敬畏本质上是对基督教教义的敬畏。基督教教义来自上帝，体现上帝的旨意，主要通过《圣经》得到表述，其内容繁多，但核心是要求

---

[1]〔美〕查尔斯·W. 艾略特主编：《美国精神：美国历史文献中的励志精品》，刘庆国译，第 128 页。

[2] 刘澎：《当代美国宗教》，社会科学文献出版社 2001 年版，第 1 页。

[3]〔美〕查尔斯·W. 艾略特主编：《美国精神：美国历史文献中的励志精品》，刘庆国译，第 175 页。

基督教徒只能虔诚地信仰上帝耶和华。根据基督教教义，只有耶和华才是最高的神——上帝，基督教徒只能信仰他，不能信仰佛教的佛陀、伊斯兰教的真主和其他宗教尊奉的神。基督教是一神论宗教，维护上帝的绝对权威。

在强调上帝的绝对权威前提下，基督教宣扬很多具有伦理意蕴的教义。例如，《摩西十诫》的第一诫是要求基督教徒只能敬奉上帝为唯一的神，其他九诫则包括教徒不可为自己雕刻偶像、不可妄称上帝耶和华的名字、不可杀人、不可奸淫、不可偷盗、不可做假证陷害人、不可贪恋他人的房子等内容。基督教教义通常是具体的、明确的，类似于美国人在日常生活中倡导的道德规范。一个美国人一旦加入基督教，他就必须严格遵守基督教教义，以其作为自己的行为准则。

基督教对教徒的支配主要通过教会来进行。教会遍布美国各地。哪怕是在美国最偏僻的村落，也有基督教教会。基督教在美国各地建有教堂，教堂是基督教徒开展各种活动的场所。在周末或基督教重大节庆时，基督教徒会聚集在教堂举行礼拜、祈祷、洗礼等活动。他们还会在高校、社区举办妇女团契、青年团契、大学生团契、查经团契等多种多样的团契活动，其主要内容包括阅读和讨论《圣经》。在美国，人们大都分属于某个教会。在参加教堂或团契活动时，他们往往举家同往。周末参加教堂或团契活动往往被美国人视为极其严肃的重大事情。每逢周末，大部分美国人会聚集在教堂或团契，这使得他们的业余生活具有浓厚的基督教色彩。

频繁的宗教活动对美国人发挥着不容忽视的联结作用。属于同一个社区、团契或教会的美国人为了信奉上帝的共同目的聚集在一起。他们在上帝耶和华的名义下以兄弟姐妹相称，共同学习《圣经》，用基督教教义相互启示，相互激励，相互支持，相互帮助，结成一个个共同体。这些共同体的形成，既有利于巩固基督教对教徒的管理，也有利于增进美国社会的向心力、凝聚力。在美国，个人主义价值观往往将人们引向自私自利的方向，甚至会导致社会的原子化裂变倾向，但由于基督教总是在发挥着强有力的整合作用，美国社会不容易出现彻底分裂的局面。基督教是对美国社会发挥整合作用的重要力量。

基督教对美国社会的整合作用，说到底，凭借的是它倡导的那些内含深厚伦理意蕴的教义。它依托的教会本质上是一种伦理实体。由于美国人普遍依靠基督教教会来展现自己的道德生活，他们的道德生活方式具有鲜明的基督教特征。在他们眼里，基督教教义是上帝确立的"绝对命令"，其根本特征是必然性和严格的普遍性，基督教徒必须通过严格遵守它来体现自己的意志自由。

美国人所遵守的伦理不是"世俗伦理"，而是具有神圣性的基督教伦理。他们以基督教徒的身份过着世俗的道德生活，借助具有神圣性的基督教教义来约束自己的行为，从而形成了兼有世俗性和神圣性的道德生活模式。美国人是世俗的、现实的，同时也是超越的、理想的。作为世俗的、现实的存在者，他们对生活的世俗性和现实性有着深刻体验，并且往往表现出特别关注眼前利益的明显态度，但受到基督教信仰的引导，他们也会表现出追求崇高、追求理想、追求超越的倾向。

家庭、教会等伦理实体对美国人发挥着不容忽视的黏合剂作用。由于它们的存在，强调和追求个人自由、权利的美国人不会在个人主义道路上走得太远。他们属于一定的家庭、教会，这能够在一定程度上强化他们的社会意识。美国人看上去是自由散漫的，但这并不意味着他们完全没有社会意识、国家意识。他们反对将个人的家庭生活和宗教生活政治化，但这并不意味着他们能够真正彻底地脱离政治。当他们以严肃的态度对待家庭、教会的时候，他们实际上将自己深度政治化了，并且为美国社会的统一和整合做出了贡献。他们紧紧依托家庭、教会、社会、国家等伦理实体而存在。倡导个人主义、自由主义价值观的美国人或许骨子里不愿意为美国社会的整合发挥作用，但这并不完全取决于他们的意愿。

黑格尔认为："作为国家的民族，其实体性的合理性和直接的现实性就是精神，因而是地上的绝对权力。"[1] 美国人似乎是黑格尔这一观点的忠实信奉者、坚持者。他们具有强烈的世界观念，知道美国是世界中的美国，但他们往往将世界仅仅当作"美国的世界"。黑格尔还指出："国家之间没有裁判官，充其量，只有仲裁员和调停人，而且也只是偶然性的，即以争议双方的特殊意志为依据的。"[2] 美国人似乎也是黑格尔这一观点的忠实信奉者和坚持者。由于知道国家之间没有公认的裁判官，美国人往往将自己确立为国际裁判官。

想当世界裁判官是美国人根深蒂固的思想传统。他们的做法必然会遭到其他国家的反对和抵制，但他们似乎对此不屑一顾。我们必须承认，美国人以世界老大自居的做法不可能在国际社会广得人心，但它能够在一定程度上起到整合美国社会的作用。当美国人对外以这种思想观念考虑和对待国际关系时，他们不仅将世界一分为二，即将世界简单地划分为美国和非美国的世界，而且在他们自己身上树立了强烈的美国意识。美国意识的不断强化会对美国人认识和处理国际关系产生不容忽视的障碍，但它能够在一定程度上增进美国社会的统一性和整合性。

历史地看，美国自创建以来一直处于比较稳定的状态。美国人一直在对外发动战争，他们的国内矛盾也此起彼伏，但他们对国家的依附一直是比较紧密的。他们弹劾过自己的总统（如尼克松），甚至爆发过南北战争，但他们并没有因此而推翻自己的国家及其相关制度。美

---

[1] 〔德〕黑格尔：《法哲学原理》，范扬、张企泰译，第 393 页。
[2] 〔德〕黑格尔：《法哲学原理》，范扬、张企泰译，第 395 页。

国人对他们的国父们创建的资本主义制度体系和资本主义国家有着普遍的价值认同。在他们眼里，美国是最好的国家，而这是因为它具有最好的社会制度。何以如此？这与家庭、教会、社会、国家、世界等伦理实体对他们的伦理精神的建构是分不开的。倡导个人主义、自由主义价值观的美国人并不缺乏家庭意识、社区意识、教会意识、社会意识、国家意识和世界意识。他们的这些意识甚至强于很多其他民族。正因为如此，他们总是会维护美国社会的整体统一性。每当处理国际事务，他们也总是把美国的利益放在优先考虑的位置，并且总是表现出美国中心主义立场。

四、伦理原则

人类道德生活是以道德行为作为落脚点的。道德行为在很多时候是根据一定的准则完成的。能够支配和规约人类道德行为的准则往往被伦理学家称为伦理原则。康德则称之为"实践原理"或"道德原则"，并且将它归结为"绝对命令"。"绝对命令"不是主观有效的道德原则，而是客观有效、普遍有效的道德原则。它的内容是："要这样行动，使得你的意志的准则任何时候都能同时被看作一个普遍立法的原则。"[①] 康德认为，道德原则必须是客观有效的、普遍有效的，即对所有理性存在者都有效的行为准则，普遍有效性是它的根本特性。

马克思反对康德的观点。他说："我们拒绝想把任何道德教条当做永恒的、终极的、从此不变的伦理规律强加给我们的一切无理要求，这种要求的借口是，道德世界也有凌驾于历史和民族差别之上的不变

---

① 〔德〕康德：《实践理性批判》，邓晓芒译，人民出版社 2003 年版，第 36 页。

的原则。"[1] 其意指，道德本质上是一种社会意识形式，它归根结底是由社会经济状况决定的，并且始终具有阶级性。马克思还指出："只有在不仅消灭了阶级对立，而且实际生活中也忘却了这种对立的社会发展阶段上，超越阶级对立和超越对这种对立的回忆的、真正人的道德才成为可能。"[2] 在马克思看来，由社会经济状况决定、具有阶级性的道德原则不可能是普遍有效的。另外，马克思喜欢用"伦理规律"来取代"伦理原则"或"道德原则"。

人类从古到今都喜欢用一定的伦理原则来说明自身的道德生活，其根本目的是要将人类对道德生活的认识、理解和把握提升到理念的层面。伦理原则就是原则上的伦理或通过原则表达的伦理，它是引导或指导人类道德生活的指南。人类的道德行为并不都是在一定的伦理原则指引下完成的，但绝大多数人的道德行为是这样完成的。作为理性存在者，人类在大多数时候是按照其理性确立的伦理原则行动的，其道德行为呈现出鲜明的理性主义特征。

不同民族对伦理原则、道德原则或伦理规律的认知不尽相同，但完全可能倡导同样或类似的伦理原则。例如，不同民族对公正的认知和解读通常是不同的，但这并不意味着不同民族不会将它作为一个共同的伦理原则提出来。众所周知，每个民族都提倡公正原则，或者说，每个民族的伦理思想中都包含"公正"这一伦理原则，只不过，不同民族所说的"公正"在外延和内涵上都存在巨大差异。

伦理原则的存在价值主要在于，它不仅是人类完成道德行为的指南，而且对人类社会发挥着极其重要的整合作用。一旦确立一定的伦

---

[1] 中共中央马克思恩格斯列宁斯大林著作编译局编译：《马克思恩格斯文集》第9卷，第99页。
[2] 中共中央马克思恩格斯列宁斯大林著作编译局编译：《马克思恩格斯文集》第9卷，第100页。

理原则，人类的道德行为就有了依据和理由。另外，提出伦理原则的过程本质上是将人类道德生活提高到形而上学层次的过程，它意味着人类道德生活可以上升到理念的高度。拥有伦理原则即拥有道德理念。只有上升到道德理念的高度，人类道德生活才能超越受到个人偏好所支配的偶然性、狭隘性和局限性，实现向普遍性、崇高性和无限性的飞跃。

美国是一个地地道道的资本主义社会。美国人也会像其他民族一样讲道德，不过，他们所讲的道德确实与其他民族所讲的道德有所不同。他们完全可能和我们中华民族一样倡导自由、平等、公正等伦理原则，但作为两个具有不同发展历史、不同文化传统、不同性格特征的民族，我们所倡导的伦理原则一定具有不同的外延和内涵。深入系统地研究美国人倡导的伦理原则，既有助于深化我们对他们所倡导的伦理原则的认知，也有助于加深我们对美国式伦理原则的社会作用的了解。

与其他民族不同，美国人从一开始就大力倡导"自由"这一伦理原则。清教徒为了追求自由的缘故从英国逃亡。逃到北美大陆以后，他们仍然将自己视为英国的臣民，所以继续受到英国政府的专制统治。直到认识到英国政府的专制统治已经成为阻碍殖民地经济社会发展的根本障碍时，他们才奋起反抗，发动了震惊世界的独立战争。美国独立战争是英属殖民地的人民为了争取自由而发动的一场大规模战争。它最终是以英属殖民地的人民的获胜而告终。也可以说，它最终是以自由战胜专制而结束。曾经有很长一段时间，世界人民把美利坚合众国的建立当成自由的旗帜。

自由是一个道德价值理念，也是一个伦理原则。在专制社会，自由只属于掌握着国家公共权力的统治阶级，"为所欲为"是他们拥有自由的象征；对于广大被统治阶级而言，自由是难以想象的奢侈品。改变这种状况是很多社会革命运动的重要目的。17世纪在西方各国爆发的资产阶级革命是以实现自由作为根本目的，20世纪在世界范围内爆发的无产阶级革命也是以实现自由作为根本目的。人类在历史上为了争取自由而开展的大多数社会革命是轰轰烈烈的，在人类社会发展过程中起到了汇聚人气、凝聚人心、整合人力的重要作用。

自由是专制的对立面。美国人对专制统治深恶痛绝，这早在独立战争时期就已经反映出来。《独立宣言》的主题其实只有两个：一是坚决反对专制；二是要自由。它对英国政府的专制统治进行无情鞭挞和攻击，列举了它实行专制统治的各种暴行，揭露了它希望长期在殖民地实行专制统治的图谋。它指出："当今大不列颠王国的历史，就是屡屡伤害和掠夺这些殖民地的历史，其直接目的就是要在各州建立一个独裁暴政。"[1] 深受专制统治之苦的美国人渴望自由，追求自由，最终决心以革命手段夺取自由。他们向全世界宣告："我们这些联合起来的殖民地现在是，而且按公理也应该是，独立自主的国家；我们对英国王室效忠的全部义务，我们与大不列颠王国之间的一切政治关系全部断绝，而且必须断绝。"[2]《独立宣言》本质上是一部关于自由的宣言书。

美国人对自由的认识和理解主要借鉴了洛克、卢梭等欧洲哲学家的思想，而不是借鉴霍布斯的观点。洛克反对王权、君权和天赋自由观，主张赋予每个人最广泛的自由。卢梭更是把自由视为人类应该追求的最重要价值。霍布斯指出："自由一词就其本义说来，指的是没有阻碍的状况，我所谓的阻碍，指的是运动的外界障碍，对无理性与无

---

[1] 〔美〕查尔斯·W. 艾略特主编：《美国精神：美国历史文献中的励志精品》，刘庆国译，第129页。
[2] 〔美〕查尔斯·W. 艾略特主编：《美国精神：美国历史文献中的励志精品》，刘庆国译，第132页。

生命的造物和对于有理性的造物同样可以适用。"① 具体地说，这是指："不论任何事物，如果由于受束缚或被包围而只能在一定的空间之内运动，而这一空间又由某种外在物体的障碍决定时，我们就说它没有超出这一空间的自由。"② 霍布斯在这里所说的自由显然是指人身自由。另外，霍布斯还对"自由人"做出这样的界定："自由人一词根据这种公认的本义来说，指的是在其力量和智慧所能办到的事物中，可以不受阻碍地做他所愿意做的事情的人。"③ 此处的"自由"显然是指人的意志自由。霍布斯认为这两种自由在资本主义社会已经实现。他探讨的是"臣民的自由"问题。

霍布斯对"臣民的自由"做出这样的界定："在法律未加规定的一切行为中，人们有自由去做自己的理性认为最有利于自己的事情。"④ 然而，霍布斯是君主权力的维护者。他借助社会契约论来解释国家（利维坦）的产生原因，但主张把通过相互订立信约而集中的权力交给一个君主，使之具有绝对权力。当霍布斯提出这一论断时，他所说的"臣民的自由"本质上只能是这样一种自由："臣民的自由只有在主权者未对其行为加以规定的事物中才存在，如买卖或其他契约行为的自由，选择自己的住所、饮食、生业，以及按自己认为适宜的方式教育子女的自由等等都是。"⑤ 显而易见，在专制统治中，"臣民的自由"从根本上取决于君主对臣民的自由所作的法律规定。

由于将国家管理的权力交给了君主，霍布斯所说的自由受到了专制统治制度的严格限制。无论霍布斯如何为自己辩护，他追求的自由

---

① 〔英〕霍布斯：《利维坦》，黎思复、黎廷弼译，第162页。
② 〔英〕霍布斯：《利维坦》，黎思复、黎廷弼译，第162页。
③ 〔英〕霍布斯：《利维坦》，黎思复、黎廷弼译，第165页。
④ 〔英〕霍布斯：《利维坦》，黎思复、黎廷弼译，第164页。
⑤ 〔英〕霍布斯：《利维坦》，黎思复、黎廷弼译，第165页。

都不是民主意义上的自由。正因为如此，美国人在追求独立、自由的过程中采纳了霍布斯的"自然法则"概念，但抛弃了他鼓吹君主立宪制的保守观点。他们追求的是民主意义上的自由，即打破了君主专制制度、建立在民主制度之上的自由。

民主是"自由"这一道德价值理念或伦理原则在政治领域的表现形式。美国政治哲学家科恩说："民主即民治。"① 所谓"民治"，是指"人民自己管辖自己，人民即统治者"②。科恩将"民主"或"民治"视为一种不同于专制制度的社会管理体制。在专制制度中，一切都是由君主说了算，君主掌握着社会管理的绝对权力，不容受到任何质疑、挑战和反对。"民主"或"民治"则是指这样一种管理体制："其所以说民主即民治，就是因为在这种制度下人民，亦即社会成员，参加决定一切有关社会的政策。管理的指导方面的职能对说明自治是极为重要的；众多的人共享指导职能就使得民主成为可能。"③ 这意味着，自由这一道德价值理念或伦理原则在政治领域得到应用时，它最大限度地赋予了人民（被统治者）参与国家治理决策的机会。

自由是美国的一面旗帜。美国人赋予自由深厚的伦理意蕴，使之成为衡量人之为人的尊严的重要指标，并且将它提升到政治权利的高度，使之具有极其重要的政治价值。他们致力于建构民主制度，赋予人民治理国家的主权。正如《独立宣言》所强调的那样，美国政府的权力是人民赋予的，因此，如果它的存在和运行违背了人民的意志，人民就可以用新的政府取而代之。

自由是美国人结成国家的根本目的。在大多数美国人眼里，美国是世界上最自由的国度，他们为此而感到自豪，并且愿意长久地生活

---

① 〔美〕科恩：《论民主》，聂崇信、朱秀贤译，商务印书馆2007年版，第6页。
② 〔美〕科恩：《论民主》，聂崇信、朱秀贤译，第7页。
③ 〔美〕科恩：《论民主》，聂崇信、朱秀贤译，第10页。

在这样的国度。很多外国人也将美国视为"最自由的国度",心向往之,趋之若鹜。不可否认,美国曾经是世界上很多人向往的"天堂"。他们想方设法加入美国国籍,千方百计跻身于美国社会。美国对外国人的吸引力主要不是它的美丽自然环境,而是它的自由氛围。自由是美国能够招揽外国人的一块招牌。

美国人用以整合社会的另一个重要伦理原则是忠诚。美国人很少将"忠诚"这一概念挂在嘴巴上。这与他们强调个人权利的伦理思想传统有着密切关系。《独立宣言》指出:"我们认为下述真理是不言而喻的:人人生而平等,造物主赋予他们若干不可让与的权利,其中包括生存权、自由权和追求幸福的权利。"[1] 美国的国父们将这些权利视为"人民"的正当权利,认为创建政府的根本目的就是要保障人民的正当权利,政府的正当权利也是由作为被统治者存在的人民赋予的。"任何形式的政府一旦对这些目标的实现起破坏作用时,人民便有权予以更换或废除,以建立一个新政府。"[2] 在建国之初以及后来的较长时间里,人民的权利在美国被当成至高无上的,它们体现自然法则和上帝的旨意,具有神圣不可侵犯性。

强调对上帝的忠诚是美国人的普遍倾向。如前所述,美国人普遍信奉基督教,将上帝奉为唯一的真神。美国人在日常生活中通常表现得比较随意、随便,但他们对待宗教事务的态度是严肃的。他们不会随意地议论宗教问题,更不会随便怀疑上帝的实在性。他们修建的教堂总是采取庄严肃穆的风格,能够让人产生敬畏之心。他们的神职人员都会受到严格的神学教育,必须特别熟悉《圣经》的内容和基督教

---

[1] 〔美〕查尔斯·W. 艾略特主编:《美国精神:美国历史文献中的励志精品》,刘庆国译,第12页。
[2] 〔美〕查尔斯·W. 艾略特主编:《美国精神:美国历史文献中的励志精品》,刘庆国译,第13页。

教会仪式、团契活动程序。加入基督教对于美国人来说是一件极其严肃的事情。一旦加入，就不允许退出。退出的教徒会被公认为基督教或上帝的叛徒，会受到严厉的惩罚。对上帝的忠诚在很多时候被美国人称为"虔诚"。所谓"虔诚"，只不过是指美国人对上帝的绝对忠诚而已。

美国人有时会用"爱国心"之类的概念来表达个人对国家的忠诚。美国首任总统华盛顿就比较喜欢用"爱国心"这一概念。1789年，他在第一次就职演说时非常谦虚地指出，他本人天资愚钝，没有国家管理经验，各方面能力不足，但出于"爱国心"，即"对国家的一片热爱之心"[①]，他决心为建立一个美好国家挺身而出。1796年发表告别演说时，他再次用"爱国心"来描述自己退出总统之位的做法。他说："我相信，按照我的选择并经慎重考虑，我应当退出政坛，而且，爱国心也容许我这样做，这是我引以为慰的。"[②]显然在华盛顿眼里，担任总统是爱国或忠诚于美国的表现，辞掉总统这一职责也是爱国或忠诚于美国的表现。

林肯就任美国总统时，美国的社会问题错综复杂。有些州正在谋求退出联邦，甚至在谋划叛乱；有些人在为奴隶制度摇旗呐喊；有些人出于各种目的想修改美国宪法。为了统一认识和行为，林肯呼吁美国人发扬伦理精神，激扬良知。他说："明智、爱国主义、基督教精神，以及对从未抛弃过这片得天独厚的土地的上帝的依赖，仍然完全能够以最理想的方式来解决我们当前的一切困难。"[③]林肯所说的"爱

[①] 〔美〕查尔斯·W. 艾略特主编：《美国精神：美国历史文献中的励志精品》，刘庆国译，第176页。
[②] 〔美〕查尔斯·W. 艾略特主编：《美国精神：美国历史文献中的励志精品》，刘庆国译，第178页。
[③] 〔美〕查尔斯·W. 艾略特主编：《美国精神：美国历史文献中的励志精品》，刘庆国译，第200页。

国主义"包含呼吁美国人忠诚于美国的伦理价值诉求。他进一步指出："回忆的神秘琴弦，在整个这片辽阔的土地上，从每一个战场，每一个爱国志士的坟墓，延伸到每一颗跳动的心和每一个家庭，它有一天会被我们的良知所触动，再次奏出联邦合唱曲。"[1] 面对错综复杂的局面，林肯试图通过激发美国人的明智、爱国主义、基督教精神等来达到统一国家的目的。他将忠诚于美国视为每一个美国人都应该培养的美德。

美国人也强调对职业的忠诚。职业不仅是人们谋生的手段，而且是人的存在价值得以体现的重要方式。职业是社会分工的产物，但基督教新教徒将所有职业视为上帝恩赐的结果。"新教徒"是欧洲人的称谓。1517年，马丁·路德在欧洲发起宗教改革，倡导以新教取代天主教，其根本目的是要颠覆罗马教皇和教廷的封建神权统治，为欧洲资本主义发展创造适宜的条件。此次宗教改革遍及整个欧洲，英国也不例外。英国也试图通过宗教改革使英国教会摆脱教皇和罗马教廷的控制，推动英国人重新思考和确立基督教与国家的关系，为资本主义在英国的发展创造条件。一些英国新教徒到达北美大陆后，不再以新教徒自称，而是以清教徒自称。

作为16世纪欧洲宗教改革的发起者和领导者，路德的一个重要贡献是提出了"天职"概念。"和这个词的含义一样，这种思想是新的，是宗教改革的一个产物。"[2] 路德提倡以新教教义取代天主教教义，并且主张将"天职"概念确立为新教教派的核心教义。他说："这种教义抛弃了天主教将伦理训诫分为'命令'和'劝告'的做法，认为上帝所接受的唯一生活方式，不是用修道禁欲主义超越尘世道德，而是完

---

[1] 〔美〕查尔斯·W.艾略特主编：《美国精神：美国历史文献中的励志精品》，刘庆国译，第200页。
[2] 〔德〕马克斯·韦伯：《新教伦理与资本主义精神》，彭强、黄晓京译，陕西师范大学出版社2002年版，第56页。

成每个人在尘世上的地位所赋予他的义务。这就是他的天职。"①路德认为，人在世俗世界所做的一切都是为了完成上帝的旨意和安排，每一种职业在上帝面前都是平等的。这意味着："此后只有说而且越来越强调说，在任何场合，履行尘世的责任，是使上帝接受的唯一生活方式。它而且只有它才是上帝的意愿，因此在上帝看来，每一种正当的职业都具有完全等同的价值。"②

赋予并证明人的世俗活动特别是职业具有宗教意义和道德意义是路德推进宗教改革取得的最重要成果。马克斯·韦伯称之为"新教伦理"和"资本主义精神"的核心。在韦伯看来，新教伦理是以强调禁欲主义作为思想主线的，它将职业生活视为人类演练禁欲美德的场域，这恰恰是"资本主义精神"的精髓。他说："这个世俗新教禁欲主义强烈反对财产的自发享受；它限制消费，尤其是奢侈品的消费。另一方面，它具有使自由获取行动摆脱传统主义伦理桎梏的心理效果。"③他甚至强调："贪得无厌绝对不等于资本主义，更不等于资本主义精神。"④

马克斯·韦伯的新教伦理观和资本主义精神观具有一定的合理性基础。它至少揭示了这样一个事实：在资本主义社会，职业被赋予了神圣性，敬业精神被当作崇高的伦理精神，禁欲和节制的美德受到广泛肯定。

作为清教徒（新教徒）的后代，美国人特别重视新教伦理的传承。他们强调职业的平等性、神圣性，因此，在职业生活中，他们普遍表现出爱岗敬业的职业伦理精神。无论从事何种职业，他们普遍能够全心全意地投身于其中。他们反对职业歧视，具有强烈的服务意识，一

---

① 〔德〕马克斯·韦伯：《新教伦理与资本主义精神》，彭强、黄晓京译，第56—57页。
② 〔德〕马克斯·韦伯：《新教伦理与资本主义精神》，彭强、黄晓京译，第58页。
③ 〔德〕马克斯·韦伯：《新教伦理与资本主义精神》，彭强、黄晓京译，第163页。
④ 〔德〕马克斯·韦伯：《新教伦理与资本主义精神》，彭强、黄晓京译，第15页。

视同仁地对待所有服务对象。由于把职业视为履行上帝旨意的活动,美国人普遍能够在职业生活中履行"视顾客为上帝"的道德责任。它是美国人的忠诚观念在职业领域中的集中体现。

一些美国哲学家对"忠诚"展开了深入系统的理论研究。例如,洛叶斯在《忠诚哲学》中旗帜鲜明地提出了"忠诚哲学"观。他认为,"忠诚"是一个古老的概念,但这并不意味着人们对它获得了非常清晰的认识;事实上,人们头脑中的"忠诚观念"往往是模糊不清的。人们对它的重要性甚至缺乏深刻认识。洛叶斯指出:"每一个人都听说过忠诚,大多数人很重视它,但很少有人能够真正深刻地认识它——它是一切美德的中心,是所有义务中的核心义务。"[1] 正因为如此,他决心从哲学的高度研究忠诚问题。

要研究"忠诚",必须首先探析它的定义。洛叶斯认为,忠诚反映"一个人对某个事业的自愿的、实际的和彻底的热爱"[2]。忠诚主要与人所从事的事业有关。一个人拥有了一个他热爱、忠诚的事业,就应该自愿、彻底献身于该事业,并且能够持久地对该事业表现出热爱和忠诚的态度。忠诚于自己的事业具有多种多样的表现形式。热爱祖国的爱国者、献身宗教信仰的"殉道者"、舍身救人的英雄等都是"忠诚"的典范。

洛叶斯把"忠诚"视为伦理学的核心概念。在他看来,公正、仁慈、勤奋、智慧等伦理概念都是依据"忠诚"这一核心概念来定义的;"忠诚"不应该仅仅被视为一种"纯粹"的情感,而是应该被当作一种高尚的道德情操。个人兴趣和个人情感可以与忠诚相伴相随,但它们绝对不可能单独构成忠诚的道德情操。忠诚要求主体理性地控制自己

---

[1] Josiah Royce, *The Philosophy of Loyalty*, New York: The Macmillan Company, 1916, Preface.
[2] Josiah Royce, *The Philosophy of Loyalty*, p. 17.

的主观偏好，不能完全凭着个人冲动做事。也就是说，忠诚首先表现为人的"自控"能力。如果一个人拥有了一个他自己热爱的事业，并且忠诚于它，他就应该按照事业的要求去做事情，而不是随心所欲地做事。他说："他准备按照事业的指导去生或死。"① 显然在洛叶斯看来，忠诚于事业，就是兢兢业业、任劳任怨、鞠躬尽瘁的工作态度。

"忠诚"只能在"事业"中来展现。要深入把握"忠诚"的核心要义，必须首先弄明白什么是"事业"。对此，洛叶斯做出了自己的解释。在解释"事业"时，他自始至终都强调两点：（1）"事业"必须是一个人认为值得追求的事业。只有值得追求的事业，才能激发人们忠诚于它的道德情操。（2）事业必须是一种"客观"的事业。这主要指事业具有不以个人意志为转移的客观性，它的价值不取决于个人的兴趣和便利，而是取决于它能够给追求者带来快乐或利益的事实。洛叶斯说："一个事业成为忠诚的可能目标的理由仅仅在于它能够把许多人变成一个生活统一体。"② 在洛叶斯看来，真正的事业既是"个人的"，也是"超个人的"。这样的事业有哪些呢？它们主要包括：友谊——它把几个朋友统一在某种友好的生活状态里；家庭——它使家庭成员和谐地生活在一起；国家——它用爱国精神将许多公民集结成一个统一体。

洛叶斯所说的事业不是指"职业"，而是指人们热爱的某种理想以及为实现它而实际做的工作。因此，洛叶斯认为，"事业"可以继续延伸至整个人类、整个世界。也就是说，"事业"可以是某种旨在增进人类福祉的理想和工作。他说，"一切稳定的社会关系都可以产生呼唤忠诚的事业"③。我们不难发现，洛叶斯所说的"事业"不是实现个人利益

---

① Josiah Royce, *The Philosophy of Loyalty*, p. 18.
② Josiah Royce, *The Philosophy of Loyalty*, p. 107.
③ Josiah Royce, *The Philosophy of Loyalty*, p. 108.

的理想和工作，而是与他人的福祉相联系的理想和工作。在洛叶斯的忠诚哲学中，个人不是孤立的个体，而是必须作为社会成员存在并且必须与他人共同结成共同体的存在者；这种共同体可以是两个朋友组成的友谊共同体，可以是三个人组成的家庭共同体，可以是一群人组成的学校、企业共同体，可以是一个民族或多个民族组成的国家共同体，也可以是全人类结成的人类共同体。

洛叶斯所说的"事业"是社会事业，它的价值具有社会性，只有这种超越了个体性的事业才值得人们去追求。在洛叶斯看来，忠诚于这种事业的人是伟大的，因为他们超越了自身的自私性、狭隘性、局限性，将自身的智慧和能力献给了能够造福于所有人或整个世界的理想和工作。洛叶斯的忠诚观既不要求人们忠诚于某种权威，也不要求人们忠诚于某种个人私利，而是要求人们追求具有巨大社会价值的事业。

美国人还将"团结"作为一个重要的伦理原则来加以强调。

有些人认为，自由散漫的美国人不重视、不遵循"团结"这一伦理原则。这是一种误解。与其他民族一样，美国人也深知团结的重要性。这是他们在清教时期就已经形成的伦理思想传统。

那些最早前往北美大陆的清教徒在海上历经千辛万苦，必须通过团结才能战胜困难。到达北美大陆之后，他们又面对生存问题，必须通过团结才能渡过难关。生存问题解决以后，他们还要面对英国政府的残酷专制统治，必须通过团结才能赢得独立自主。独立战争胜利后，国家建设问题非常尖锐地摆在面前，他们必须通过团结才能完成错综复杂的建设任务。走向稳定之后，如何建设赶超老牌资本主义国家的问题又提上了议事日程，必须通过团结才能迎难而上。赶超老牌资本主义国家之后，两次世界大战的爆发再次逼迫他们做出艰难选择，必须通过团结才能与世界人民一道战胜军国主义者和法西斯主义者。冷战期间，与苏联领导的社会主义阵营对峙，必须通过团结才能彰显竞争优势。冷战结束以后，担心中国、俄罗斯等国复兴和挑战美国一超独大的霸主地位，他们还是必须团结起来。如此等等。美国人是自由散漫的，但他们的团结传统也是悠久的、深厚的。

最重要的在于，美国人具有有利于团结的民族精神。他们的历史很短，但他们就是在很短的历史中创造了国家发展的奇迹，这使得他们容易对国家形成强烈的认同感。美国并不缺少爱国主义传统和情操。他们从一开始就是在现代化道路上奋斗，但由于倡导创新、鼓励创新，他们的现代化进程可以说真正达到了日新月异的程度，这使得他们容易树立道路自信。自信是美国人的重要精神特征。他们不得不将国家治理的权力交给少数人和政府，但由于他们利用法律制度规定对国家公共权力进行了分割、平衡、限制、监督，他们的国家治理达到了很高的制度化水平，这又极大地增强了他们的制度自信。这些事实得到了美国学界的高度肯定。科恩曾经指出："民主国家的公民必须相信他们的集体能力能管理自己。如果社会成员相互轻视，视为不足信赖，把自己这伙人视为乌合之众，这个社会（如果有的话）就是没有志气的社会。"①

局外人在看待美国人的时候，不能想当然地认为他们缺乏团结精神。美国人只是表面上显得自由、散漫，其骨子里隐藏着不亚于其他民族的团结意识、团结观念和团结精神。他们生活在美国社会之中，美国制度之中，美国这一国家之中，其存在的社会性使得他们必然形成强烈的社会意识、制度意识和国家意识。杜威曾经说过："民主主义本身便是一个教育的原则，一个教育的方针和政策。"②置身于美国民主制度之中，美国人很容易对他们自己建立的国家、自己建构的社会制

---

① 〔美〕科恩：《论民主》，聂崇信、朱秀贤译，第191页。
② 〔美〕约翰·杜威：《人的问题》，傅统先、邱椿译，上海人民出版社2006年版，第26页。

度、自己发展的文化形成价值认同,并在此基础上形成强烈的团结意识和团结精神。

美国哲学家对团结问题有深入研究。罗尔斯、德沃金等政治哲学家在探究正义问题时普遍以表达自由主义政治哲学观为主,极力强调和维护个人自由和权利,但他们同时强调人类存在的社会性、人类生活的合作性以及社会正义的重要性。他们从来没有将自由主义极端化,而是尽力将它控制在一个合理的限度内。这或许是他们的政治哲学理论能够在世界范围内广泛传播的一个重要原因。美国新实用主义哲学家罗蒂更是对团结问题展开了专题研究,著有《偶然、反讽与团结》一书。

"团结"指人们在社会生活和交往联系中和睦相处的友好关系状态。康德在《永久和平论》一文的开篇展示了一幅讽刺画面:写着"永久和平"字样的招牌上画有"一片坟场"。这幅画面让人们注意到如下事实:在人类追求团结、实现和平的过程中,各类杀戮现象总是如影相随,禁而不绝。有俄国学者即指出:"人类关键的目标是人类的团结。在历史发展过程中,人类自我毁灭的历史也相伴相生:长久以来人们出于各种私人利益和小团体利益相互残杀,发明和实践了从原始到精密的伤害、暴力、谋杀和自杀途径。其中包括侵略性和宗教战争、种族灭绝和清洗、奴隶制、政治迫害、传染疾病、邪教团体和极端教派活动。"[①]

历史恩怨的纠缠及现实制度的不公等诸多因素阻碍了人类团结的实现。在这样的情况下,一些哲学家设想发现某种"超越历史和制度的东西",并且这种东西还是"人类共有的东西",它以其普遍的力量

---

① 〔俄〕亚历山大·别兹戈多夫:《地球合作计划:从可持续发展转向受控和谐》,琢言文化译,上海交通大学出版社2016年版,第20页。

将人类黏合在一起。罗蒂明确说:"我们所谓'人类团结'的意思,以传统哲学的陈述方式来说,就是肯定我们每一个人内在都具备某种东西——我们的基本人性,而这东西呼应着其他人所具有的同样东西。这种解释团结概念的方式,其实和我们习惯的说法是一致的。"① 罗蒂举例说,受西方传统哲学的影响,人们习惯认为只有意识到彼此"共同人性"的人最容易团结起来,那些迫害其他人群而破坏人类团结的人,比如极权主义者和纳粹主义者,是"无人性的"或"欠缺人性的"。

在罗蒂看来,以柏拉图、康德为代表的"西方形上学传统"将追求人类团结的重点放在了发现"基本人性"或与之类似的"核心自我""人的本质"等上面,这即是"柏拉图—康德典律"(Plato-Kant canon)。按照柏拉图的人性理论,人的灵魂中存有理智,"理智是对不合理的风俗习惯和无根据的顾虑的一种解决办法,理智有时可以使处于优势的人们把自己的利益从属于他人的利益……通过理智,我们可以认清自己的共同本质,并由此得出团结我们的规律"②,人可以通过理智把握"真理"或"理念",进而在真理之光的引导下克服矛盾,实现团结。康德也从上述"方向"思考人类团结问题。他认为只有对理性——人性的共同核心——的尊重和依赖,才能建立起一个"普遍法治的公民社会",避开历史的偶然、制度的缺陷及人的权利欲或贪婪心,保证人类生活在和睦互爱的状态中。康德坚信"由纯粹理性概念设想为与之相符而被称为柏拉图式的理想的这种共同体,也不是一种空虚的幻念,而是一切公民体制的普遍的永恒规范,并且它会摆脱一切战争的"③。

---

① 〔美〕理查德·罗蒂:《偶然、反讽与团结》,徐文瑞译,商务印书馆2003年版,第269页。
② 〔美〕格伦·蒂德:《政治思维:永恒的困惑》,潘世强译,浙江人民出版社1988年版,第25页。
③ 〔德〕康德:《历史理性批判文集》,何兆武译,商务印书馆2009年版,第163页。

罗蒂简单梳理和列举了西方哲学中的"人性的主张"："声称知道我们的道德直觉是大写的'善'（Good）的形式的回忆，或我们是爱神的不顺从的孩子，或人由于有尊严而不仅仅是价值而区别于其他种类动物，都是关于人性的主张。像人仅仅是自私基因的表达手段或仅仅是权力意志的爆发这样的相反主张也是如此。"①这些截然不同乃至根本对立的说法自然使人们充满困惑：到底哪一个才真实反映"人性的本质"呢？罗蒂质疑说，在西方传统哲学的发展脉络中，柏拉图必须让步给基督教，基督教必须让步给启蒙运动，康德后面必须跟着黑格尔，黑格尔后面必须跟着马克思，每一个勃兴于后的人都会指责他的前辈"陷入自我欺骗"，"其实是挂羊头卖狗肉的形上学家"②，这种情况让人们到哪里去寻找人类团结的牢固基础呢？

罗蒂指出的另一个问题更值得人们关注：那些不同的"人性的主张"都坚信自己的说法是"唯一正确的终极语汇"，这样自然就有了"真人性"与"伪人性"、"人性的典型范例"与"人性的边缘状态"的争论，结果，自认为具备"真人性"的人类群体为了自身的利益，往往有意疏远乃至暴力清除那些身处"伪人性"世界的人类群体，并且还心安理得。历史上，纳粹主义者认为自己的种族"完美无缺"，他们说："犹太人仍然生活在我们中间并不证明犹太人就应当归入我们，就像一个跳蚤并没有因为生活在我屋子里而成为家养动物一样。"③他们把犹太人看成是不具备人性的细菌、病毒或害虫之类的东西，他们以维护"人的特质"的名义无情地对犹太人展开大屠杀并宣称此举为"人类的康复"贡献良多。这样的悲剧在 20 世纪末的欧洲还在无情上演。1995 年 7 月，波黑塞族军警攻占了斯雷布雷尼察，当地大批穆斯林男

---

① 〔美〕理查德·罗蒂：《真理与进步》，杨玉成译，华夏出版社 2004 年版，第 146 页。
② 〔美〕理查德·罗蒂：《偶然、反讽与团结》，徐文瑞译，第 144 页。
③ 〔英〕鲍曼：《现代性与大屠杀》，杨渝东、史建华译，译林出版社 2002 年版，第 96 页。

子遭到屠杀，大量穆斯林女子遭到强奸。罗蒂痛心地说："塞族谋杀者和强奸犯并不认为他们自己侵犯人权，因为他们并不是在对人类同伴而是对穆斯林做这些事情。他们不是无人性的，而是对真的人和假的人进行区别对待。"[1]

罗蒂指出的两个问题让人们意识到："基本人性"并不能给人类团结提供一个被普遍认同的稳固基础；相反，在谁最能代表、更具备"基本人性"上，人类还容易陷入纷争、对抗乃至大屠杀的悲剧之中。罗蒂认为，以柏拉图、康德为代表的西方传统哲学家预言了世界大同的乌托邦并引导人类以一种乐观的心态向此迈进，这是他们的贡献与伟大之处，也是我们至今仍感念他们的原因，但是他们的想法，尤其是有关人性的想法，并不符合人类的实际情况，甚或已成为实现人类团结的阻碍，这就要求人们在批判他们思想的基础上另觅保障人类团结的新路径。

为了证明因为人人共享"基本人性"故而人人能够维护人类团结的设想并不符合人类的实际情况，罗蒂引导人们想象如下对话场景：当一个白人对一个黑人（当然也可以是一个黑人对一个白人）极其不友好的时候，我们建议前者："请注意你们共同拥有的东西，即人类的人性。"他很有可能回答："对不起，我没有注意到你说的那种东西！相反，我注意到了我们之间的区分，任何人都会注意到的区分。"罗蒂认为，前者之所以这样说，"不是因为他们不够理性。典型地是因为他们生活在这样一个世界中：这个世界太危险——常常是过分地危险——以致无法让人们的道德团体感超出家庭、氏族或部落的范围。"[2] 在罗蒂看来，现实的人群之间乃至人与人之间存在着明显的道德

---

[1] 〔美〕理查德·罗蒂：《真理与进步》，杨玉成译，第142页。
[2] 〔美〕理查德·罗蒂：《真理与进步》，杨玉成译，第152页。

意识区分，弗洛伊德的心理学研究就表明，并没有一个全人类共享的"理性"，人的道德意识就像诗人的创作一样，个人有个人的独特性，关注一个人经历的"特别的事情"比关注其"核心的自我"更能理解一个人。

罗蒂注意并强调，个人道德意识的"非普遍化"或"独特性"不仅被弗洛伊德的心理学所证明，还是许多人所渴慕成就的东西，像克尔凯郭尔（又译祁克果）、尼采等人就害怕自己的人生只是"人类共通东西"的"复印品"，他们更愿意做"个体的人"或"超人"。克尔凯郭尔明确表示："说做人的意义是属于一个具有理性的人类，人是属乎人种的，所以人类人族是高于个人。这即是说，没有个人，只有群类分子。然而……上帝——那至高的审察者说，'得奖的只是一人'。意思是说，每人都能，也都当，做这'一个'人。"①克尔凯郭尔的人生充满了各种矛盾和困惑，在成为"个体的人"的过程中，他逐渐发现康德、黑格尔所说的那些能调和矛盾、弥合差异的普遍的、终极的东西的荒诞，他认为"苏格拉底的反讽"——不停地揭露他人的矛盾之处并声称自己对"最后肯定性的东西"一无所知，以一种不断否定的姿态，时刻提醒人们注意万物是毫无"实在性"的，从而引导人们摆脱"实在性"的纠缠，保持自己的独立性，迈向"更高的"人生境界。②克尔凯郭尔自己即是以一种"反讽"的人生姿态成就"真正的人生"的。

罗蒂吸收了克尔凯郭尔对"反讽"的理解并进一步指出了"反讽主义者"的身份特征：对自己目前所使用的为其信念、行动提供"最终理据"的"终极词汇"有着持续不断且无法消解的质疑，认为它并

---

① 〔丹〕祁克果：《祁克果的人生哲学》，谢秉德译，基督教文艺出版社1990年版，第49页。
② 〔丹〕克尔凯郭尔：《论反讽概念：以苏格拉底为主线》，汤晨溪译，中国社会科学出版社2005年版，第221页。

不比其他人所使用的"终极词汇"更接近"实有",受所邂逅的其他人的"终极词汇"的启发、感动,他不断地对自己的"终极词汇"进行再选择、再更新,以使其显得更好、更合适。[①] 按照罗蒂的区分,"反讽主义者"是"形上学家"的反面,与喜欢探究"实在性""本质性""普遍性""永恒性"的"形上学家"不同,"反讽主义者"更关心"偶然性""个体性""历史性""差异性"。

罗蒂认为,倘若说柏拉图、康德等是"西方形上学传统"的代表,那么克尔凯郭尔、尼采等代表着一个"反讽主义哲学的传统"。不过,在罗蒂眼里,克尔凯郭尔与尼采,一个奔向"上帝",一个奔向"超人",还是有点留恋"巨大无朋的东西";相较之下,只有像普鲁斯特这样的小说家才算得上彻底的"反讽主义者",因为他只关注如何在"芝麻小事"中使自己"焕然一新",真正斩断了"自我创造"与"超然力量"之间的联系。值得注意的是,"反讽主义者"尤其青睐小说这类文化类型。"形上学家"允诺通过哲学给人们提供一套"最标准"的"终极词汇",以引导人们"发现真实的或最好的自我","反讽主义者"对此不以为然,他们期待读更多的小说类书籍,遇见更多的人物,听更多的故事,在不同的"终极词汇"中比来比去,不断地借"更合适"的"终极词汇"对自我进行"再描述",从而"创造更好的或更新的自我"。

罗蒂青少年时代对"西方形上学传统"比较痴迷,他说他一度想成为"柏拉图主义者",通过把握"实在和真理"来把握人类团结。不过,在亲近了杜威的思想后,罗蒂对传统哲学所推崇的"大东西"充满疑虑,逐渐放弃了对"确定性""永恒性"的追求,还擎起了反本质主义的大旗。再后来,在阅读了普鲁斯特的小说后,罗蒂对其中的

[①] 〔美〕理查德·罗蒂:《偶然、反讽与团结》,徐文瑞译,第105—106页。

"反柏拉图主义因素"赞叹有加，对其展示的"暂时性""偶然性""时代性"的东西信服不已，这种信服让罗蒂经常以"我们反讽主义者"自居。

罗蒂申明"我们反讽主义者"的基本立场是：任何东西都没有内在的本性或真实的本质，人也好，人类社会也罢，充满着偶然性和历史性，都有变得"更好"或"更坏"的可能。基于上述立场，"我们反讽主义者"对"西方形上学传统"苦苦追寻的"基本人性"及其各种说法持如下批评态度："形上学家"把全部精力放在发现"基本人性"这类超越历史的"虚妄不实的大东西"上面，反而离现实的生活及周围的人越来越远，况且他们还为此争论不休，互相指责，助长了社会的不宽容氛围，实在是得不偿失；事实上，那些他们宣称把握的"唯一正确的东西"，只是居住在特定时空下的人们——古希腊人、现代西方人、布尔乔亚者——的"俗见"而已，说柏拉图、康德捕捉到了"人性的真理"，其实是对他们"某种比较有新意的说法"的"恭维"，正如克尔凯郭尔批评黑格尔时所说的，他的那些说法只代表着"一次思想实验"而非"历史的终结"；总之，在"我们反讽主义者"看来，"西方形上学传统"所持有的"基本人性"之类的想法弊端多多，应该予以抛弃。

罗蒂认为，经过"我们反讽主义者"及其他反传统哲学家的合力批评，现时代越来越处于"反讽主义化的文化"流行的时代：人们越来越倾向于认同世界的"无根性"，越来越不认真对待"人类本性"这类主张，越来越欢迎曾经处于"边缘地位"的各种文化。随着"形而上学时代"的逐渐结束和"反讽时代"的逐渐到来，人们必须站在"反讽主义者"而非"形上学家"的立场重新思考人类团结的可能性问题。

站在反讽主义立场思考人类团结问题，势必会引起一些"形上学家"及其拥簇者的担心：如果人们普遍听信了"反讽主义者"的意见，接受了反本质主义的观点，那么人们关于"基本人性"的知识就会被抛弃，人类团结所需要的"黏合剂"就会荡然无存，这样人类团结就会遭到削弱并瓦解。罗蒂认为，这种担忧貌似正确，其实是杞人忧天。他举例反驳说，在中世纪，西方社会团结的"黏合剂"是"升天的希望"，但是到了近代，宗教信仰没落，人们越来越无法认真相信"升天的希望"这类观念，西方社会并没有由此走向瓦解反而强化了团结，这是因为人们以"社会的希望"取代了"升天的希望"。所谓"社会的希望"指社会中的每一个人都希望他们及他们的后代，生命将拥有更少的残酷和更多的获得自由、休闲、财富的机会。"社会的希望"使人们意识到他们的报偿不在"天国"而在"社会"，他们愿意为社会的团结和进步主动付出，在这样的情况下，假如还有人忧心忡忡地对其他人说，一些人正在怀疑"灵魂不朽"，大概激不起其他人太大的兴趣与忧虑。

通过上述例子，罗蒂认为人类团结奠基于人类"共通人性"或"共享力量"的看法非常可笑。罗蒂提醒"形上学家"，放弃紧盯的人类团结的哲学基础，反而可以看到人类历史经验带来的如下启示：一点是"人是'有可能遭受侮辱的东西'。她的人类团结感建立在对人类共有的危险的感受上"；另一点是"现代的、有教养的、世俗的社会所依赖的东西，乃是具有合理的具体性、乐观性和说服力的政治的剧本，而非关于死后救赎的剧本"。[①] 这意味着，人类团结并不依赖于好的"哲学剧本"或好的"宗教剧本"——它们之所以"好"，乃是"发现"了人类的"共通人性"或"共享力量"，而是依赖于好的"伤感故事的剧本"和好的"民主政治的剧本"——它们之所以"好"，乃是使人类社会有"更少的残酷"和"更多的机会"，而这两点对人类团结至

---

① 〔美〕理查德·罗蒂：《偶然、反讽与团结》，徐文瑞译，第130、122页。

关重要。

罗蒂认为，要想实现人类团结，首先要使人类社会有"更少的残酷"，尤其是要减少那种只有人类才能感受得到的残酷——侮辱。一个人之肉体被随意伤害、尊严被肆意践踏的社会，是不可能有团结可言的。在美国学者史克拉尔（又译施克莱）看来，残酷"如此深刻地塑造了我们品格上的瑕疵"，以至它是一种生活中随处可见的"平常的恶"。遗憾的是，人们较少留意或较少谈论它，应意识到，残酷带来侮辱、暴力、仇杀等，使人生活在恐惧之中，是自由社会"决不能容忍"的"首恶"。[①] 罗蒂坦承史克拉尔的观点对他的启发。同时罗蒂也注意到，在"消减残酷"以促进"人类团结"上，"形上学家"与"反讽主义者"的做法大不一样："形上学家"认为，唯有提出"为什么我必须避免残酷"或"为什么我必须慈悲为怀"这样的问题，进而去发现人类具有的"共同本性"，以使前面的问题得到理论的支持，才能对"人类团结"有所贡献；在"反讽主义者"看来，人类具有的"共同本性"是说不清的"大东西"，况且它本身还有"以理杀人"的可能，唯有去关注"哪些东西构成了残酷"或"哪些地方会伤害他人"等具体"小问题"，才能有效"消减残酷"。"反讽主义者"还认为，听"形上学家"论证"基本人性"，这对增强人们对残酷的"道德敏感性"作用不大，但是，读陀思妥耶夫斯基的小说，看纳粹大屠杀的纪录片，关注中东战地新闻，人们会很强烈地感受到"人是容易遭受侮辱的东西"，屈辱之痛让身处残酷之外的"我们"与身处残酷之中的"他们"紧密联系起来，"我们"同情"他们"的遭遇，害怕成为"他们"的样子，想象要是"他们"身处"我们"社会该多好，对"人类共有的危险"痛的感受与想象会激发人们的"团结感"。

---

① 〔美〕朱迪丝·N.施克莱：《平常的恶》，钱一栋译，上海人民出版社 2018 年版，第 3—10 页。

在罗蒂看来,"形上学家"对人类文化系统"中心与边缘"的归置在"反讽时代"被打破,宗教、哲学等从人类文化系统的中心位置或基础地位上跌落出来,小说、戏剧等曾经的边缘文化样式走上前台,并通过具体的"伤感的故事"将人类生活中的各种残酷巨细无遗地呈现出来,以此激发人类的"团结感"。"反讽时代"的人类团结之所以可能,乃是随处可听的"伤感的故事"使得人人对残酷有着强烈的"道德敏感性",这种"道德敏感性"在之前的时代被掩盖,被压抑了。因为"形上学家"教导说,老是关注残酷这类"非理性"的事情,有损"追求人类完美的筹划",他们引导人们更多关注"美德之事"而非"残酷之事"。

真实地展现一些"伤感的故事"当然有助于提升人们对残酷的"道德敏感性",但是成天讲这些故事,也容易让人泄气、厌世,甚至还让人误认为这是人类生活的常态而睚眦必报,因而,除了必要的"伤感的故事"外,还要有一些"激动人心的故事"来激发人类的凝聚力。换句话说,要想人类走向团结,除了要从消极面上减少人与人之间的残酷外,还要从积极面上提振每个人生活的信心与希望。如果人人抑郁不得志,或者一部分人的发展是通过压制、剥夺另一部分人的发展而实现的,社会就处于松散、对立之中。历史证明,一个人尽其才的社会,其背后的团结度也高,一个万马齐喑的社会,其背后的凝聚力也差。

罗蒂看到了这一点。他认为实现人类团结的另一个关键就是要让社会个体有"更多的机会"。罗蒂很明确地指出:"将理想自由主义社会结合在一起的社会凝合剂,只不过是一种共识——相信社会组织的目的,在于让每一个人都有机会尽情发挥他或她的能力来从事自我创造。"[①]

---

① 〔美〕理查德·罗蒂:《偶然、反讽与团结》,徐文瑞译,第120页。

第八章　整合美国社会的伦理精神　279

在罗蒂看来,个体更好的"自我创造"的实现并不是与其"发现真理"或"受神恩宠"有关,而是与其享受的更多的教育、安全、休闲的机会紧密相关,那些所谓影响社会团结的"非理性的人"或"较没有人性的人",其实只是"缺乏较好的生活或教养环境的人",只要给他们提供更多的教育、安全和休闲的机会,他们便会成为"好人"。事实表明,得到发展机会的他们"将更有能力考虑他们个人前途的不同方案,更有能力考虑他们的社会未来的不同方案。他们是比较有耐心,比较宽容,比较有想象力的人,所以他们是民主社会比较优秀的公民"①。

罗蒂进一步认为,20 世纪的欧洲人和北美人见证了财富、闲暇和教养的"惊人增长"以及由此带来的"道德进步",这表明只有像"富裕的北大西洋民主社会"这样的社会才能给人们"自我创造"提供"更多的机会"。罗蒂经常流露出身为上述社会一员的自豪感,认为他的祖国"在全球平等乌托邦中扮演着先锋角色"②。当然,罗蒂也谦称,之所以能成就这样的重要原因,不是因为美国抓住了"基本人性"或发现了"普遍真理"或受到"上帝眷恋",而是因为美国能够不断地致力于"民主政治剧本"的修改和实验,不断地为社会个体提供尽可能多的发展空间和机会,此种情况下,美国公民也愿意团结起来"筑就我们的国家"。"反讽时代"的人类团结之所以可能,美国即是一个典型例子。

罗蒂这里说的是"美国式的社会团结",它只是地域性的"人类团结"。罗蒂认为,只有"我们"指涉某种比"人类"更具狭隘性、地方性的东西时,也即"我们"作为"我们米兰人""我们日德兰人"之

---

① 〔美〕理查德·罗蒂:《后形而上学希望》,张国清译,上海译文出版社 2003 年版,第 287 页。
② 〔美〕理查德·罗蒂:《后形而上学希望》,张国清译,第 360 页。

类的"族群中心主义者"时,"我们"的"团结感"才最为强烈。"人类世界"是多样化的"我们"与"他们"的集合体,这是应予正视的事实,但这并不意味着"我们"与"他们"是不闻不问甚至相互为敌的关系,也不意味着"更广大的人类团结"毫无可能。罗蒂说他相信人类的"道德进步"会朝着"更广大的人类团结"的方向发展,不过,这种相信不是建立在对人类"基本人性"的发现上,而是建立在对以下两个事实的承认上:第一,是前文已有提及的,比起人们在痛苦和侮辱方面受到威胁的相似性,"我们"与"他们"之间的差异性(部落的、宗教的、种族的、风俗习惯的等)其实是微不足道的,受辱之痛提醒"我们"要尽量扩充自身的"我们"感,将"我们"的范围逐次扩充到隔壁的家庭、对岸的部落、海外的异教徒那里。第二,是这里要着重讲的,尽管"我们"和"他们"有诸多的不一样,但是经过"反思平衡",大家还是能形成一些"重叠共识",尤其是在民主政治层面的共识:民主是个好东西,它能使人们更少一些不必要的灾难,更多一些个体的多样性,大家应该相互合作,支持致力于为尽可能多的多元论提供空间的制度,一旦有了共识,"我们"对"他们"就产生一种"同胞感","因为同胞感情往往产生于这样一个认识:他认识到他原来不得不与之斗争,不得不运用武力的人 —— 按罗尔斯的观点 —— 是'理性的'。结果,他们像我们一样足以看到为了和平相处而消除分歧的重要性,并且看到通过制定协议来达成这一目的。他们至少在一定程度上是值得信赖的"①。

一俟发现人类的"基本人性"或"共同目标",人类团结就有了稳固基础,其全面实现也就指日可待。在罗蒂看来,这是人们在"形而上学时代"所持有的希望,这一希望屡屡落空。在"后形而上学时代"

---

① 〔美〕理查德·罗蒂:《后形而上学希望》,张国清译,第314页。

或"反讽时代"，情况有了变化，人们已经越来越不关注论证"基本人性"这些"大东西"的"哲学剧本"了，随着"哲学剧本"的式微，包含大量伤感故事的"文学剧本"和不断进行民主探索的"政治剧本"兴起，后两者一起发力，通过"更少的残酷"和"更多的机会"等新路径力促人类团结的实现。罗蒂强调，人类团结不是矗立在某个地方然后被人们"发现"出来的，而是在芝麻小事中被人们一点点地"构建"起来的。

从克尔凯郭尔、尼采等人身上不难发现，反讽强调"私人完美"尤其是个体的内在完美。这里存在一个问题，那就是"反讽主义者"在埋头追求"私人完美"的过程中，有可能对他人及社会造成伤害。比如，克尔凯郭尔在追求"个体的人"的过程中对亲人及教友有所伤害，尼采在追求"超人"的过程中对弱者及民主社会有所伤害；他们的行为都在一定程度上影响了"团结"。上述情况使得人们尤其是"形上学家"对反讽有所怀疑："反讽主义者"能否成为社会团结的贡献者？为了避免出现上述情况，罗蒂提出一个建议：公私分家。具体是说，一个人在私人领域，可以全心全意、毫无拘束地进行"自我创造"，但是他一旦进入了公共领域，就应该留意到他对他人、对社会有可能的伤害。

尽管同属"我们反讽主义者"阵营，但罗蒂的反讽主义立场还是与克尔凯郭尔、尼采的反讽主义立场有所差异。罗蒂设想"反讽时代"的"反讽主义者"不应该是"犬儒而自私的自我实现者"，也不应该是"自由主义社会的怀疑者"，而应该是"自由主义的反讽主义者"，即他在坚持"私人完美"的同时，还意识到唯有自由主义社会才能给他更多的优异的空间和机会，至少他要认可史克拉尔所谓的"自由主义者坚信残酷是社会首恶之事"，不干涉、不伤害他人。罗蒂设想的"自由主义的反讽主义者"是社会团结的自觉维护者。按照罗蒂的阐释，惠特曼可以被看作比较典型的"自由主义的反讽主义者"。因为他相信将人们凝聚起来的不是任何"超越历史和制度的大东西",而是民主社会所带来的"更少一些不必要的灾难"和"更多一些个体丰富的多样性",他鼓励人们积极参与民主政治建设,在"筑就我们的国家"的过程中而不是在"发现真理"或"接近上帝"的过程中实现"自我完善",并且在"自我完善"的同时还能"自然而然地宽容别人的幻想和选择",从而实现人类不同生活方式"诗意竞赛"般的大融合。①

从个体自由、多元发展等呼声不断高涨及强权政治、恐怖主义等阴云持续不散的时代背景来看,罗蒂的反讽立场及其人类团结思想具有十分鲜明的理论创新性和现实关怀性的特点。罗蒂创造性提出了"自由主义的反讽主义"理论,通过"反讽主义"批判了"形上学家"思考人类团结的路径,避开了本质主义有可能演化的强权、霸权、极权对人类团结的威胁,通过"自由主义"警示了"反讽主义者"忽视人类团结的倾向,避开了"反讽主义者"有可能演化的极端个人主义对人类团结的伤害,将"反讽主义"与"自由主义"这两个看似格格不入的概念联系在一起,深刻揭示了个体"自我创造"的达成与社会"公共团结"的实现之间的相互依赖、相互促进的复杂关系。罗蒂的"自由主义的反讽主义"既捍卫个人在私人生活中的"自由",同时又要求公共生活中的"团结",因而既区别于传统的自由主义,又区别于社群主义,展现出一种全新形态,包含着十分丰富的原创性思想内涵。②

在一些人眼里,与"形上学家"对人类团结高蹈飘远的思考相比,罗蒂的人类团结思想显得"卑之无甚高论",甚至还有些轻率。罗蒂想让他的批评者们听听他"以不同方式做事的认真建议":摆脱高高

---

① 〔美〕理查德·罗蒂:《筑就我们的国家:20 世纪美国左派思想》,黄宗英译,生活·读书·新知三联书店 2006 年版,第 11—24 页。
② 贺来:《罗蒂:个人自由与社会团结的守护者》,《求是学刊》2007 年第 4 期。

在上的理论空谈,着眼于实际的政治、经济问题,增加人们教育、安全、休闲的机会,减少相互伤害,通过对话来求得共识,最终实现多元文化和谐发展的良好局面。罗蒂将人类团结问题视为"做"的问题而非"想"的问题、"说"的问题,表现出强烈的务实性。面对批评者在理论上的纠缠,有学者认为罗蒂完全可以轻松地调侃一句以做回应:"喂,你们太傻了,经济才是问题之所在。"①系统研究罗蒂的人类团结思想,对深入理解中国所提出的"人类命运共同体"有如下启示:"人类命运共同体"不是建立在"普世价值"基础上的,而是建立在"共同利益"基础上的,中国从不把自己的历史经验或价值观念视为普遍有效的东西并强行输出。相反,中国主张不同社会制度、不同意识形态、不同历史文明、不同发展水平的国家和平共处,中国支持各国人民共享发展机会,做大共同利益蛋糕,实现共同繁荣,坚持推动构建"人类命运共同体"的关键是开放包容、共享机会、共谋发展、求同存异。

当然,罗蒂的人类团结思想也面临着一些理论困境,遗留着一些有待进一步说明的问题。首先,借助"反讽"概念,罗蒂展现出很强硬的反形而上学姿态,但是当他断言人人皆有留意并认同痛苦与侮辱的能力或人们在痛苦和侮辱方面具有相似性的时候,有没有残留着比较浓厚的形而上学的味道呢?其次,罗蒂认为对残酷之痛的共同体认,让"我们"能够不断地扩大"我们"感的范围从而悦纳"他们",这样做是否缺乏对作为陌生人的"他们"的警惕呢?"罗蒂'将陌生人想象为受苦同伴',不仅预设了陌生人的善意,也预设了陌生人的弱者地位、同伴身份,而未考虑陌生人的潜在威胁。"②像施米特就认为,"敌

---

① 〔美〕查尔斯·吉尼翁、大卫·希利主编:《理查德·罗蒂》,朱新民译,复旦大学出版社2011年版,第138页。
② 李晓林:《论理查德·罗蒂的"自由主义乌托邦"》,《哲学动态》2018年第6期。

人"非我族类,与我迥异,"我们"与"敌人"之间的斗争难免,两者在生存论上是不可能相互团结的。[1]再有,罗蒂谈"我们人类之一"时显现出"文化相对主义者"的包容,但罗蒂又认为"我们"是"民主政治制度的继承者",具有不是先天的也是事实上的"优越性",认为"美国是最优秀社会的良好范例",甚至还设想"一个正义的全球社会"需要美国来充当"全球警察"[2],罗蒂的这种"优越性"很容易演化为"唯我论","一旦走向唯我论,则文化相对主义就彻底背叛了自己的初衷,倒向了它表面上与之势不两立的文化帝国主义"[3]。最后,罗蒂认为自由民主制度能给人"更多的机会"从而助推人类团结的实现,他小心翼翼地守护着自由民主制度,既要把自由民主制度的哲学基础"反讽"掉,但同时又害怕自由民主制度本身被"反讽"掉,因此他陷入了这样一种矛盾境地:一方面认为自由主义生活方式是人类诸多生活方式中的"普通一种",一方面又认为自由主义生活方式是迄今为止人类诸多生活方式中的"最好一种"。[4]后面这一"最好的"定位显然违背了罗蒂自己认可的信条,那就是"最好可能是更好的敌人",它使罗蒂少了些"反讽主义者"的激情,多了些"保守主义者"的色彩,更为关键的是,使罗蒂不能心平气和地去听"民主的批评者"的声音。

仅仅是怀着"伤感的情怀"少一些残酷,仅仅是对民主的远景多一些信心和耐心,人类团结就能实现?罗蒂未免乐观了些,浪漫了些。正因为如此,有学者认为罗蒂的人类团结思想显得有些"消极",认为应该为人类团结提供"积极"的推力,使人们在"笑声和友爱"中

---

[1] 〔德〕卡尔·施米特:《政治的概念》,刘宗坤等译,上海人民出版社2004年版,第107页。
[2] 〔美〕理查德·罗蒂:《后形而上学希望》,张国清译,第391、360页。
[3] 陈亚军:《普特南与罗蒂的对话:实在论能给我们留下些什么?》,《世界哲学》2003年第1期。
[4] 〔美〕理查德·罗蒂:《哲学、文学和政治》,黄宗英等译,上海译文出版社2009年版,第209页。

而不是在对"残酷的普遍恐惧"中实现团结。① 当然，看到"西方形上学传统"所设想人类团结的弊端并尝试探寻新的团结方式，绝非罗蒂一家，像涂尔干的"有机团结"、列维纳斯的"为他者负责"、德里达的"友爱政治"、哈贝马斯的"交往理性"等罗蒂不常谈到的"其他的团结方式"俱是这方面的尝试，他们从人之相互依赖、负责、友好、信任等角度为人类团结提供了"积极"的推力。正视罗蒂人类团结思想的困境与问题，能够促使人们去关注、比较更多的"其他的团结方式"，从而更好启发人们朝着罗蒂所谓的"更广大的人类团结"的方向前进。

---

① 郑维伟：《理查德·罗蒂论社会团结的理由》，《学海》2012 年第 2 期。

第九章　美国的分配正义问题与美国哲学家的理论反思

20世纪的美国曾经被很多人视为"最好的国家"。其理由之一是，美国不仅是世界上最自由的国家，而且是世界各国中最公正的国家。这种观点具有显而易见的武断性，很容易被驳斥。持这种观点的人大都拥有这样的错误信念：美国拥有世界上最好的社会制度，因此，它能够在社会资源分配方面体现最大限度的公正性。这样的信念之所以是错误的，是因为它既没有真实地描述美国的社会状况，也不能为其自身提供令人信服的论证。

一、美国的真实社会状况

人们可以通过两种方式了解一个国家的真实社会状况：一是身临其境，直接了解；二是利用他人提供的信息，间接了解。要了解美国，我们也可以采取这两种方式。托克维尔是通过第一种方式了解美国的。如果我们通过美国哲学家和其他国家的哲学家对美国的研究来了解美国，这就属于第二种方式。

马克思曾经一针见血地指出："从封建社会的灭亡中产生出来的现代资产阶级社会并没有消灭阶级。它只是用新的阶级、新的压迫条件、

第九章　美国的分配正义问题与美国哲学家的理论反思　287

新的斗争形式代替了旧的。"[①] 美国是一个典型的资本主义社会或资产阶级社会，不可能从根本上改变其作为剥削社会的本质，因此，它必定具有其自身无法克服的不公正性。"美洲的发现、绕过非洲的航行，给新兴的资产阶级开辟了新天地。"[②] 美国就是在北美大陆新兴的资产阶级建立的一个新的资本主义国家。虽然它在经济体制、政治体制和文化体制上与英国、法国、德国等老牌资本主义国家有不少区别，但是它归根结底属于资本主义阵营，其国家性质和本性并没有发生根本性转变。

美国学者施韦卡特在《反对资本主义》一书中说："自由市场掩盖了资本主义社会同封建社会或奴隶社会在形式上的相同点：一个统治阶级掌握着生产工具，而被统治阶级从事生产劳动。"[③] 施韦卡特是一个西方马克思主义者。他坚持马克思主义基本立场，对资本主义社会采取猛烈批判的态度。在施韦卡特看来，资本主义社会不可能是社会资源能够得到公正分配的公正社会。他批评了美国哲学家诺齐克试图用"权利理论"为资本主义社会的公正性提供辩护的做法。他说："资本主义基本制度构筑了一种理论：如果一个个体能够合法地说明对地球上的自然资源和对他的劳动成果的所有权（正如诺齐克的理论假定），那么生产方式的私人财产所有权就是合法的。"[④] 其意指，诺齐克的"权利理论"的核心是强调私有财产权的道德合理性和合法性，但它建立在对资本主义市场经济体制的理想化设计基础上，并没有充分考虑到放任的自由市场的破坏性后果，特别是没有考虑到资本主义市场经济

---

① 中共中央马克思恩格斯列宁斯大林著作编译局编译：《马克思恩格斯文集》第 2 卷，第 32 页。
② 中共中央马克思恩格斯列宁斯大林著作编译局编译：《马克思恩格斯文集》第 2 卷，第 32 页。
③ 〔美〕戴维·施韦卡特：《反对资本主义》，李智、陈志刚等译，中国人民大学出版社 2008 年版，第 1 页。
④ 〔美〕戴维·施韦卡特：《反对资本主义》，李智、陈志刚等译，第 38—39 页。

体制无法彻底解决分配正义问题的事实。施韦卡特对诺齐克的批评不是没有道理的。诺齐克的权利理论将资本主义基本制度预设为完全合理、合法的制度体系,尔后以它作为理论基础来推导社会资源分配的公正性,其结论缺乏稳固的理论基础,因而是站不住脚的。在诺齐克的权利理论中,所谓的财物占有权只不过是资产阶级的私有财产权而已,一切对财产分配不公现象所采取的纠正措施只不过是为了维护资产阶级的私有财产权而作的制度性安排。

分配正义问题是当今世界各国普遍面对的最突出的社会问题。社会主义国家存在分配正义问题,资本主义国家更加存在分配正义问题。究其根源,是因为社会资源分配是人类社会从古至今一直顽固存在的老问题。人类在地球上诞生之后,其生存方式本质上是社会性的,我们所需要的生活资源主要依靠社会分配的方式来获得,这就使得社会资源分配是否公正的问题在人类社会生活中占据着非常突出的位置,甚至可以说是人类社会最重要的问题。孔子说:"有国有家者,不患寡而患不均,不患贫而患不安。"[①]生活在有国家的社会状态,人们最关心的不是得到的社会资源少,而是社会资源分配不公;贫穷不是最重要的事情,因社会资源分配不公导致的社会动荡不安才是人人最关心的问题。

人们应该还记得 2008 年始发于美国的金融危机。那次金融危机是 20 世纪 30 年代爆发的经济危机之后的一次全球性经济危机,规模大,波及面宽,因而被称为"金融海啸"。此次金融危机的首发地是美国,是以美国的次贷危机作为导火索的。它与西方资本主义国家所爆发的历次经济危机一样,深刻暴露了美国作为资本主义国家的深刻问题以及全球金融系统的脆弱性。更重要的在于,它暴露了以美国为首的西

---

① 《论语 大学 中庸》,陈晓芬、徐儒宗译注,第 198 页。

方资本主义国家存在的不公正问题。在那次金融危机中，受苦最深的群体是居于美国最底层的劳苦大众。美国学者大卫·哈维说："2009年仲夏，在美国，资本设备的1/3闲置着，然而，大约17%的劳动力要么失业，要么被迫打零工，要么就是泄气的工人。还有什么比这些更不正常的呢？"①哈维认为，那次金融危机再次警示人们，资本主义制度的公正性是令人怀疑的。

美国是当今世界最发达的资本主义国家，但这并不意味着它是最好的国家。美国哲学家纳格尔是一位反对社会主义和共产主义制度的政治哲学家，但他不认为美国的资本主义制度是世界上迄今为止最好的制度。他说："迄今为止所设计的全部社会与政治安排都不令人满意。"②纳格尔对社会主义制度和共产主义制度不满意，对以美国为代表的西方资本主义制度也不满意。何以如此？主要原因在于，他认为包括西方资本主义制度在内的所有社会制度都存在这样或那样的不公正性。

有些美国学者对美国存在的不公正问题采取模糊的态度。热衷于研究战争和革命主题的阿伦特倾向于把美国视为最好的国家。她说："贫困的绝境在美国场景中是没有的，而在世界其他地方则无处不在。"③阿伦特的观点具有显而易见的武断性。她显然在强调"美国场景中没有苦难和匮乏，而不是没有贫困"或"在美国，辛勤劳动者贫穷但不悲惨"④。在阿伦特的眼里，美国似乎是最公正的国家。她似乎没有注意到这样一个事实：当贫穷作为一个客观事实存在于美国时，它本身就说明美国存在不容忽视的不公正问题。

---

① 〔美〕大卫·哈维：《资本之谜：人人需要知道的资本主义真相》，陈静译，电子工业出版社2011年版，第209页。
② Thomas Nagel, *Equality and Partiality*, New York: Oxford University Press, 1991, p. 3.
③ 〔美〕汉娜·阿伦特：《论革命》，陈周旺译，译林出版社2011年版，第56页。
④ 〔美〕汉娜·阿伦特：《论革命》，陈周旺译，第56页。

如果美国真的像阿伦特所说的那么公正，它就不应该长久存在贫困问题。贫困的产生，既与个人的生活能力有关，也与社会制度有关。在很多时候，它是不公正社会制度导致的。在美国这样的资本主义国家，社会制度从根本上来说是根据资产阶级的意志和利益诉求来设计和安排的，或者说，它从根本上来说是以服务资产阶级的意志和利益诉求作为宗旨的，这对社会资源分配状况具有支配性影响。一方面，占据统治地位的资产阶级在社会资源分配领域总是处于有利地位，无论社会怎么发展，他们都是强势群体，能够过上"幸福生活"；另一方面，位居被统治地位的劳动者阶层在社会资源分配领域则总是处于不利地位，无论社会怎样变迁，他们都是弱势群体，无法过上"幸福生活"。

生活在不公正的社会制度框架内是痛苦的，因为不公正的社会制度必然会造成社会资源无法得到公正分配的结果。社会制度的主要功能之一是分配社会资源，但如果它本身是不公正的，它对社会资源的分配必定是不公正的。有些西方学者说："由于不平等问题是广泛的社会结构的一个方面，对不平等问题所产生影响的解释便涉及个人是如何受社会结构影响的问题。"[①] 何谓"社会结构"？它就是一个国家的社会制度。

富裕的美国存在低收入阶层。他们大都是劳动者阶层，在收入上与富有的社会阶层有巨大差距。收入上的差距不仅决定着他们的阶级地位，而且深刻地影响着他们的生活品质。"在一个国家内部，人们的健康和幸福程度与他们的收入水平相关。一般来说，在同一个国家中富人比穷人更健康更快乐。"[②] 在美国，并非所有人都是健康、幸福的；

---

① 〔英〕理查德·威尔金森、凯特·皮克特：《不平等的痛苦：收入差距如何导致社会问题》，安鹏译，新华出版社 2010 年版，第 32 页。
② 〔英〕理查德·威尔金森、凯特·皮克特：《不平等的痛苦：收入差距如何导致社会问题》，安鹏译，第 13 页。

富人享受着穷人无法想象的富裕甚至奢侈的生活，而穷人只能过着贫穷甚至悲惨的生活。

在美国大城市，人们经常可以看到手举"Homeless"招牌的流浪汉或无家可归者。他们在到处流浪，没有住房，没有车，以乞讨为生。美国有很多贫民区。那里人口众多，住房条件极差，社会秩序混乱。居住在那里的人都是低收入阶层和失业者。美国政府对贫民区疏于管理，对居住在那里的人表现出明显的歧视态度。美国还有很多黑人居住区。聚集在那里的黑人大都为无业游民、吸毒者，由于社会治安状况很差，美国政府官员、富人等都不会涉足黑人居住区。

美国的真实社会状况绝对不是单向度的，而是双向度的。或者说，美国社会存在A、B两面。A面是富裕的一面，B面是贫穷的一面。富裕的一面被富裕的资产阶级占据，而贫穷的一面是由贫穷的劳动者阶层占据。很多人在审视美国的时候，仅仅看到它的A面，不去关注它的B面。这种做法自然无法看到美国社会的真相，其结果必然是得出"美国处处很美"的结论。要看到全部的美国、真实的美国，我们需要关注它的两面，认真审视，深入研究。

二、罗尔斯的公平正义观

"罗尔斯"这一名字在当今西方哲学界"如雷贯耳"。1971年出版《正义论》以后，罗尔斯几乎在西方哲学界被吹捧为一个传奇式的人物。西方哲学界在谈论罗尔斯其人其书的时候，都表现出无比震惊、无比崇敬的态度。尤其是在美国高校，到处都有罗尔斯的影子。罗尔斯的正义理论进入了绝大多数美国高校，成为课堂教学和课后讨论的常见话题。在中国，不少研究美国哲学的学者更是言必称罗尔斯，"崇敬之心"和"崇敬之意"溢于言表。

国内外学术界有很多人认为罗尔斯开创了一个时代——"罗尔斯时代"。这不仅是指他在研究分配正义方面提出了一系列原创性思想,建构了系统化理论,而且是指他凭借正义理论研究改变了美国哲学因为分析哲学家过分强调价值中立、不关注现实问题等原因造成的生存危机。在分析哲学主导美国哲学领域的20世纪上半期,美国哲学陷入颓废境地,许多哲学家因为"绝望"而退出哲学世界。罗尔斯探索的分配正义理论研究范式重新激发了美国社会各界对哲学的信任和希望,甚至推动美国元伦理学在20世纪末进行了深刻改革,实现了复兴。

从一定意义上来说,罗尔斯确实因为他建构的分配正义理论而成为当代西方哲学领域的标志性人物。诺齐克曾经如此评价罗尔斯的分配正义理论:"现在,政治哲学家们或者必须在罗尔斯的理论框架内工作,或者必须解释不这样做的理由。"[1] 罗尔斯用他的分配正义理论研究范式要求当代西方哲学家回归康德推崇的学问本性,即哲学家应该立足于现实而又超越于现实,既不脱离经验而又致力于追求道德形而上学知识的学术品格。康德将学术研究的内容和对象区分为经验的部分和理性的部分,强调自然形而上学相较于现实的(经验的)物理学、道德形而上学相较于实践人类学(应用伦理学)的优先性。罗尔斯深受康德的影响,在学术品格上也与康德有惊人的相似性。

罗尔斯的分配正义理论属于政治伦理学的范围,并且沿袭了洛克、卢梭、康德等西方哲学家的社会契约论传统。他明确指出:"我的目的是要提出一种正义观,它将对洛克、卢梭、康德等人提出的社会契约论进行梳理,并将它提升到更高的抽象水平。"[2] 不过,罗尔斯所说的

---

[1] 〔美〕罗伯特·诺齐克:《无政府、国家和乌托邦》,姚大志译,中国社会科学出版社2008年版,第218页。
[2] John Rawls, *A Theory of Justice*, Cambridge, Massachusetts: The Belknap Press of Harvard University, 1971, p. 11.

"社会契约"不同于洛克、卢梭等人所说的"社会契约"。它不是关于人类"进入一种特殊社会或建立一种特殊政体的契约",而是关于如何确立适用于社会基本结构的正义原则的契约。[①] 或者说,罗尔斯没有致力于用传统的社会契约论来解释人类为什么要从自然状态转入社会状态的问题,而是用新的社会契约论来解释人类进入社会状态之后如何解决社会资源分配的公正性问题。由于罗尔斯的社会契约论确实与洛克、卢梭等西方哲学家所倡导的社会契约论有着根本区别,它被称为新社会契约论。

罗尔斯首先解析了正义的作用问题。对此,他强调了三点:(1)正义的作用首要是通过社会制度的设计和安排得到体现的。"正义是社会制度的首要德性,正如真理是思想体系的首要德性一样。"[②] 罗尔斯认为,在他之前,西方哲学家研究哲学的主题是探求真理,而在他建构系统化的正义理论之后,"正义"成为与"真理"同等重要的哲学研究主题。(2)正义的作用体现在它维护公民权利的职能上。"每个人都具有基于正义的不可侵犯性,哪怕以社会集体的福利的名义也不能僭越它。"[③] 个人的自由和权利优先于社会集体。(3)正义是无价的。"作为人类活动的首要德性,真理和正义都是不可妥协的。"真理是无价之宝,正义也是无价之宝。

其次,罗尔斯探究了正义的主题。"正义的主题是社会的基本结构,或更准确地说,是社会主要制度分配基本权利和义务的方式以及决定由社会合作产生的利益的分配方式。"[④] 所谓"社会的基本结构"或"社会主要制度",是指社会的政治结构和主要的经济和社会安排。"社

---

① John Rawls, *A Theory of Justice*, p. 9.
② John Rawls, *A Theory of Justice*, p. 3.
③ John Rawls, *A Theory of Justice*, p. 3.
④ John Rawls, *A Theory of Justice*, p. 7.

会基本结构之所以是正义的主题,是因为它的影响十分深刻,并且自始至终都在场。"① 在罗尔斯看来,人们一生下来就会被置于一定的社会身份、社会地位等"生活前景"之中,人们的某些出发点比另一些出发点更加有利,这是由政治体制和经济、社会条件决定的,因此,要实现正义,必须重点研究社会制度的设计和安排问题。

社会制度的设计和安排问题的关键是隐藏于社会制度背后的正义原则。一切社会制度都是依据一定的"正义原则"制定的。由于正义原则在性质上是不一样的,依据它们制定的社会制度存在根本性区别。合理的正义原则能够催生公正的社会制度,不合理的正义原则只能催生不公正的社会制度。公正社会制度不是从天而降的,也不是人们随心所欲制定的,必须基于合理的正义原则来设计和安排。

再次,罗尔斯提出了他本人的正义观。他倡导的正义观是"作为公平的正义"观。"作为公平的正义"是一种看待正义原则的方式。具体地说,进入有国家的社会状态之后,人类需要依据一定的正义原则来建构社会基本结构,"这些原则是那些想促进自身利益的自由的、有理性的人们将在一种平等的最初状态中接受的原则,他们以此来确定他们联合的基本条件";或者说,"这些原则将调解所有进一步制定的契约,它们将契约必须包括的社会合作形式和政府形式"。②

"作为公平的正义"有两个主要特征。一方面,作为公平的正义是"以一种可能是大家一起做出的最一般选择作为开始,即选择正义观的首要原则,并且用这些原则规约后来关于制度的批评和变革看法"③。罗尔斯试图强调,正义的原则必须是在"无知之幕"后被选择的,所有人都不知道他们各自在社会中的地位,任何一个人都不知道其他人的

---

① John Rawls, *A Theory of Justice*, p. 7.
② John Rawls, *A Theory of Justice*, p. 11.
③ John Rawls, *A Theory of Justice*, p. 13.

先天资质、能力、智力、体力等方面的情况，甚至谁都不知道其他人的善的观念和主要心理特征。所有人都处于相似的处境，他们在选择正义原则的时候不会出现存在偏私的情况，因此，他们选择的正义原则是"公平的协议或契约"。另一方面，"作为公平的正义的一个特征在于，它把处在原初状态中的各方设想为理性的、相互冷淡的人"[1]。这不是指参与选择正义原则的各方都是仅仅关心自己利益的利己主义者，而是指他们对他人的利益持冷淡的态度。只有理性的和相互冷淡的人才能够在原初状态中接受作为"规定"存在的正义原则。

最后，罗尔斯论证了两个正义原则。他所说的正义原则是哲学观念的原则，其根本特征是普遍有效性。"正义原则处理的是人们对通过社会合作产生的利益的冲突性要求，适用于处理若干个人或若干团体之间的关系。"[2] 罗尔斯认为人类社会生活是社会合作的生活方式。在这种生活方式中，每个人都要与其他人打交道，人与人之间是相互依存的关系，但很容易产生利益冲突；正义原则就是为了解决人际利益冲突而通过契约的方式确立的。在罗尔斯看来，基于社会契约来确立正义原则的观点是契约论正义观得以解释和证明的理论支撑，它的核心思想是："可以把正义原则视为理性的人愿意选择的原则。"[3] 正义原则是人为选择、建构的产物。

理性的、相互冷淡的人在"无知之幕"后制定的正义原则是怎样的？它们由下列两个原则构成：

第一个原则：每个人拥有与他人不相冲突的最广泛基本自由的权利是平等的。

第二个原则：社会的和经济的不平等应该这样安排，即（1）它们

---

[1] John Rawls, *A Theory of Justice*, p.13.
[2] John Rawls, *A Theory of Justice*, p.16.
[3] John Rawls, *A Theory of Justice*, p.16.

被合理地期望有利于所有人；（2）它们依附于向所有人开放的职位和岗位。①

上述第一个正义原则又被称为平等的基本自由原则。所谓"基本自由"，是指公民所能拥有的思想自由、言论自由、集会自由、宗教信仰自由等政治权利以及投票选举权、获得公共岗位的权利等。罗尔斯将政治权利置于高于、优先于经济权利的地位，认为支配社会制度设计和安排的正义原则应该首先体现个人政治权利的优先性。他说："根据第一个原则，这些自由都必须是平等的，因为一个公正社会的公民都必须拥有相同的基本权利。"②

上述第二个正义原则实际上是由两个子原则构成，即由"差别原则"和"机会平等原则"构成。当经济的、社会的不平等必须有利于所有人才能存在，这种正义原则体现了对个体差异性的尊重。罗尔斯将人划分为强势群体和弱势群体两个种类，认为强势群体在社会资源分配的时候总是处于有利地位，而弱势群体则总是处于不利地位，因此，他主张正义原则的确立应该首先考虑弱势群体的诉求，侧重于考虑如何有利于弱势群体的问题。"机会平等原则"建立在人类需要借助职位和岗位获得社会资源的事实，要求支配社会制度设计和安排的正义原则应该赋予人们平等的求职就业机会。在罗尔斯看来，如果人们不能拥有平等的求职就业机会，社会资源分配不可能是公正的。

罗尔斯对上述两个正义原则作了不可更改的顺序规定。他说："这些原则是按照先后顺序排列的，第一个原则先于第二个原则。这种排序意指，一旦偏离第一个原则规定制度设计和安排必须体现平等自由的要求，这是无法用更大的社会利益和经济利益来替代或弥补的。"③

---

① John Rawls, *A Theory of Justice*, p. 60.
② John Rawls, *A Theory of Justice*, p. 61.
③ John Rawls, *A Theory of Justice*, p. 61.

第九章　美国的分配正义问题与美国哲学家的理论反思　297

罗尔斯旨在强调，公民政治自由的平等性是首要的，其次是机会平等，财富和收入的分配以及其他权利的分配都必须与它们相一致。

需要指出的是，罗尔斯提出和论证的两个正义原则都不是可以用于规定如何将具体的社会资源分配给具体个人的规范。它们是支配社会制度设计和安排的理念而已，类似于康德所说的"绝对命令"。康德的"绝对命令"是指导人们如何确立普遍有效的道德原则的理念、原理或法则，并不适用于指导具体行为。同理，罗尔斯的两个正义原则是以形式性作为其根本特性。

确立和论证两个正义原则是罗尔斯正义理论所能达到的理论制高点。罗尔斯正义理论的思想主轴是强调"公正是社会制度的首要德性"，这不仅意味着他更多地重视社会制度维护分配正义的功能和作用，而且意味着他必须对这一思想主轴提供充分的论证。罗尔斯的《正义论》乃至他的整个正义理论都是围绕这一思想主轴展开的。两个正义原则的确立和论证也是服务于它的。

关于罗尔斯分配正义理论的价值，我们强调三个方面。

第一，罗尔斯分配正义理论具有原创性。

西方哲学发源于古希腊，至今经历了三千多年的历史变迁。在三千多年的历史变迁中，西方产生了赫拉克利特、苏格拉底、柏拉图、亚里士多德、康德、黑格尔、叔本华、尼采等伟大哲学家，也一直保持着极其复杂的哲学思想和理论争鸣，但西方哲学在罗尔斯之前总体上是以探求真理作为核心主题的。西方哲学家或者致力于探求关于宇宙的真理，或者致力于探求关于人类行为的真理。他们中的一些人称真理为"逻各斯"。例如，亚里士多德在古希腊就提出了"实践的逻各斯"概念，并且将它最终归结为"中道"原则。他们中的一些人称真理为规律。例如，德国哲学家将关于自然界的真理称为"自然规律"，而将关于人类行为的真理称为"道德规律""自由规律"或"意志规律"。马克思也将真理称为"规律"。

古希腊哲学家赫拉克利特曾经指出，人的本性就是追求真理。所谓"追求真理"，就是求知，就是要探知宇宙存在的奥秘。一部西方哲学发展史在很大程度上就是西方哲学家探求真理的历史。亚里士多德曾经说，他很爱他的老师柏拉图，但他更加热爱真理。可见，真理在西方哲学中具有极端重要的地位。从希腊出现的第一位哲学家泰勒斯，一直到罗尔斯之前，几乎所有西方哲学家都是以探求真理作为自己的神圣使命。这种局面最终被罗尔斯改变。

罗尔斯的《正义论》改变了西方哲学一直以探求真理作为核心主题的悠久传统。它不仅用前所未有的方式突出了哲学的实践性特征和实践品质，而且将"社会正义"第一次置于与"真理"同等重要甚至更加重要的位置上。这是由当今世界的现实决定的，也反映了世界哲学发展的大势。

在当今世界，真理问题仍然受到哲学家的高度重视，但它似乎不再与社会正义问题处于同等紧迫的地位。美国存在深刻的社会不平等，整个世界存在深刻的社会不平等，这是罗尔斯的正义理论能够受到广泛关注和重视的现实原因。在当今中国，社会正义问题也受到党中央和社会各界的广泛关注。党中央旗帜鲜明地指出，公平正义是中国特色社会主义的本质内涵，这说明社会正义问题已经成为我国推进中国特色社会主义建设事业必须高度重视、必须着力解决的重大社会问题。

第二，罗尔斯认为维护分配正义的最有效手段是社会制度。

罗尔斯认为，现代社会应该是社会正义能够得到充分实现的社会，但这需要满足一些必要条件，其中的一个条件是社会公民必须具备一定的素质，或者说，现代社会应该致力于培养能够适应现代社会发展需要的公民。在罗尔斯看来，现代社会的公民必须达到如下几个要求：

公民应该是自由的。（1）公民不能是奴隶社会的奴隶和封建社会的佃农。他们不仅对他人没有人身依附关系，而且能够对社会制度的设计和安排具有话语权。（2）公民的公共身份能够得到社会承认。例如，现代社会公民的职业身份、宗教身份等都能够得到社会的承认，而不是被视为非法的身份。（3）能够对自己的生活规划负责。如何生活？这是公民自己的事情，应该由他们自己做主。当然，由于是他们自己做主，他们也应该对自己的生活负责。

公民应该是平等的。（1）社会地位平等。所有公民都具有平等的社会地位。最重要的是，公民通过社会合作的方式追求美满生活的权利是平等的。罗尔斯将社会生活理解为社会合作的生活方式，认为社会合作是社会生活的根本特征。（2）人格平等。人与人之间在人格上是平等的。平等的人格不能因为肤色不同、性别不同、种族不同等原因受到歧视。

公民应该是理智的。罗尔斯所说的理智是指公民对待社会合作规则的态度。在他看来，能够自觉遵守社会合作规则是公民理智的表现。他强调，在现代社会，每个公民都应该自觉遵守社会合作规则，只要大家都遵守社会合作规则，哪怕牺牲自己的利益也在所不惜。罗尔斯称之为公民应有的"正义感"。

公民应该是理性的。罗尔斯所说的"理性"主要指两个方面的内容：（1）公民有能力确立价值观念。没有价值观念的人是没有理性能力的。（2）如果发现自己的价值观念是错误的，一个公民能够纠正它。罗尔斯称之为公民应有的"善的观念"。

正义感和善的观念是公民所能拥有的两种道德力量。这两种道德力量对人类具有约束力，但也有局限性。在现实中，很多人存在缺乏正义感的问题。他们对社会合作规则的遵守往往基于个人的主观偏好或容易受到社会环境的影响。有些人是出于自身利益的考虑才遵守社会合作规则，也有些人很容易受到他人的影响而不遵守社会合作规则。

例如，有些人完全可能因为某些规则不符合自己的切身利益而不遵守它，有些人则因为别人不遵守社会合作规则而不遵守它们。常见的情况是，有些人看见别人不遵守交通规则，自己也不遵守交通规则。在罗尔斯看来，通过交通规则、法律制度等形式表现出来的社会合作规则应该得到公民的普遍遵守，否则它们就是无效的；在遵守社会公共规则方面，人人平等，任何人都不应该讨价还价。

在如何维护社会正义的问题上，罗尔斯一方面认为公民能够凭借其所能拥有的正义感和善的观念在维护社会正义方面有所作为，但公民的正义感和善的观念并不是绝对可靠的，因此，要实现社会正义，必须主要诉诸社会制度的合理设计和安排。罗尔斯认为，在现代社会，由于人口流动性日益增强等原因，社会治理的难度日益增大，运用社会制度这一手段推进社会治理的需要变得更加紧迫。在他看来，社会制度是现代社会推进社会治理更有效的手段。通过分析公民所能拥有的道德力量，同时又对道德的局限性进行了深入分析，罗尔斯提出了以公正社会制度作为维护和实现社会正义的主要手段的思想。

第三，罗尔斯分配正义理论具有鲜明的平等主义特征。

罗尔斯所说的社会正义实质上指的是分配正义。他将分配正义问题视为当今美国社会乃至整个人类社会存在的突出现实问题。所谓"分配正义"，是指物质财富、政治权利、发展机会等社会资源的分配应该体现的公正性。

罗尔斯对分配正义问题进行了深刻关注。他尤其有感于当今美国社会严重存在的分配不公问题，认为它是导致美国社会动荡的根源所在。他更多地关注那些处于美国社会底层的弱势群体的生存状况。在罗尔斯看来，美国社会资源分配存在的突出问题在于，那些处于社会底层的弱势群体在社会资源分配中总是处于不利的地位，这是美国社会存在的深层问题，必须得到解决，否则美国就不是公正社会，就不是分配正义得到充分实现的好社会。罗尔斯建构正义理论的初衷就是要解决美国社会乃至当今世界严重存在的分配不公问题。

一般来说，社会资源分配依靠两种基本手段：个人的道德修养；社会制度的合理设计和安排。前者是非强制性的手段，后者是强制性的手段。个人的道德修养能够推动善良的人为维护和实现分配正义贡献力量。例如，它可以推动个人通过做慈善的方式维护分配正义。然而，个人的道德修养不一定绝对可靠，它并不能独立承担维护和实现分配正义的任务。正因为如此，借助社会制度维护和实现分配正义受到了罗尔斯的青睐，也受到了当代人类的普遍青睐。罗尔斯也认为，个人道德修养能够在维护分配正义方面发挥重要作用，但它的效果不如社会制度。社会制度应该在社会资源分配领域发挥更多的作用。

要发挥社会制度维护和实现分配正义的功能和作用，必须达到一个前提条件，这是指，社会制度必须是公正的。问题在于：公正社会制度从何而来？众所周知，社会制度都是由人类设计和安排的。因此，公正社会制度的设计和安排必须通过人类来完成。

罗尔斯强调，只有公正的社会制度才能在维护和实现分配正义方面发挥作用。不过，设计和安排公正社会制度是一项复杂工作。最重要的是，要设计和安排公正社会制度，必须先制定正义原则。正因为如此，罗尔斯将制定正义原则作为他的正义理论所能达到的理论制高点。

三、德沃金的平等正义观

人类为什么需要正义或公正？美国人为什么需要正义或公正？对于该问题，罗尔斯似乎并没有进行深入思考。他试图告诉我们，人们需要正义或公正，因为它有用，能够给我们带来公平的社会资源分配结果。当他做出"公正是社会制度的首要德性"这一论断时，他也很容易遭到批评。他的论断预设了这样一个"事实"：所有社会制度都是公正的。这显然是站不住脚的观点。真正的事实是，只有公正社会制度才能具有公正的德性。人类并不是因为社会制度的存在才需要正义或公正的，而是因为正义或公正具有我们需要的价值才追求它的。

美国哲学家德沃金对正义问题的研究建立在他的价值统一性理论基础之上。在德沃金看来，人类之所以需要正义或公正，并不是因为它对我们有用，而是因为它体现了我们人之为人的价值——尊严。在这一点上，他继承和坚持了康德的观点。康德认为，人与其他存在者都具有存在价值，但两者的价值评价标准截然不同；评价物的价值标准是价格，而评价人的价值标准是尊严；有价格的东西可以买卖，但有尊严的人是不可以买卖的，因此，人是高贵的；"道德和能够具有道德的人性，才是唯一有尊严的东西"[1]。德沃金说："没有尊严，我们的生活只能是昙花一现。"[2] 尊严是人类最重要的东西，因而也是人类最重要的价值。人类是为了尊严而生存的。

德沃金相信存在价值的客观真理。他指出："政治道德依赖于解释，而解释依赖于价值。"[3] 德沃金反对有些哲学家否认客观价值真理、将价值判断理解为纯粹主观判断的观点。他相信政治道德真理的客观性，反对人们对政治道德价值持怀疑主义态度。他说："政治比生活中任何其他方面都更加强烈地拒绝价值怀疑主义的奢侈。"[4] 其意在强调："政治是强制性的：除非认为我们据以行为或投票的道德原则或其

---

[1] 〔德〕伊曼努尔·康德：《道德形而上学基础》，孙少伟译，第99页。
[2] 〔美〕罗纳德·德沃金：《刺猬的正义》，周望、徐宗立译，中国政法大学出版社2016年版，第458页。
[3] 〔美〕罗纳德·德沃金：《刺猬的正义》，周望、徐宗立译，第7页。
[4] 〔美〕罗纳德·德沃金：《刺猬的正义》，周望、徐宗立译，第8页。

第九章　美国的分配正义问题与美国哲学家的理论反思　303

他原则客观上是正确的，否则我们无法承受我们作为管理者或公民的责任。"①

德沃金无疑是正确的。"有些社会制度就是不公正的，有些行为就是错误的，不管有多少人不这么认为。"②如果政治道德价值判断完全是主观有效的判断，它们必定缺乏普遍有效性。它们必须具有客观有效性，尔后才能具有普遍有效性。德沃金对政治道德价值之客观性和普遍性的坚信，进一步证明了他深受康德影响的事实。

与罗尔斯一样，德沃金也关注和研究分配正义问题。他也试图建构一种平等主义的分配正义理论，但他的理论与罗尔斯有着显著不同。罗尔斯重视"平等"，但他最终是以"公平"来解释"正义"的。与罗尔斯不同，德沃金是以"平等"直接来解释"正义"的，因此，他的分配正义理论可以被称为平等正义理论或平等正义观。

虽然德沃金认为平等是政治理想中一个面临困境的理念，但是他仍然愿意将它作为一种有价值的政治理想来加以追求。他说："我们能够对平等不闻不问吗？宣称对全体公民拥有统治权并要求他们忠诚的政府，如果它对于他们的命运没有表现出平等的关切，它也不可能是个合法的政府。"③显而易见，德沃金认为一个政府的合法性应该建立在它对国民或公民的平等性的尊重基础之上。他进一步指出："平等的关切是政治社会至上的美德——没有这种美德的政府，只能是专制的政府；所以，当一国的财富分配像甚至非常繁荣的国家目前的财富状况那样极为不平等时，它的平等关切就是值得怀疑的。"④德沃金把"平

---

① 〔美〕罗纳德·德沃金：《刺猬的正义》，周望、徐宗立译，第8页。
② 〔美〕罗纳德·德沃金：《刺猬的正义》，周望、徐宗立译，第7页。
③ 〔美〕罗纳德·德沃金：《至上的美德：平等的理论与实践》，冯克利译，江苏人民出版社2003年版，第1页。
④ 〔美〕罗纳德·德沃金：《至上的美德：平等的理论与实践》，冯克利译，第1页。

等"视为所有合法政府都应该拥有的美德。问题在于，他所说的"非常繁荣的国家"是哪个国家？众所周知，美国是当今世界唯一的超级大国，也是当今世界上最富有的国家。德沃金没有明确说明，但我们很容易想到"美国"。显然在德沃金的眼里，美国在财富分配方面存在严重不平等。

罗尔斯关心的是所有社会资源都应该得到公平分配的事实，而德沃金主要关心物质财富的平等分配问题。德沃金对包括美国在内的西方国家的物质财富分配状况深感不满。"**繁荣的民主国家甚至还远远没有做到为人人提供体面的最低生活水平——虽然有些国家较之于另一些国家更接近于这个目标。**"① 德沃金总是不愿在论述中提及具体的国家，但他的言谈之中是有所指向的。

德沃金把"平等的关切"视为正义的核心要义，倡导作为平等的正义。他致力于解决分配平等问题。所谓"分配平等问题"，主要涉及物质财富分配问题，不涉及政治权力以及思想自由、言论自由等个人权利的分配问题。"平等的关切要求政府致力于某种形式的物质平等。"② 德沃金探析了两种分配平等理论：一种是福利平等理论，它意指"一种分配方案在人们中间分配或转移资源，直到再也无法使他们在福利方面更平等，此时这个方案就做到了平等待人"；另一种是资源平等理论，它意指"一个分配方案在人们中间分配或转移资源，直到再也无法使他们在总体资源份额上更加平等，这时这个分配方案就做到了平等待人"③。这两种分配平等理论都体现了"平等待人"的价值取向，但德沃金倾向于采纳第二种。

罗尔斯的分配正义理论是一种福利平等理论。他的差别原则显然

---

① 〔美〕罗纳德·德沃金：《至上的美德：平等的理论与实践》，冯克利译，第3页。
② 〔美〕罗纳德·德沃金：《至上的美德：平等的理论与实践》，冯克利译，第3页。
③ 〔美〕罗纳德·德沃金：《至上的美德：平等的理论与实践》，冯克利译，第3页。

"照顾"了社会弱势群体的利益需求,并且使正义天平明显朝着他们倾斜了。在罗尔斯的分配正义理论中,如果社会资源分配的语境是设定的,分配过程和结果总体上是有利于弱势群体的,而强势群体则或多或少会蒙受一定的利益损失。福利平等其实内含着物质分配的不平等。正因为如此,它常常不是一些哲学家的选项。德沃金明确指出:"甚至当福利的不平等不会改善处境最差群体的处境时,福利平等也不是一个可取的政治目标。"① 在德沃金看来,福利平等理论只不过是福利主义理论的变种而已。

德沃金倡导"资源平等"。由于资源可以区分为自然资源、公共资源和私有资源,实现"资源平等"必须考虑资源的界定问题。政治权力之类的公共资源是不可能平等分配的,空气之类的自然资源的分配权又不完全掌握在人类手中,因此,德沃金将"资源平等"主要局限于私有资源。他说:"我将假定,资源平等就是在个人私有的无论什么资源方面的平等。"② 或者说:"资源平等假设,给予每个人的资源应当是平等的。"③

德沃金对"福利平等"和"资源平等"作了区分。他说:"在福利平等的条件下,人们得决定他们需要选择哪一种类型的生活,这与确定他们的选择会在多大程度上减少或增加别人获得其所需的能力的相关信息无关。"④ 在"福利平等"的框架中,个人所能做的是选择他们的生活目标,而政府将根据一定的平等尺度尽量实现他们的目标,但必须充分考虑他人对减少自身福利的承受能力。"资源平等"则不同。"在资源平等的条件下,人们在决定追求哪一类生活时所依据的信息背

---

① 〔美〕罗纳德·德沃金:《至上的美德:平等的理论与实践》,冯克利译,第6页。
② 〔美〕罗纳德·德沃金:《至上的美德:平等的理论与实践》,冯克利译,第61页。
③ 〔美〕罗纳德·德沃金:《至上的美德:平等的理论与实践》,冯克利译,第66页。
④ 〔美〕罗纳德·德沃金:《至上的美德:平等的理论与实践》,冯克利译,第66页。

景，是他们的选择使别人，从而也使他们可以公平利用的资源总量承担的实际成本。"①在"资源平等"的框架内，个人在进行个人生活目标设定时，既需要考虑自己的主观需要，也需要考虑社会实现资源平等的实际成本，因此，政府必须考虑他人和社会对减少资源总量的承受能力。

德沃金的资源平等理论要求政府将个人所能拥有的资源都平等地分配给他们，其前提条件是必须有一种向所有人平等开放的经济市场，因为它是所有人平等获取资源的最有效途径。"在资源平等条件下，市场一旦出现，它就会表现出更为积极但也更为顺从的面貌。"②德沃金所说的"市场"是指健全的市场经济体制。"它的出现是因为平等观认为，至少在一定程度上它是用来落实如下基本要求的最佳手段：只把社会资源的平等份额分给其每一个成员，其衡量标准是这些资源给别人造成的机会成本。"③在德沃金看来，罗尔斯的差别原则表面上维护的是福利平等，但它实际上维护的是资源平等。

如果我们对罗尔斯的福利平等理论和德沃金的资源平等理论进行比较的话，我们会发现它们之间确实存在区别。虽然它们本质上都是平等主义的，但是它们对"平等"的定义并不相同。"福利平等"发生在政府对社会资源进行第一次分配之后，而"资源平等"发生在政府对社会资源进行第一次分配之前。第一次社会资源分配通常是不平等的，因为它受到资源分配参与者的个人能力、家庭背景等因素的严重影响。如果能够从资源的初次分配就开始重视解决分配的公正性问题，这必定有一定的优势。问题在于，社会资源的初次分配也会受到个人能力、家庭背景等因素的深刻影响，分配的公正性也是难以保证的。

---

① 〔美〕罗纳德·德沃金：《至上的美德：平等的理论与实践》，冯克利译，第66页。
② 〔美〕罗纳德·德沃金：《至上的美德：平等的理论与实践》，冯克利译，第111页。
③ 〔美〕罗纳德·德沃金：《至上的美德：平等的理论与实践》，冯克利译，第111页。

德沃金将希望寄托在"市场"之上，但事实在于，人类社会迄今为止还没有形成任何一种非常健全的市场经济体制，参与社会资源分配的人又怎么能够平等地拥有获取资源的机会呢？纵然市场确实像德沃金所设想的那样向所有人平等开放，如果没有公正社会制度和个人道德修养提供保证，恐怕一切都是不切实际的空谈。

四、沃尔泽的国际正义观

美国政治哲学家迈克尔·沃尔泽不仅研究分配正义，而且研究国际正义。他对国际正义的研究主要聚焦于战争领域。具体地说，他主要研究正义战争和非正义战争的区分问题。众所周知，美国是一个特别好战的国家。单从这一点来看，沃尔泽的国际正义观就值得我们关注和研究。

《孙子兵法》说："兵者，国之大事，死生之地，存亡之道，不可不察也。"[1] 战争的机器一旦发动，必定会有大量死伤，甚至会将整个世界拖入水深火热之中。第一和第二次世界大战用铁的事实证明了这一点。对此，沃尔泽也深表认同。他说："战争要死人，而且常常死伤众多。战争是地狱。"[2]

在现实中，有些人认为战争具有必然性，人类不可避免地会在战争中表现出恐惧、自私、受本能驱动、杀戮等行为，这些行为不应该受到道德谴责和法律惩罚。沃尔泽将持这种观点的人称为"现实主义者"。这种人往往以战争的必然性、现实性为借口，为那些在战争中发

---

[1] 《孙子兵法》，陈曦译，中华书局 2011 年版，第 2 页。
[2] 〔美〕迈克尔·沃尔泽：《正义与非正义战争：通过历史实例的道德论证》，任辉献译，江苏人民出版社 2008 年版，第 25 页。

生的违背道德和法律的行为辩护。他们往往这样申辩："是的，我们的军人在战斗过程中实施了暴行，但这是战争造成的，战争就是这样的。"① 在人类发展史发生的诸多战争中，很多战争参与者抱持这样的观点。

关于战争的现实主义观点总体上是错误的，但它在一点上是值得肯定的：它承认战争的杀戮性和残酷性。战争绝对不是下象棋或跳子棋的游戏。这些游戏活动主要表现为棋手之间的智力博弈。如果是高手对垒，智力博弈可以达到极其激烈的程度，甚至造成让棋手大伤元气的地步，但它毕竟是没有硝烟的竞争，并且伤害面是非常有限的。战争则不同。在一场大规模的世界大战中，整个世界、整个人类卷入其中，伤亡数字往往数以万计，甚至数以百万计，血流成河，哀鸿遍野，天昏地暗。有些人将这些视为战争必然会导致的事实。他们说："战争是一个不同于日常生活的世界。在战争中面临危险的是生命本身，人类的本性被降低到最原始的形式，自我利益和必然性决定一切。"② 沃尔泽对此是持反对态度的。

由于战争具有杀戮性、残酷性，很多人主张尽力避免战争。中国兵法家孙子精通兵法，但他深知"用兵之害"，因而主张谨慎用兵。孙子说："不尽知用兵之害者，则不能尽知用兵之利也。"③ 其意指，要懂得战争和用兵的好处，必须先懂得战争和用兵的坏处。懂得战争的利害，因而不轻易发动战争，这是孙子兵法内含的重要智慧。孙子还说："不战而屈人之兵，善之善者也。"④ 尽力避战也是中华民族的战争理念。然而，很多人并不因为战争的杀戮性和残酷性而反对战争，甚至在战

---

① 〔美〕迈克尔·沃尔泽：《正义与非正义战争：通过历史实例的道德论证》，任辉献译，第4页。
② 〔美〕迈克尔·沃尔泽：《正义与非正义战争：通过历史实例的道德论证》，任辉献译，第3页。
③ 《孙子兵法》，陈曦译，第23页。
④ 《孙子兵法》，陈曦译，第37页。

争中为所欲为。他们说:"在战争中人们为了保存自己和共同体可以为所欲为,道德和法律在这里没有立足之地。"① 沃尔泽对此也是持反对立场的。

沃尔泽认为:"对战争和战争中的行为进行道德判断是一项严肃的事业。"② 作为一位崇尚正义的哲学家,沃尔泽认为战争和战争行为都应该受到道德规范的约束。也就是说,他认为战争中存在"道德现实",所有战争都会受到两次道德判断,一次涉及国家开展的理由,另一次涉及战争使用的手段。沃尔泽指出,前者涉及如何对战争的性质进行道德判断的问题,其结果是将战争区分为正义战争和非正义战争;后者要求对战争行为的性质进行道德判断,其结果是要判断人们的战争行为是正义的或非正义的。因此,战争中的道德现实主要体现为两种正义:一是开战正义;二是作战正义。

开战正义和作战正义是战争正义的两种主要表现形式。"开展正义要求我们对侵略和自卫作出判断;作战正义则要确定行为是遵守还是违反交战的习惯规则或成文法。"③ 不过,关于开战正义和作战正义的逻辑判断是各自独立的,因为"完全有可能以非正义的方式打一场正义的战争,或者严守战争规则打一场非正义的战争"④。在沃尔泽看来,侵略战争和抵抗侵略的战争有着根本区别,但它们都必须受到道德规范的制约。"侵略是犯罪,侵略性战争却是受规则支配的活动。抵抗侵略

---

① 〔美〕迈克尔·沃尔泽:《正义与非正义战争:通过历史实例的道德论证》,任辉献译,第3页。
② 〔美〕迈克尔·沃尔泽:《正义与非正义战争:通过历史实例的道德论证》,任辉献译,第5页。
③ 〔美〕迈克尔·沃尔泽:《正义与非正义战争:通过历史实例的道德论证》,任辉献译,第24页。
④ 〔美〕迈克尔·沃尔泽:《正义与非正义战争:通过历史实例的道德论证》,任辉献译,第24页。

是正当的，抵抗却受道德（和法律）的约束。"①

开战正义在很大程度上是由战争的目的决定的。"战争规约的目的是确定交战国、军队指挥员以及军人个人在战斗中的义务。"②一场正义战争是具有正义目的的战争，而一场非正义战争的目的则是具有非正义目的的战争。前者或者为了政治独立，或者为了民族自由，或者为了保护国家主权完整，其正义目的决定了它的正义性。后者或者为了侵占他国的领土，或者为了掠夺他国的资源，或者为了奴役他国人民，其非正义目的决定了它的非正义性。正义战争必定有其正义价值目标。"如果别的方法都失败了（这是个重要的限制），就证明为了捍卫这些价值进行的战争是正当的。"甚至可以说："一场正义的战争在道德上是必须获胜的，死于正义战争的军人没有白白死去。"③

侵略战争都是非正义战争。"侵略是我们赋予发动战争的罪名。"④侵略是比国内犯罪更严重的犯罪。沃尔泽甚至认为："侵略的独特之处在于它是国家能够对别的国家犯下的唯一罪行：所有其他行为都只能说是不良行为而已。"⑤侵略战争侵犯的是一个国家的领土完整和政治主权，其严重程度远远超过了一个杀人犯杀了一个人的罪行。侵略战争所带来的杀戮和掠夺往往是极端残暴的，应当"另当别论"或"刮目相看"。沃尔泽强调："侵略打开了地狱之门。"⑥

---

① 〔美〕迈克尔·沃尔泽：《正义与非正义战争：通过历史实例的道德论证》，任辉献译，第24页。
② 〔美〕迈克尔·沃尔泽：《正义与非正义战争：通过历史实例的道德论证》，任辉献译，第141页。
③ 〔美〕迈克尔·沃尔泽：《正义与非正义战争：通过历史实例的道德论证》，任辉献译，第123页。
④ 〔美〕迈克尔·沃尔泽：《正义与非正义战争：通过历史实例的道德论证》，任辉献译，第59页。
⑤ 〔美〕迈克尔·沃尔泽：《正义与非正义战争：通过历史实例的道德论证》，任辉献译，第59页。
⑥ 〔美〕迈克尔·沃尔泽：《正义与非正义战争：通过历史实例的道德论证》，任辉献译，第60页。

有些侵略可能没有遇到任何抵抗，但它的罪恶性质是确定的。沃尔泽说："没有受到抵抗的侵略仍然是侵略，尽管它根本没有'大量流血'。"[①]在一个国家内，如果一个强盗没有杀死任何人就得到了他想要攫取的财物，他所犯的罪显然比杀人抢劫的罪要轻。如果一个强盗本来是想通过杀人来抢劫，只是因为没有遭遇抵抗没有杀人就轻易得手，而他自己在受到审判时也承认这一点，那么，他的罪会重一些。然而，无论侵略是否导致流血，其根本性质是一样的。侵略就是侵略，它绝不可能是别的。沃尔泽举了德国1939年占领捷克斯洛伐克和波兰的例子。第二次世界大战期间，德国侵略捷克斯洛伐克的时候，采取了威逼手段，因此，捷克斯洛伐克没有任何反抗。波兰则不同。它进行了抵抗，因而有许多人战死。后来在纽伦堡审判时，德国对捷克斯洛伐克和波兰的侵略都受到了指控，并且都被判定为侵略罪。这种事例至少说明人们对侵略罪的道德判断是一致的，不存在将它进行层级划分的问题。

战争总是会诉诸一定的手段。战争可以这样打，也可以那样打。手段不同，战争所造成的后果是不同的。在科索沃战争、阿富汗战争、伊拉克战争、叙利亚战争中，美国采用的都是狂轰滥炸的方式，结果导致大量平民伤亡和人道主义灾难。在目前发生的俄乌冲突中，由于俄罗斯并没有采取狂轰滥炸的野蛮方式，开辟了多条人道主义通道，平民伤亡就少了很多。

战争手段主要通过武器使用得到体现。在冷兵器时代，由于冷兵器的杀伤力相对有限，战争所造成的伤亡也是比较有限的。在现代，战争主要借助火炮、导弹、飞机、坦克等现代化武器来展开，其杀伤

---

① 〔美〕迈克尔·沃尔泽：《正义与非正义战争：通过历史实例的道德论证》，任辉献译，第60页。

力不能与冷兵器时代的战争同日而语。如果将核武器、生化武器等投入使用，其后果更是骇人听闻。战争手段是由战争目的决定的，但它的重要性不容忽视。它们都应该受到道德和法律的规约。

战争行为有正当和非正当之分。沃尔泽认为："正当的战争行为，就是不侵犯该行为所针对的对象的权利的行为。"[①] 根据这一定义，那么，非正当的战争行为是指侵犯该行为所针对的对象的权利的行为。例如，在战争中保护平民的行为就属于正当行为，而在战争中奸淫妇女则是不正当行为。沃尔泽说："无论是在战时还是和平时期，强奸都是一种罪行，因为这侵犯了遭到攻击的妇女的权利。"[②]

"责任分配是对正义论的重要检验。"[③] 战争与责任紧密相关。作为人类的一种行为选择，战争几乎处处涉及人的责任。"如果最终无人负责，在战争中就没有任何正义可言。"[④] 不过，战争责任的确定是一件极其困难的事情。最常见的一件事情是，如果一个士兵是为了一个发动侵略战争的国家而战，他应该为自己的战争行为承担责任吗？更进一步说，如果一个士兵因为服从命令枪杀了平民，他应该为此负责吗？

战争中的道德责任更是一个难题。战争本身是一件极其复杂的事情。在任何一次具体的战争中，参与战争的主体都特别多。有国家元首、军官、士兵、后勤人员等。每种主体在战争中承担着不同的职责，发挥着不同的作用，因此，各自的道德责任也不尽相同。沃尔泽对此有深刻认识。他说："战争的世界不是一个可以完全理解的世界，更不

---

① 〔美〕迈克尔·沃尔泽：《正义与非正义战争：通过历史实例的道德论证》，任辉献译，第150页。
② 〔美〕迈克尔·沃尔泽：《正义与非正义战争：通过历史实例的道德论证》，任辉献译，第149页。
③ 〔美〕迈克尔·沃尔泽：《正义与非正义战争：通过历史实例的道德论证》，任辉献译，第319页。
④ 〔美〕迈克尔·沃尔泽：《正义与非正义战争：通过历史实例的道德论证》，任辉献译，第319页。

用说道德上令人满意的世界了。"① 沃尔泽看到了战争难以避免的事实，但他认为人类可以减少战争。他更希望人类在战争中能够讲规矩、讲道德。他希望人类尽力通过政治方式解决争端。他指出："限制战争是和平的起点。"② 在沃尔泽看来，限制战争就是尽量用政治方式来化解国与国之间的矛盾。"如果我们的目标是将战争转化为政治斗争——我们应该这样——首先必须坚决维护战争规则并严格约束军人遵守为他们设立的规则。"③ 看得出来，沃尔泽不是一个推崇战争的哲学家，但他似乎不懂得"战争是政治的延续"的道理。主张推动战争向政治斗争转化，这当然反映了沃尔泽的战争观、政治观、国家观，但它们的合理性和说服力是令人怀疑的。

五、海特论正义之心

正义问题是当今美国哲学界最热门的话题，吸引了一大批美国哲学家。他们从不同角度展开研究，大胆进行理论创新，创造了正义理论主导当今美国哲学界的局面。

海特是一位心理学家。他在研究积极心理学方面独有建树，具有国际影响力。在《象与骑象人：幸福的假设》一书中，他用"象"来比喻人心，用"骑象人"来比喻人智，并且借助两个概念来解释人的幸福问题。在海特看来，人生就是驾驭大象往前奔走的过程，人心与

---

① 〔美〕迈克尔·沃尔泽：《正义与非正义战争：通过历史实例的道德论证》，任辉献译，第364页。
② 〔美〕迈克尔·沃尔泽：《正义与非正义战争：通过历史实例的道德论证》，任辉献译，第371页。
③ 〔美〕迈克尔·沃尔泽：《正义与非正义战争：通过历史实例的道德论证》，任辉献译，第371页。

人智能够配合得天衣无缝，人生是有意义的，但有意义的人生需要智慧支撑。海特的人生哲学观深受中国哲学影响。他说："以中庸之道（平衡），找寻人生的智慧——不管是古与今，东方与西方，甚至保守与自由，中庸之道都可让我们选择正确的人生方向，找到人生的满足、幸福及意义。"[1] 海特认为人生幸福来源于人类对心的驾驭。

海特也研究正义问题，但他关注的是人的正义之心。具体地说，他试图从道德心理学的角度来解答这样一个问题：人有正义之心，但人的正义之心是先天的还是后天习得的？这涉及另外一个问题：道德是怎么起源的？

海特通过心理学研究认为，道德主要不是通过推理得来的，而是先天的和后天习得的。他认为，道德有先天性，但也需要学习才能形成。他说："文化习得或引导在道德形成方面所发挥的作用一定比理性主义者的理论中所阐述的要多。"[2] 正义是道德的重要内容。它既有先天的一面，也有后天习得的一面。"我们生而正义，但我们也必须学习，明白人们希望我们在哪些方面具备正义。"[3]

海特对人的正义之心的解释是基于他的道德观展开的。他的道德观主要涵盖如下主要内容：（1）人的道德能力主要是直觉能力。"我们的道德能力从直觉主义的角度能得到最佳的描绘。"[4]（2）道德在人与人之间、民族与民族之间都是有差异的。"道德疆域在不同文化之间是有

---

[1]〔美〕乔纳森·海特：《象与骑象人：幸福的假设》，李静瑶译，浙江人民出版社2012年版，第253页。

[2]〔美〕乔纳森·海特：《正义之心：为什么人们总是坚持"我对你错"》，舒明月、胡晓旭译，浙江人民出版社2014年版，第25—26页。

[3]〔美〕乔纳森·海特：《正义之心：为什么人们总是坚持"我对你错"》，舒明月、胡晓旭译，第26页。

[4]〔美〕乔纳森·海特：《正义之心：为什么人们总是坚持"我对你错"》，舒明月、胡晓旭译，第97页。

第九章　美国的分配正义问题与美国哲学家的理论反思　315

差异的,这是个简单的人类学事实。"[1](3)道德是由人的正义之心主导的。"道德矩阵多种多样,但它们都必须取悦兼具6种社会感官的正义之心。"[2]道德犹如菜系,包括各种各样的味道。人能够拥有正义之心,即拥有能够"感受6种味道的舌头"。正义之心是能够集所有道德感于一体的道德感。这是指:"正义之心的味觉感官有五种绝佳的备选项,即关爱、公平、忠诚、权威和圣洁。"[3]正义之心是人能够拥有的第六种道德感觉。(4)美德具有社会性。"美德是社会建构物。尚武文化教给儿童的美德不同于农耕文化或者现代工业文化。"[4]世界上各个民族所倡导的美德可能是重合的,但它们的内涵是不同的。例如,穆罕默德、耶稣、佛陀、孟子都论及同情,但他们是以不同方式来诠释其内涵的。(5)人的正义之心体现人的共享意向性。人类在不断进化过程中发展了共享意向性,这不仅使得我们能够想他人之所想,而且使得我们能够将"共享"当作一种共同行为规范。"这些共享行为规范是道德阵营的开端,而这些道德阵营如今主导着我们的社会生活。"[5](6)道德能够凝聚人心,但它具有盲目性。道德能够引导人们向善、求善和行善,但它的引导力和规范性并不总是有效的。"我们撒谎,欺骗,一有把握就钻道德的空子,然后用道德思维来维持名声,自我辩解。"[6]

---

[1] 〔美〕乔纳森·海特:《正义之心:为什么人们总是坚持"我对你错"》,舒明月、胡晓旭译,第117页。

[2] 〔美〕乔纳森·海特:《正义之心:为什么人们总是坚持"我对你错"》,舒明月、胡晓旭译,第121页。

[3] 〔美〕乔纳森·海特:《正义之心:为什么人们总是坚持"我对你错"》,舒明月、胡晓旭译,第135页。

[4] 〔美〕乔纳森·海特:《正义之心:为什么人们总是坚持"我对你错"》,舒明月、胡晓旭译,第129页。

[5] 〔美〕乔纳森·海特:《正义之心:为什么人们总是坚持"我对你错"》,舒明月、胡晓旭译,第238页。

[6] 〔美〕乔纳森·海特:《正义之心:为什么人们总是坚持"我对你错"》,舒明月、胡晓旭译,第204页。

要深入理解人的正义之心，我们必须关注和研究人的本性。海特认为，人既是自私的，又是无私的。一方面，人都是自私的。"人们通常都是自私的，而且我们大部分的道德、政治和宗教行为可以被理解为几乎未加掩饰的寻求私利的方式。"① 另一方面，人又是无私的。"人们也确实是具有群体归属性的。我们喜欢加入团队、俱乐部、联合会以及互助会。我们表现出群体认同感，为了共同的目标与陌生人热情地肩并肩一起工作。"②

由于自私，所以人具有私心。由于无私，所以人又具有正义之心。海特的意思是指，当我们具有私心的时候，我们的内心受到一种特殊的心理机制支配，它使得我们在参与社会竞争的过程中特别关注和善于增进自己的利益，而当我们具有正义之心的时候，我们表现出群体归属性，我们的内心也被一种特殊的心理机制支配，它使得我们在与其他团体竞争时，特别关注和善于增进自己团体的利益。在海特的眼里，人都不是圣人，我们在绝大多数时候是自私的，但有些时候会表现出强烈的群体认同感和良好的团队精神。

海特是一位道德心理学家。他从心理学、伦理学、人类学等学科构成的复合视角来研究人类道德生活，同时将关于人类道德生活的研究置于心理的、历史的层面进行考察，其聚焦点是人类天性尤其是人的正义之心，为人们认识、理解和把握正义问题提供了新的路径。他坚信人类具有正义之心。他说："我们为自己的利益花费了大量的时间，但我们所有人都有着超越自我利益，成为整体中小小一部分的能力。这不仅仅是一种能力，它为很多人开启了生命中最宝贵经历的

---

① 〔美〕乔纳森·海特：《正义之心：为什么人们总是坚持"我对你错"》，舒明月、胡晓旭译，第204页。
② 〔美〕乔纳森·海特：《正义之心：为什么人们总是坚持"我对你错"》，舒明月、胡晓旭译，第205页。

大门。"①

叔本华、尼采等西方哲学家都承认人的自私本性,但他们并不认为人应该以自私自利的方式生存。在他们看来,人类一旦超越自身的自私本性,道德的光辉就会显露出来,并且照亮我们的人性。海特显然也持这样的观点。在他的道德心理学中,虽然人的无私之心或正义之心只是有时候被展现出来,但是它是人类克服或超越自私本性的唯一途径。

海特呼唤人类正义之心,对人类正义之心怀有坚定信念。他对正义之心的坚定信念就是对人类本身的坚定信念。虽然他没有对正义之心的运行机制展开细致入微的探析,但是他的理论分析已经能够让我们深切地感受到正义之心对于人类的极端重要性。他的道德心理学理论告诉我们,自私之心和正义之心既是先天的,也是后天习得的,因此,只要找到有效的方法,我们就可以将它们塑造出来。

六、美国哲学家的正义理论研究简评

重视研究正义理论是当代美国哲学的一大显著特征,它已经成为美国哲学传统最引人注目的风景。由罗尔斯开创的正义理论研究传统不仅在美国产生了广泛而深刻的影响,而且在整个世界产生了不容忽视的影响。

美国哲学家对正义问题的研究几乎达到无所不包的程度。除了少数人(如诺齐克)主要关注和研究物质财富的公正分配问题以外,大

---

① 〔美〕乔纳森·海特:《正义之心:为什么人们总是坚持"我对你错"》,舒明月、胡晓旭译,第339页。

多数美国哲学家是从广义的角度来研究正义问题。他们研究正义问题的起源、正义原则的确立和论证、正义原则的应用、正义与道德的关系等论题，并且取得了丰硕理论成果。科克—肖·谭甚至旗帜鲜明地倡导"世界主义正义"。他说："世界主义正义是一种没有国界的正义。"[1] 这是指："从世界主义的角度看，正义原则应当超越民族身份和公民身份，应当平等地应用于世界（作为一个整体）上的所有人。"[2] 科克—肖·谭试图倡导一种不与民族主义、爱国主义相冲突的世界主义正义理论。

美国哲学家对正义问题的聚焦吸引了当代人类的眼光。他们的理论研究让我们看到，无论是在国内还是整个世界，正义问题都是受到人们最广泛、最深切关注的现实问题。从美国来看，他们推动美国人开始反思美国社会存在的深刻的不平等，并试图找到解决问题的有效方法。从世界来看，他们也推动世界人民开始反思世界范围内存在的深刻的不平等，并寻求解决问题的可能途径。

科克—肖·谭倡导的世界主义正义观必然具有实践上的难度，但它毕竟能够对世界人民起到一定的警示作用。一方面，它呼唤确立世界主义的分配正义原则。"分配正义原则应当平等地、毫无偏私地应用于所有的人，而不应当受到国家边界的限制。"[3] 另一方面，它要求建立必要的全球制度来保证世界主义正义原则的贯彻落实。"从根本上来说，世界主义正义所呼唤的是要建立一些必要的全球制度，在这些制度下，人们的基本权利和自由能够平等地得到保护和确保，所有的人

---

[1] 〔美〕科克—肖·谭：《没有国界的正义：世界主义、民族主义与爱国主义》，杨通进译，重庆出版社 2014 年版，第 1 页。

[2] 〔美〕科克—肖·谭：《没有国界的正义：世界主义、民族主义与爱国主义》，杨通进译，第 1 页。

[3] 〔美〕科克—肖·谭：《没有国界的正义：世界主义、民族主义与爱国主义》，杨通进译，第 4 页。

都能够得到平等的关切。"①

真正的哲学家往往具有关怀人类的道德情怀。科克—肖·谭是一个年轻美国学者,但他已经展露出这种情怀。问题在于,当今世界不仅已经制定很多种国际法,而且创建了联合国,但分配正义在世界上得到实现的程度非常低。在社会资源分配方面,经济实力强大的国家(如美国)总是处于有利地位,而经济实力弱小的国家(主要是发展中国家)总是处于不利地位。科克—肖·谭说:"世界主义的政治正义和经济正义都不需要以一个世界国家或世界政府为前提。"② 这可能恰恰就是问题的症结所在。分配正义问题在一个政府比较弱的国家里都难以得到有效解决,更何况是在没有世界国家或世界政府的世界?

当代美国哲学家对正义问题的深入研究及其形成的正义理论受到了中国学术界的普遍重视。近些年来,罗尔斯、诺齐克、桑德尔等当代美国哲学家的正义理论著作越来越多地被翻译成汉语,并且在中国哲学、政治学、法学、经济学等学科领域受到了广泛欢迎。中国学术界近些年研究当代美国正义理论的学术论文数量增长迅速,并且出现了《何谓正义?当代西方政治哲学研究》(姚大志,人民出版社 2007 年出版)、《良序社会的政治哲学——罗尔斯正义理论研究》(李志江,人民出版社 2009 年出版)、《求索正义——罗尔斯正义理论发展探究》(涂清飞,法律出版社 2010 年出版)、《正义与社群——社群主义对以罗尔斯为首的新自由主义的批判》(何霜梅,人民出版社 2009 年出版)、《多元时代的"正义方舟"——罗尔斯后期政治哲学思想研究》(曹瑞涛,浙江大学出版社 2007 年出版)、《罗尔斯正义理论的法文化

---

① 〔美〕科克—肖·谭:《没有国界的正义:世界主义、民族主义与爱国主义》,杨通进译,第5页。
② 〔美〕科克—肖·谭:《没有国界的正义:世界主义、民族主义与爱国主义》,杨通进译,第4页。

意蕴》（盛美军，黑龙江大学出版社 2009 年出版）、《罗伯特·诺齐克的资格正义理论研究》（张翠梅，科学出版社 2009 年出版）等为数不少的著作。这些论著对罗尔斯的分配正义理论给予了较多关注和研究，但也有少数著作试图从宏观的层面介绍当代英美分配正义理论。例如，姚大志的《何谓正义？当代西方政治哲学研究》就比较系统地展现了自由主义分配正义理论和社群主义分配正义理论在当代美国哲学家中间形成的对峙和争鸣局面。另外，罗尔斯、纳格尔、沃尔泽等当代美国哲学家的正义理论进入了一些中国大学哲学系的课程表，成为中国高校讲授当代西方哲学的一个重要内容。

需要指出的是，虽然当代美国哲学家的正义理论在当今中国的影响正呈现出不断提升的趋势，但是中国学术界对其展开的研究尚有很大的拓展空间：（1）中国学者的相关研究工作迄今为止还主要停留在翻译或介绍当代美国哲学家关于正义问题的著述层面，批评性研究的理论成果还很有限；（2）中国学者已经取得的理论研究成果严重地局限于罗尔斯、诺齐克等少数美国哲学家的分配正义思想和理论，还不足以提供关于当代美国正义理论的完整画面；（3）一些中国学者在研究当代美国正义理论时缺乏必要的"中国视角"，即缺乏一种与中国国情相结合的批评性眼光和态度，因而他们的研究成果难以达到"洋为中用"的目的。中国学术界需要做出更多的努力，以进一步深化关于当代美国正义理论的研究工作。

中国具有重视伦理思想建设和伦理学理论建设的悠久传统，这是中华伦理文化得以繁荣昌盛的一个重要原因。不过，由于中国传统伦理思想和伦理学理论一直偏重于关注和研究"仁爱"主题，中国传统社会对正义问题一直缺乏深入系统的理论反思和探究。马克思主义哲学中包含丰富而深刻的正义思想和理论，但我国学术界对此并没有展开深入研究。另外，我国学术界创建中国特色正义理论的学术自觉性

第九章 美国的分配正义问题与美国哲学家的理论反思

也显得不够强烈。由于这些原因，中国在研究正义理论方面落后于西方国家的情况十分明显。这不仅将如何建构中国正义理论的问题提到了紧迫的议事日程，而且赋予了当今中国学术界一个不可推卸的历史使命。

建构中国正义理论需要借鉴已有正义理论成果，但不能不加分析地搬用已有的理论。罗尔斯等当代美国哲学家提出的正义理论有许多可取之处，也产生了不容忽视的国际影响，但它们也包含许多不合理因素。它们中的一些思想可能适合于西方资本主义国家，但不一定适合于社会主义中国的国情。因此，在借鉴当代美国哲学家的正义理论时，我们需要采取一种批判性态度，而不是盲目地推崇。

当今中国正处于各种正义问题日渐突出的历史时期，五花八门的正义问题不仅使许多人深陷困惑，而且在社会民众中间引起了很多议论。在这种时代背景下，建构有中国特色的正义理论就具有特别重要的理论意义和现实价值。中国改革开放的社会实践不断推进，如何实现社会发展成果的公正分配必将受到越来越广泛、越来越多的关注，建构当今中国的正义理论已经成为一种紧迫的时代需要。

美国哲学家的正义理论，或者因为缺乏历史眼光而受到批评，或者因为没有很好地解释一些重要理论、实践问题而受到指责。科克—肖·谭的世界主义正义观就因为没有很好地解释世界主义正义原则与民族主义、爱国主义的关系问题而遭到诟病。他自己就承认："对世界主义正义的当代阐释因未能认真对待民族主义与爱国主义的纽带和承诺而遭受批评。"[①]

老子说："大道废，有仁义；智慧出，有大伪；六亲不和，有孝

[①] 〔美〕科克—肖·谭：《没有国界的正义：世界主义、民族主义与爱国主义》，杨通进译，第229页。

慈；国家昏乱，有忠臣。"[1] 美国哲学家对正义问题的关注和研究，既揭示了美国存在严重分配不公的事实，也昭示了当今世界存在严重分配不公的事实。由于他们的正义理论具有偏重于理论思辨、主要注重研究正义的形式性特征等不足，他们提出和建构的正义理论受到批评是自然而然的事情。罗尔斯、诺齐克等美国哲学家对正义问题的理论研究产生了广泛国际影响，但他们所遭受的批评也此起彼伏。

---

[1] 《老子》，饶尚宽译注，第45页。

第十章　美国的生态道德文化发展状况

美国不仅具有辽阔、美丽、富饶的自然环境，而且还是最早有人提出"生态危机"的国家。它还是生态伦理学的西方发源地，产生了梭罗、利奥波德、卡逊、罗尔斯顿、温茨等具有国际影响的生态伦理学家。加上生态文学、生态社会学、生态经济学等学科的蓬勃发展，使美国在生态文化建设方面享有国际声誉。在环境治理方面，美国为世界各国提供了"先污染，后治理"的前车之鉴，这对我国实施生态文明发展战略、弘扬绿色发展理念、建设美丽中国、推进中国特色生态伦理学发展等具有启示价值。

一、寂静的春天：伦理叙事的生态化？

叙事是人类生活的重要内容。"叙事的本质应当是叙述事件，也就是通常所说的讲故事。"[①] 在现代叙事学中，叙事被普遍视为一个跨学科论题，并且被区分为历史叙事、政治叙事、伦理叙事等多种形态。

伦理叙事是以讲述道德故事为主要内容的叙述活动。道德故事既可能是正面的内容，也可能是负面的内容，但无论以何种形式出现，它的根本目的是要进行正确价值引导。例如，中国人讲述司马光砸缸

---

① 傅修延：《中国叙事学》，北京大学出版社 2015 年版，第 1 页。

的道德故事，主要是为了传承传播司马光的智慧、勇敢等美德；中国人讲述岳母刺字的道德故事，主要是为了发扬岳飞精忠报国的崇高道德情操。中国人也讲秦桧卖国、和珅贪腐等方面的道德故事，其主要目的则是为了引导人们以史为鉴、以史为镜，不要重蹈历史覆辙。

伦理叙事具有历史性特征。道德故事都是已经在历史上发生的事情。伦理叙事是将那些已经成为历史的人类道德生活事件叙述出来。或者说，它是人类借助自身的语言能力再现或重现道德生活事件的一种活动。人们在当下的时间中讲述过去发生的道德事件，但这并不意味着道德事件本身属于当下。"现实性之显于我们面前就是历史性。"[①] 一个道德事件一旦发生，它就具有了历史性，就可能成为伦理叙事的内容。

伦理叙事还具有民族性特征。所谓"民族性特征"，本质上是指伦理叙事的民族差异性。由于道德生活经历不同，不同民族的道德故事具有显著差异，相关的伦理叙事也不可能雷同。中国人拥有盘古开天地、女娲补天、精卫填海、愚公移山、孟母三迁、司马光砸缸、孔融让梨、岳母刺字等道德故事，美国人则拥有华盛顿砍倒樱桃树诚实认错、罗斯福送四个儿子参加世界大战、林肯拒绝为不正义官司诉讼等道德故事。

在经济全球化时代，伦理叙事呈现出越来越深入的国际化发展趋势。这不仅指一个国家、一个民族的道德故事会传播到其他国家、其他民族，而且指一些国家、一些民族的道德故事会成为世界各国、全人类共享的道德故事。无论道德故事出自哪个国家、哪个民族，只要它们具有世界各国、全人类能够普遍认同的价值，它们就可能成为世界各国和全人类共有的道德故事。好的道德故事是没有国界的，不好

---

① 〔德〕卡尔·雅斯贝斯：《生存哲学》，王玖兴译，上海译文出版社2005年版，第63页。

的道德故事也是没有国界的。

20世纪是人类社会取得巨大进步的时代，也是人类社会出现各种新危机的时代。在五花八门的新危机中，生态危机是最深层的危机。美国人最先发现、揭露生态危机。他们进行了大量关于生态危机的伦理叙事，并且将其传播到其他国家。

梭罗是一位具有国际影响的美国哲学家，但这并不意味着他很早就很著名。他1849年出版著作《康科德河和梅里麦克河上的一星期》。由于语言晦涩难懂，该著作既没有销路，更没有在美国社会引起反响。《瓦尔登湖》出版于1854年。与第一本书一样，该书没有受到应有的重视。有些美国哲学家甚至发文，对它冷嘲热讽。殊不知，那是一部深刻探析人与自然关系的著作，其中包含着当时大多数美国人难以认识的哲学智慧。

梭罗在《瓦尔登湖》中表达了人类应该热爱自然、尊重自然、亲近自然、保护自然的生态伦理思想。他说："我之爱野性，不下于我之爱善良。"[1] 他甚至说："有时候我愿意粗野地生活，更像野兽似地度过我的岁月。"[2] 在梭罗眼里，自然是神圣的、有规律的、具有高级秩序的，亲近自然即接近真理。他强调："不必给我爱，不必给我钱，不必给我名誉，给我真理吧。"[3] 梭罗到瓦尔登湖隐居，他追求的生活方式是一种隐喻，喻指回归自然、回归荒野的道德价值观念，但并没有在当时的美国社会得到理解和认同。

19世纪的美国人正在大力推进工业化进程。他们最关心的是工业化带来的高经济效率和日益提高的物质生活水平，但对工业化可能造成的环境污染、破坏等漠不关心。那个时代的美国已经出现物欲横流

---

[1] 〔美〕亨利·梭罗：《瓦尔登湖》，徐迟译，第198页。
[2] 〔美〕亨利·梭罗：《瓦尔登湖》，徐迟译，第198页。
[3] 〔美〕亨利·梭罗：《瓦尔登湖》，徐迟译，第309页。

的征兆。工业化带来了物质越来越丰富的局面，也极大地刺激了美国人的物质欲望。物质欲望成了推动美国人工作、生活的主要动力。在物质欲望的驱动下，美国人忙碌着，奔波着，享受着，美国社会表现出繁忙、热闹、活跃的特征，但他们并没有意识到自己的生活已经被一个巨大的阴影笼罩着。那个阴影就是"生态危机"。

在 19 世纪的美国，绝大多数人还没有强烈的生态意识，更不用说拥有高度自觉的生态道德意识。他们在快速推进的工业化进程中算计、盘剥和掠夺自然，在物欲横流中迷失自我。正因为如此，当他们看到梭罗亲近自然的做法时，视之为滑稽、荒谬的行为，甚至将它当作茶余饭后的笑谈。可以说，19 世纪的美国已经开始暴露出各种各样的问题。特别是进入 19 世纪末 20 世纪初以后，由于在工业化和工业文明方面已经赶上英国、法国等老牌资本主义国家，美国存在的问题更是呈现出越演越烈之势，而绝大多数美国人并没有深刻认识到这一历史事实。

美国生物学家和生态哲学家蕾切尔·卡逊是生态危机的最早发现者。1958 年元月，一位名叫奥尔加·哈金斯的女士写信告诉卡逊，她生活的小村镇因为环境污染、破坏等原因变得毫无生机，这极大地震撼了卡逊，并且推动她写出了举世闻名的《寂静的春天》。

《寂静的春天》是一部讲述生态危机的著作。卡逊是一位具有生物学和生态学知识背景的文学家、哲学家，她喜欢借助隐喻、象征等修辞手法来表达自己的思想观点，因此，审视其著作时，读者需要有比较广博的知识积累和理论储备。例如，卡逊没有直截了当地使用"生态危机"这一概念，而是用"明天的寓言"暗指它。

卡逊在《寂静的春天》一书的开篇向世人讲述了这样一个故事：从前，美国有一个城镇，它坐落在一个繁华的农场中央，被庄稼地、果园、荒野环绕，周围的树林里活跃着狐狸、小鹿等动物，一年四季都有美丽的自然风景，一切生物都与周围的自然环境能够和谐相处。曾经有很长一段时间，只有一些人偶尔光顾那里观赏自然风光，但后来，人们开始搬迁到那里居住。搬迁来的居民在那里砍伐树木，建造房屋，挖井筑仓，于是，一切开始发生变化。小鸡、牛羊等家禽开始患上神秘莫测的疾病，居民也开始染上各种说不清来源的疾病，甚至出现了很多人莫名其妙死亡的现象。用卡逊的话来说："一种奇怪的寂静笼罩了这个地方。"[1] 在那里，到处是死神的幽灵，几乎所有鸟儿都消失了，人们生活在恐惧和不安之中。一个曾经鸟语花香、风光旖旎的小城镇变得死气沉沉。春天来临的时候，那里没有春天的气息，到处是一片死寂。卡逊说："这是一个没有声息的春天。"[2] 何以如此？"不是魔法，也不是敌人的活动使这个受损害的世界的生命无法复生，而是人们自己使自己受害。"[3] 人们用何种方式使自己受害？它是指人类污染、破坏自然的方式。这就是卡逊所说的生态危机。

在卡逊生活的年代，生态危机已经在美国成为现实。卡逊说："上述的这个城镇是虚设的，但在美国和世界其他地方都可以很容易找到上千个这种城镇的翻版。"[4] 在卡逊看来，生态危机是一种灾难，它的爆发不会以她所描述的那样以全面的方式呈现出来，但它会一点一点地表现出来，因此，人们不容易发现它。她说："在人们的忽视中，一个狰狞的幽灵已向我们袭来，这个想象中的悲剧可能会很容易地变成一个我们大家都将知道的活生生的现实。"[5]《寂静的春天》是一部以探析生态危机为主题的著作。它以一个虚设的寓言开篇，但它所描述的一

---

[1]〔美〕蕾切尔·卡逊：《寂静的春天》，吕瑞兰、李长生译，吉林人民出版社1997年版，第2页。
[2]〔美〕蕾切尔·卡逊：《寂静的春天》，吕瑞兰、李长生译，第2页。
[3]〔美〕蕾切尔·卡逊：《寂静的春天》，吕瑞兰、李长生译，第2页。
[4]〔美〕蕾切尔·卡逊：《寂静的春天》，吕瑞兰、李长生译，第3页。
[5]〔美〕蕾切尔·卡逊：《寂静的春天》，吕瑞兰、李长生译，第3页。

切并不都是虚拟的，而是具有强烈的现实性。在卡逊的笔下，生态危机已经爆发，它已经露出狰狞的面孔，并且已经开始给人类带来巨大危害。

生态危机是人类在地球上出现之后才逐渐产生的一种危机。人类出现在地球上之前，各种非人类的生物与周围环境相互作用，但它们对自然环境的影响是有限的。只有在人类出现之后，生物与自然环境的关系才发生根本性转变。人类从自然界脱颖而出，既有能力认识自然界，又有能力改造自然界，这导致自然界发生了前所未有的剧变。"仅仅在出现了生命新种——人类之后，生命才具有了改造其周围大自然的异常能力。"[1]

人类的出现和发展从根本上改变了自然界的生态环境。在人类出现之前，生物与自然环境的关系总体上处于协调和平衡的状态，但这种局面因为人类的出现而逐渐被改变。人类出现在地球上之后，"新情况产生的速度和变化之快已反映出人们激烈而轻率的步伐胜过了大自然的从容步态"[2]。人类追求"人工创造"，想方设法摆脱自然状态，用人为的东西干扰、破坏自然演变的进程，这不仅仅损害了人与自然的关系，更重要的是破坏了人类赖以生存的自然生态系统。自然界是人类的生命支持系统，它受到的损害和破坏一旦达到相当的程度，其结果必然是生态危机的爆发。卡逊认为，生态危机不是自然灾难，而是人为造成的灾害，但它比自然灾难更严重、更具有危害性。

生态危机本质上是人对自然的战争导致的。人类在自然界诞生之后，逐渐滋生出支配自然、控制自然的思想观念，在很多时候将自己视为自然界的统治者。在工业化、城市化、现代化进程中，人类甚至

---

[1] 〔美〕蕾切尔·卡逊：《寂静的春天》，吕瑞兰、李长生译，第4页。
[2] 〔美〕蕾切尔·卡逊：《寂静的春天》，吕瑞兰、李长生译，第5页。

发明制造了各种各样的化学药品来征服自然。卡逊指出："从19世纪40年代中期以来，200多种基本的化学药品被创造出来用于杀死昆虫、野草、啮齿动物和其他一些用现代俗语称之为'害虫'的生物。"① 现代农业的一个重要特点是大量使用化学药品，特别是大量使用杀虫剂。卡逊将"杀虫剂"称为"杀生剂"。人类使用杀虫剂的直接目的是要杀死那些干扰和破坏农作物生长的昆虫、野草等，但它会对包括人类自身在内的所有生命造成巨大危害。另外，杀虫剂不可能彻底消灭"有害于"农作物的昆虫、野草。由于昆虫和野草都会进化出抗药性，所以人类必须不断发明创造新的杀虫剂。这样一来，人类发动的"化学药品之战永远不会取胜"②。

现代人类之所以无所顾忌地制造和使用杀虫剂之类的化学药品，从根本上来说是因为我们对它们的危害性缺乏了解。在美国，很多人错误地认为杀虫剂只会对非人类的生物造成危害，不会危及人类本身；发明化学药品的"科学家"陶醉于推广自己的"成果"，生产化学药品的厂家仅仅关心赢利问题，普通民众则无法掌握相关讯息。卡逊一针见血地指出："现在是这样一个专家的时代，这些专家们只眼盯着他自己的问题，而不清楚套着这个小问题的大问题是否偏狭。现在又是一个工业统治的时代，在工业中，不惜代价去赚钱的权利难得受到谴责。"③ 然而，真正受害的是广大民众，他们必须承担在农业中广泛使用化学药品的各种后果。"杀虫剂在继续使用着，确实顽固的残毒继续在土壤中积累起来，这一点几乎是无疑的：我们正在朝着烦恼前进。"④

生态危机是当代人类的一个巨大烦恼。"现在美国，越来越多

---

① 〔美〕蕾切尔·卡逊：《寂静的春天》，吕瑞兰、李长生译，第6页。
② 〔美〕蕾切尔·卡逊：《寂静的春天》，吕瑞兰、李长生译，第6页。
③ 〔美〕蕾切尔·卡逊：《寂静的春天》，吕瑞兰、李长生译，第11页。
④ 〔美〕蕾切尔·卡逊：《寂静的春天》，吕瑞兰、李长生译，第52页。

的地方已没有鸟儿飞来报春；清晨早起，原来到处可以听到鸟儿的美妙歌声，而现在却只是异常寂静。"[1]另外，"从全世界传来了关于鸟儿在我们现今世界中面临危险的共鸣。这些报告在细节上有所不同，但中心内容都是写继农药使用之后野生物死亡这一主题。"[2]在当今世界，人类生活正在遭遇前所未有的尴尬。我们曾经长期将摆脱自然的生活方式视为"文明"的象征，认为人类文明程度与我们摆脱自然的程度成正比，于是，我们想方设法远离自然；然而，我们越来越多地认识到，自然是我们的根本，摆脱自然是"刨根"的做法，最终会将我们变成无根的人。寻归自然是当代人类的普遍愿望。

在生态危机面前，人类的出路在哪里？这是卡逊最关心的问题。她认为当代人类正站在两条道路的交叉口，我们应该做出正确选择。有两条路供我们选择：一条是大量使用化学药品的老路；另一条是能够保住地球和我们自身的新路。这种选择必须由我们自己来做，如何选择不仅体现我们的意志自由，而且要求我们承担相关责任。卡逊建议美国人和整个人类选择那条能够保住地球和我们自身的新路。她说："确实，需要有十分多种多样的变通办法来代替化学物质对昆虫的控制。"[3]这样的方法被卡逊称为"生物控制"法。"这些办法对昆虫进行控制是基于对活的有机体及其所依赖的整个生命世界结构的理解。"[4]

"生物控制"法不是要寻求对自然的绝对控制和支配，而是顺应自然规律和遵守自然规律的做法。"'控制自然'这个词是一个妄自尊大的想象产物，是当生物学和哲学还处于低级幼稚阶段的产物，当时人

---

[1] 〔美〕蕾切尔·卡逊：《寂静的春天》，吕瑞兰、李长生译，第87页。
[2] 〔美〕蕾切尔·卡逊：《寂静的春天》，吕瑞兰、李长生译，第105页。
[3] 〔美〕蕾切尔·卡逊：《寂静的春天》，吕瑞兰、李长生译，第244页。
[4] 〔美〕蕾切尔·卡逊：《寂静的春天》，吕瑞兰、李长生译，第245页。

们设想中的'控制自然'就是要大自然为人们的方便有利而存在。"① 在卡逊看来,"控制自然"的思想观念反映人类对自身与自然之关系的错误认识,说明人类坚持人类中心主义价值观念的荒谬。

卡逊倡导的是人与非人类的生物共同分享自然界或地球的生物共同体主义价值观念。她说:"我们必须与其他生物共同分享我们的地球,为了解决这个问题,我们发明了许多新的、富于想象力和创造性的方法;随着这一形势的发展,一个要反复提及的话题是:我们是在与生命 —— 活的群体、它们经受的所有压力和反压力、它们的兴盛与衰败 —— 打交道。"② 卡逊认为,人类应该热爱自然、尊重自然、保护自然,才能维护自身的利益。她尤其强调维护生物多样性对于人类生存的重大意义和价值。人与自然命运与共、和谐相处、同生共荣是卡逊追求的价值目标。

卡逊对生态危机的揭露和探析在很多时候建立在生态道德批判基础之上。她洞察到了美国工业化进程背后的实利主义道德价值观念,并且对它进行了深刻的批判。实利主义道德价值观念支配着美国人与自然打交道的方式和行为。在实利主义道德价值观念支配下,美国人将大自然视为可以征服、应该征服的对象,对其进行疯狂的算计、盘剥和掠夺,几乎达到不择手段的程度,这不仅导致了人与自然之间的尖锐矛盾,而且造成了人通过损害自然界危害自身的后果。

对待大自然的实利主义道德价值观念本质上是生态殖民主义道德观。它折射出美国人以殖民者、征服者、控制者、统治者身份面对和对待大自然的"道德态度"。在这种"道德态度"中,美国人是傲慢的、居高临下的,大自然是卑下的、没有尊严的。美国人与大自然打

---

① 〔美〕蕾切尔·卡逊:《寂静的春天》,吕瑞兰、李长生译,第263页。
② 〔美〕蕾切尔·卡逊:《寂静的春天》,吕瑞兰、李长生译,第262页。

交道的方式就如同他们与其他民族打交道的方式。他们总是摆出一副盛气凌人的样子，对其他民族颐指气使，指手画脚，发号施令，要求后者俯首称臣，唯唯诺诺，唯命是从。问题在于，大自然并不会听命于他们，它总是按照自身的规律运行，如果他们以这样或那样的方式污染和破坏它，它就会进行报复。卡逊所说的生态危机实质上是美国人以不道德的方式对待大自然所导致的一种危机。它的背后隐藏着美国人的道德危机。

"寂静的春天"是一个叙述生态危机的道德故事。它是虚构的，也是现实的。这不是一个悖论。作为一种虚构，卡逊将生态危机的全部内容和特征集于一个小村庄，从而建构了一个内涵丰富的大隐喻。作为一种现实，卡逊所叙述的故事内容都已经以这样或那样的方式变成客观的现实。

伦理叙事的价值主要在于它的教育性。人类进行伦理叙事不仅仅是为了复述已经发生的道德事件，更重要的是为了用那些道德事件教育人。在伦理叙事中，道德事件既可以是虚构的，也可以是真实的。中国人都知道盘古开天地的道德故事是虚构的，但我们一代又一代地在讲述它。我们对该故事的真实性的关心远不如对它的教育性的关心。同理，卡逊虚构的"寂静的春天"故事是虚构的，但它是一个特别具有教育性的道德故事，这是它能够在世界各国广泛传播的根源所在。

"寂静的春天"不应该出现在美国，也不应该出现在其他国家。在美国，人们在工业化过程中疯狂地算计、盘剥和掠夺大自然，导致大自然出现病变，以致陷入深重危机。其他国家、其他民族不应采取"事不关己，高高挂起"的态度。如果美国真的有朝一日出现了"寂静的春天"，整个世界必定会受到牵连。一方面，所有国家都应该从美国工业化进程汲取经验教训，决不能重蹈生态危机的覆辙；另一方面，所有国家都应该认识到，生态危机具有全球性特征，美国的生态环境出现病变必然意味着世界生态环境出现了严重问题。整个世界就是一个庞大的生态系统。美国生态环境只不过是它的一个子系统，但它与其他国家构成的生态系统以及整个世界的大生态系统非常紧密地交织在一起。

世界各国都应该从卡逊的道德故事中学习一些东西。《寂静的春天》之所以能够在世界各国广泛传播，从根本上来说是因为它向整个世界和全人类昭示了这样一个生态道德真理：人类在任何时候都不能以自然界的统治者自居，而是应该以合乎生态道德的方式与自然打交道。人们对生态道德的认识、理解和把握可能存在巨大差异，但在一点上可以达成共识，这就是应该将热爱自然、尊重自然和保护自然当成一种普遍的美德。

用"寂静的春天"来进行伦理叙事，这说明伦理叙事出现了生态化趋势。它改变了人类在过去主要借助伦理叙事叙述人际道德故事的传统。人与自然打交道的方式和内容也可归于道德生活经历的范围，也可以构成道德故事，因而也可以进入伦理叙事。伦理叙事生态化必然导致生态化的伦理叙事。这种伦理叙事聚焦于人与自然的关系，叙述人如何对待自然的道德故事以及自然如何对待人的道德故事，其根本目的是要建构一个生态道德价值体系，并且主要用它来规范人与自然打交道的行为。

二、生态扩张主义：一种道德记忆？

人所做的一切都是作为经历而存在，但经历不会因为成为历史性而灰飞烟灭。这得归功于人的记忆能力。由于具有记忆能力，人不仅能够记住过去的经历，而且能够将它们回顾出来。所谓"记忆"，就是通过思维再现过去经历的活动。

"道德记忆是记忆的一种特殊形式。作为一种记忆形式，它是人类运用其记忆能力对自身特有的道德生活经历的记忆。"① 它是关于人类道德生活经历的记忆。人类道德生活经历包括道德思维、道德认知、道德情感、道德意志、道德信念、道德语言、道德行为等诸多内容，因此，道德记忆是关于所有这些内容的记忆。道德记忆可以是个体性的，也可以是集体性的。"个体道德记忆主要是关于个人道德生活经历的记忆，它是在记忆的个体框架内发生的记忆"，而"集体道德记忆是在集体层面展开的，它展现的是一个集体性道德记忆框架，它的内容和方式取决于集体道德记忆的意向性、目的性和能力状况"。②

道德记忆也可以区分为人际道德记忆和生态道德记忆。前者是关于人际道德生活经历的记忆，后者是关于人的生态道德生活经历的记忆。人类曾经长期将道德生活理解为人与人之间打交道的生活方式，很少关注人与自然打交道的生活方式内含的道德性质。直到20世纪，一些人才开始注意到人如何对待自然的问题也是不容忽视的伦理问题，并且开始用"生态道德"来描述人与自然之间的伦理关系。"生态道德"这一概念的出场改变了人际道德主导人类道德生活的局面。我们不难想象，随着生态道德的发展，"生态道德记忆"必然会成为人类道德记忆中的"新形态"。

人们对生态道德记忆的关注与生态伦理学的兴起直接相关。美国生态伦理学家罗尔斯顿指出，"我们伦理学的传统主要是把人作为价值和权利的主体，如果涉及非人类领域，也只是把它们作为从属于人的"，而"生态伦理学现在要探讨的，是我们是否应该进一步将我们的

---

① 向玉乔：《道德记忆》，中国人民大学出版社2020年版，第10页。
② 向玉乔：《道德记忆》，第61—62页。

伦理关注普遍化，承认生物生态圈中的每一物类都有其内在价值"。①罗尔斯顿将"生态伦理"视为人类基于传统的人际伦理建构的一种新的伦理形态。他说："人们走向派生意义上的生态伦理还可能是迫于对他们周围这个世界的恐惧，但他们走向根本意义上的生态伦理只能是出于对自然的爱。"②罗尔斯顿认为，人类的生命历程存在历史、现在和未来三个维度，我们与自然界打交道的方式和内容与三个维度都紧密相关，生态伦理学应该同时关注和研究人的生命与自然界交融、交织的事实。我们人类与自然界打交道的道德生活经历一旦进入我们自己的记忆世界，它们就催生了生态道德记忆。

"生命流之不断，生命应该流之不断。"③人与自然打交道，不仅会产生客观事实，而且会产生生态道德价值认识、判断和选择。人的生态道德价值认识、判断和选择是在我们的生命之流在自然界中展开的过程中得以形成和得到展开的，它们反映我们对客观的生态伦理的深刻认识、理解和把握。"如果我们将生命之河视为一种象征，它就不再只是一种比喻，而是一个包含了道德洞察力的真理，因为它帮助我们更深刻地认识到生命的进程是怎样和应该怎样的。"④人类在与自然界打交道的时候应该展现生态道德洞察力和生态伦理智慧。

生态伦理学研究的一个重要价值在于，它不仅让人们看到了自己在过去以合乎生态伦理的方式对待大自然的好处，而且让人们看到了自己在过去以不合乎生态伦理的方式与大自然打交道的可怕后果。这两种情况都是人类生态道德记忆的内容。生态道德记忆真实地记录人

---

① 〔美〕霍尔姆斯·罗尔斯顿：《哲学走向荒野》，刘耳、叶平译，吉林人民出版社2000年版，第20页。
② 〔美〕霍尔姆斯·罗尔斯顿：《哲学走向荒野》，刘耳、叶平译，第35页。
③ 〔美〕霍尔姆斯·罗尔斯顿：《哲学走向荒野》，刘耳、叶平译，第109页。
④ 〔美〕霍尔姆斯·罗尔斯顿：《哲学走向荒野》，刘耳、叶平译，第113页。

类在过去对待大自然的道德生活经历。在与大自然打交道的过程中，人类或者展现崇高的生态道德修养，表现出热爱自然、尊重自然和保护自然的生态道德情操，或者展现生态道德修养不够的事实，表现出算计、盘剥和掠夺自然的不合乎生态道德的行为方式，这一切都会被刻写成人类的生态道德记忆。

美国是世界生态伦理学的重要发源地和发展重镇，它产生了梭罗、利奥波德、卡逊、罗尔斯顿等世界著名美国生态伦理学家。他们通过自己对生态环境问题的深刻哲学反思，建构了系统化的生态伦理学理论，为世界伦理学的发展开辟了新方向。最重要的在于，他们的生态伦理学理论推动美国人乃至整个人类开始认真梳理自身的生态道德记忆，并且借助它来思考如何在未来更好地与大自然和谐相处、同生共荣的伦理问题。

卡逊用"寂静的春天"来喻指生态危机时，她向美国人和全人类警告了一种正在袭来的巨大危险。她以非凡的个人勇气揭露了当今美国乃至整个世界存在的生态危机，努力推动人们深刻认识热爱自然、尊重自然和保护自然的重大意义，试图把环境问题提升到美国的国家战略高度，但她遭到了来自各个领域的猛烈攻击。当时的美国副总统阿尔·戈尔在他为《寂静的春天》写的前言中说："对蕾切尔·卡逊的攻击绝对比得上当年出版《物种起源》时对达尔文的攻击。况且，卡逊是一位妇女，很多冷嘲热讽直接指向了她的性别，把她称作'歇斯底里的'。"[1] 很多美国人攻击卡逊作为一位生物学家的荣誉，作为一位哲学家的德性和作为一位文学家的想象力。

每一个人都是他所处时代的镜子。卡逊之所以遭到这样的境遇，这当然首先是由她所处的社会背景和时代背景决定的。在她生活的年

---

[1] 〔美〕蕾切尔·卡逊：《寂静的春天》，吕瑞兰、李长生译，前言第10页。

代，美国人正沉浸在工业化快速推进和工业文明迅速提升的喜乐之中，几乎没有人会在乎卡逊所揭露的"真相"，对她及其著作进行猛烈攻击是自然而然的事情。卡逊对来自各个领域的攻击进行了反击。戈尔给予了卡逊很高的称赞："卡逊在论战中具有两个决定性的力量：尊重事实和非凡的个人勇气。"[1]他进一步强调："《寂静的春天》不可能被窒息。虽然它提出的问题不能马上解决，但这本书本身受到了人民大众的热烈欢迎和广泛支持。"[2]显然在戈尔看来，卡逊笔下的春天寂静了，但她的著作产生了广泛而深远的社会影响，必将为人类迎来另一种春天——生态和谐的春天。

卡逊是一座丰碑。在当今世界，很多人知道这个名字。作为一位生物学家、哲学家和文学家，卡逊具有强烈的生态意识和生态道德意识。她出版的《寂静的春天》和其他著作影响了很多美国人，也影响了其他国家的很多人。美国20世纪的环境保护运动之所以能够如火如荼地开展，这与卡逊及其著作的影响有着千丝万缕的关系。卡逊对生态危机的深入揭露和探析至少暗示我们：在对待大自然的时候，人类不能为所欲为，也不应该为所欲为。

卡逊对生态危机的揭露和探析主要针对美国在工业化过程中对大自然和人本身造成的灾难性危害。虽然她对环境问题的关注和研究有时是从整个人类的视角展开的，但是她的聚焦点是美国。她写作《寂静的春天》的主要目的是要警示美国人疯狂算计、盘剥和掠夺自然的可怕后果。相比之下，美国学者克罗斯比对环境问题的反思则明显体现了全球视野，而且显然具有伦理反思的特点。

克罗斯比是通过探析欧洲移民问题切入环境保护主题的。他在

---

[1] 〔美〕蕾切尔·卡逊：《寂静的春天》，吕瑞兰、李长生译，前言第10页。
[2] 〔美〕蕾切尔·卡逊：《寂静的春天》，吕瑞兰、李长生译，前言第11页。

《生态扩张主义：欧洲900—1900年的生态扩张》一书的开篇指出："欧洲移民及其后裔遍布各地，这需要说明。"[①] 历史地看，亚洲人种族繁多，但他们主要居住在亚洲；大部分非洲黑人居住在他们的最初居住地；美洲印第安人是美洲的土著人，几乎全部居住在北美大陆；因纽特人一代又一代地盘踞在极地附近。这些种族都有过区域性的扩张，但他们的扩张区域是有限的。与此不同，欧洲人的扩张则是全球性的。克罗斯比说："欧洲人却似乎是在全球作蛙跳式的扩张。"[②]

作为高加索人种的一个分支，欧洲人喜欢扩张。他们原本主要集中在欧亚大陆北部，但他们总是试图扩张到其他区域。他们向美洲、大洋洲、非洲等区域扩张，不断开辟"新欧洲"，并且建立了具有欧洲特征的国家。澳大利亚、新西兰、阿根廷、美国等国的开创者主要为欧洲人。"欧洲人，借用一个养蜂业的术语，好比一次又一次分群的蜜蜂，争着挤着抢占蜂巢。"[③]

欧洲人的扩张具有多重含义。很多人仅仅看到它在经济、政治、军事领域的表现，忽略它的生态意义。事实上，他们在地球上或自然界的扩张既具有经济扩张主义、政治扩张主义和军事扩张主义特征，也具有生态扩张主义特征。他们将整个自然界或地球视为自己的殖民地或势力范围，肆意侵入，大肆侵占，就像侵占一个民族的国土一样。克罗斯比说："或许，欧洲扩张主义的成功含有生物学和生态学的成分吧。"[④]

克罗斯比所说的生态扩张主义很容易让人想起英国殖民主义者占

[①] 〔美〕艾尔弗雷德·克罗斯比：《生态扩张主义：欧洲900—1900年的生态扩张》，许友民、许学征译，辽宁教育出版社2001年版，第1页。
[②] 〔美〕艾尔弗雷德·克罗斯比：《生态扩张主义：欧洲900—1900年的生态扩张》，许友民、许学征译，第2页。
[③] 〔美〕艾尔弗雷德·克罗斯比：《生态扩张主义：欧洲900—1900年的生态扩张》，许友民、许学征译，第2页。
[④] 〔美〕艾尔弗雷德·克罗斯比：《生态扩张主义：欧洲900—1900年的生态扩张》，许友民、许学征译，第6页。

领北美大陆的情景。那些最早到达北美大陆的英国清教徒首先是一群生态扩张主义者。他们以逃避宗教迫害、政治迫害之名从英国出走,然后在"无意"之中漂流到"新大陆",最后变成了北美大陆的主人。这表面上是一个具有传奇性的旅程,实际上是一个扩张主义过程。北美大陆原本不是没有人居住的土地,只是因为淳朴的印第安人没有主人意识而给清教徒留下了可乘之机。英国清教徒对印第安人的经济征服、政治征服、军事征服与他们对北美大陆的生态征服交织在一起。

生态扩张的成功是欧洲人成功征服印第安人和北美大陆的最基本内容。"欧洲的生态扩张在北美洲取得了如此巨大的胜利,以致欧洲人开始理所当然地认为只要一个地区的气候和疾病环境不是完全充满敌意,与此相类似的成功便会随之到来。"① 也就是说,生态扩张的成功是欧洲人推行扩张主义的基本内容,其重要性不容忽视;欧洲人对北美大陆的占领首先表现为对北美大陆自然环境的占领。

美国人在北美大陆上的生态扩张是欧洲人的生态扩张主义的延续。英国清教徒来自欧洲,但他们在性格上从来没有与欧洲人脱钩。欧洲人热衷于扩张的性格在逃往北美的清教徒身上得到了保留和延续。美国人具有叛逆性,但他们始终与欧洲人尤其是英国人保持着性格上的一致性。江山易改,本性难移。物以类聚,人以群分。无论美国人进化到何种程度,他们本质上都是欧洲人。他们与英国人具有血缘关系,是亲戚,彼此关系紧密,因此,无论世界如何变迁,他们总是比较亲近。

克罗斯比在论述欧洲人的生态扩张主义时似乎想保持"价值中立"立场。他尽力展现一种客观视角,尽量用客观的方式来描述欧洲人在世界范围内的生态扩张,刻意不对欧洲人的生态扩张行为做出价值认

---

① 〔美〕艾尔弗雷德·克罗斯比:《生态扩张主义:欧洲 900—1900 年的生态扩张》,许友民、许学征译,第 294 页。

识、价值判断和价值选择，但这掩饰不了他对生态扩张主义的道德批判。当他选择"生态扩张主义"作为其著作的名称，他就已经明确表达了自己的价值认识、价值判断和价值选择。"生态扩张主义"本身内含贬义，以它作为著作标题自然反映了克罗斯比从道德上反对它的含义。

当克罗斯比使用"生态扩张主义"这一概念时，他不仅是在表达一种事实判断，而且是在表达一种道德判断。根据美国元伦理学家斯蒂文森的看法，"道德判断就是向人们推荐某事件，要人们对该事件持赞成或不赞成的态度"①。其意指，道德判断"起着祈求、建议的作用"②。作为一位情感主义元伦理学家，斯蒂文森认为道德判断主要表达判断者赞成或不赞成某事件的道德态度。也就是说，当一个判断者做出某个道德判断时，他实际上是在表达一种道德情感态度。斯蒂文森称之为道德判断的"情感意义"。他说："情感意义是这样一种意义，在这种意义上，反应（从听者观点看来）或刺激（从说者观点看来）都是一种情感系列。"③

斯蒂文森的情感主义理论存在过分强调道德判断的情感意义之嫌，但它并不是完全没有道理的。人们做出事实判断的主要目的是描述或陈述事实的实在性，而道德判断不仅要客观地描述或陈述事实，而且要表达判断者的价值引导意愿。虽然克罗斯比在他的著作中从头至尾都没有对欧洲人的生态扩张主义行为进行道德批判，但是他传达的情感意义或道德情感态度是明确的。他之所以采取这样一种方式来表达自己的观点，这可能与他的生态学家身份有关。科学家往往倾向于客观地描述事实，而对充当道德价值观权威缺乏兴趣。在这一点上，克

---

① 〔美〕查尔斯·L.斯蒂文森：《伦理学与语言》，姚新中、秦志华等译，中国社会科学出版社1997年版，第18页。
② 〔美〕查尔斯·L.斯蒂文森：《伦理学与语言》，姚新中、秦志华等译，第18页。
③ 〔美〕查尔斯·L.斯蒂文森：《伦理学与语言》，姚新中、秦志华等译，第69页。

罗斯比显然不是例外。

批判生态扩张主义，既体现了克罗斯比看世界的独特视角，也反映了他身上的道德智慧和道德勇气。在西方学术界，欧洲人的生态扩张往往不会受到学者们的深度关注，因为它通常被视为"自然而然"的事情，甚至被当作欧洲人应该引以为傲的事情。欧洲人在世界范围内的扩张方式多种多样。无论他们采用的是经济的、政治的或军事的手段还是生态的手段，其危害性都是实实在在的。从整个人类的发展历史来看，危及所有人的生态危机之所以愈演愈烈，这与欧洲人的生态扩张主义行径有着千丝万缕的关系。克罗斯比没有做出这样的结论，但这似乎正是他想表达的观点。

生态扩张主义是欧洲人给世人留下的"集体道德记忆"。这里所谓的"集体道德记忆"，主要指欧洲人作为一个"集体"或"群体"给人们留下的总体性道德记忆，它是以欧洲人不顾后果地进行生态扩张的做法或行为作为主要内容。这并不意味着所有欧洲人都在推行生态扩张主义，但它至少意指许多欧洲人这样做了，并且在世界上留下了不可磨灭的集体性道德记忆。哈布瓦赫说："存在着一个所谓的集体记忆和记忆的社会框架；从而，我们的个体思想将自身置于这些框架内，并汇入到能够进行回忆的记忆中去。"[①] 欧洲人的集体道德记忆就是他们的集体性或群体性道德记忆，就是他们的集体性或群体性道德生活给世人留下的总体印象。

欧洲人从来没有停止过扩张。他们有两种思想观念：一是"老欧洲"；二是"新欧洲"。历史地看，他们从来没有满足于"老欧洲"的版图，曾经千方百计将北美大陆、澳大利亚、新西兰，以及非洲、亚

---

① 〔法〕莫里斯·哈布瓦赫：《论集体记忆》，毕然、郭金华译，上海人民出版社2002年版，第69页。

洲等地打造成"新欧洲"。他们曾经取得过"巨大成功",很多地方都沦为他们的殖民地,但这种"好景"并不长久。美国逐渐取代了"老欧洲"的霸权地位,这是欧洲人不愿看到的事实。与欧洲人的军事扩张、政治扩张、经济扩张同时推进的是他们的生态扩张,但后者往往不被人们注意到。

欧洲人留给世人的集体道德记忆主要是扩张的故事。他们扩张成性,侵略成性。纵然是到了实力衰弱的今天,他们仍然紧跟美国的侵略步伐到处发动战争。美国是扩张、侵略的"急先锋",他们则甘愿充当它的"帮凶"。美国人所到之处,欧洲人都会如影随形地紧随其后。生态扩张只不过是他们业已成性的扩张本性得以延伸的表现形式。所幸的是,中国、印度、巴西、南非等发展中国家在20世纪普遍崛起,这给欧洲人进行各种各样的扩张制造了越来越强大的障碍和阻力,否则他们的扩张还会无休无止地延续。

欧洲人的生态扩张没有给世人留下美好的集体道德记忆。他们扩张到哪里,那里的生态环境就会遭到严重破坏。在殖民主义时代,他们大肆从殖民地掠夺自然资源。在当今时代,他们仍然在千方百计将各种污染企业转移到发展中国家,企图达到转嫁生态危机的邪恶目的。在这一点上,美国人可谓得到了欧洲人的"真传"。他们不仅经常像欧洲国家那样干转移生态危机的勾当,而且曾经拒绝签署旨在减少和控制碳排放量的《京都议定书》,也曾退出旨在推动世界各国应对气候变化问题的《巴黎协定》。在美国人眼里,凡是对他们"不利"的国际协定,他们都会反对和拒绝。何以如此?他们师承欧洲人,甚至做到了"青出于蓝而胜于蓝"而已。

三、生活在极限之内：一个生态伦理原则？

老子说："反者，道之动；弱者，道之用。"① 其意指，循环是道的运行方式，柔弱是道的运用特征。这一论断既揭示了事物皆有限度的思想，又强调了物极必反的道理。老子的观点当然是对的。我们生活于其上的地球具有寿命限度，人的个体生命具有寿命限度。老子还说："物壮则老，是谓不道。"② 这是指，世界万事万物到了一定程度都会衰老，唯有道是天长地久的。因此，老子开创了道家提倡"知足不辱，知止不殆"③ 的伦理观。道家伦理观的精髓是要求人们知足常乐，知止为安。

不幸的是，很少有人会采纳道家伦理观。绝大多数人不懂得"知足常乐""知止不殆"的道理，任凭自己的欲望膨胀，过着物欲横流的生活方式。有些人疯狂地追逐物质财富，到死的时候才知道"钱财乃身外之物，生不带来死不带去"的道理，但悔之晚矣。有些人全然不顾身体的承受能力，每餐山珍海味，大鱼大肉，直到患了糖尿病才幡然醒悟，但同样悔之晚矣。从整个人类来看，绝大多数人倾向于疯狂地算计、盘剥和掠夺大自然，直到引发了损害自身的生态危机才豁然开朗，但发现自己已经陷入难以逆转的痛苦深渊。

卡逊和克罗斯比都是生物学家、生态学家，两人都非常关注和关心生态环境问题，但各自的写作风格迥然不同。卡逊看上去更像一位耿直的科学家，因此，除了使用"寂静的春天"这一隐喻之外，她所说的话大都是直截了当的。也正因为如此，她必然成为众矢之的。相比较而言，克罗斯比则显得比较含蓄。他没有直截了当地去攻击或抨

---

① 《老子》，饶尚宽译注，第 100 页。
② 《老子》，饶尚宽译注，第 77 页。
③ 《老子》，饶尚宽译注，第 109 页。

击美国，而是通过批评欧洲人的生态扩张主义行径来影射美国人算计、盘剥和掠夺自然的行为。在克罗斯比的眼里，美国人也总是在进行生态扩张，但这不是无源之水，无本之木。在推行生态扩张主义方面，美国人只不过是在沿袭欧洲人的做法。

卡逊看到了美国人试图控制、支配和统治大自然的盲目性及其必然导致生态危机的后果。她将生态危机的根源归结为美国人企图控制自然的价值观念，努力为美国人摆脱生态危机寻找出路。克罗斯比则仅仅停留在呼吁美国人认识和警惕生态扩张主义的层面。他没有指出生态扩张主义可能带来的严重后果，甚至没有对它的危害性进行任何分析。他对欧洲人的生态扩张主义行为进行了真实描写，这当然能够在一定程度上警示美国人，但这种警示所能发挥的作用是非常有限的。克罗斯比对"生态扩张主义"这一概念的内涵并没有展开深入系统的诠释，这极大地限制了它的传播和影响力。

必须承认，卡逊和克罗斯比的著作都发挥了推动美国人反思生态环境问题的重要作用。在卡逊所揭露的生态危机和克罗斯比所描述的生态扩张主义面前，美国人不得不思考"人应该怎样生活"的问题。这是一个根本性问题。对该问题的解答，不仅涉及如何认识和理解人类生活方式的问题，而且涉及如何对人类生活进行价值评价的问题。

人与非人类存在者的一个重要区别在于，我们不仅存在着，而且会对自身的存在进行价值认识、价值判断和价值选择。人的存在就是我们的生命得以产生、发展的过程，就是我们不断生活的过程。在生活过程中，我们一方面作为一种自然的客观事实存在，另一方面也作为一种价值实体存在。换言之，我们的存在兼有自在性和自为性。非人类的存在者只能以自在的状态存在。它们就那么自然而然地存在，并不知道自身的存在具有何种意义。人的生活本质上是一个追求意义的过程。作为人类，我们不可能仅仅满足于"活着"，而是必定会渴求活着的意义。这是所有人共有的本性。中国人如此，印度人如此，美国人也如此。问题在于，人活着的意义在哪里？它主要来自人的生活观念和生活方式。

人的生活观念和生活方式都与大自然紧密相关。作为人类，我们不可能脱离大自然而生活或生存。我们的生活或生存需要以自然环境和自然资源作为必要条件，不能超出自然的范围而特立独行。大自然不仅作为人生存或生活的客观条件存在，而且会对人的生存或生活进行规约。这就是大自然凭借其规律对人类行为的他律性约束。康德认为："自然规律是万物依此而产生的规律。"① 自然规律反映大自然存在和发展的必然性。有些西方哲学家称之为"自然法则"。自然规律或自然法则的核心内容是要求人类在大自然允许的范围内生存或生活。这涉及人类生存或生活的限度问题。

很多人在定位人的时候倾向于采纳柏拉图的观点，将人视为天之骄子、万物之灵，认为非人类的无机物、植物、动物都低于人类，它们都是为了服务人的目的而存在。这种观点赋予了人类在存在者以世界中至高无上的地位，凸显了人类的高贵性、尊贵性，但它同时为人类形成自负、自傲、自鸣得意、得意忘形的生存或生活态度提供了空间。很多人就是因为拥有这样的态度而在自然界中采取我行我素、不计后果的生存或生活方式。这种生存或生活方式与自然规律或自然法则相背离，因而不具有合理性基础。

与卡逊重点揭露和探析生态危机的做法不同，美国学者哈丁则注重提出缓解生态危机的具体方案。他倡导以有限论世界观代替无限论世界观。哈丁认为，当代人类正面临着"极限的挑战"。这是指，人类生存对自然界或地球所造成的压力是否存在一个极限？围绕这一问题，

---

① 〔德〕伊曼努尔·康德：《道德形而上学基础》，孙少伟译，前言第3—4页。

人类在历史上形成了两种截然不同的世界观：一是有限论世界观；二是无限论世界观。

哈丁认为有限论世界观盛行于17世纪以前。他说："除近代以外，整个人类历史中占主导地位的世界观是一种有限观：资源是有限的，人性是确定的，入不敷出是有罪的。这一本质上保守的主张盛行于17世纪以前。"[1] 17世纪以后，科学和技术的发展动摇了这种有限论世界观，保守、节俭等道德价值观念和行为遭到质疑甚至否定。"在公众的思想中，有限的世界观被无限的世界观取而代之。"[2] 哈丁倾向于倡导有限论世界观。为了证明自己的立场，他甚至诉诸常识。他说："常识告诉我们，随着人口数量的增长，人均享有的环境财富必然下降，垃圾处置也必然成为更大的问题。"[3] 有限论世界观是保守的，但它是合理的。

"近来，被我们虐待了几个世纪的环境成为人类普遍遭受的不幸的重大来源。描述不幸并寻求补救之策是生态学的责任。"[4] 哈丁喜欢用生态学来表达自己的观点，但他的观点事实上具有鲜明的生态伦理学特征。他对无限论世界观的批评在很多时候表现为道德评判。他坚信："无限的世界观必将被抛弃。"[5] 他之所以抱持如此坚定的信念，是因为他确信无限论世界观不具有道德合理性基础。在他眼里，无限论世界观既不合乎常识和科学，也与人的生态道德价值观念相背离。

---

[1] 〔美〕加特勒·哈丁：《生活在极限之内：生态学、经济学和人口禁忌》，戴星翼、张真译，上海译文出版社2001年版，第4页。
[2] 〔美〕加特勒·哈丁：《生活在极限之内：生态学、经济学和人口禁忌》，戴星翼、张真译，第4页。
[3] 〔美〕加特勒·哈丁：《生活在极限之内：生态学、经济学和人口禁忌》，戴星翼、张真译，第3页。
[4] 〔美〕加特勒·哈丁：《生活在极限之内：生态学、经济学和人口禁忌》，戴星翼、张真译，第7页。
[5] 〔美〕加特勒·哈丁：《生活在极限之内：生态学、经济学和人口禁忌》，戴星翼、张真译，第8页。

人们的道德价值观念都建立在世界观基础之上。一个人对世界所持的总体看法和根本观点，不仅反映他对世界的认识深度，而且从根本上决定着他的道德价值观念。唯物论和唯心论首先是两种截然不同的世界观。人们要么将世界存在归结为物质统一性原理，要么将世界存在归结为精神统一性原理，这既体现世界观的根本差异，也体现价值观念所依据的理论基础具有天壤之别。唯物论者会根据物质统一性原理来解释道德价值观念的来源，而唯心论者会根据精神统一性原理来诠释道德价值观念的来源。来源不同，所建构的道德价值观念必定不同。

坚持有限论世界观的哈丁提出了著名的"公地悲剧"理论。这种理论将人类生活于其中的自然界比喻为一块公地或牧场。在传统的动物饲养模式中，牧场是公共的不动产，牧场与牧场之间无需修建篱笆，看管也是多余的。因此，"这样的牧场具备了'无管理的公地'的条件"①。然而，随着人和牲畜数量不断增加，原本被称为"无管理的公地"的牧场的承载能力越来越显得不够。一旦人和牲畜的数量超过牧场的承载能力，过度放牧的结果必然是牧场、人和牲畜都难以为继的悲剧。要解决"公地悲剧"，唯一途径是控制人和牲畜的数量，因为牧场只是一块面积有限的公地。

导致"公地悲剧"的原因是不受制约的私有制。当公共性的牧场被变成私有不动产，如果牧场主人的私欲不能得到有效控制，不对自己的畜牧方式加以控制，面积有限的牧场必然无法承受过度的放牧。只有对人本身和牲畜的数量进行有效控制，牧场才能持续地支持人和牲畜的生存和发展。如若不然，牧场主人就必须搬迁到其他牧场，而

---

① 〔美〕加特勒·哈丁：《生活在极限之内：生态学、经济学和人口禁忌》，戴星翼、张真译，第340页。

如果其他牧场都已经被占有，这种搬迁是不可能的。

"公地悲剧"完全可能演变为世界性或全球性悲剧。哈丁将世界比喻为一艘船。它无疑是一艘承载量有限的船。如果承载量达到极限，它要么沉没，要么将一部分人转移到一条救生艇上。哈丁说："想象一下一艘船沉没了，有些乘客逃到了一条救生艇上。"①通过这样的假设，哈丁向人们提出了一个尖锐问题：如果没有一条救生艇在那里等着，沉没的船上的人能够被救吗？答案显然是否定的。

当代人类生活于其上的地球就是哈丁所说的"船"。它被称为"地球村"，但它不是一个容量无限大的村子。它是人类共有的家园，也是人类迄今为止所能拥有的唯一家园。自20世纪初以来，人类一直在地球以外的太空探寻适合居住的其他家园，将月球、火星、金星等作为可能选项，但多年的探索表明了这种探寻活动难以达到令我们满意的结果。如果说地球是一艘船，它只不过是一艘没有配置救生艇的船。

哈丁为克服全球性公地悲剧提供的解决方法是世界主义方案。他所说的"世界主义"相对于"地方主义"而言。地方主义本质上是地方利己主义，它是围绕地方私利建构的一种道德价值观念，它的盛行必然导致全球性公地悲剧。哈丁指出："远离地方主义的那端是最常见的选择。现在公然可接受的选择更可能是'一个世界'的世界主义。"②

"对于一些遍及全球的问题，诸如臭氧层损耗、酸雨以及海洋渔业枯竭，世界主义的态度是需要的。"③哈丁认为，要解决日益严重的生态危机，当代人类应该克服地方主义价值观念的局限性，转而抱持世

---

① 〔美〕加特勒·哈丁：《生活在极限之内：生态学、经济学和人口禁忌》，戴星翼、张真译，第446页。
② 〔美〕加特勒·哈丁：《生活在极限之内：生态学、经济学和人口禁忌》，戴星翼、张真译，第450页。
③ 〔美〕加特勒·哈丁：《生活在极限之内：生态学、经济学和人口禁忌》，戴星翼、张真译，第470页。

界主义价值观念，而要形成世界主义价值观念，人类需要在思维方式、思想观念、行为方式等方面都有根本性转变。例如，在有限的世界中生存和发展，人类必须普遍弘扬节制的美德。哈丁甚至认为："节制必定是指导思想。"① 在他看来，节制应该成为整个人类和全世界推进发展的核心理念。

哈丁呼吁人类生活在极限之内，并且将它作为最基本的生态伦理要求提了出来。他倡导节制的、可持续的生活方式，反对只顾眼前、不管长远的生活方式。他指出，"地球村"的观念应该深入人心，它应该"是一个通过即时交流把四面八方的人们熔为一体的世界。一个共享的世界。一片令人心向神往的天地"②。显而易见，哈丁具有一个建构生态共同体的理想。他希望人类能够命运与共，共同建构人与自然和谐共处、同生共荣的地球村。

美国生态经济学家赫尔曼·E. 戴利表达过与哈丁高度一致的观点。他强调："可持续发展的整个理念就是经济子系统的增长规模绝对不能超出生态系统可以永久持续或支撑的容纳范围。"③ 虽然戴利是从生态经济学的角度要求人类控制经济规模，但是他对可持续发展理念的强调包含显而易见的生态伦理意蕴。他说："可持续发展必然意味着一场离开增长经济的激烈变革，并引向一种稳定状态的经济，肯定首先是在北方国家实施转变，最终也在南方国家实施。"④ 他要求在全球范围内控制经济增长规模，并且要求从两个方面限制经济增长，即要求从"生

---

① 〔美〕加特勒·哈丁：《生活在极限之内：生态学、经济学和人口禁忌》，戴星翼、张真译，第498页。
② 〔美〕加特勒·哈丁：《生活在极限之内：生态学、经济学和人口禁忌》，戴星翼、张真译，第338页。
③ 〔美〕赫尔曼·E. 戴利：《超越增长：可持续发展的经济学》，诸大建、胡圣等译，上海译文出版社2001年版，第38页。
④ 〔美〕赫尔曼·E. 戴利：《超越增长：可持续发展的经济学》，诸大建、胡圣等译，第43页。

物物理上和社会伦理上"①对经济增长进行限制。

戴利提出的一个伦理观点是:"以地质资本减少为代价的增长欲望受到强加给下一代的成本支出的限制。"②这就是他倡导的用于平衡当代和未来的伦理原则。其意指:"平衡当代和未来的原则应该是当代人的基本需求应该优先于下一代人的基本需求,但下一代人的基本需求应该优先于当代人的过分奢侈,这个原则虽然较少数字化,但也许更有区别性。"③戴利的生态伦理观是以倡导可持续发展作为核心伦理原则的。

哈丁和戴利都倡导可持续发展观。可持续发展观是一个难以清晰定义的概念,但我们可以确定,它是一个具有生态伦理意蕴的概念。它给人类活动特别是经济活动设定了这样一种伦理限制:人类开发、利用和改造自然的经济活动一旦超过一定的限度,它们就会造成生态系统难以支撑人类活动的后果,因此,从伦理上限制人类经济活动是绝对必需的。

四、只有一个地球:应有的生态道德忧患意识?

人类生存总是依托于一定的实体。地球、自然界、社会、国家、家庭等就是这样的实体。它们都是我们的安身立命之所,都是我们不可须臾脱离的生命寓所,因此,它们的存在状况对我们人之为人的生存状况发挥着决定性作用。不难想象,如果没有地球存在,我们作为人的生命是无所依托的。

人类生存于两个世界:一个是自然世界;另一个是人为的世界。

---

① 〔美〕赫尔曼·E.戴利:《超越增长:可持续发展的经济学》,诸大建、胡圣等译,第46页。
② 〔美〕赫尔曼·E.戴利:《超越增长:可持续发展的经济学》,诸大建、胡圣等译,第50页。
③ 〔美〕赫尔曼·E.戴利:《超越增长:可持续发展的经济学》,诸大建、胡圣等译,第50页。

前者是由土地、空气、阳光、动物、植物、无机物等构成的自然界。它依托地球而产生，也依托地球而存在。正因为如此，自然界主要指"地球"这一适合于人类生存的自然环境。人为的世界是人类凭借自己的智慧和能力建构起来的由社会结构、文化体系、物质文明等构成的世界。

追求幸福是人类的共同理想。由于必须依托上述两个世界而生存，人类幸福与它们的存在状况紧密相关。人类对幸福的追求必须通过现实生活来体现。什么是现实生活？它就是人类扎根于自然世界和人为世界的生活。这种生活是世俗的，也是平凡的，但它确实是人类幸福之源。离开现实生活来谈论的人类幸福是虚无缥缈的。

不过，人类现实生活通常不是幸福的。除了主观的心理因素以外，人类幸福状况与自然环境和社会环境直接相关。主观的心理因素是指我们对幸福的认知状况、理解状况以及我们的心态、性情等主观因素，它们时刻影响着我们的幸福感。例如，如果我们是情绪稳定的人，我们获得幸福的机会就比较多；如果我们是情绪容易波动的人，我们获得幸福的机会就相对较少。自然环境和社会环境也会影响我们的幸福感。它们对人类幸福的影响甚至是决定性的，远远超过个人主观心理因素。在很多时候，我们之所以是不幸福的，主要是因为我们置身于其中的自然环境和社会环境让我们痛苦不堪。肮脏的自然环境很难让人获得真正的幸福，动荡的社会环境也很难给人们带来强烈的幸福感。

自然环境是人类幸福不可或缺的重要来源。关于这一点，人类直到 20 世纪才越来越普遍认识到。在很长的历史时期，人们普遍倾向于将自己的幸福建立在充裕的物质财富或丰富的物质文明基础之上，没有关注自然环境对自身幸福的建构作用。20 世纪，当卡逊、克罗斯比等人揭露生态危机的真相，很多人才恍然大悟：原来被我们忽略的自然环境对我们的幸福发挥着至关重要的作用。

自然环境里的土地、空气、阳光、无机物、动物、植物等不仅是我们的生命支持系统中必不可少的构成要素，而且是我们的幸福源泉。当我们从繁杂的社会环境转入自然环境时，那里的一草一木、一石一沙都会让我们产生强烈的快乐，如果这种快乐能够持久、稳定地延续，我们就能拥有实实在在的幸福感。时刻生活在优美的自然环境中，我们能够获得人之为人的幸福，这似乎是不证自明的真理。

要获得幸福或幸福感，人类需要有一个美丽、舒适、安全的自然环境。自然环境的美丽可以让我们心旷神怡，自然环境的舒适可以让我们心静气定，自然环境的安全可以让我们从容不迫。如果自然环境不是美丽的、舒适的、安全的，它只会让我们心烦神乱、心浮气躁、焦躁不安。在现代城市生活，很多人之所以没有幸福感，主要原因之一是他们远离了自然环境，没有机会享受美丽、舒适、安全的自然环境。每天生活在封闭的水泥房子里，呼吸不到新鲜空气，沐浴不了灿烂阳光，欣赏不了生机勃勃的花草，生活何来幸福可言？

美国学者沃德和杜博斯指出："自然界有时是有益于人类，有时却造成灾害。"[1] 这可能是自然环境能够影响人类幸福的根本原因。自然环境既能给人类带来强烈的幸福感，也能将人类拖入痛苦的深渊。不过，我们必须认识到，自然环境给我们带来幸福还是痛苦，可能是自然环境决定的，也可能是我们自己造成的。自然灾害带给我们痛苦，这完全是由自然环境导致的。生态危机也能带给我们痛苦，但这种痛苦的根源不在于自然环境，而在于我们自己。

利奥波德、卡逊、克罗斯比等人早就警告了生态危机的实在性，但他们的警告似乎没有在人类社会引起足够的重视。沃德和杜博斯指

---

[1] 〔美〕芭芭拉·沃德、勒内·杜博斯：《只有一个地球——对一个小小行星的关怀和维护》，《国外公害丛书》编委会译校，吉林人民出版社1997年版，第4页。

出:"近 200 年内,特别是在突飞猛进的近 25 年中,人类改造自然的力量、广度和深度,都似乎预示着人类历史上革命新纪元的来临。这可能是人们所能设想到的最重大的革命。人类似乎正以全球范围内的规模,对未受控制的事物加以控制,并用人造的代替天然的,用计划性代替盲目性。"[1] 两位美国学者并不是在赞美当代人类改造自然的功绩,而是在批评人类对自然环境的空前破坏。

沃德和杜博斯希望向人们描述这样一种现实:进入 20 世纪以后,人口迅速增长,人口几乎遍布地球的每一个角落;能量和能源的消耗不断增长,有限自然资源的消耗面临枯竭的局面;汽车、家用电器等产生的废物、废气越来越多,环境污染日益严重;人类及其生产技术发展对自然环境或地球形成巨大冲击,后者的承载能力接近极限;人类赖以生存的自然界依托地球存在,但它因为人类的破坏和污染而陷入危机。

对自然环境的污染和破坏应该引起人类的注意和重视。"掌握技术的人类,正在经历着改变地球上自然体系的过程,而这种改变过程,却又是非常危险的,而且可能是无法挽救的。因为地球是人类和生物唯一赖以生存的地方。"[2] 正是基于这样一种思考,沃德和杜博斯呼吁人类给予"地球"这个小小的行星必要的关怀和保护。他们进一步说:"人类生活的两个世界 —— 他所继承的生物圈和他所创造的技术圈 —— 业已失去平衡,正处于潜在的深刻矛盾中。而人类正好生活在这种矛盾中间,这就是我们所面临的历史转折点。"[3] 显然在沃德和杜博

---

[1] 〔美〕芭芭拉·沃德、勒内·杜博斯:《只有一个地球 —— 对一个小小行星的关怀和维护》,《国外公害丛书》编委会译校,第 5 页。
[2] 〔美〕芭芭拉·沃德、勒内·杜博斯:《只有一个地球 —— 对一个小小行星的关怀和维护》,《国外公害丛书》编委会译校,第 14 页。
[3] 〔美〕芭芭拉·沃德、勒内·杜博斯:《只有一个地球 —— 对一个小小行星的关怀和维护》,《国外公害丛书》编委会译校,第 16 页。

斯看来，人类已经陷入生态危机，危机的根源是人类技术的发展。

沃德和杜博斯把生态危机归因于技术的观点是需要商榷的，但它是很多西方学者喜欢采用的立场。在美国这样的国家里，科学研究工作受到政治意识形态的深刻影响，学者的研究工作通常采用两种方式进行。有些学者（如罗尔斯）避而不谈政治问题，另一些学者将社会问题的症结归结为科学技术。这两种做法都能够规避政治风险，但很容易掩盖真理。

在论述地球或自然界遭受人类技术冲击的事态时，沃德和杜博斯事实上并没有完全局限于技术分析。他们时不时地会论及以美国为首的帝国主义国家如何凭借手中的"霸权"破坏整个人类的生态环境保护进程以及发达国家与发展中国家在环境问题上的争论。众所周知，关于环境保护责任问题的争论时常在发达国家和发展中国家之间发生，它们往往从各自的利益诉求来表达立场，形成相互指责。发达国家是导致生态危机的主要原因，但它们不仅推卸环境保护责任，而且利用自己的霸权对发展中国家颐指气使。沃德和杜博斯说："这些帝国主义者利用它们一时的政治和经济优势，强使别的民族或国家受其统治。"[1]作为生态危机的主要始作俑者，发达国家对环境保护所采取的敷衍、霸道态度是环境保护问题难以有效解决的根本原因。

沃德和杜博斯提出"只有一个地球"的论断，既表达了他们个人对环境问题的担忧，也表达了人类对环境问题的生态道德忧患意识。他们看到了人类和世界各国共享一个生物圈的事实，洞察到了地球生物圈的脆弱性和相互依存性，更认识到了地球生物圈对人类生命系统的支撑作用，因此，他们呼吁世界人民增强"只有一个地球"意识，减少分歧，在环境保护问题上开展真诚合作，开展"绿色革命"。他们

---

[1] 〔美〕芭芭拉·沃德、勒内·杜博斯：《只有一个地球——对一个小小行星的关怀和维护》，《国外公害丛书》编委会译校，第222页。

指出:"发达国家虽对人类环境已日益重视,但几个最富裕国家并未在援助经济发展方面,做些努力来减少上述的顾虑。事实上,现在很多新技术能够使发展中国家绕过污染阶段,去采用洁净的工艺方法和取得洁净的动力。"[1] 其言下之意是,只要愿意,发达国家与发展中国家完全可以在环境问题领域开展合作。

在强调"只有一个地球"理念基础上,沃德和杜博斯又提出了"人类生存的战略"。它是一个关于当代人类如何应对生态危机或如何保护地球的全球性战略。这一战略包括如下主要内容:

第一,建构关于环境统一性的新知识。"建立保护地球战略的第一步,应要求各国以集体的责任感去发现更多的关于自然界的知识,以及关于自然界同人类活动如何相互影响的知识。"[2] 应该将世界各国在研究自然界和生态环境保护方面形成的新知识全面公开共享,以为推进环境保护工作提供理论基础。

第二,正确处理国家主权与国际组织环境保护决策之间的关系。国家主权应该坚持,但联合国及其相关组织所做的环境保护决策也应该遵守。环境保护问题是全球性问题,需要世界各国共同努力才能有效解决。任何国家都不应该以维护国家主权为理由拒绝承担环境保护责任。

第三,增强人类生存意识。国与国之间争论不休解决不了日益严重的环境问题。发达国家与发展中国家应该相互尊重、相互支持、相互促进,增强维护人类生存的意识。"没有一个国家,甚至也不是几个国家集团就能独自行动起来,去避免地球上富裕的北方和贫困的南方之

---

[1] 〔美〕芭芭拉·沃德、勒内·杜博斯:《只有一个地球——对一个小小行星的关怀和维护》,《国外公害丛书》编委会译校,第244页。
[2] 〔美〕芭芭拉·沃德、勒内·杜博斯:《只有一个地球——对一个小小行星的关怀和维护》,《国外公害丛书》编委会译校,第252页。

间扩大分裂的大悲剧。"[1] 在日益严重的生态危机面前，整个人类和世界各国应该对"唯一的、美丽的、脆弱的行星——地球，培养出真挚的忠心"，只有这样，我们才"有希望长期生存于丰富多彩的生活之中"[2]。

"在这个太空中，只有一个地球在独自养育着全部生命体系。"[3] 人类生存依赖一个单一的生态系统——地球，这是人类必须深刻认识的一个客观事实。"这个体系在各种变化的形式中表现出根本的统一性，人类的生存有赖于整个体系的平衡和健全。"[4] 地球是整个人类赖以生存的共同家园。沃德和杜博斯要求人类超越狭隘的家庭意识、家族意识、种族意识、国家意识，确立保护、守护地球的共同理想，并忠心于这一理想。

地球是人类的宝贵家园。虽然它不容易控制，但是它确实是整个人类的唯一的生命支持系统。它难以捉摸，但它一直在最大限度地滋养着包括人类在内的万事万物。人类应该热爱地球，将自己的全部才智、勇气和宽容倾注给它，呵护它，保护它。说到底，对地球的呵护和保护就是对我们自身的呵护和保护。这应该成为人类普遍弘扬的生态道德价值观念。

美国另一位学者杜宁表达了与沃德、杜博斯相同的观点。他说："维持使人类持续的环境将要求我们改变我们的价值观。"[5] 其意指，人

---

[1] 〔美〕芭芭拉·沃德、勒内·杜博斯：《只有一个地球——对一个小小行星的关怀和维护》，《国外公害丛书》编委会译校，第256页。
[2] 〔美〕芭芭拉·沃德、勒内·杜博斯：《只有一个地球——对一个小小行星的关怀和维护》，《国外公害丛书》编委会译校，第260页。
[3] 〔美〕芭芭拉·沃德、勒内·杜博斯：《只有一个地球——对一个小小行星的关怀和维护》，《国外公害丛书》编委会译校，第260页。
[4] 〔美〕芭芭拉·沃德、勒内·杜博斯：《只有一个地球——对一个小小行星的关怀和维护》，《国外公害丛书》编委会译校，第258页。
[5] 〔美〕艾伦·杜宁：《多少算够——消费社会与地球的未来》，毕聿译，吉林人民出版社1997年版，第8页。

类应该改变不计后果的消费主义价值观，树立以追求可持续发展为核心价值取向的价值观。他强调："如果这星球上支持生命的生态系统将继续支持未来后代的生存，消费者社会将不得不大幅度地消减它所使用的资源，一部分转移到高质量、低产出的耐用品上，另一部分通过闲暇、人际关系和其他非物质途径来得到满足。"[①] 杜宁反对毫无节制的消费主义价值观，主张限制消费，增强生活品质意识，过文雅生活。在他看来，只有改变高消费的生活方式，人类才能将地球变成永久的家园。他强调："降低我们的消费不会使我们丧失真正重要的物品和服务。相反，最有意义和最令人兴奋的生活活动常常也是环境美德的典范。"[②] 限制消费也是生态道德的内在要求。

---

① 〔美〕艾伦·杜宁：《多少算够——消费社会与地球的未来》，毕聿译，第 8 页。
② 〔美〕艾伦·杜宁：《多少算够——消费社会与地球的未来》，毕聿译，第 102 页。

第十一章　美国的道德文化输出战略

作为当今世界的唯一超级大国，美国不仅谋求军事霸权、经济霸权、科技霸权，而且谋求文化霸权。在谋求文化霸权方面，它试图将自己宣扬的"正确"道德价值观念推向世界，使之成为"放之四海而皆准"的道德价值理念和道德行为准则。这就形成了美国的道德文化输出战略。本章将对美国对外推行的道德文化输出战略展开分析。

一、美国道德文化输出战略的缘起

美国为什么要实行道德文化输出战略？这既有一般层面的原因，也有特殊层面的原因。一般来说，世界上的每一个国家都具有谋求国际影响的意图。置身于世界民族之林，每一个国家都会占有国际空间，并试图彰显自身的存在价值。虽然说"弱国无外交"是一个颠扑不破的事实，但是这并不意味着"弱国"只能甘居"退隐"状态。在国际社会，强大的国家会以响亮的声音表达自己的道德价值诉求，它们的道德价值观念会受到其他国家的关注和重视；弱小的国家也会以这样或那样的方式表达自己的道德价值诉求，只不过它们的道德价值观念不容易受到其他国家的关注和重视。从这种意义上来说，美国推行道德文化输出战略具有必然性。作为世界大家庭中的一员，美国不可避免地会千方百计将它的道德价值诉求或道德价值观念推向世界。

每一个国家都有自己的民族性道德价值观念。这种道德价值观念是在民族国家的不同发展历程中形成的。不同国家经历不同发展历史，拥有不同文化。在民族性文化中，居于核心位置的是道德文化，其核心是不同民族在长期共同生活过程中形成的道德价值理念和道德行为准则。例如，中国在自身的发展历史中建构了具有中国特色的中华文化，而中华文化的核心和精髓是以中华传统美德为主要内容的中国道德文化。中华传统美德是中国道德文化中的优良道德传统，它是指那些在中华民族中能够得到普遍价值认同的道德价值观念和道德行为准则。

美国也有自己的民族性道德价值观念。美利坚民族在争取民族独立和国家发展的历史进程中必然会建构具有美国特色的道德价值观念。美国的开创者从欧洲到达北美大陆的时候，他们初衷是为了获得在欧洲无法得到的自由。作为清教徒，他们无法忍受欧洲国家禁止思想自由、言论自由、宗教信仰自由的做法以及相关的惩罚，他们选择了"流亡"之路。他们中的大部分人没有明确的目的地，只是漫无目的地"漂流"到了哥伦布发现的北美大陆。"漂流"之路充满艰难，但受到"自由"这一道德价值观念的召唤，他们总是能够找到前行的力量。唯其如此，美利坚民族的骨子里根深蒂固地深藏着崇尚自由的道德价值观念，也是美国人常常挂在嘴巴上的道德价值观念。

美国人所崇尚、所坚持、所倡导的自由观念，至少从它的原初意义上来说具有不容否认的正面价值。在争取自由的过程中，美国人反对专制统治，强调个人权利，要求保障个人的人身自由、思想自由、言论自由、宗教信仰自由，这些体现了整个人类的共同价值诉求。具体地说，自由是人类普遍追求的一种道德价值，美国人追求自由，印度人追求自由，中国人也追求自由。崇尚、坚持和倡导自由观念本身没有问题，有问题的地方是美国人崇尚、坚持和倡导自由的方法、方式和途径。

作为当今世界的唯一超级大国，美国在道德文化方面谋求国际影响力和对外推行道德文化输出战略的意图更加强烈。对此，我们可以从以下几个方面加以认识和理解。

对外推行道德文化输出战略与美国作为资本主义国家的本性相契合。资本主义国家的共同本性是对外扩张。资本主义国家都建立在资本的贪婪本性之上。贪婪的资本总是处于骚动不安的状态。它不仅以榨取剩余价值为其本性，而且以不断扩展为其本性。这从根本上决定了资本主义国家的残暴性和侵略性本质。纵观资本主义国家的发展历史，英国、德国、法国、美国等资本主义国家无一例外地为资本主义国家的残暴性和侵略性提供了实证。历史地看，资本主义国家在对外推行军事和经济扩张、侵略的战略之前，往往会大肆推行道德文化输出战略，其目的不是要用它们倡导的道德价值观念引导世界发展的方向，而是要借助它们为其军事、经济上的扩张、侵略行为提供道德合理性辩护。近些年，美国在对伊拉克、叙利亚等国发动侵略战争之前，都是首先高举维护"人权""自由"之类的道德旗号。在每一次侵略战争中，美国都是以"道德"作为首要的理由；或者说，它总是将"道德"作为一种工具，以掩盖它的扩展、侵略本性。

西方资本主义国家的发展史都是用资本的贪婪性、残暴性和侵略性书写的历史。英国对内实行残酷的圈地运动，对外大搞殖民主义扩展，才成就了它的"日不落帝国"梦想。虽然英国作为"日不落帝国"的梦想已经破灭，但是它折射出来的历史事实是不容否定的。美国对内残酷迫害印第安人，对外不断发动侵略战争，才成就了它的"长久繁荣"的梦想。为了维持这种局面，如今的美国可谓无所不用其极。它可以为了一己之私，粗暴干涉他国内政，以"莫须有"的罪名发动侵略战争，以"世界警察"的身份抓捕他国元首，为所欲为，其作为资本主义国家的贪婪、残暴和侵略本性往往以赤裸裸的方式呈现在世人面前，但它又总是千方百计掩盖自己的本性，表现出其伪善。

对外推行道德文化输出战略与美国统治世界的霸权主义野心相吻合。谋求强大是世界各国的共同目标。落后就要挨打，弱小就要受欺负，这是国际政治中的通用法则。正因为如此，一个国家跻身于国际舞台，它要么必须自强，要么必须依靠强国。无论是何种情况，它都不应该谋求世界霸权。在国际政治中，除了"落后就要挨打，弱小就要受欺负"这一法则以外，还有和平共处、国际正义等国际道德法则。在国际社会，国与国之间的竞争在所难免，但这种竞争不应该是你死我活的竞争模式。

不过，美国在实现强大目标之后迅速采取了霸权主义战略。它于19世纪末20世纪初一跃而成为世界强国，在第二次世界大战之后进一步成为世界超级大国，冷战之后又一跃而成为世界唯一超级大国。在此发展历程中，它没有采取与其他国家和平相处、同生共荣的发展道路，而是谋求以美国为统治者的世界秩序。为了实现这一目标，它往往首先将美国式的道德价值观念推向世界，要求世界各国无条件地接受它们。最重要的在于，在推行道德文化输出战略的过程中，美国往往会采用双重的道德价值标准。它在国内将道德价值观念的建构和传播主要局限于道德生活领域，而在国际社会，它将道德价值观念的建构和传播无限制地延伸到政治、经济领域，试图将其他国家全面纳入自由主义发展轨道，以凸显和巩固美国在世界文化、政治、经济领域的霸权地位。

对外推行道德文化输出战略与美国遏制社会主义国家的企图相融合。美国是一个典型的资本主义国家。它总是将自身置于与社会主义国家相对立的阵营来看待。历史地看，除了在第二次世界大战中与苏联等社会主义国家有一定的合作之外，美国在其他历史阶段基本上都是高举反对社会主义和共产主义的旗帜。在推进反社会主义、反共产主义的过程中，美国历来都是以道德价值观批评打头阵的。它对社会主义国家的道德状况进行大肆攻击，批评社会主义国家存在违背人性、缺乏自由、不尊重人权等道德问题，以达到从道德上否定社会主义制度的邪恶目的。

美国对社会主义国家的批评往往首先通过道德谴责的方式来展开。道德谴责无法达到从根本上颠覆社会主义国家的目的，但它可以起到抹黑、丑化社会主义国家的目的。这种抹黑和丑化，旨在为美国遏制社会主义国家的发展提供道德合理性基础，甚至为美国发动侵略战争提供道德理由。在对待当今世界上为数不多的几个社会主义国家时，美国惯用的伎俩就是指责它们具有违背道德的劣迹。美国之所以将朝鲜称为"邪恶国家"，主要是指朝鲜劳动党实行专制统治、侵犯朝鲜人民的自由权利等。

美国对外推行道德文化输出战略是必然的。这是由它所推崇、所坚持、所倡导的道德文化传统决定的，也是由它作为资本主义国家的本性决定的。美国道德文化传统是以美国道德价值观念作为中心的。它具有"唯我独尊"的根本特点，既缺乏包容性，也具有强烈的扩张性、侵略性。这样的道德文化传统与资本主义国家的贪婪性、扩张性和侵略性本性交织在一起，驱动着美国时刻都在做着统治世界、主宰全球、领导人类的黄粱一梦，并且不允许其他国家质疑和挑战它。试图建构以美国为首的"世界帝国"是美国人孜孜以求的梦想。

二、美国道德文化输出战略的实质

美国特别重视道德文化输出战略。这与美国对道德文化输出战略的价值认识有关。美国历来倡导实用主义伦理思想，它对道德文化输出战略的价值认识也具有鲜明的实用主义特征。具体地说，美国推进道德文化输出战略的主要目的，不是为了用它的道德价值观造福其他国家的人民，而是主要为了实现它谋求文化霸权的目的。

首先，我们应该从美国"维护人权"的惯用伎俩谈起。

美国独立战争的一个重要价值诉求是维护人权。在大英帝国的殖民统治下，美国人的人权常常受到侵害，因此，他们借助革命手段来维护自己的人权。独立战争胜利以后，维护人权也一直是美国社会的价值诉求，但这种诉求至少存在两个突出问题。一方面，美国所讲的人权是有特定范围的。它主要是指美国白人的人权，而不是指美国印第安人和少数族裔的人权。美国在建国之前就对北美大陆的原住民印第安人采取赶尽杀绝的政策。建国之后，美国不仅对印第安人继续采取种族歧视、种族灭绝政策，而且对黑人、亚裔人等长期采取遏制政策。在美国社会，印第安人和少数族裔一直生活在社会的边缘地带，很难进入社会核心。另一方面，美国在人权问题上对内对外采取双重标准。在国际社会，美国历来将美国人的人权置于高于其他民族的位置来看待，而对其他民族的人权则历来采取漠不关心的态度。

1999年，为了挤压俄罗斯的生存空间和压制南斯拉夫日益高涨的民族主义运动，以美国为首的北约发动了科索沃战争，对南斯拉夫进行了连续78天的狂轰滥炸，导致1800人死亡、6000人受伤、经济损失巨大的严重后果。1999年5月7日深夜，以美国为首的北约以精确制导的方式轰炸了中国驻南联盟大使馆，20多名中国使馆人员受伤，邵云环、许杏虎、朱颖三位同志死亡。当时，中国政府向北约进行严正抗议，但口口声声维护人权的美国将事件归因于"误炸"，只是对中国人民进行口头道歉。

2003年，以美国为首的北约以伊拉克拥有大规模杀伤性武器、暗中支持恐怖分子为由，绕开联合国安理会，发动了震惊世界的伊拉克战争。此次战争历时 7 年多，导致约 5 万伊拉克人死亡、10 多万伊拉克人受伤，伊拉克领导人被以美国为首的北约以绞刑处死。在战争开始之前，美国国务卿鲍威尔在新闻发布会上手里举着一包装着仿佛是"洗衣粉"的袋子，"义愤填膺"地指责伊拉克研发大规模杀伤性武器的"罪行"，而事实上，美国并没有在战争中找到伊拉克拥有大规模杀伤性武器的任何证据。饱受战争之苦的伊拉克人民至今仍然生活在动荡不安的社会环境之中。

2022 年年初，美国不断拱火浇油，俄乌冲突爆发。冲突爆发以后，美国表面上呼唤和平，呼吁停止战争，暗地里却给乌克兰提供人员、武器、经费支持，并操控乌克兰国家意志，阻扰俄乌谈判进程。在一次记者招待会上，一名记者问美国副总统哈里斯会不会考虑接待乌克兰难民时，哈里斯竟然禁不住哈哈大笑。毫无疑问，哈里斯的笑是具有象征意义的笑，是"只可意会不可言传"的笑。在拜登、哈里斯、鲍威尔等美国政客的眼里，乌克兰人、伊拉克人、南斯拉夫人恐怕都是没有人权的存在者！

种种迹象表明，美国不断鼓吹"人权"，只不过是它在国际舞台上玩弄国际政治的常用伎俩。为了抹黑一个国家，为了遏制一个国家的发展进程，或者为了推翻一个国家的政权，美国总是打出"人权"牌。在打出这张牌的时候，美国从来不反思它对印第安人赶尽杀绝的政策和做法，从来不反思它对伊拉克人民、南斯拉夫人民、乌克兰人民带来的灾难。它以人权的"捍卫者"和"守护者"自居，为自己披上"守卫人道"的道德外衣，极尽道德工具主义之能事。

在当今世界，美国侵害人权的所作所为此起彼伏，已经引起世界人民的警觉。一朝被蛇咬，十年怕井绳。美国"维护人权"的伪善外衣终将被世界人民揭露。面对今天的美国，越来越多的人发出这样的感叹：时移世易，世事变迁，物是人非，今天的美国还是 19 世纪那个美国吗？

其次，我们应该审视美国的国家利益观和民族利己主义诉求。

每一个民族都有自己的国家观和国家利益观。国家观是国家利益观的前提和基础，而国家利益观则是国家观得以延伸的产物。

美国是一个通过独立战争而建立的国家。它在很大程度上反叛了欧洲国家特别是英国的政治制度、经济制度和文化制度设计和安排，但在国家观方面继承了西方人强调零和竞争的思想传统，加上融入了本土产生的实用主义伦理思想，它的国家观在各个方面都表现得更加极端化。

赫拉克利特早在古希腊时期就特别强调："战争是万物之父，也是万物之王。它使一些人成为神，使一些人成为人，使一些人成为奴隶，使一些人成为自由人。"[①] 众所周知，赫拉克利特的战争观源自他认为斗争具有普遍性的观点。在赫拉克利特的眼里，一切都是斗争和必然性的产物。赫拉克利特关注和重视战争的正义性问题，他似乎反对非正义战争，但总体来看，他表现出了肯定战争的明显倾向。

西方自古希腊就形成了崇尚斗争、推崇战争的思想传统。这大概与古希腊城邦混战的历史局面直接相关。古希腊时期类似于中国先秦时期，战火不断，战乱不止。所不同的是，古希腊人并没有借助战争解决国家分裂问题，而是最终导致了古希腊的彻底分裂，古希腊文明也因此而中断。相比较而言，中华民族先秦时期的诸侯争霸最终以秦朝统一中国而结束，从此以后中国一直没有出现彻底分裂的局面，这是中华文明能够绵延不绝的根本原因。古希腊人使自己创造的古文明难以为继，却将强调斗争、推崇战争的思想传统遗传给了西方各个民族。

---

① 北京大学哲学系外国哲学史教研室编译：《西方哲学原著选读》上卷，第27页。

在西方思想传统中，国与国、民族与民族之间是相互否定的关系，一个国家和民族的存在价值是通过否定另一个国家和民族的方式得到体现的。受到这种思想传统的影响，西方国家历来把国际关系视为相互冲突、相互矛盾的关系。欧洲之所以能够成为两次世界大战的策源地，这不是没有理由的。第二次世界大战之后，欧洲国家为了抗衡日渐强大的美国和苏联成立了欧盟，但它们之间的联盟貌合神离，同床异梦的事情时有发生。近些年，为了配合美国分裂欧盟的企图，英国公然做出了脱离欧盟的选择。不团结是欧盟自成立的第一天起就面对的突出问题。

美国继承了推崇斗争、战争的西方思想传统。自成立以来，它几乎一直在打仗。第二次世界大战之后，它与苏联进行了旷日持久的冷战，斗争激烈之时，双方都以核武器相威胁。冷战结束以后，美国到处寻找敌人，一下子视中国为敌人，一下子视欧盟为敌人，一下子视俄罗斯为敌人，一下子视伊拉克为敌人，一下子又视朝鲜为敌人。没有敌人，就没有美国。没有敌人，美国会千方百计创造敌人。美国用事实证明了我国一位学者对"敌人"的界定："敌人不可定义，敌人只能被感知、被建构、被发现。一句话，敌人是'我们'创造的。"[①] 美国一直在建构自己的敌人，因此，它总是有敌人。这是美国国家观的核心思想。

有什么样的国家观，就有什么样的国家利益观。由于推崇强调矛盾和冲突的国家观，美国总是将自己的国家利益置于至高无上的地位。美国的国家利益观从根本上来说是民族利己主义的。它不仅强调美国利益的至高性、优先性，而且对其他国家的利益采取排斥、否定的态度。为了一己私利，它可以"六亲不认"。在美国的国家利益观里，只

---

① 左高山：《敌人论》，中国人民大学出版社2016年版，第4页。

有美国利益，没有他国利益。唯利是图是美国国家利益观的根本特征。

由于坚持唯利是图的国家利益观，美国通常以自私自利的形象出现在世人面前。每一次发动战争，受害国的人民无一例外地都会陷入水深火热之中，而美国都在大发战争财。在目前的俄乌冲突中，美国一方面使俄罗斯、乌克兰和欧洲盟国蒙受巨大损失，另一方面使自己通过贩卖军火赚得盆满钵满。它甚至通过塑造俄乌冲突的模板，引诱中国台湾增强向其购买军火的欲望。俄乌冲突表面上是俄罗斯与乌克兰之间的斗争，实际上是俄罗斯与美国之间的斗争，但美国始终将自己隐藏在背后，为了掩耳盗铃，它"义愤填膺"地谴责俄罗斯，同时"大义凛然"地站在乌克兰一边。它甚至强迫中国、印度等国家选边站，对俄罗斯进行谴责。如果中国和印度不按照美国的要求谴责俄罗斯，就是站在"错误的历史一边"。这就是美国的国家利益观映照出来的民族利己主义国家形象。

受到实用主义伦理思想影响，美国对眼前利益的关注和重视远远多于对长远利益的关注和重视。对于当前的美国来说，最重要的是要遏制俄罗斯和中国的复兴。它目前所做的很多事情都是出于这个目的。问题在于，俄罗斯和中国都不是容易对付的"敌人"，因此，它必须利用战争来消解两个国家的力量。在此背景下，乌克兰就成了美国达到削弱俄罗斯和中国的棋子。至于乌克兰在此次冲突中会失去多少国家利益，美国并不会在乎。它在乎的永远是美国利益的至高性和优先性。

再次，我们应该考察美国现代道德文化的侵略性和霸权主义本质。

每一个国家的道德文化都具有自身的气质。有些国家的道德文化属于和平型的，在气质上显得平易近人，富有包容性。有些国家的道德文化属于侵略型的，在气质上显得咄咄逼人，具有进攻性。

中国道德文化属于前一种形态。罗素曾经指出："中国伦理道德品质的某些方面非常高明,为现代世界所急需。"[1]罗素所说的"中国伦理道德品质"是指中华传统美德,主要包括宽容、友善、恭敬有礼、恬淡和平等方面。罗素尤其称赞中华民族热爱和平的美德。他说:"如果说世界上有哪个国家'骄傲到不屑打仗',那这个国家非中国莫属。"[2]正如罗素所说,中华民族不好战,历来以推崇战争为耻,但这绝不意味着中华民族很懦弱。他认为:"如果中国人愿意,中国会是全世界最强大的国家。但他们只求自由,不愿主宰。"[3]

中华民族崇尚热爱和平、谦让包容的美德,这赋予中国道德文化显而易见的和平气质。我们强调尊德、崇德、守德的重要性,但从来不主张将自己的道德价值观念强加于人。孔子说:"己所不欲,勿施于人。"[4]其意指,自己不希望的事情,不要施加于别人。孔子还说:"夫仁者,己欲立而立人,己欲达而达人。"[5]意思是,仁者想自己立身于世,也使别人立身;想自己取得成功,也使别人成功。这就是孔子所说的"忠恕之道"。道家更是强调:"上善若水。水善利万物而不争,处众人之所恶,故几于道。"[6]其意为,具有上善的人,是具有水气质的人;水滋养万物,但不会争抢功绩;它甘愿处在人们厌恶的低洼之地,因而接近大道。儒家和道家是中国传统伦理思想的两个主流,也代表中国道德文化的主要气质。虽然它们倡导的伦理思想不尽相同,但是它们具有一个共同点。这就是,它们都以友善待人、包容待人、成人之美等作为人的美德。

相比较而言,美国道德文化则表现出侵略性气质。这主要是指,

---

[1] 〔英〕伯特兰·罗素:《中国问题》,田瑞雪译,中国画报出版社2019年版,第241页。
[2] 〔英〕伯特兰·罗素:《中国问题》,田瑞雪译,第219页。
[3] 〔英〕伯特兰·罗素:《中国问题》,田瑞雪译,第219页。
[4] 《论语 大学 中庸》,陈晓芬、徐儒宗译注,第191页。
[5] 《论语 大学 中庸》,陈晓芬、徐儒宗译注,第72页。
[6] 《老子》,饶尚宽译注,第20页。

美国总是在道德价值观念上采用双重标准，对内和对外倡导外延和内涵迥然不同的道德价值观念，并且总是试图将它们强加于人。美国既不考虑道德文化的民族差异性，也不尊重道德文化传统的异质性。它处处争夺道德文化话语权，动辄以道德价值观权威自居，对其他民族和国家指手画脚，甚至居高临下地对其他民族和国家进行武断的道德谴责。

美国是一个历史短暂的国家，但它在短暂的历史中一直在创造国家现代化的奇迹，这一历史事实不仅让美国人从建国之初就具有其他民族难以与之相提并论的理论自信、道路自信、制度自信、文化自信，而且使美国人在国际交往和交流中经常流露出强烈的优越感、骄傲感和得意感。正因为如此，作为国际社会中的"强者"，美国既热衷于在世界各地炫耀硬实力，也热衷于向其他民族展现它的软实力。美国软实力的核心就是它的现代道德文化，但在对外输出道德文化的过程中，美国一直采取"唯我独尊"或"唯我独贵"的战略。

美国不仅谋求军事霸权、经济霸权和政治霸权，而且谋求文化霸权。所谓"文化霸权"，主要是指霸占道德价值观话语权的做法。冷战结束之后，美国一超独大，试图凭借其超强军事实力、经济实力独揽道德文化的国际话语权，处处以国际道德法庭的最高法官自居。对于其他国家和民族，它动辄就给它们扣上"侵害人权""侵犯公民自由""实行专制"等帽子，辅之以各种各样的制裁，甚至以发动战争相威胁。有时候，为了彰显自己的文化霸权地位，美国甚至随意僭越联合国的权威、肆意践踏举世公认的国际法。美国的文化霸权行径对国际伦理秩序造成巨大破坏，是导致当今世界乱象丛生的根源所在。在当今世界，越来越多的人已经认识到，凡是美国染指的地方，必定社会动荡、秩序混乱。

三、美国梦与美国道德文化输出战略的关系

美国人自 1776 年独立以来普遍相信，经过个人努力，每个人都可以拥有美好生活。这就是"美国梦"的原初含义。美国独立战争的胜利，极大地鼓舞了美国人，使他们普遍确立了乐观向上的生活信念，激励着他们追求个人幸福。在美国人的眼里，既然他们能够成功建立一个新的国家，其他的一切事情都不可能难住他们。

"美国梦"是由华盛顿、杰斐逊、富兰克林等创建美国的国父们建构的。他们是美国独立战争的发动者，也是美国的创建者。为了夺取独立战争的胜利和建立美利坚合众国，他们进行了艰苦卓绝的斗争，经历了无比巨大的艰难困苦，但无论多么艰难，他们总是保持着追求美好生活和建构理想社会的坚定信念。他们与恶劣的自然环境斗争，与英国殖民主义者斗争，建立了美利坚合众国，改变了人类社会发展的历史格局。他们开创事业的坚定信念、斗争精神、奋斗实践为后来的美国人树立了典范，引导着他们以积极、乐观的态度追求自己的生活理想。

首先，"美国梦"是美国人的个人幸福梦。美国自成立之初就特别重视个人幸福问题。它实行自由主义的市场经济体制、政治体制和文化体制，给个人自由保留巨大空间，将生活规划权全部交给个人，政府的功能主要局限于设计和安排社会制度，这极大地提升了个人的价值，甚至将个人置于高于社会、优先于社会的地位。这种意义上的美国梦为个人主义价值观在美国社会的盛行和传播提供了极其有利的条件。

其次，"美国梦"是美国人的强国梦。美国国父们的梦想不仅是要在广袤的北美大陆建立一个新国家，而且要将它建设成为一个世界强国。他们的最初理想是至少要建立一个能够与"大英帝国"相抗衡的国家。独立战争的胜利很快用事实证明了这一理想的可行性，但他们

并不满足于此，对美国的未来发展有长远的设想。后世的美国人继承了"国父们"的遗志，致力于将美国建设成为世界强国。他们不断开疆拓土，从法国、西班牙、墨西哥、俄国等国手里购买路易斯安那地区、佛罗里达、加利福尼亚、德克萨斯、阿拉斯加等地区，使美国的疆土从建国时期的13个州扩大到900多万平方公里；推进西进运动，屠杀印第安人，吞并印第安人的土地。除此以外，他们大力推进工业革命，19世纪末20世纪初就在工业化水平方面超过了英国、法国等老牌资本主义国家。两次世界大战期间，美国已经发展成为举足轻重的世界强国。冷战期间，它与苏联争霸世界，最终战胜苏联，夺得世界唯一超级大国地位。美国发展史是一部从无到有、从弱到强、从强到超强的发展历史，更是美国梦得到实现的历史。

再次，"美国梦"是美国试图征服世界的梦。在从无到有、从弱到强、从强到超强的发展过程中，美国表现出了试图征服、统治整个世界的野心。尤其是冷战结束之后，美国占据着一超独大的地位，试图在军事、经济、政治、文化等领域成为世界的统治者。它无所顾忌地推行军事霸权主义、经济霸权主义、政治霸权主义和文化霸权主义，在国际社会唯我独尊、我行我素，将美国利益置于至高无上的位置，常常僭越联合国和国际法的权威，充当"世界警察""世界法官"和"世界霸主"，对其他国家颐指气使，发号施令。在当今国际舞台，没有美国不敢说的话，也没有美国不敢做的事。如果不高兴，美国总统就会公开要求推翻某个国家的领导人。试图征服整个世界是"美国梦"的重要内容，甚至是最重要的内容。

我们需要思考的问题是："美国梦"与美国的道德文化输出战略是否有着紧密关系？答案是肯定的。对此，我们需要从以下两个方面来加以理解。

一方面，"美国梦"是美国推行道德文化输出战略的强大动力。对于美国人来说,"美国梦"不仅是最高的生活理想,而且是最高的道德信念。它给每一个美国人乃至"美国"这个国家提供了一个明确的价值目标。由于"美国梦"的存在,美国人在建国之后都朝着一个共同的生活目标而奋斗,"美国"这个国家也沿着从无到有、从弱到强、从强到超强的方向发展。在美国人的生活世界,"美国梦"发挥着强有力的道德信念作用,具有无比强大的吸引力、凝聚力和感召力,犹如一个具有不竭动力的引擎,将整个美国社会引向一个清晰可见的奋斗方向。美国人为"美国梦"而生活,为"美国梦"而共同生活在国家共同体之中。"美国梦"在美国社会起到了振奋人心、凝聚人心、团结人心的积极作用。

在美国社会,能够振奋人心、凝聚人心和团结人心的东西主要有两个:一是宗教信仰;二是"美国梦"。前者主要指基督教对美国民众的整合作用。基督教是在美国社会受到最广泛欢迎的宗教,其教义大都以伦理道德的内容呈现在美国人面前,对他们发挥着极其重要的道德教化作用。美国人十分重视宗教信仰。他们可以不加入任何党派,但他们不能没有宗教信仰。美国人崇尚自由,喜欢自由自在的生活方式,主张自己对自己的生活规划和后果负责,反对政府过多地干扰个人生活,但他们并不反对宗教对自己的统领或支配。后者是指"美国梦"对美国民众的团结作用。"美国梦"不对美国人进行性别、年龄、肤色、种族、阶级、地域区分,引导着所有人朝着一个共同的目标而奋斗。如果说基督教信仰对美国人的整合依靠的是虚无缥缈的超自然力量——上帝,那么,"美国梦"对美国人的团结依靠的是现实的利益关切。"美国梦"紧扣每一个美国人对个人幸福生活和国家强大的现实诉求。基督教信仰和"美国梦"是美国的两个支柱,它们共同支撑着美国人的生活格局以及美国社会的发展格局。

另一方面,美国的道德文化输出战略又是"美国梦"得以实现的必要条件。"美国梦"的实现需要道德价值理念的指引。美国总统罗斯福将这种指引主要归结为"自由"的观念。他说:"自由意味着在任何地方人权都至高无上。"① 其意指,美国人自建国以来孜孜以求的是全人类的自由,美国人的一切追求都是围绕"自由"这一目标展开的。他进一步指出:"我们所追求的世界秩序,是自由国家在友好文明的社会中的共同努力和彼此合作。"② 罗斯福认为,"自由"这一道德价值理念是美国人的共同价值目标,也是世界人民的共同价值目标。他号召美国人为实现世界人民的自由而做出不懈努力。他说:"为了实现这一崇高的理想,我们不获全胜绝不放弃。"③ 历史地看,美国曾经为世界人民的自由做出过重要贡献。在第二次世界大战期间,美国最终选择站在反法西斯阵营的一边,对德国、日本等法西斯国家宣战。美国的飞虎队曾经与中国人民共同抗击日本侵略者,并且做出巨大牺牲。美国在日本广岛和长崎投下两颗原子弹,对结束中国 14 年抗日战争起到了积极作用。

在从无到有、从弱到强、从强到超强的发展历程中,美国一直在世界范围内广泛传播它的道德文化,尤其是它的自由理念。这无疑对引导世界建构自由秩序起到了一定的积极作用。随着美国国际影响力的不断增强,美国的自由理念也在世界范围内得到广泛传播。在走上霸权主义道路之前,美国国内的自由氛围曾经让整个世界为之瞩目。在第二次世界大战之后的一段时间里,美国在西方被视为最自由的国度,吸引了一批批来自欧洲的科学家、哲学家、艺术家,从而使世界文化中心从欧洲转移到了美国。在世界范围内推行道德文化输出战略

---

① 邹颉编译:《美国的精神——美国现代政界领袖演讲精选》,中国经济出版社 2009 年版,第 15 页。
② 邹颉编译:《美国的精神——美国现代政界领袖演讲精选》,第 15 页。
③ 邹颉编译:《美国的精神——美国现代政界领袖演讲精选》,第 15 页。

对"美国梦"的实现起到了不容忽视的促进作用。

"美国梦"既是美国人的个人幸福梦,也是美国人的强国梦、世界霸权梦。作为美国人民的个人梦,它的核心价值诉求是肯定每一个美国人的个人自由和权利。作为美国人的强国梦,它以实现美国的强大作为核心内容。作为美国人的世界霸权梦,它集中反映美国企图凭借其强大的硬实力和软实力征服世界、控制世界和统治世界的帝国梦想。在研究美国的道德文化输出战略和"美国梦"的时候,我们应该关注和研究它们之间的紧密关联性,更应该重视和考察"美国梦"的复杂内涵。

四、美国和平演变战略与美国道德文化输出战略的关系

美国在第二次世界大战之后一直在推行和平演变战略,这几乎是众所周知的事实。它由美国国务卿杜勒斯提出,得到美国历届总统、国会的支持和维持,其根本目的是要通过非暴力的手段颠覆苏联、中国等社会主义国家的政权,但美国政客在推行该战略的时候都宣称是要将社会主义国家的人民从"被奴役"的状态下"解救"出来。

美国政府并不承认和平演变战略。这并不意味着该战略不存在,而是仅仅意指它不能被曝光。冷战期间,社会主义、共产主义对于美国来说简直就是"洪水猛兽",杜勒斯、艾森豪威尔、肯尼迪等美国政客都对其采取防范、遏制政策。这是和平演变战略得以产生的现实根源。历史地看,和平演变战略是美国在无法通过战争或暴力手段颠覆社会主义国家的前提下采用的一种"非暴力"战略,但它的根本目的与暴力颠覆社会主义国家的目的完全一致。如果说它与后者存在一定的差异,这主要体现在两个方面:一方面,它确实采取了"非暴力"

手段；另一方面，它是隐秘的、非公开的。

"和平演变"战略又称"颜色革命"，包括"橙色革命"或"玫瑰革命"等案例。它并不仅仅针对中国，而是针对所有社会主义国家。"苏联解体""东欧剧变"等都是"和平演变"战略成功实施的结果。作为美国实施的一项国家战略，"和平演变"战略主要由美国中情局负责实施，它的主要内容是"十条诫令"，包括：（1）用物质引诱和败坏社会主义国家的青年，使他们藐视、鄙视、公开反对他们所受的思想教育，特别是共产主义教条；（2）借助电影、书籍、电视、无线电波和新的宗教传播等方式宣传西方价值观念，使社会主义国家的人向往西方式的衣、食、住、行、娱乐和教育方式；（3）把社会主义国家的青年的注意力从以政府为中心的传统转移开，使他们沉迷于体育表演、色情书籍、享乐、游戏、犯罪性的电影；等等。

邓小平曾经在1989年指出："西方国家正在打一场没有硝烟的第三次世界大战。所谓没有硝烟，就是要社会主义国家和平演变。"[①] 当时的中国正在发生政治风波，其根源就是西方的和平演变战略。以美国为首的西方资本主义国家不希望看到中国坚持走社会主义道路的事实，怂恿我国的亲西方势力以捍卫人权、反腐败等名义挑起动乱，其实际目的则是要推翻中国共产党的领导和中国的社会主义制度。

美国的和平演变战略采取"非暴力"方式，即"没有硝烟"的形式，但它的危害性并不亚于"暴力"方式。"暴力"方式是看得见的方式，因而容易识别。例如，美国与苏联在冷战期间相互进行核威慑，这就是台面上的事情，世界人民都看得清清楚楚、明明白白。相比较而言，美国的和平演变战略主要是借助文化软实力进行的一种颠覆性、破坏性行为，其核心内容是通过改变人们的思维方式、思想认知、意

[①] 《邓小平文选》第三卷，人民出版社1993年版，第344页。

识形态、价值观念等来达到颠覆社会主义制度的目的。由于具有极强的隐秘性，它很难被发觉。

苏联解体的历史事实证明了美国和平演变战略的"威力"。冷战期间，苏联曾经长期与美国在军事实力、政治实力、经济实力、科技实力等方面保持着平衡状态，可谓势均力敌，但由于没有洞察美国的和平演变战略，它没有建设坚固的文化防线、意识形态防线，所以当美国和平演变战略的"攻击"达到一定程度时，它的军事防线、政治防线、经济防线、科技防线等迅速崩溃，无法起到保卫社会主义制度的作用。这是苏联给世人留下的惨痛历史教训。

美国推行和平演变战略的武器不是导弹，更不是核武器，而是以道德价值观念为主要内容的"文化软实力"。它将自由、民主、平等等道德价值观念进行精心的包装，在国际舞台上进行大肆鼓吹，借助电影、电视、音乐、网络媒介等手段进行宣传、传播，无端抹黑、丑化和抨击社会主义道路、理论、制度和文化，推行各种人才引进政策、研究项目，引诱社会主义国家的人民接受基督教信仰，从而达到从思维、认知、思想、理念、道德价值观念等方面瓦解社会主义的邪恶目的。

美国对外输出道德文化的路径大都是隐秘的，因而不容易被人们发现，但其中的一些路径还是有迹可循的。我们认为，美国对外推行道德文化输出战略的路径主要有5条：（1）外交的路径。美国政治家在外交场合经常会将美国宣扬的自由、平等、民主等道德价值观念挂在嘴巴上。（2）设立国际项目的路径。美国政府会委托一些非政府组织或机构设立一些国际研究项目，通过这些项目将世界各国特别是社会主义国家的专家学者吸引到美国，让他们在研究中接受美国道德价值观念。（3）招揽学生的路径。通过美国高校在社会主义国家招收各层次的学生，用奖学金、助学金等条件将社会主义国家的学生吸引到美国，使他们在学习中接受美国道德价值观念。（4）大众文化传播的路径。向包括社会主义国家在内的世界各国传播美国的好莱坞电影、流行音乐等，使其他国家的人民在欣赏美国大众文化作品的过程中受到美国道德价值观念的影响。（5）培植亲美分子的路径。通过互联网等途径在"敌对国家"发展亲美分子，对他们进行洗脑，以达到利用他们破坏或颠覆"敌对国家"的邪恶目的。

道德文化输出战略是以"和平演变"作为根本目的的。历史地看，坚持实用主义道德观的美国很少展现出一个大国应有的道德情怀。对内，它对北美大陆的原住民印第安人采取"赶尽杀绝"的政策，采用诱骗、投毒、瘟疫、屠杀等卑鄙手段，致使原本遍布北美大陆的印第安人目前仅剩下20多万人。对外，它历来坚持美国利益至高无上的"道德原则"，对一切与美国利益相背离的思维、思想、意识、观念进行无情的遏制、打击。在推行和平演变战略方面，只有美国想不到的事情，没有美国不敢做的事情。

五、美国道德文化输出战略的主要特征

1989年，当美国发现社会主义中国并没有因为它的和平演变战略而"土崩瓦解"的时候，以美国为首的西方国家气急败坏，立即宣布对中国实施制裁。邓小平说："中国平息暴乱后，七国首脑发表宣言制裁中国，他们有什么资格！谁给他们的权力！"[①] 这是社会主义中国对以美国为首的七国首脑进行的有力反击。

让人震惊的是，一些美国哲学家具有"和平演变"情结。苏联

---

① 《邓小平文选》第三卷，第345页。

在美国和平演变战略攻击下发生解体之后，美国著名哲学家托马斯·纳格尔的"兴奋"溢于言表。他说："Communism may have been defeated in Europe, and we may live to celebrate its fall in Asia as well."① 译文为：共产主义已经在欧洲被打败，我们也会活着庆祝它在亚洲的失败。看得出来，当时的纳格尔自信满满，坚信共产主义"必将失败"。

纳格尔是以研究社会正义问题而著名的美国哲学家，著有《平等与偏私》（*Equality and Partiality*）、《论利他主义的可能性》（*On the Possibility of Altruism*）等政治哲学著作。在这些政治哲学著作中，他表达了自己一直坚持的一个观点：审视事物的时候，人们往往会展现两种截然不同的视角，即个人视角和非个人视角。在纳格尔看来，个人视角是一种体现个人偏好的视角，而非个人视角是一种客观视角；人们用这两种视角看待事物，得出的结论有着显著差异；如果一个人用个人视角看待社会资源的分配问题，他必然是偏私的，但如果他能够从非个人的或客观的视角看待问题，他的视角具有公正性。必须承认，纳格尔所建构的社会正义理论具有不容忽视的原创性，它提出了与罗尔斯、诺齐克等美国政治哲学家的社会正义理论不一样的观点，对人们认识社会正义问题能够提供一定的启示。但是，我们难以想象，如此关心社会正义问题的纳格尔对社会主义、共产主义怀有如此强烈的"恨"。纳格尔或许就是美国和平演变战略的铁杆支持者吧！

纳格尔对待社会主义、共产主义的态度启示我们，世界上的很多人可能并不真正了解美国的道德文化输出战略及其与美国和平演变战略的紧密关联性，因此，我们有必要对它的主要特征进行系统总结和深刻解析。

一是隐秘性。与和平演变战略一样，美国的道德文化输出战略是

---

① Thomas Nagel, *Equality and Partiality*, p. 5.

隐秘的,而不是公开的。它通常都是采取秘密的方式来进行,类似于走私的行为。毒品走私犯走私毒品的时候,干的是违法勾当,见不得阳光,只能以"偷鸡摸狗"的方式暗地里进行。美国对外推行道德价值观念输出战略具有不可告人的目的,因而也只能以隐秘的方式进行。它从来没有大张旗鼓地宣称自己在世界范围内推行道德文化输出战略。

二是侵略性。美国道德文化输出战略的核心是进行道德价值观侵略。通过道德文化输出战略,美国总是试图将它经过精心包装的道德价值观念强加于人。美国从来不会考虑道德文化的国际差异性,更不会尊重社会主义国家的道德文化传统。它对外推行的道德文化输出战略表面上采取"非暴力"方式,实质上体现了帝国主义国家特有的侵略本性。

三是利益性。美国道德文化输出战略具有明确目的,其根本目的是维护美国的国家利益。美国推行道德文化输出战略,不是要促进社会主义国家的道德文化建设,而是要利用它来颠覆它们的政权和制度。它带给社会主义国家的绝对不是道德上的善,而是包含邪恶目的的恶。

四是霸权性。美国文明经历了从蛮荒到帝国统治模式的发展过程。美国在北美大陆的蛮荒之地诞生,但它实现了从无到有、从弱到强、从强到超强的发展历程。它对外推行的道德文化输出战略与它的经济霸权主义战略、政治霸权主义战略和军事霸权主义战略高度一致,本质上是一种道德文化霸权主义。

道德文化输出战略是美国国家战略的重要内容,是美国道德文化建设的重要工程,体现美国的国家意志。美国对该战略的重视恐怕是任何其他国家都无法相提并论的。它炮制了道德文化输出战略和和平演变战略,将两者糅合在一起,并且带领其他西方资本主义国家合力推进它,使之成为西方资本主义阵营对抗社会主义阵营的隐秘战线。

六、美国道德文化输出战略对中国的启示

美国道德文化输出战略产生了不容忽视的国际影响。苏联解体、东欧剧变和我国 1989 年政治风波主要由美国的和平演变战略导致，但与美国道德文化输出战略也有着千丝万缕的联系。正如我们在前面所说，美国道德文化输出战略与它的和平演变战略紧紧捆绑在一起，它们所产生的国际影响是相互交织的。

要对社会主义国家进行和平演变，美国"名正言顺"的做法是传播美国道德文化。美国诞生于现代，它的道德文化具有鲜明的现代性特征。它倡导的平等、自由、民主等道德价值观念，至少在形式上具有很强的合理性、吸引力、感召力。加上美国国内确实具有其他社会难以比拟的自由性，其他民族很容易对它产生错觉，视之为地球上的"自由王国"。

冷战时期，社会主义国家普遍实行计划经济体制，严密的行政管控是国家治理和社会治理的根本手段，这严重抑制了社会主义制度的优越性，并且给社会主义国家蒙上了"不自由"的阴影。正因为如此，苏联实行闭关锁国政策，对国际交往和交流进行了严格限制，但这无法从根本上抵制美国和平演变战略和道德文化输出战略的巨大冲击。最为严重的是，苏联共产党的大部分高级领导干部也未能抵挡美国两大战略的影响。作为执政党，苏联共产党对苏联解体负有不可推卸的历史责任。它的高级领导干部普遍具有亲美倾向，因此，当戈尔巴乔夫任凭苏联朝着西化方向转变时，他们中间没有任何人站出来抵制。苏联解体是美国推行和平演变战略和道德文化输出战略的"成功案例"，但对于苏联来说，它是一场"浩劫"或"悲剧"。

我国是当今世界最大的社会主义国家。唯其如此，我国也是当今美国进一步推行和平演变战略和道德文化输出战略的重点对象。冷战

时期，我国就没有"幸免"，但中国共产党团结带领中国人民成功击败了美国企图颠覆我国社会主义制度的图谋。平息 1989 年政治风波是中国共产党团结带领中国人民粉碎美国和平演变战略和道德文化输出战略取得的重大成就。

树大招风。十八大以后，中国特色社会主义建设事业进入新时代，中华民族伟大复兴空前临近，我国跻身为世界第二大经济体，加上以习近平同志为核心的党中央提出构建人类命运共同体的中国方案在国际社会普遍受到欢迎，以美国为首的西方资本主义国家又掀起了"反中"浪潮。在这一浪潮中，美国依然是"弄潮先锋"。它处处打压中国，围堵中国，遏制中国，几乎达到"逢中必反"的程度。

美国对中国的打压、围堵和遏制既有看得见的军事行动、经济行动，也有看不见的文化行动。后者就是它惯用的和平演变战略和道德文化输出战略。近些年，美国已经开始将我国视为"头号对手"，其世界战略也开始从欧洲转向亚太地区，其亚太战略的重点就是日益强大的社会主义中国。为了对付社会主义中国，美国将软、硬两种手段悉数用上，时而轮番上阵，时而混合使用，可谓"竭尽所能"。

当今中国既要防范美国和平演变战略和道德文化输出战略，又要深刻认识它们已经对我国社会造成的影响。虽然社会主义中国并没有出现苏联解体、东欧剧变的悲剧，但是我国社会受到美国两大战略的影响不容忽视。这主要体现在两个方面：

第一，它是导致西化主义思潮在我国社会此起彼伏的主要原因。

如何面对和处理西方文化是我国自近代以来一直面对的重要问题。洋务派和有些学者（如梁漱溟、钱穆等）主张"中体西用"。马克思主义在中国的传播为中华民族提供了"西用"的根本途径，但这并不意味着我国社会彻底解决了如何推进"西用"的问题。改革开放以后，"打开国门"上升到国家决策，各种西方思潮蜂拥而至，如何推进"西用"的问题再次变得特别突出，美国和平演变战略和道德文化输出战略对西化主义思潮在我国的滋生蔓延起到了推波助澜的作用。

西化主义在当今中国学术界表现严重。在当今中国，有一大批学者深受西方尤其是美国道德价值观念、学术思想、学术话语体系的影响，言必称西方，以传播和使用西方特别是美国道德价值观念、学术思想和学术话语体系为荣，以传承和使用中国道德价值观念、学术思想和学术话语体系为耻，时刻展现出"亲西方"倾向。他们处处为西方特别是美国道德价值观念、学术思想和学术话语体系张目，同时大肆贬低中国道德价值观念、学术思想和学术话语体系，在我国社会造成极其严重的负面影响。

西化主义者骨子里是西方特别是美国道德文化的顽固信奉者、坚持者和传播者。他们中的很多人在英美高校学习过或做过研究学者，有些人获得过美国研究项目资助，对美国社会尤其是美国道德文化有所了解。有些西化主义者没有去过美国，但他们将自己的子女送到美国接受教育。因此，西化主义者都是对美国怀有"深厚感情"的人。他们没有"中国心"，而拥有"美国心"，因此，在审视、评说中美关系时，他们往往为美国唱赞歌，而对中国进行"唱衰"。

要解决西化主义问题，我们必须防范和抵制美国和平演变战略和道德文化输出战略。只要美国亡我之心不死，它的和平演变战略和道德文化输出战略就不会停止。2022年发生的俄乌冲突用事实告诉我们，纵然我们不去惹美国，美国也会来惹我们。俄罗斯为了阻止以美国为首的北约进一步东扩而采取了行动，美国带领北约对俄罗斯进行"严厉"道德谴责和诸多制裁，要求世界各国选边站队，以维护美国主导的"西方价值"。当印度、中国等国没有跟着美国的节拍跳舞，美国就妄称"中国没有站在正确的历史一边"，并威胁对中国进行经济制裁。我国政府对此进行了坚决反对和严正抗议，但美国并没有因此罢休,不断使出各种各样的卑劣手段,试图逼迫中国就范。可见,在推行和平演变战略、道德文化输出战略等方面,美国采取的是"不达目的不罢休"的态度。我国应该对此引起高度警惕。

西化主义既是文化自卑的表现,也是崇洋媚外的表现。从文化哲学的角度来看,"文化自卑"是指一些国人对中国文化的价值持质疑甚至否定的态度,不能自信地弘扬中国文化;"崇洋媚外"是指一些国人对西方文化特别是美国文化不加批判地进行肯定和推崇。西化主义是美国推进和平演变战略和道德文化输出战略意在实现的根本目的。

美国试图通过在包括我国在内的社会主义国家激发西化主义思潮来达到从内部瓦解社会主义制度的目的。西化主义是导致苏联解体、东欧剧变和1989年中国政治风波的重要原因。经过1989年政治风波之后,我国加强了应对西化主义的防线。尤其是党的十八大以后,以习近平同志为核心的党中央以空前的方式重视西化主义问题,并采取了一系列防范、抵制措施。例如,2004年3月,中共中央发布《关于进一步繁荣发展哲学社会科学的意见》,要求我国学术界努力建设中国特色哲学社会科学学术体系、学科体系和话语体系,加强理论创新、学术观点创新、学科体系创新和科研方法创新。

第二,它是导致历史虚无主义思潮在当今中国存在严重的重要原因。

西化主义思潮不仅将很多中国人的眼睛引向西方特别是美国,而且使他们染上历史虚无主义毛病。历史虚无主义有两种突出表现形式:一是否定以儒道释伦理思想为主要内容的中国传统道德文化;二是否定中国共产党创造的革命道德文化和社会主义先进道德文化。在包括中国在内的社会主义国家培植历史虚无主义思潮也是美国推进和平演变战略和道德文化输出战略的重要目的。

历史虚无主义主要表现为道德文化上的失忆症,其危害性极其巨大。道德文化是一个民族的根本和灵魂,对它们的"失忆"意味着"忘本"和"失魂",这对于任何一个民族来说都是致命性错误。正因为如此,美国在推进和平演变战略和道德文化输出战略的一个重要内容就是要想方设法让社会主义国家的人民忘记自己的道德文化传统,转而信奉和推崇它的道德文化。

我国的历史虚无主义问题并不完全由美国道德文化输出战略与和平演变战略导致,但与它们有着紧密关系。一些国人在文化自卑、崇洋媚外的时候,很容易对本民族的道德文化传统抱持贬低、怀疑、否定的态度。西化主义思潮和历史虚无主义思潮是"双胞胎",它们相伴相随,如影随形。

习近平总书记说:"文化是一个国家、一个民族的灵魂。历史和现实都表明,一个抛弃了或者背叛了自己历史文化的民族,不仅不可能发展起来,而且很可能上演一幕幕历史悲剧。"[1] 无论中华民族在发展的道路上走多远,我们都不能忘记自己的历史、文化和来路。忘记自己的历史,就是背叛;忘记自己的文化,就是忘本;忘记自己的来路,就是遗失自己的根本。

和平演变战略和道德文化输出战略是美国对包括中国在内的所有社会主义国家发动的没有硝烟的战争。它们不以消灭人的肉体作为根本目的,而是以消灭人的精神作为根本目的。通过两场"没有暴力"的战争,美国试图通过引诱社会主义国家的人民忘记自己的历史、文化和来路的方式,推动他们在思维方式、认知方式、思想观念、情感态度、意志状况、话语体系、行为模式、记忆结构等方面发生根本性转变,以达到使之"脱胎换骨""自我背叛"的目的。

---

[1] 习近平著,中共中央文献研究室编:《习近平关于社会主义文化建设论述摘编》,中央文献出版社2017年版,第16页。

人可以区分为内向型和外向型两种人。国家也可以区分为内向型和外向型两种国家。最早到达北美大陆的清教徒是英国的"逆子",具有叛逆性性格。他们在英国遭受政治迫害、宗教迫害,因而"离家出走"。创建美国的国父们是在北美大陆成长起来的一批思想家、政治家。他们创建美国的初衷绝对不是仅仅建立一个封闭自守的国家,而是要建立一个世界强国。建立之后,美国立即表现出向外扩张的品格。它寻找一切机会在北美大陆扩展版图,并用眼睛盯着整个世界,从一开始就彰显出显而易见的外向型性格。

外向型性格决定了美国的发展方式和路径。由于具有外向型性格,美国不可能选择内敛型发展方式和路径,而是必然会选择扩张型或侵略型发展方式和路径。加上美国是一个典型的资本主义国家,它的资本主义本性也会驱动它做出这种选择。选择扩张型或侵略型发展方式和路径对于美国来说是必然的。

扩张性或侵略性是美国的国家性格。它渗透于美国的方方面面,通过它的军事活动、经济活动、政治活动和文化活动得到全面体现,主要表现为美国在国际军事活动、经济活动、政治活动和文化活动中疯狂追逐霸权的事实。

美国对文化霸权的追逐集中体现在它的道德文化输出战略中。它之所以在世界范围内大肆推行道德文化输出战略,绝不是为了用正确的道德价值观念引领世界和人类文明的发展方向,而是为了争夺美国的国际文化话语权和文化统治权。美国不仅要做整个世界的军事霸主、经济霸主、政治霸主,而且要做世界的文化霸主。

美国将自己的道德文化推向世界,这本身是一件具有必然性的事情。随着美国从无到有、从弱到强、从强到超强的步伐,美国道德文化必然会走向世界。美国道德文化本身包含很多合理性因素。如果它在国内倡导的平等、自由、民主等道德价值观念能够在世界范围内传播，世界人民应该能够从中受益。问题在于，美国推向世界的道德价值观念是经过包装了的，它们大都脱离了自身的本来含义。具体地说，美国推向世界的道德文化是经过了政治操弄、政治处理的道德文化，它已经揉入美国的资本主义意识形态，甚至可以说，它已经完全变成美国资本主义意识形态的"奴婢"。它失去了自主性、独立性，服务美国资本主义意识形态已经成为它的内在本性。

在审视美国的道德文化输出战略时，我们既应该看到美国对外推行道德文化输出战略的必然性，也应该看到它的消极性和危害性。一方面，美国的现代化进程必然要经历一个国际化环节，因此，对外推行道德文化输出战略对于美国来说具有必然性；另一方面，由于美国对外推行的道德文化输出战略内含着侵略性、利益性、霸权性等特征，甚至包含着颠覆或瓦解其他国家的邪恶目的，它必定会给国际社会带来巨大的消极影响和巨大危害性。事实上，每当美国的道德文化输出战略的侵略性、利益性、霸权性被暴露出来的时候，美国本身的国家形象也会受到严重损害。

研究美国对外推行的道德文化输出战略，能够为我国实施中华文化走出去战略提供一个可资借鉴的镜面。在推动中华文化走向世界的时候，中华民族不能也不应该走美国以追求文化霸权为目的的文化战略。中国道德文化形成于中华文明绵延不绝的历史进程之中，内含大量合理因子，对世界发展、人类文明进步能够发挥价值引领作用。纵然如此，中华民族也应该发扬中国道德文化本身的含蓄性、低调性、包容性品格，造福世界而不居功自傲，造福人类而不谋求对人类的统治和控制。

美国在推行道德文化输出战略方面给世人树立的是反面的"典型"。美国拥有优美的自然环境，拥有丰富的自然资源。创建美国的清教徒、国父们建立的道德文化传统，其中包含大量合理因子。美利坚民族本应该用它们造福人类，为增进世界和平、促进人类文明进步、推进世界发展做贡献，但令人遗憾的是，他们往往使之服务于美国谋求世界霸权的政治图谋。美国有不美的方面。这在它推行的道德文化输出战略方面可见一斑。

第十二章　美国道德文化的堕落

事物都是发展的，国家也如此。英国曾经号称"日不落帝国"，二战之后变得老气横秋，每况愈下。苏联曾经在冷战中与美国分庭抗礼，最终以解体而告终。中国在近代国力衰败，遭到世界列强群狼式的侵略，但中国人民不屈不挠，奋发图强，不仅实现了站起来和富起来的目标，而且迎来了强起来的光明前程。美国是当今世界唯一的超级大国，但它在很多方面已经暴露出衰败迹象。道德文化堕落，既是美国衰败的根本标志，也是导致美国衰败的根源。

一、美国道德文化堕落的肇始

人们喜欢用"堕落"一词来描述一个人、一个家庭、一个企业、一个民族、一个国家，甚至整个世界或全人类。所谓"堕落"，就是指一个人、一个家庭、一个企业、一个民族、一个国家或整个世界从某种较好的状态下滑到某种较差的状态。这里所说的"较好"和"较差"都是从道德价值判断上来论述的，它们具有伦理意义。事实上，"堕落"本身就是一个伦理术语。人们使用它的时候，都赋予了它深厚的伦理意蕴。

基督教《圣经》对"堕落"的伦理意蕴做了经典诠释。根据《圣经》传说，人类的祖先是亚当和夏娃。他们是上帝耶和华在创造世界的过程中用尘土按照他的样子捏造出来的。造出亚当和夏娃之后，上帝让他们在伊甸园（乐园）生活。伊甸园环境优美，鸟语花香，水果比比皆是，真可谓人间乐园。身处伊甸园的亚当和夏娃原本没有思想，没有价值观念，因此，他们裸露着身体相处，赤裸裸地在伊甸园中跑来跑去，并没有羞耻之感。耶和华将他们放入伊甸园之时有专门的交代，允许他们尽情享受园中其他一切，唯独不能偷吃"禁果"。亚当和夏娃曾经对上帝唯命是从，不敢触碰禁果。有朝一日，长期与上帝为敌的魔鬼撒旦从十八层地狱中出来，变化成一条蛇，试图引诱亚当和夏娃偷吃禁果。夏娃首先被引诱，亚当尔后被引诱。偷吃禁果之后，他们不仅拥有了羞耻感，而且拥有了智慧。上帝对此勃然大怒，一气之下将他们驱逐出伊甸园。亚当和夏娃带着"原罪"离开伊甸园，从此踏上了颠沛流离的苦难生活历程。他们生儿育女，其后代逐渐遍布世界各地，演变为各种种族。为了阻止人类结成与之抗衡的强大力量，上帝施展法术，让不同种族说不同的语言。《圣经》把人类从伊甸园被驱逐出来的故事诠释为一个堕落的过程，一个赎罪的过程。

《圣经》中的人类祖先原本是纯真的、朴素的、无邪的，但他们在魔鬼的引诱下走上了邪恶之路。最重要的在于，潘多拉的盒子一旦打开，善恶并存的局面就不再被改变，邪恶力量总是与善良力量尖锐对峙，分庭抗礼，殊死竞争。具体地说，具有了知识，有羞耻之心、善恶观念之后，人类并没有利用它们来约束自己的行为，而是利用它们杀害兄弟，抢劫财物，篡权夺位，发动战争，掠夺自然。我们姑且不考虑《圣经》关于这些传说的论述是否真实，它确实向我们生动描述了"堕落"一词的起源，并揭示了它的含义。显然，"堕落"一般指道德上的堕落，即人类从善良走向邪恶的事态。

人们往往用"堕落"来说明一个人在道德上的蜕变。一个原本本性善良的人突然变得冷漠、凶残，这是堕落的表现。一个言而有信的人突然变成了言而无信的人，这是堕落的表现。一个能够顾全大局的人突然变成了自私狭隘的人，这也是堕落的表现。人类堕落之事几乎时刻都在我们身边发生。它们此起彼伏，让我们震惊，让我们恐惧，让我们怀疑道德的价值，甚至让我们质疑人生存的意义和价值。一个人在道德上的堕落。不仅会影响他本人的生活，而且会产生社会影响。一方面，他自身会因为道德堕落而出现道德本性的变化，甚至会出现道德身份的根本性转变。他完全可能由"道德人"转变为"不道德的人"。另一方面，他会因为自身道德堕落对社会产生负面影响，一些人会因此而受害，甚至模仿、学习他的邪恶行为。

一个国家也会堕落。这种堕落在人类历史上不可谓罕见。苏联曾经是一个经济实力、政治实力、科技实力和文化实力雄厚的社会主义国家，很多年充当社会主义国家的"领头羊"，但它最终因为整体堕落而土崩瓦解。僵化的市场经济体制严重遏制个人和企业参与经济建设的积极性和创造性，政治腐败猖獗，贪腐官员遍布政府各个部门，物欲横流充斥整个社会，历史虚无主义和西化主义大行其道，人民对执政党、政府、民族和国家的价值认同极度下降，整个国家的道德状况每况愈下。道德上的堕落使社会主义苏联丧失了民心、党心和国心，使社会主义苏联失去了安身立命、持续发展的根本，因此，在以美国为首的资本主义国家发动和平演变面前，它不堪一击，迅速解体，留下了 20 世纪最让世人震惊、叹息的巨大悲剧。

一个人、一个国家的堕落一定存在一个参照标准。堕落一定是从一个点滑向另一个点；或者说，它一定是从一种状态转变为另一种状态。当我们说一个人、一个国家堕落了，我们一定说他或它曾经多么善良，尔后才变得多么邪恶。对于个人来说，堕落意味着他从"好人"（善良的人）转变为"坏人"（邪恶的人）。在这里，"好人"是一个点，"坏人"是另一个点；从"好人"变成"坏人"就是"堕落"。对于一个国家来说，堕落意味着它从"好国家"（善良国家）转变为"坏国家"（邪恶国家）。在这里，"好国家"是一个点，"坏国家"是另一个点；从"好国家"变成"坏国家"就是堕落。如果我们说一个人、一个国家堕落了，我们必须确定他或它发生转变的两个点，否则我们所说的一切就是信口开河，胡说八道。

美国喜欢将一些国家称为"邪恶国家"，但这是非常荒谬的做法。它曾经将朝鲜、伊朗、伊拉克、叙利亚、利比亚等国家归于"邪恶国家"之列，其重要理由之一是这些国家试图发展大规模杀伤性武器。美国的做法绝对不是建立在承认这些国家曾经是善良国家的判断基础之上，而是仅仅依据它宣称的"试图发展大规模杀伤性武器"的判断。它的荒谬之处在于，无论一个国家是否曾经是善良的，只要它试图发展大规模杀伤性武器，它就是邪恶的国家；我们完全可以用同样的推理方式得出这样的结论：美国曾经发展了包括核武器在内的大规模杀伤性武器，因此，它是一个邪恶国家。当然，我们还可以通过同样的推理方式，推导出英国、法国等都是邪恶国家的结论。

由于仅仅依据当下的事实来对别的国家做出价值判断，美国将一些国家归于"邪恶国家"的做法恐怕连它自己的国民都无法相信。美国从来不会轻易地肯定另一个国家的优点。它更多地聚焦于自己的优点，而对其他国家的优点采取视而不见、听而不闻的态度。它习惯于自我欣赏，而不习惯于欣赏他国。在这种道德文化氛围中出场的美国政客的最大本事就是"指责"。他们指责这个国家，指责那个国家，就是不指责自己。他们的指责无需任何证据，因而大都是子虚乌有、站不住脚的论断。例如，当他们以不控制核武器指责朝鲜、伊朗、俄罗斯、中国等国家时，他们的态度往往是"理直气壮"甚至"大义凛然"的，但人们都知道，美国才是世界上拥有最多核武器的国家之一。他们这种"只许州官放火，不许百姓点灯"的做法常常沦为人们茶余饭后的笑谈。

如果要谈论美国道德文化的堕落问题，我们必须找到它在道德文化发展领域存在的两个点：一个是它曾经拥有较好道德文化的那个点，另一个是它拥有较差道德文化的那个点。

从局外来看，美国在道德文化建设领域有很多可圈可点的地方。他们的祖先曾经为了自由历经千辛万苦，并且培养了严于律己、吃苦耐劳、节制节俭、廉洁奉公、重视家庭、注重传统传承等美德。在独立战争期间，国父们团结带领殖民地人民坚决反抗英国政府专制统治，彰显了同仇敌忾、团结奋斗、肝胆相照等美德。在第二次世界大战中，他们选择站在正义一边，与热爱和平的国家和人民结成反法西斯统一战线，并且为此做出重要贡献。在科学技术领域，他们的科技创新也给世界人民带来了很多福祉。这一切主要见于冷战之前的美国。也就是说，美国具有光荣的道德文化传统，它为美国争得了很多道德荣光。

美国道德文化的堕落发生在冷战之后。1989年3月后，东欧剧变发生，东欧社会主义国家的共产党和工人党在短时间内丧失政权；1991年7月1日，华沙条约组织宣布解散；同年12月26日，曾经与美国抗衡几十年的苏联解体。这些事件接连发生，标志着旷日持久的冷战结束，以美国为首的北约夺取冷战胜利，美国一跃成为世界唯一超级大国，整个世界进入后冷战时代。

冷战是一个重要分水岭。它不仅使苏联、美国两个国家的国际地位发生了巨大变化，而且将整个世界拖入了一个单极化时代。美国一超独大，一时难有国家能与之抗衡。这对于美国来说既是福音，也是灾难。一方面，冷战结束标志着以美国为首的北约最终战胜了以苏联为首的华沙条约组织，国际共产主义运动遭受重大挫折；另一方面，美国在冷战结束以后登上世界霸主地位，这标志着它的发展登峰造极，并且预示着它很快就会走向衰败。

第十二章 美国道德文化的堕落

冷战结束之后，美国的处事风格发生了巨大变化，最明显的表现是道德方面的变化。冷战期间，美国与苏联激烈对峙，两国之间摩擦不断、冲突不止，但总体上维持着一定的战略平衡。在此背景下，美国纵然想为所欲为也不得不顾忌后果。事实上，它根本无法做到为所欲为。每每涉及利益攸关的重大国际问题，以苏联为首的华沙条约组织成员就会在联合国和其他国际场合对美国进行坚决抵制，因此，美国在很多时候不得不表现出"谨言慎行"的样子。冷战之后，美国成为"世界最强者"，霸权主义思想和追求"强者正义"的欲望极度膨胀，这使得它越来越不愿受到国际伦理的规约。冷战后的美国开始以国际道德权威自居，在善恶判断上我行我素，独断专行。

加拿大学者斯坦恩曾经指出："美国已经将其主导的单极世界变成了世界上最为昂贵的自杀性局面。"[1] 斯坦恩认为，经过冷战之后将近 30 年的变迁，由于失去了可以与美国抗衡的敌人，美国人变得忘乎所以了，疯狂消费，将美国变成了世界上最大的消费国；整个国家债台高筑，"曾经的救世主就沦为世界最大的债务国，一度满是商家和实干家的国度如今却充斥着廉价的服务经济"[2]；美国政府开始习惯于不断扩大开支规模，而"当华盛顿已对政府开支规模习以为常时，那就并非是开支危机，而是道德危机了"[3]；美国人的美国梦开始破碎，他们的子女不再受到美国梦的激励。衰落的美国已经出现。"美国已然显露出衰败的迹象，仿佛一位老者在黄昏中徘徊，步履蹒跚，百无一用，沦落到类似于社会痴呆症患者的境地，无法跟上时代的脚步，却对过往念

---

[1]〔加〕马克·斯坦恩：《衰亡的美国：大国如何应对末日危机》，米拉译，金城出版社 2016 年版，第 14 页。
[2]〔加〕马克·斯坦恩：《衰亡的美国：大国如何应对末日危机》，米拉译，第 13 页。
[3]〔加〕马克·斯坦恩：《衰亡的美国：大国如何应对末日危机》，米拉译，第 14 页。

念不忘，死死抓住不肯放手。"①

斯坦恩对当今美国的描述非常形象。时至2022年，美国仍然保留着"世界超级大国"的身份，因为当今世界仍然没有任何一个国家能够与它的综合实力和核心竞争力相提并论，但它所呈现的衰败迹象已经越来越明显。它在应对国内问题和国际问题方面都表现出了乏力难支的态势。为了对付一个在综合实力和核心竞争力远远不如苏联的俄罗斯，它不得不依靠北约集团，并借助乌克兰打代理人战争，而不是选择与俄罗斯直接对决。在面对俄乌冲突时，它就像一个在旁边观战的武士，摩拳擦掌，具有冲上去和乌克兰合揍俄罗斯的强烈欲望，但它又犹豫不决，不敢向前，只能干瞪眼、干着急。这恐怕就是一个正在衰落的世界超级大国难以掩饰的尴尬吧！

近些年来，人们越来越发现这样一个事实：美国正变得越来越厚颜无耻。在处理种族歧视、枪支管控、校园枪击案、抗击新冠肺炎等问题上，它的道德态度模糊不清，甚至表现出暧昧的特征。美国政府似乎正在偏离美国宪法精神。《美利坚合众国宪法》说："我们，合众国的人民，为了组织一个更完善的联邦，树立正义，保障国内的安宁，建立共同的国防，增进全民福利和确保我们自己及我们后代能安享自由带来的幸福，乃为美利坚合众国制定和确立这一部宪法。"② 根据美国宪法，美利坚合众国是为了增进美国人民的福祉而制定的，但美国政府似乎已经遗忘美国宪法的宗旨。在处理环境保护、消除贫困等全球性问题上，美国政府更是表现出自私自利的态度，一切以"美国优先"作为首要原则。

一个国家的好坏无非体现在两个方面：一是看它如何对待自己的

---

① 〔加〕马克·斯坦恩：《衰亡的美国：大国如何应对末日危机》，米拉译，第21页。
② 刘杰：《当代美国政治》（修订版），社会科学文献出版社2011年版，第320—321页。

国民，二是看它如何处理国际关系。在第一个方面，关键是政府应该公正地对待所有国民，能够增进所有国民的福祉。孔子说："政者，正也。子率以正，孰敢不正？"[1] 亚里士多德说："公正是为政的准绳，因为实施公正可以确定是非曲直，而这就是一个政治共同体秩序的基础。"[2] 两位古代哲学家都强调了公正为政的重要性。审视当今美国政府，我们会发现它已经在确定是非曲直方面扭曲了立场。当白人警察枪杀无辜黑人遭到大众抗议时，美国政府选择敷衍了事的态度。当校园枪击案此起彼伏时，美国政府仍然对枪支管控持反对态度。当众多美国民众遭到新冠肺炎危害时，美国政府采取不以为然的态度。这些事实让世人不得不怀疑美国政府的道德操守。在第二个方面，美国目前似乎非常满足于与其他国家对抗、冲突的局面，而这与它曾经长期坚持的国际交往原则是相背离的。华盛顿在辞去美国总统的告别演说中说："无论就政策而言，就人道而言，就利害而言，我们都应当跟一切国家保持和睦相处与自由往来。"[3] 而从目前情况来看，美国政府早已将美国首任总统的国际关系观抛之脑后。

"美国人在面对这样一个选择：你可以去重新发现美国理念富有生命力的原则，有限的政府、自强不息的国民、让人们的才能可以得以充分发挥的机会，或者是与其他西方世界一道，去逐步走向衰落和死亡。"[4] 冷战之后的美国因为没有了可以与之抗衡的敌人而变得洋洋得意、忘乎所以，所以在对待很多严肃事情的态度上发生了根本性变化。它曾经是很多人追捧的自由国度，并且对很多人有着非常强大的吸引

---

[1]《论语 大学 中庸》，陈晓芬、徐儒宗译注，第145页。
[2] 〔古希腊〕亚里士多德：《政治学》，颜一、秦典华译，中国人民大学出版社2003年版，第5页。
[3] 〔美〕查尔斯·W. 艾略特主编：《美国精神：美国历史文献中的励志精品》，刘庆国译，第188页。
[4] 〔加〕马克·斯坦恩：《衰亡的美国：大国如何应对末日危机》，米拉译，第316页。

力和感召力，但它目前正在失去他们。殊不知，"自由之火一旦熄灭，若要再度将之点燃则非常艰难"①。

二、美国道德文化堕落的具体表现

加拿大学者阿查亚在一本题为《美国世界秩序的终结》中说："单个大国主宰全球（在英国和美国统治下的世界）的时代已经结束了。"②这一论断直接、明确，在当今世界很有代表性。不过，阿查亚也指出："这并不意味着'新兴大国'因为'美国的世界秩序'终结就能够以单独或集体的方式填补空缺。"③应该说，阿查亚的观点是值得肯定的。它既揭示了美国主导的世界秩序已经开始衰败的事实，又强调了当今世界因为美国的衰落而进入转型期的事实。

当今世界进入转型期意味着国际秩序进入重构期。在这一历史时期，"世界可能不会再看到类似于以前在英国和美国全球治理下的由单个大国主宰全球的情形，后霸权时代的全球治理和秩序将取决于多个行为体和跨领域的驾驭者。"④毫无疑问，如何重构世界秩序？这是一个全球性问题，它考验全人类和世界各国的智慧，需要当代人类齐心协力才能有所进展。在此过程中，美国能否发挥积极作用必定是一个特别棘手的问题。

美国目前最难面对的问题就是它自身的衰落问题。当然，这不仅

---

① 〔加〕马克·斯坦恩：《衰亡的美国：大国如何应对末日危机》，米拉译，第316页。
② 〔加〕阿米塔·阿查亚：《美国世界秩序的终结》，袁正清、肖莹莹译，上海人民出版社2016年版，第7页。
③ 〔加〕阿米塔·阿查亚：《美国世界秩序的终结》，袁正清、肖莹莹译，第7页。
④ 〔加〕阿米塔·阿查亚：《美国世界秩序的终结》，袁正清、肖莹莹译，第179页。

仅是美国的问题。英国从"日不落帝国"的高位上跌落下来的时候，它也是极不情愿的。纵然是到了今天，英国仍然时不时地希望展现它作为一个强大国家的威力和影响力。例如，香港曾经被英国殖民统治，它早在1997年就回归中国了，但英国直到今天还会装模作样地插手香港事务。虽然常常是自讨没趣，但是英国就是死心不改。何以如此？霸权心理在作怪而已。当今美国还无法从根深蒂固的霸权心理摆脱出来。纵然它深刻认识到自身衰落的事实，它也不会轻而易举地承认它。从一定意义上来说，它一定还会想方设法证明自己没有衰败，并且会竭尽所能展现自己的"强大"实力。

直面美国的衰落问题，并对它进行深入反思，这对于美国和整个世界来说都是有益的。前车之鉴，后事之师。与其他国家的兴衰史一样，美国兴衰成败的历史对世界各国都能够起到警示作用。没有哪一个国家能够长盛不衰，这是历史规律，甚至是颠扑不破的真理。英国、法国、德国、苏联、印度、中国等国家都曾经在历史上辉煌过，但它们也都经历了衰落。中国是一个具有五千年文明史的大国，曾经出现过成康之治、文景之治、贞观之治、开元之治、永宣盛世、康乾盛世等繁荣发展时期，但在近代也经历过被西方列强轮番入侵、濒临亡国灭种的世纪悲剧。

美国的衰落是典型的自甘堕落。老子说："知足不辱，知止不殆，可以长久。"① 如果美国有自知之明，在冷战之后能够急流勇退，它肯定不会这么快就陷入衰落之境；相反，它还可能受到世界各国的广泛称赞而延长自己繁荣昌盛的盛景。事实上，作为当今世界的唯一超级大国，没有任何一个国家或国家集团能够在短时间内击败美国。如果说美国确实已经开始衰落，其根源一定在它自身，而不是在别的国家。

---

① 《老子》，饶尚宽译注，第109页。

关于美国道德文化的堕落，我们可以用以下汉语词汇来加以概括。

一是自负。自负不是自信，而是过分自傲。自信建立在合乎理性的信念之上，体现主体对真善美的正确判断和合理确信，而自负建立在非理性的信念之上，体现主体对真善美的非正确判断和盲目确信。

首先，让美国人自负的是他们的总体发展业绩。总体来说，美国人在短短两百多年发展过程中取得了辉煌的发展业绩。他们从欧洲成功逃离，逃避了英国政府的专制统治，夺取独立战争的胜利，建构比较完备的资本主义政治制度体系，完成开疆拓土的巨大工程，取得丰硕科技创新成果，这一切都为美国提供了骄傲自满的资本。美国式的自负就是暴发户式的自负。一夜暴富，所以忘乎所以。它建立在过去的辉煌业绩及其记忆之上，但常常表现出非理性的特征。

其次，让美国人自负的是他们的政治制度体系。美国人认为他们建构的政治制度体系是最完美的。美国是一个敢于创新、善于创新、能够创新的国家。创建它的国父们深受洛克、卢梭等欧洲启蒙哲学家的影响，但他们自觉将欧洲哲学思想与美国具体实际相结合，建构了适合美国需要的政治制度体系。"美国不是现代民主制度的发源地，但它却是最早将欧洲启蒙学者提出的'天赋人权'、'社会契约'、'三权分立'、'人民主权'等民主政治理念付诸实践的国家之一。"[①] 民主政治制度体系的建构，不仅为美国经济社会发展提供了政治基础，而且为美国成为世界强国提供了政治保证。在美国人眼里，他们所建构的政治制度体系不可挑剔，完美无缺，这是他们不可一世的首要原因。

再次，美国也因为它的道德文化而自负。美国人认为他们建构的道德文化不仅优于欧洲道德文化，而且是世界上最好的。在道德文化建设上，美国人既沿袭欧洲的伦理思想传统，又注重建构本土伦理思

[①] 刘杰：《当代美国政治》（修订版），第1页。

想。除了学习和借鉴欧洲源远流长的伦理思想传统以外，他们早在 19 世纪就已经开始着手培养本土哲学家。爱默生、梭罗、詹姆斯、杜威、罗尔斯等都是在美国本土成长起来的哲学家。他们大胆进行哲学理论创新，为美国精神建构做出了重要贡献。最重要的是，他们认为自己倡导的自由、平等、民主等道德价值观理念得到了最好的践行。

对于个人来说，自负通常是一种疾病。对于一个国家来说，自负也是一种病。一个国家一旦走上自负的道路，其行为有四个主要特征：（1）目中无人。自负的国家自视太高，轻视所有其他国家和民族。（2）自以为是。自负的国家总以为自己是对的，其他国家民族都是错的。（3）刚愎自用。自负的国家总是唯我独尊，我行我素。（4）独断专行。自负的国家必定喜欢采用独裁的行为方式。自负的美国近些年越来越严重地表现出这四个方面的行为特征。

自负会将一个人引向毁灭。一个自负的人只看到自身的存在，看不到他人的存在。他很容易因为自负而缺乏理性认识能力和理性判断能力。国家亦如此。自负的国家也仅仅看到自身的存在，对其他国家、其他民族熟视无睹。当其他国家、其他民族被它熟视无睹的时候，它当然不会用尊重、友好的方式对待它们，而这往往会将其引入"敌意"的深渊。

自负的极端状态是疯狂。因自负而疯狂，其常见表现是不可一世的傲慢。傲慢的美国不仅以轻慢的态度对待其他国家、其他民族，而且以轻慢的态度对待神圣性的东西。它是一个基督教国家，要求国民虔诚地信仰上帝，敬畏上帝，但它在地球上为所欲为地做事并没有追求上帝的旨意。如果上帝真的存在，并且是万能的、至善的，他一定不允许美国肆无忌惮地霸凌、杀戮。

自负是美国的致命伤。它是盲目的傲慢，是缺乏自知之明的表现。一个国家一旦失去自知之明，它就失去了理性。德国在希特勒统治下失去了理性,因而变成了一个妄想称霸世界的法西斯国家。日本在军国主义者统治下失去了理性,因而变成了一个企图建立"亚洲共荣圈"的法西斯国家。难道冷战之后的美国想重蹈法西斯德国、日本的覆辙?

二是狭隘。"狭隘"一词通常被用于描述人的状况。它是指一个人胸襟不宽广,视野不开阔,境界不高远。狭隘的人通常被称为"小人"。一个国家也可能狭隘。狭隘的国家与狭隘的个人一样,其胸襟狭窄,视野闭塞,境界低下。

狭隘的个人往往将自己视为存在世界的中心,处处用自我中心主义视角看世界,看问题,并且常常患得患失,斤斤计较,缺乏应有的包容心。孔子说:"君子坦荡荡,小人长戚戚。"① 狭隘的个人还有一个重要特征,这就是缺乏成人之美的美德。因此,孔子说:"君子成人之美,不成人之恶。小人反是。"② 狭隘的个人是"小人",不是"仁者",不能做到"己欲立而立人,己欲达而达人"③。

美国曾经是一个胸襟博大、视野开阔、境界高远的国家。在诞生之前,它的清教徒先辈已经在反对封建专制和争取独立自主方面展现出毅然决然、义无反顾的道德态度。应运而生之后,它立即展现了一个伟大国家应有的精神气质和道德风貌。它建立民主制度,捍卫《美利坚合众国宪法》的权威,大力推进法治,限制总统、立法机构、司法机构的权力,维护公民自由和权利,实行开放政策,广泛吸纳移民,招揽世界人才,一视同仁地对待其他国家,参加反法西斯正义事业,从而赢得了世界人民的广泛尊重。尤其是在两次世界大战期间,美国被世界人民视为国际正义的重要弘扬者和捍卫者,它为世界人民夺取反霸权主义、反法西斯主义胜利提供了强大力量,给世界人民留下了

---

① 《论语 大学 中庸》,陈晓芬、徐儒宗译注,第87页。
② 《论语 大学 中庸》,陈晓芬、徐儒宗译注,第145页。
③ 《论语 大学 中庸》,陈晓芬、徐儒宗译注,第72页。

光荣的历史记忆、道德记忆。

后冷战时代的美国发生了根本性变化。它已经失去它自身曾经拥有的博大胸襟、开阔视野和高远境界。它几乎把整个世界视为自己的敌人。它不能容忍中国、印度、巴西等发展中国家的兴起,不能容忍俄罗斯的复兴,不能容忍欧盟的团结,不能容忍来自任何国家的挑战。为了维护一超独大的霸主地位,它对所有国家和国家集团采取打压、遏制政策。

冷战结束之后,美国试图凭借其超强军事实力、经济实力、科技实力等主导世界发展的格局,但由于其自身在国际道德修养方面存在严重缺陷,世界并没有因此而变得更好。正如英国学者科克尔所说:"历史并没有表明我们正处于一个道德不断提高、进步越来越大的过程。"[①] 事实亦如此。美国既没有致力于提升自身的国际道德修养,也没有致力于增进世界的道德正能量,而是在很多时候以国际道德的违背者、践踏者、破坏者形象出现,对国际道德秩序造成严重损害。

当今美国正在以前所未有的方式进行道德自杀。它不重视国际道德形象塑造,是非不分,对错不辨,美丑不究,拉帮结派,两面三刀,喜怒无常,有时甚至摆出一副"我是流氓我怕谁"的架势,给人留下一种没有底线的不良印象。在很多时候,它就如同一个小人,上蹿下跳,到处煽阴风点鬼火,唯恐天下不乱,完全不顾大国风范、强国气质。

如果让狭隘的美国长期统领世界,整个世界必将变得狭隘。美国自封为"世界老大",但它的国家道德修养不足以支撑它的野心。它总是企图通过拉帮结派、搞团团伙伙、挑拨离间、压制进步力量等方式来彰显自己的威权,这不仅不利于维护它的"统治地位",而且会不断

[①] 〔英〕克里斯托弗·科克尔:《大国冲突的逻辑:中美之间如何避免战争》,卿松竹译,第12页。

丑化它的国际形象。德不配位是美国目前面临的严重问题。

狭隘的美国缺乏大国风范、大国气质、大国气象。如今的美国已经将自己变成一个跳梁小丑式的小人。它对有些国家的发展、其他民族的进步表现出不应有的厌烦、愤怒，甚至显得气急败坏，却对有些国家侵犯他国主权、他国利益的行为采取纵容的态度。它显然无意于维护国际正义，更无意于追求世界的长远发展。它整天想着如何维护自己的世界霸权地位，但不考虑如何提高自己作为世界大国的道德修养。

狭隘让美国缺乏大思维、大格局、大理念、大境界。思维决定思路。以自我为中心的思维方式让现今的美国必然采取唯我独尊的发展思路。格局决定视野。满足于小格局的美国必然看不到人类社会发展的规律和世界发展的大趋势。理念决定行为。一味强调美国优先的理念使得美国必然缺乏为人类文明进步奉献自我、牺牲自我的高尚情操。境界决定出路。自私狭隘的思想境界使美国难以行稳致远。

三是自私。叔本华、尼采等西方哲学家认为人的本性是自私，但他们并不认为人应该自私地生活或生存。他们认为，能够超越自己的自私本性恰恰是人之为人的高尚之处、伟大之处。康德承认人的利益关切，认为人不可能完全没有利益关切，但他同时强调，人不是完全为了利益而生存，道德恰恰体现人对利益关切的超越，人是因为能够超越利益关切才是尊贵的。如果人类完全按照自己的自私本性生活或生存，世界将变得难以想象。事实上，利他也是人的本性。

一个国家就是一个放大了的人。每个国家都有自私本性，它都会将自我保全当成生存哲学的首要内容，但这并不意味着它应该以自私的方式存在，或者说，它只能以自利的方式存在；相反，一个国家的伟大恰恰表现在它能够超越其自私本性的事实上。如果一个国家完全按照它的自私本性存在，它必定难以立身于世界国家之林。利他也是国家的本性。张扬利他本性也是国家的应尽之责。

道德是人的根本，也是国家的根本。有德之人能够受到人们欢迎，无德之人会遭到人们唾弃。孔子说："德不孤，必有邻。"[①] 其意指，讲道德的人不会孤单，必定有人亲近他们。一个国家的道德状况不仅会影响人们对它的道德价值判断，而且会影响它在人们心目中的形象。

有美国学者深刻洞察到了美国在冷战之后变得越来越自私的状况。"美国已经逐渐无法控制自己在国际政治中的野心了。自苏联解体以来，美国一直秉持'自由霸权'的大战略，这个战略已经不合时宜，消耗巨大且收效甚微。"[②] 冷战之后，一超独大，美国的霸主意识空前增强，其自私本性也毫不遮掩地表现出来。

唯利是图是当今美国处理国际关系的最高伦理原则。无论是与一个国家建交，还是与一个国家断交，美国都是以"利益"作为核心价值诉求的。它不会做无利可图的事情，更不会做于己不利的事情，但它常常会做损人利己的事情。为了私利，它会污蔑另一个国家。为了私利，它甚至会寻找借口发动战争。它特别擅长于利用战争来谋取私利。在它所发动的所有战争中，它都会充分利用各种发财的机会；或者说，它之所以总是在打仗，是因为战争能够给它带来巨大利益。

美国是一个被财团支配的资本主义国家。它实行三权分立政治制度，这能够在一定程度上制衡政治权力，但它无法摆脱资本对政治权力的操控。美国政府从来没有独立掌控国家治理权；相反，它总是受到强大资本力量的控制。为了实现增值最大化，美国财团总是逼迫美国政府做事情。一个典型的例子是，美国政府之所以无法解决私人持枪问题，从根本上来说是因为美国军工财团需要有广泛的枪支市场存在。美国总统总是要打仗，并不是他们爱好战争，而是因为支持他们

[①]《论语　大学　中庸》，陈晓芬、徐儒宗译注，第47页。
[②]〔美〕巴里·波森：《克制：美国大战略的新基础》，曲丹译，社会科学文献出版社2016年版，前言第1页。

的军工财团需要借助他们发动的战争来发财。美国总统大都是美国军事财团的傀儡。

强调"美国优先"是美国坚持唯利是图原则的具体表现。所谓"美国优先",其核心要义是强调美国利益的优先性。美国的利益不是美国人民的利益,而是美国财团的利益。美国财团主要是指那些在美国掌握着巨大资本力量的军工集团。它们靠贩卖军事武器为业,对军火市场有严重依赖性。军火市场在哪里?它主要在战争领域。为了满足自身牟取私利的欲望,美国军工集团和军火商总是想方设法推动美国政府发动各种各样的战争。

推崇民族利己主义是美国历届政府的共同价值观。美国政府只强调美国利益,只看到美国利益,对其他国家、其他民族的利益熟视无睹。为了一己私利,它会置其他国家、其他民族的主权于不顾,甚至置所有人的生命于不顾。在所发动的历次侵略战争中,我们仅仅看到它对美国人生命的强调,而看不到它对其他人的生命的尊重和重视。在民族利己主义价值观支配下,美国将自身的利益视为高于一切的东西。

维护一己私利是美国经常发动战争的根本原因。美国学者波森认为:"世界上任何国家都可以通过诉诸武力的手段维护自身利益诉求的有效性,因此,美国很明智地保留着在必要时随时以武力维护自身诉求的能力。其中最重要的是有关主权、领土完整和国内安全的诉求。"[①] 波森的论断是需要商榷的。首先,并非如他所说,"世界上任何国家都可以通过诉诸武力的手段维护自身利益诉求",因为它需要建立在国家实力基础之上。纵观人类社会发展史,也并非所有国家都热衷于用武力手段维护自身利益。其次,美国通过武力手段维护自身利益往往不存在时间的必要性。它可以为了维护其利益随时采取武力手段。再次,

---

① 〔美〕巴里·波森:《克制:美国大战略的新基础》,曲丹译,前言第1页。

美国维护自身利益所采取的武力手段通常建立在没有说服力的原因之上。作为当今世界唯一超级大国，几乎没有国家和民族愿意无端地去挑战它的霸权地位，侵害它的利益。它不存在主权遭到侵害的问题，不存在领土完整被破坏的问题，国内安全问题要明显弱于大多数国家，因此，它发动战争主要不是为了自卫，而是主要为了侵略。

战争只是美国维护一己之私的表面手段，但它不可能完全掩盖它自私的本性。美国在经济体制、政治体制和文化体制上都与欧洲国家有显著区别，但它并没有从根本上摆脱资本主义国家的贪婪本性。在国内，占据统治地位的资产阶级总是在寻找一切机会压迫和剥削处于社会底层的劳动者阶层，因此，美国常常会爆发行业工会、少数族群等抗议种族歧视、社会不公的游行示威活动。在国际上，美国统治阶级的贪婪本性得到无限张扬，通过掠夺资源、财富的侵略战争得到体现。在美国发动的每一场战争的背后，都有着资本力量的决定性作用。美国的国家利益本质上是美国资本家的利益。美国资本家总是在暗地里操控着美国的国家机器，使之按照他们的利益诉求运转。他们可以创造条件让美国政府发动一场战争，也可以创造条件让美国政府停止一场战争。他们的手里掌握着美国发动战争的开关或钥匙。战与不战，都取决于他们。美国总统具有对外宣战的权力，但这种权力只是象征性的，因为它实际上操控在那些难以数计的资本家手里。只要美国资本家想通过发动战争来谋取利益，美国总统就必须照办，否则他的总统地位就会不保。资本家是美国的真正统治者或统治阶级。资本力量是美国社会最强大的力量。它不仅深刻影响着美国社会，而且深刻影响着国际社会。

四是无信。所谓"信"，是指"信用"，其基本含义是指言而有信，要求人们言行一致，言行合一。孔子说："言忠信，行笃敬，虽蛮貊之邦，行矣。"① 其意指，一个人的言语忠诚守信，行为严肃认真，哪怕身处少数民族地区，也能够畅行无阻。所谓"无信"，就是指不讲信用、不守诚信，就是言而无信，就是言行不一，就是失信。

孟子说："诚者，天之道也。思诚者，人之道也。"② 这是指，诚实不欺是天（自然界）遵循的道理，诚实守信是做人的道理。孟子还指出："大人者，言不必信，行不必果，惟义所在。"③ 其意为，有德性的人不一定要言而有信，行为也不一定要果断，只要言行合乎义的原则即可。孟子说的这两句话看上去是矛盾的。第一句话要求人们忠诚守信，后一句话又要求有德性的人可以不忠诚守信。事实上，孟子只是将"义"置于高于"信"的位置。显而易见，孟子特别强调忠诚守信，但他同时看到了它的条件性。在孟子看来，当忠诚守信与义相冲突时，人们应该以义为先。

华盛顿非常重视国家的信用问题。他曾经指出："诚实是最好的政策，这句格言不仅适用于私事，亦通用于公务。"④ 华盛顿认为，国家应该讲诚信；订立的条约，应该忠实履行，而不是言而无信。他甚至强调："我们处理外国事务的最重要原则，就是在与它们发展商务关系时，尽量避免涉及政治。"⑤ 应该说，华盛顿的观点总体上是可取的。它不仅强调了国际诚信的重要性，而且揭示了国际商务不与政治挂钩的必要性。

刚刚成立的美国确实保持了华盛顿所强调的诚实原则。它既没有

---

① 《论语　大学　中庸》，陈晓芬、徐儒宗译注，第185页。
② 《孟子》，万丽华、蓝旭译注，第157页。
③ 《孟子》，万丽华、蓝旭译注，第175页。
④ 〔美〕查尔斯·W. 艾略特主编：《美国精神：美国历史文献中的励志精品》，刘庆国译，第187页。
⑤ 〔美〕查尔斯·W. 艾略特主编：《美国精神：美国历史文献中的励志精品》，刘庆国译，第187页。

与任何国家结盟,也没有用欺诈的手段谋取其他国家的信任。最重要的在于,它致力于与所有国家发展平等的外交关系,一视同仁地对待包括英国在内的所有国家,没有表现出唯我独尊、盛气凌人、蛮横霸道的态度,因此,那时的美国显得比较和蔼可亲,具有很强的亲和力。我们认为,早起的美国之所以能够在世界上具有较强的亲和力,这在很大程度上与它能够重视和践行国际信用的事实有关。

冷战结束之后,由于夺取了一超独大的霸权地位,美国便不再重视国际信用。美国总统和其他政客开始信口开河地说话,全然不顾美国的国际形象。有时候,他们甚至为了美国的一己私利而无所顾忌地撒谎。他们发动的伊拉克战争、叙利亚战争、利比亚战争等都是建立在厚颜无耻的谎言基础上。每次发动战争之前,他们都会竭尽所能地编造谎言,其最常见的方式就是指责受害国制造大规模杀伤性武器。

美国的政客大都具有古希腊"智者"的演讲才能。为了赚取钱财,古希腊"智者"必须练就非凡的辩才。他们能言善辩,口若悬河,往往用超凡脱俗的言语将学生忽悠得晕头转向、神魂颠倒,其主要目的不是要提升学生的道德修养,而是要向他们传授哗众取宠的演讲技巧。由于过分强调辩才,忽视道德教育,古希腊"智者"受到了苏格拉底的批评。苏格拉底认为,"智者"是导致古希腊社会陷入道德危机的重要原因。在当今美国,之所以会出现乱象丛生的社会状况,这与美国政客华而不实、谎话连篇、言而无信的事实紧密相关。

2022年,俄乌冲突爆发。众所周知,它是美国政客煽风点火的结果,但他们总是在公开场合对此予以否认。他们表面上呼吁俄乌双方进行和平谈判,并且表示美国领导的北约不会参战,但暗地里不断为乌克兰输送武器。俄乌双方每次准备谈判解决问题时,美国都不会发挥积极的促进作用,而是拱火浇油,致使谈判无果而终,其言行不一的丑恶嘴脸昭然若揭。

当今美国的国家形象正在因为其政客言而无信而受到致命性损害。孔子说："人而无信，不知其可也。"① 其意指，如果一个人言而无信，不知道他能够做什么。一个国家也是如此。如果它的治理者总是信口开河、言而无信，它在世界上的道德形象必定会受到严重破坏。难道美国政客都不懂得这一道理吗？

五是霸道。美国学者米尔斯海默说："大国总在寻找机会攫取超出其对手的权力，最终目标是获得霸权。"② 这句话不一定适用于其他国家，但一定适用于美国。

美国政客往往喜欢将美国称为自由之国，但他们总是在用侵略战争侵害世界自由。2001年9月，美国发生"9·11"恐怖袭击。同年9月20日，美国总统布什在国会两院联席会议发表演讲。他说："9月11日，自由的敌人对我们国家发动了一场战争。美国人民体验过战争——但除了1941年那个星期天发生的袭击外，过去136年间的战争都是在外国领土上进行的。"③ 我们不难发现，布什的言语之中贯穿着这样一种逻辑：一切战争只能发生在外国，绝对不能发生在美国本土；"9·11"恐怖袭击之所以无法忍受，主要是因为它是一场发生在美国本土的战争；如果它发生在外国，那就另当别论了。这就是以布什为代表的美国政客的自由观、战争观。在美国政客眼里，美国是自由的象征，侵犯美国就是侵犯自由；与美国为敌，就是与自由为敌。这恐怕是滑天下之大稽的"自由理念"。美国政客鼓吹的自由只不过是美国的自由、美国人的自由，它根本不具有普遍有效性。每当美国政客将他们的侵略战车开进其他国家时，他们都宣称在为自由而战。美国追

---

① 《论语　大学　中庸》，陈晓芬、徐儒宗译注，第24页。
② 〔美〕约翰·米尔斯海默：《大国政治的悲剧》，王义桅、唐小松译，上海人民出版社2014年版，第33页。
③ 邹颉编译：《美国的精神·英汉对照》，中国经济出版社2009年版，第126页。

求的是霸权主义的自由。它只能为美国所有，不能为其他国家、其他民族共享。

有些美国学者试图为美国称霸世界的行为进行道德辩护。他们赞美美国争夺世界霸权的野心，认为这是所有大国、强国共有的本性。施密特说："倘若雄心是一种恶，那么历史上的所有强国都是罪人了。"[①] 在施密特看来，纵观人类发展史，与强大的个人一样，城邦、国家崛起的时候，都是在为塑造它所处时代的秩序而竞争。其言下之意在于，人类社会存在激烈竞争，只有强者才有资格塑造社会秩序，也只有强者才能主导社会。他甚至说："历史上最伟大的竞争也关乎对道德和正义的定义，关乎对个人与社会所扮演的角色的争论，关乎传统和改变，关乎对上帝形象的描述和诠释。"[②] 施密特试图用"价值中立"的立场来为大国、强国争夺世界霸权的野心和行为提供支持。毫无疑问，大国、强国的所思所想和所作所为必然与道德有关，因为它涉及它们的道德价值认识、道德价值判断和道德价值选择。

施密特甚至将大国、强国谋取世界霸权的野心和行为与"上帝形象"相联系。这是美国人的一贯思想传统。他们喜欢将人的一切归因于上帝，即将人的成败得失都归因于上帝。他们的成功属于上帝，失败也属于上帝。一个人之所以成功，是因为上帝要他成功。一个人之所以失败，是因为上帝要他失败。如果美国要去侵略一个国家，这也是上帝的旨意，美国人只不过是执行上帝旨意而已。美国人非常精明。他们设想上帝的存在，不是为了用上帝的旨意和规矩来约束自己，而是为了用他来为自己开脱罪责。

---

① 〔美〕加里·J. 施密特：《中国的崛起：美国未来的竞争与挑战》，韩凝、黄娟、代兵译，第11页。
② 〔美〕加里·J. 施密特：《中国的崛起：美国未来的竞争与挑战》，韩凝、黄娟、代兵译，第11页。

冷战之后，美国人越来越不顾及上帝的形象了。他们信奉的上帝本来是万能的、至善的，因此，关于他们的所思所想和所作所为，上帝都是知晓的。他们本来也应该虔诚地信仰上帝，对上帝唯命是从，但在夺得一超独大的霸主地位之后，他们仿佛将自己当成了万能的上帝。他们为所欲为，却将自己视为人类的"救世主"。他们全然不顾上帝的旨意，而是一味张扬自己的意志。如果他们真的信奉上帝，真的珍惜他们的宗教信仰，他们应该顾及上帝的"感受"。上帝并没有指示他们肆意侵略其他国家吧？

每次发动侵略战争之前，美国应该征求一下上帝的旨意，但显然它没有这样做。在后冷战时代，它发动战争就如同吃麦当劳一样了，只要有想吃的欲望，行动就是最高实践原则。美国人吃麦当劳的时候，绝不会考虑上帝是否同意他们的做法，只会考虑如何将麦当劳吃到嘴的问题。每次发动侵略战争，美国人不会征询上帝的意见，但会祈求上帝保佑他们。他们会祈求上帝保佑他们能够在战场上轻而易举地战胜"敌人"，甚至轻而易举地杀死"敌人"，但不能被"敌人"杀死。

上帝在当今美国就是一个摆设，或者说，他就是一个假设。这个"摆设"或"假设"的意义在于，每当美国人做错了什么事情，他们都能够找到终极原因，并且为自己开脱罪责。有些人认为美国人最害怕上帝，这是一种非常荒唐的观点，它会让很多美国人觉得不可思议。美国人并不害怕上帝，否则他们怎么总是在世界范围内肆意妄为地发动战争，毫无顾忌地搞大屠杀？或许他们比其他民族更清楚这样一个事实：如果上帝真的存在，他早就站出来惩罚作恶多端的美国人了，但这种事情没有发生，一直没有发生。

当今美国手握霸权，不可一世。霸凌是它目前所展现的最常见行为。它将整个世界视为自己的势力范围。哪里有事情发生，美国都会站出来指手画脚。它似乎认为，没有美国指挥，世界一定会无法运转；

没有美国统治,世界将陷入无政府状态;美国就是世界各国的"家长",如果有哪个国家不听话,它就有权动用"家法"。在当今世界,美国既要充当"世界家法"的制定者,又要充当它的执行者。一句话,在当今世界,一切都得由美国说了算;美国是"世界老大",他的所思所想和所作所为必须得到充分尊重;如果有任何国家企图反抗,美国必定会予以惩罚。这就是美国式的霸权主义。它是以美国作为世界中心、世界霸主、世界统治者、世界管理者、世界秩序建构者的霸权主义,是美国可以肆意欺负、霸凌其他国家、其他民族的霸权主义。

三、美国道德文化堕落的影响

任何事物的衰败都是一个过程。这个过程或长或短,但它是逐渐完成的。世界上没有长生不老的水果,也没有长盛不衰的花朵。云卷云舒、花开花落是自然而然的事情。人的生命有长有短,但都是以死亡作为结局。一个国家也不可能经久不衰。它有诞生,有发展,有衰败,有灭亡。罗马帝国曾经辉煌一时,但最终毁于战争。英国曾经号称"日不落帝国",但它并没有成就"日不落"神话。日本曾经试图建立"大东亚共荣圈",但最后是以军国主义覆灭而告终。美国是当今世界唯一超级大国,但它也无法逃避衰败的命运。

美国的诞生是人类文明发展史上的一个重大事件。它在一定程度上改变了西方资本主义发展的传统格局。资本主义在欧洲的发展,对封建专制产生了巨大冲击,但它沿袭了欧洲封建社会的很多陋习。森严的等级制度并没有因为封建制度被推翻而彻底消失,而是在资本主义社会以新的形式呈现出来。资产阶级表面上高喊自由、平等、民主等价值观念,实际上仍然在顽固维护等级制度。他们占据着统治地位,处于高高在上的社会地位，而劳动者阶层则只能居于被统治地位，处于卑微的社会地位。前者不仅在社会地位上高于后者，而且对后者进行无情的压迫和剥削。美国的国父们曾经试图改变欧洲式的资本主义模式，并且进行了不懈的实验。他们建构的政治体制、经济体制和文化体制都具有实验性。他们试图通过实验证明美国是一个与众不同、开拓创新的资本主义国家，而它并没有在本质上发生根本性改变。在当今美国，等级制度、等级划分依然严重存在，否则种族隔离、种族歧视、种族仇恨就不可能此起彼伏了。

美国道德文化堕落具有巨大影响。这种影响是双重的。一方面，它对美国道德文化传统形成了巨大冲击；另一方面，它导致世界人民对美国的道德评价出现了根本性转变。

在后冷战时代，受到道德文化堕落的影响，美国正在遗失自己最珍贵的东西，这就是它曾经引以为傲的美国精神。美国精神的精髓不是它的强大经济实力、政治实力、军事实力和科技实力，而是它的道德文化传统。只有两百多年发展历史的美国也有深厚的道德文化传统。创建美国的国父们身上有很多被美国人和其他民族称赞的美德。在推进国家发展过程中，美国人也建构了具有本土特色的实用主义伦理思想。如果美国人愿意将印第安道德文化作为美国道德文化的源头，美国道德文化堪称源远流长。有些印第安人至今还生活在原始状态，但这并不意味着他们的道德文化一无是处。他们对大自然始终保持着敬畏之心，崇尚简单、朴素、互助的生活方式，这些是整个人类都应该学习的优良道德传统。进入后冷战时代，很多受到美国人肯定、推崇、传扬的道德传统遭到遗弃，取而代之的是建立在世界霸权基础上的自恋、自负、自私。

美国《独立宣言》的一个重要价值在于对民治政治的重视和强调。它明确强调民权，要求赋予人民治理国家的权力。它规定说："当始终追求同一目标的一系列滥用职权和强取豪夺的行为表明政府企图把人民置于专制暴政之下时，人民就有权也有义务去推翻这样的政府。"①创建美国的国父们痛恨英国专制统治，以建立没有专制的新国家作为政治理想。《独立宣言》之所以具有感召力、凝聚力，其根本原因是它将人民置于了应有的位置。美国独立战争的胜利归根结底是由美国人民夺取的。没有人民的支持和参与，美国独立战争胜利是无法想象的。美国国父们敢于承认美国人民创造历史的强大力量和伟大功绩，这是他们能够开创建国伟业的根本原因。

人民是美国的真正缔造者。国父们提供思想、理念和实践引导，但他们所发挥的作用是有限的。他们不能仅仅凭借思想、理念和实践智慧去击败英国政府的专制统治。在波士顿战役、加拿大战役、纽约战役、特伦顿和普林斯顿战役、萨拉托加战役、萨凡纳战役等著名战役中，都是人民冲锋陷阵。美国国父们都深知人民的重要性及其对美国独立战争的重要贡献，这是他们致力于创建民治国家的深层动因。可惜的是，后来的美国政客越来越脱离人民。

里根总统1981年演讲的时候还敢理直气壮地说："在美国，个人自由和尊严的享有和保障超过了世界上任何其他地方。这种自由的代价有时相当高昂，但是我们从来都乐于付此代价。"②那时的美国尚处于冷战时期，整个美国仍然处于冷战的高度紧张氛围之中，美国政府和政客为了取得冷战胜利依然保持着自信、自律的道德态度，对人民的依赖依旧得到保持。

冷战结束之后，如何对待人民则变成了有争议的问题。美国总统奥巴马较多关注和重视下层人民的生活，而他的政敌约翰·麦凯恩则

---

① 〔美〕查尔斯·W. 艾略特主编：《美国精神：美国历史文献中的励志精品》，刘庆国译，第129页。
② 邹颉编译：《美国的精神·英汉对照》，第103页。

更多地关注和重视名人、富人的生活。他在竞选总统的演讲中强调："美国的承诺是：让我们每个人都能自由地过上自己想要的生活，但我们也有责任彼此尊重。"[①] 奥巴马自称为所有美国人特别是下层美国人的代表。他指出："我们的政府应该为我们服务，而不是与我们作对。政府应该帮助我们，而不是伤害我们。政府应该既给那些最有钱和最有权的人机会，也给每一个愿意工作的美国人机会。"[②]

奥巴马是美国第 44 任总统。他出生在夏威夷檀香山，其父亲是肯尼亚黑人留学生，母亲是美国白人。奥巴马的父母在他两岁时离异。6 岁时，他跟随母亲和继父到印度尼西亚生活了 4 年，后来又因为母亲与继父离异回到美国夏威夷与外祖父母一起生活。可见，奥巴马的家庭背景并不显赫。2008 年 11 月，他击败共和党总统候选人麦凯恩，成为美国历史上第一位黑人总统。在就职演说中，他重申美国价值观，呼吁回归尊重、保护人民的优良传统，要求重新塑造美国，但他就任美国总统之后并没有实现自己的政治理想。例如，他曾经多次呼吁出台控制枪支的法案，但都没有通过。他对此深感痛心，却又无可奈何。何以如此？是因为美国早已经发生根本性变化，"人民"已经不是美国政治价值的核心。

将"人民"从政治价值的核心位置移走，不仅意味着美国人民在政治领域被边缘化，而且意味着美国精神发生了根本性变化。美国的国父们曾经致力于建构的民治国家在后冷战时代已经失去其实际意义和价值。民治国家是美国的国父们孜孜以求的伟大政治理想，但它并没有最终在美国得到实现。

人民的退隐是美国精神堕落的最重要标志。希拉里曾经对奥巴马

---

① 邹颉编译：《美国的精神·英汉对照》，第 144 页。
② 邹颉编译：《美国的精神·英汉对照》，第 144 页。

参选美国总统提供帮助。她在号召民主党成员支持奥巴马的演讲中强调:"生命、自由和对幸福的追求是我们作为个体享有的权利。"① 她似乎也深知美国已经发生深刻变化,作为个体存在的人民已经不再受到广泛尊重,因此,她同时指出:"但是我们的生命、我们的自由、我们的幸福只有在我们共同努力之时,才能得到充分的享受、充分的保护和充分的发展。"② 希拉里的话至少说明,美国人对生命、自由、幸福等美国价值观的认识、理解和诠释已经出现争议;如果不能消除争议、达成共识,美国人对它们的追求将遭遇很多障碍和阻力。

亨廷顿曾经说过:"在冷战后的世界中,人民之间最重要的区别不是意识形态的、政治的、经济的,而是文化的区别。"③ 亨廷顿的论断既有合理之处,也有不合理之处。一方面,他看到了文化差异和文化竞争在冷战结束之后的特别重要性;另一方面,他错误地认为意识形态差异、政治差异和经济差异的重要性在冷战之后变得无足轻重。事实上,意识形态、政治理念、经济观念等都是文化的重要内容,并且都与当代美国人的道德价值观念有着千丝万缕的关系。如果说美国道德文化在后冷战时代出现了堕落,这是指作为美国文化最重要内容的道德文化陷入了危机,它已经不能为美国精神尤其是美国道德精神的传承传播提供强有力的支持。

亨廷顿提出了所谓的"多极文明观",认为人类文明在后冷战时代开始呈现出多极化发展格局。他说:"冷战后时代的世界是一个包含了七个或八个主要文明的世界。文化的共性和差异影响了国家的利益、

---

① 邹颉编译:《美国的精神·英汉对照》,第159页。
② 邹颉编译:《美国的精神·英汉对照》,第159页。
③ 〔美〕塞缪尔·亨廷顿:《文明的冲突与世界秩序的重建》(修订版),周琪等译,新华出版社2009年版,第5页。

对抗和联合。世界上最重要的国家绝大多数来自不同的文明。"① 亨廷顿看到了以美国文化为主导的西方文明的衰落，但仍然对它的强大抱持信心。他说："西方是而且在未来的若干年里仍将是最强大的文明。然而，它的权力相对于其他文明正在下降。"② 最重要的在于，他看到了非西方文化或文明的兴起及其对世界的影响。"权力正在从长期以来占支配地位的西方向非西方的各文明转移。全球政治已变成多极的和多文明的。"③ 亨廷顿的多极文明观本质上是一种文化主义文明观，其核心思想是将文明的要义归结为文化，以文化来说明一切。

美国道德文化在后冷战时代的堕落只不过是西方文化或文明走向衰落的重要表现。从一定意义上来说，它也是西方文化或文明衰落的最重要表现。第二次世界大战以后，西方文化中心转移到美国，欧洲文化迅速衰败。在后冷战时代，美国文化更是因为美国一超独大的国际地位而出现如日中天的景象，美国则因此而成为全球最具有吸引力的国度，但这种好景并不长久，仅仅延续了20年左右。近十年以来，美国综合实力和核心竞争力得到了保持，但它的文化软实力出现了大幅度下滑趋势。最引人注目的是，印度、中国、巴西等发展中国家在各个领域取得巨大发展，这使得美国在各个方面与其他国家之间的差距明显缩小。

由于道德文化日渐堕落，美国的国际道德形象近些年呈现出每况愈下的态势。这可以概括为三点：

一是从"可爱"到"可恨"的转变。美国曾经长期保持着可爱的道德形象。它拥有良好的自由氛围，政治权力得到了比较好的制约，个人权利得到较好保护，美国梦激励着所有人，整个社会显得生机勃

---

① 〔美〕塞缪尔·亨廷顿：《文明的冲突与世界秩序的重建》（修订版），周琪等译，第7页。
② 〔美〕塞缪尔·亨廷顿：《文明的冲突与世界秩序的重建》（修订版），周琪等译，第7页。
③ 〔美〕塞缪尔·亨廷顿：《文明的冲突与世界秩序的重建》（修订版），周琪等译，第7页。

勃，世界上有很多人将美国视为天堂之国。虽然今天的美国依然在很多方面保持着它的原貌，但是它的内在精神已经发生根本性变化。曾经被视为表率的美国出现了各种各样的社会问题。人民的重要性遭到越来越严重的漠视，民生问题不再是政客最关心的问题，社会资源分配不公愈演愈烈，种族歧视、种族隔离、种族屠杀等问题此起彼伏，社会治安状况堪忧，所有这些都严重破坏了世界人民对美国的印象。10年以前，世界上有很多人一谈到美国，就会有心向往之的感觉。最近10年，越来越多的人对美国产生了恨意。社会混乱的事实让世界人民对美国的爱意日益减少，对它的恨意却与日俱增。

二是从"可亲"到"可憎"的转变。失去可爱性的美国必然会缺乏亲和力，甚至必然会让世界人民觉得它面目可憎。当世界人民觉得美国"可恨"的时候，这是指世界人民深深地感受到了美国对其他民族、其他国家的敌意，因而会以牙还牙地表达敌意。"可憎"则更进一步，它已经包含厌恶之意。对美国的印象从"可亲"到"可憎"的转变，意指世界上已经有很多人开始对美国抱持怨恨和厌恶交加的态度。可亲的美国具有吸引力，而可憎的美国则让世界人民对它的好感几乎降到零。

三是从"可敬"到"可恶"的转变。美国曾经长期具有可敬的形象。它拥有不屈不挠的清教精神，拥有人格伟大的国父们，拥有夺取独立战争胜利的辉煌业绩，拥有三权分立政治制度，拥有参加反法西斯战争的光荣，因此，很多人在谈论美国的时候会怀有强烈的敬意。但时至今日，美国内部乱象丛生，它好战的本性变本加厉，对外不断发动侵略战争几乎成为它的习惯行为。在当今世界，人们一提到"美国"两字，大都会联想到它此起彼伏的校园枪击案以及它发动的各种侵略战争。由于成了"战争"的代名词，美国被越来越多的人视为真正的邪恶国家，因为它所染指的地方必定水深火热、生灵涂炭。作为

"可敬"的国家，世界人民会以崇敬或敬重的道德态度对待美国，而作为"可恶"的国家，世界人民只会以厌恶或鄙夷的道德态度对待美国。

一个人会成为什么样的人，从根本上来说取决于他自己。一个国家会成为什么样的国家，从根本上也取决于它自己。当今美国在道德文化上的堕落是由它自己决定的。世界人民都希望它能够保持良好的道德修养，善待自己的国民和其他民族，但它似乎将整个世界视为自己的敌人。如今的美国看上去就像一个患有抑郁症的病人，时刻感觉有国家要超越它，击败它，甚至要消灭它。于是，它在忧心忡忡的同时，不断加剧着自己对其他国家、其他民族的怨恨、仇恨，并且时刻在寻找发泄怨恨、仇恨的机会。它没有安全感，因为它被"敌意"重重包围。当它感觉已经无力改变世界的时候，它暴跳如雷，气急败坏，甚至表现出想要毁灭世界的想法。美国式的堕落是自甘堕落的模式，它首先体现为道德文化上的自甘堕落。

美国精神分析学家弗洛姆曾经指出，人具有两种完全不同的侵犯性：一种是防卫性的良性的侵犯，它是个体和种族生存必需的，它是人与其他一切生物共有的侵犯性，其根本目的是为了自我保全；另一种是恶性的、破坏性的、残忍性的侵犯，它是人类特有的侵犯性，体现人类特有的凶残性、残暴性。弗洛姆说："人是屠杀者，这是他与其他动物不同的地方。人屠杀、残害他的同类，既不是由于生存上的理由，也不是由于经济上的理由，但这种屠杀与残害却让他满足。"[1]弗洛姆不应该将恶意的侵犯性解读为普遍的人性，因为并不是所有人都具有这种本性，但他的观点似乎对美国研究者有帮助。

美国道德文化历来具有强烈的侵略性或侵犯性。它强调人性自私，

---

[1] 〔美〕E. 弗洛姆：《人类的破坏性剖析》，孟禅森译，中央民族大学出版社1999年版，第15—16页。

并且将这种人性论延伸到国家层面，将国家的本性也归结为"自私"。由于信服人性自私、国家自私的观点，美国道德文化本质上是个人利己主义和民族利己主义的综合物。它鼓励个人以自私自利的方式生活，也要求国家以自私自利的方式存在。正因为如此，美国总是感觉自己周围的人和国家都是自私自利的，同时将自身视为自私自利的国家。它不会以人的自私和国家的自私为耻，反而以之为荣。这是美国道德文化的根本特征。

美国之所以常常以自私自利的形象呈现在世人面前，这是由它的道德文化传统决定的。由于具有自私自利的国家本性，它的一切行为都是建立在利益算计之上。美国政府精于利益算计，美国政客精于利益算计。在与其他国家或国际组织打交道的时候，美国政府和政客不会考虑其他国家、其他民族的利益，更不会考虑国际公共利益，他们的眼里只有美国利益。

当今世界正处于百年未有之大变局。在此背景下，世界各国都应该警惕和防止美国因为抑郁症而无所顾忌、不顾后果地发泄它的自私本性和破坏性。从美国目前的行为来看，它的抑郁症已经相当严重。如果得不到及时救治，它完全可能朝着歇斯底里症转化。谁能救治一超独大的超级大国？世界人民只能在一定程度上帮助它，主要得依靠它自身的努力。如果它采取自暴自弃、自甘堕落的方式，等待它的恐怕只能是全面衰败的结局。

第十三章　美国建构现代道德文化的经验教训

　　前面各章对美国在不同历史阶段建构现代道德文化的状况进行了追溯，并且在各章结尾处展开了批判性分析。这有助于推动人们对美国建构现代道德文化的历史进程形成微观的认知，但不能引导人们对美国建构现代道德文化的状况形成宏观的总体把握。为了克服这一不足，本章从微观走向宏观，从局部走向整体，对美国建构现代道德文化的经验教训展开综合的批判性考察。

一、美国建构现代道德文化的历史必然性

　　美国的诞生似乎是偶然性摆布的结果。自哥伦布在公元 15 世纪发现"新大陆"之后，欧洲人"不经意"漂流到北美大陆的故事在欧洲国家广泛流传。1620 年 9 月，"五月花号"从英国普利茅斯漂流到美国今天的马萨诸塞州的故事更是具有经典传奇色彩。35 名清教徒与 67 名非清教徒共乘一艘轮船，其中的 41 人在船上签署了著名的《五月花号公约》。据说，《五月花号公约》是那些从欧洲逃往北美大陆的欧洲人签署的第一份具有强烈政治性的契约，它是美国律法体系的肇始和基础。

　　历史地看，那些最早从欧洲逃亡到北美大陆的欧洲人起初并没有创建新国家的愿望和想法。他们在欧洲各国遭到了政治迫害和宗教迫

害，想在地球上找到一个容身之所。他们没有确定的目的地，只是漫无目的的漂流，但最后阴差阳错地漂流到了北美大陆。仿佛有一只偶然性的手在控制着他们的命运，而事实上，当他们按照偶然性的控制向前漂流的时候，他们的一切行动又表现出必然性的特征。这只能从历史唯物论的角度才能得到合理解释。

根据历史唯物论，自然界和社会中的事物都遵循偶然性和必然性相统一的规律。恩格斯指出："在每一个领域内，都有在这种偶然性中去实现自身的内在的必然性和规律性。而适用于自然界的，也适用于社会。一种社会活动，一系列社会过程，越是超出人们的自觉的控制，越是超出他们支配的范围，越是显得受纯粹的偶然性的摆布，它所固有的内在规律就越是以自然的必然性在这种偶然性中去实现自身。"[1] 那些最早到达北美大陆的欧洲人，其行为是偶然性和必然性发生碰撞的结果。他们在不经意的偶然性中所做的一切，其实成就了美国后来在北美大陆诞生这一具有必然性的重大历史事件。

"在历史的发展中，偶然性发挥着作用，而在辩证的思维中就像在胚胎的发展史中一样，这种偶然性融合在必然性中。"[2] 整个人类历史和人类文明都受到偶然性和必然性相统一的规律的支配。当西方历史乃至整个人类历史演进到15世纪的时候，西方资产阶级发展资本主义的主观愿望日益增强，资本主义经济基础在西方各国日益巩固，现代航海船舶制造技术突飞猛进，各种各样的有利历史条件汇聚在一起，将一批批"叛逆"的欧洲人"偶然地"推上了探求"自由王国"的道路，实际上开辟了西方历史乃至人类历史的必然性篇章。哥伦布发现"新

---

[1] 中共中央马克思恩格斯列宁斯大林著作编译局编译：《马克思恩格斯文集》第4卷，第194页。
[2] 中共中央马克思恩格斯列宁斯大林著作编译局编译：《马克思恩格斯文集》第9卷，第485—486页。

大陆"是历史的必然。美国的诞生也具有历史必然性。

正如美国是特定历史阶段的产物一样，美国建构现代道德文化的历史进程具有历史必然性特征。把握这一点，有助于我们对美国及其建构现代道德文化的历史进程形成客观、正确的判断和评价。

美国的诞生是各种历史条件促成的结果。美国赢得独立的时候，恰恰是资产阶级革命在西方各国如火如荼推进的历史阶段。当时的英国利用地处大西洋航海要道的地理条件，对外大力推进国际贸易，大搞殖民掠夺，对内实行残暴的圈地运动、阶级剥削，使得英国的资本主义经济基础日益增强。与此同时，新兴的英国资产阶级力量迅速壮大，他们反封建的主观愿望也变得日益强烈。一旦条件成熟，他们就率先发动了资产阶级革命。荷兰、法国、德国等欧洲国家紧跟英国步伐，相继发动资产阶级革命。美国独立战争本质上是美国资产阶级革命。资产阶级革命在西方各国的表现形式有所不同，但他们的初衷和使命是高度一致的，即推翻封建专制统治，发展资本主义。资产阶级革命的相继胜利，不仅确立了资产阶级在西方各国的统治地位，而且为资本主义文化的兴起创造了历史条件。

在各种历史条件中，对美国诞生发挥着决定作用的是资本主义经济基础。"每一时代的社会经济结构形成现实基础，每一个历史时期的由法的设施和政治设施以及宗教的、哲学的和其他的观念所构成的全部上层建筑，归根到底都应由这个基础来说明。"[1] 如果没有资本主义经济基础的形成和巩固，美国的诞生是不可想象的。资本主义经济基础在西方国家的强势兴起，为资本主义文化在西方的发展奠定了基础，也为美国的诞生提供了基础。

---

[1] 中共中央马克思恩格斯列宁斯大林著作编译局编译：《马克思恩格斯文集》第9卷，第29页。

第十三章　美国建构现代道德文化的经验教训

资本主义文化属于现代文化形态。马克思、恩格斯在《共产党宣言》中指出："从封建社会灭亡中产生出来的现代资产阶级社会并没有消灭阶级对立。它只是用新的阶级、新的压迫条件、新的斗争形式代替了旧的。"① 西方资产阶级通过革命方式建立的资本主义社会仍然是阶级社会，仍然存在阶级压迫、阶级剥削，但它与封建专制社会有着显著区别。这主要体现在两个方面：一是资产阶级创造的社会生产力空前巨大。"资产阶级在它的不到一百年的阶级统治中所创造的生产力，比过去一切世代创造的全部生产力还要多，还要大。"② 二是资产阶级创造了适合资本主义经济社会发展需要的文化形态，即资本主义文化。由资产阶级建立的资本主义社会拥有强大的资本主义经济基础和社会生产力基础，这从根本上决定了资本主义社会的文化形态。"资产阶级在它已经取得了统治的地方把一切封建的、宗法的和田园诗般的关系都破坏了。它无情地斩断了把人们束缚于天然尊长的形形色色的封建羁绊，它使人和人之间除了赤裸裸的利害关系，除了冷酷无情的'现金交易'，就再也没有任何别的联系了。"③ 或者说，进入资本主义社会以后，资产阶级"用公开的、无耻的、直接的、露骨的剥削代替了由宗教幻想和政治幻想掩盖着的剥削"④。在马克思、恩格斯看来，资本主义经济基础带来了生产关系和上层建筑的根本性改变，资本主义文化与封建文化有着显著区别。

资本主义社会创造了所谓的"资本主义文明"。它是资本主义文化

---

① 中共中央马克思恩格斯列宁斯大林著作编译局编译：《马克思恩格斯文集》第 2 卷，第 32 页。
② 中共中央马克思恩格斯列宁斯大林著作编译局编译：《马克思恩格斯文集》第 2 卷，第 36 页。
③ 中共中央马克思恩格斯列宁斯大林著作编译局编译：《马克思恩格斯文集》第 2 卷，第 33—34 页。
④ 中共中央马克思恩格斯列宁斯大林著作编译局编译：《马克思恩格斯文集》第 2 卷，第 34 页。

的核心内容，是引导资本主义社会发展的精神力量。"资产阶级，由于一切生产工具的迅速改进，由于交通的极其便利，把一切民族甚至最野蛮的民族都卷到文明中来了。"① 凭借强大的资本主义经济基础，西方各国的资产阶级大肆推广资本主义文明，企图"按照自己的面貌为自己创造出一个世界"②。资本主义文化或资本主义文明，从一开始就表现出强烈的甚至无比残暴的扩张性、侵略性特征。

美国是在西方资产阶级革命浪潮中诞生的一个资本主义国家，必然具有资本主义国家的典型特征。一方面，与其他西方资本主义国家一样，它通过资产阶级革命（独立战争）建立了具有鲜明资本主义特征的经济基础。它大力发展现代工业，大力推进城市化进程，大力改进生产工具，大力发展现代交通设施，大力开拓世界市场，使美国资本主义经济基础日益强大。另一方面，与其他西方资本主义国家一样，它通过致力于建构具有鲜明资本主义特征的生产关系和上层建筑。它大力宣扬自由、平等、民主、博爱等资本主义价值观念，大力推进现代国家治理体系和治理能力建设，大力发展资本主义教育，大力建设契合资本主义社会需要的社会制度和政治制度、资产阶级经济统治和政治统治，使美国资本主义文化或资本主义文明日益强大。美国走的资本主义发展道路与其他西方资本主义国家所走的道路并没有根本区别。它从一开始就是一个典型的资本主义国家，具有一切资本主义国家所具有的现代性特征。

恩格斯指出："国家是文明社会的概括，它在一切典型的时期毫无例外地都是统治阶级的国家，并且在一切场合在本质上都是镇压被压

---

① 中共中央马克思恩格斯列宁斯大林著作编译局编译：《马克思恩格斯文集》第 2 卷，第 35 页。
② 中共中央马克思恩格斯列宁斯大林著作编译局编译：《马克思恩格斯文集》第 2 卷，第 36 页。

迫被剥削阶级的机器。"[1] 这一经典论断适用于欧洲资本主义国家，也适用于美国。作为一个典型的资本主义国家，美国必然会用资本主义方式来建构自己的国家身份，建构自己的文化或文明范式。

建构现代道德文化是美国的必然选择。这种选择是由美国的经济基础、历史背景和社会环境决定的，也与美利坚民族的主观意志直接相关。资本主义经济基础、资本主义发展历史和资本主义社会环境所形成的客观性，与美利坚民族的主观意志融合在一起，共同决定了美国对文化或文明范式的选择。两百多年来，美国一直竭力证明其选择的合理性、正确性，但历史和现实都证明，它充其量仅仅具有历史合理性，并不具有哲学合理性。历史合理性建立在纯粹的历史事实基础上，而哲学合理性除了建立在历史事实基础之上，还必须建立在必然性（规律）基础之上。

作为美国国家发展史的一个组成部分，美国建构现代道德文化的历史一直在不断演进，这似乎说明它具有哲学合理性。我们认为这是一种认识误区。一切事物的发展都遵循一定的规律。美国作为一个现代国家及其建构现代道德文化的发展历程也不例外。在自由资本主义阶段，美国在各个方面都处于上升阶段，它所建构的现代道德文化也呈现出"良好"发展态势，但随着时间的推移，事情开始向着相反的方向发展，美国道德文化的历史合理性被越来越严重地消解，其哲学不合理性则越来越多地暴露出来。这可能就是中国道家哲学所说的"物极必反"的道理。

美国是当今世界的唯一超级大国。在面对和评价它的时候，我们应该秉持客观、辩证的态度。这种态度从何而来？它只能出自历史唯

---

[1] 中共中央马克思恩格斯列宁斯大林著作编译局编译：《马克思恩格斯文集》第4卷，第195页。

物主义和辩证唯物主义的哲学视角。根据历史唯物主义和辩证唯物主义，我们既应该看到美国在历史上处于进步时期的社会状况，也应该看到它退步时期的社会状况。在资产阶级革命成为历史潮流的历史阶段，美国做出了发展资本主义的历史选择，大力倡导以资本主义文化取代封建文化，其历史进步性应该被高度肯定，它毕竟顺应了人类社会发展的历史潮流和规律。另外，它致力于建构的资本主义文化特别是道德文化也具有不容否定的进步性。它对自由、平等、民主等资本主义价值观念的推崇在历史上曾经在资产阶级反封建专制的过程中发挥过一定的积极历史作用。

经过两百多年发展，当代美国人的历史记忆出现了淡化问题。他们中的很多人不注重本国历史记忆，更不重视世界历史记忆，沉迷于令人眼花缭乱的现代性之中。在当今美国，资本主义文化呈现出总体堕落的趋势。资本主义私有制的腐朽性日益严重地暴露出来，资本对美国社会发展的控制越来越严密，其对美国精神的毒害性不断加剧；仅仅服务于大财团的美国政客沦为政治舞台上的傀儡、小丑，信口开河，言而无信，以发动战争为乐；如此等等。种种迹象表明，美国所建构的现代道德文化在后冷战时代确实出现了下滑、堕落趋势。

美国的发展历程或多或少具有"一帆风顺"的特点。在两百多年发展历程中，美国的发展道路对于美国人本身和许多外国人来说都显得比较"平坦"。赢得独立战争胜利以后，美国人用钱购买了大量领土，成功推进西进运动，通过南北战争废除奴隶制度，比较成功地实现三权分立政治制度，仿佛一切与美国有关的事情都是"迎刃而解"的，于是，"美国梦"对所有美国人都展现了强大感召力。特别是在两次世界大战期间，美国不仅远离战场，而且大发战争财。所有这一切都让美国人产生了其他民族难以理解的"优越感"。美国人长期以来沉迷于这种"优越感"之中，几乎没有人对美国发展的历史进程进行反思。

美国学者霍夫施塔特曾经指出:"大家只是借助过去来为自己壮胆,很少用作现状的镜像。美国历史像一个丰富多彩的有价值的演出,像许多得到实现的诺言,人们只想看戏享受,不想分析并参加演出。"①作为美国公民,霍夫施塔特对美国社会有深刻认知。他在 20 世纪 40 年代出版专著《美国政治传统及其缔造者》,对美国政治发展历史做了深入系统的梳理,对创建美国的国父们表示了崇高敬意,对美国社会令人越来越不满意的政治状况表示深切担忧。

不管怎么说,现代道德文化是成就美国资本主义的道德价值体系。它在美国发展史上发挥了强有力的道德价值引领作用。作为局外人或旁观者,我们对美国的研究应该力求客观,但要做到这一点具有相当大的难度。美国历史很短,但这并不意味着它的发展历程很简单,更不意味着我们很容易洞察它的一切。关于美国的评价,我们还是可以借鉴霍夫施塔特的观点。他说:"展望未来不见光明,回顾过去却显得美好至极。"②在霍夫施塔特看来,当美国人本身对美国现状表现出日益强烈的不满而对过去表现出日益强烈的怀念时,美国肯定已经发生巨大而深刻的变化。

二、美国建构现代道德文化的基本经验

历史是流动的,正因为如此,很多人喜欢将它比喻为一条长河。由于是流动的,历史不会停止,总是在拓展,表现为一个绵延不断的

---

① 〔美〕理查德·霍夫施塔特:《美国政治传统及其缔造者》,崔永禄、王忠和译,商务印书馆 2015 年版,导言第 1 页。
② 〔美〕理查德·霍夫施塔特:《美国政治传统及其缔造者》,崔永禄、王忠和译,导言第 1 页。

过程。人类不断往前发展，历史的内容就在不断增加，由此刻写的历史巨著就不断在增加篇章。

世界上的每一个国家都有研究价值。美国是一个历史很短的国家，但它的发展历史或多或少具有一些传奇色彩。它顺应西方资本主义发展的历史潮流诞生，尔后一直沿着资本主义道路向前发展，在工业化领域迅速赶超欧洲老牌资本主义国家，在世界大战中发挥举足轻重的重要作用，与苏联开展旷日持久的冷战，最终一跃而成为世界唯一超级大国，在世界历史上占据不容忽视的重要篇章。对于这样一个国家，我们更应该深入系统地研究。

要研究美国，我们需要考虑"视差"问题。齐泽克说："视差的标准定义是：客体显而易见的位移（在某个背景下，它的位置发生了变化）；位移源于观察者位置的变化。"[1] 作为观察者，我们应该深刻认识两个基本事实：一方面，美国历史一直在演变，我们不能将它视为一种静止不变的状态；另一方面，我们是外在的观察者，我们的位置一直在不断变化。因此，我们对美国的看法并不是确定不变的，我们总是在用不同的视线观察美国，并且试图形成自己的看法。

在当今世界，很多人并不喜欢美国，但不能忽视它的存在。当今世界发生的事情，很少与美国扯不上关系。美国也总是试图宣示它的存在和影响力。有些人认为，美国之所以能够在世界范围内不断产生强大影响力，完全是依靠它超强的国家硬实力。这种观点有一定的道理，但并不完全对。一个国家要想对世界产生广泛而持久的影响，它的国家硬实力和软实力都应该达到相当强大的程度。第二次世界大战以后，美国成为世界上极具吸引力的国度之一。这与它的超强国家硬

---

[1] 〔斯洛文尼亚〕斯拉沃热·齐泽克：《视差之见》，季广茂译，浙江大学出版社2014年版，第26页。

实力直接相关，也与它成为世界文化中心的事实紧密相关。研究美国建构现代道德文化的基本经验，或许能够在一定程度上解开美国持续不断地产生世界影响的奥秘。

美国在建构现代道德文化方面积累了至少五条基本经验。

（一）道德文化精神是美利坚民族建国、立国的根本。世界上的每一个国家、每一个民族都具有自己的道德文化，中华民族如此，美利坚民族也如此。美国之所以能够在过去两百多年发展历程中保持着比较强劲的发展态势，这与它重视建构现代道德文化的传统有着千丝万缕的联系。

最早漂流到北美大陆的欧洲清教徒大都是霍布斯政治哲学和加尔文教的信奉者。他们在欧洲的时候就了解了霍布斯政治哲学和加尔文教关于人性恶的思想和理论。霍布斯和加尔文教都认为，人性是自私自利的、好斗的，人类的天然状态是冲突和敌对，凡人的心智、意志都与上帝相抵触；如果没有道德规范和法制规约，人与人之间必定是相互敌对、相互冲突的战争状态。信奉霍布斯政治哲学和加尔文教的欧洲清教徒也普遍相信："一个人就是一个自私自利的原子。它们对人类已无信任可言，但相信良好的政治制度必有力量控制人类。"[1]

创建美国的欧洲清教徒都是现实主义者。他们在现实生活中经历过很多艰难险阻，对人类生活现实有深刻体会，因此，他们的所思所想和所作所为都被打上了现实主义的烙印。现实主义是实用主义的直接基础。美国人信奉的实用主义哲学的底色是现实主义。

美国人的信念往往建立在现实主义的利益考虑基础上。他们把一切都与现实利益挂钩，把所有事物的价值都归结为"有用"。这并不意味着他们完全没有精神追求，但确实意味着他们非常看重有实用价值

---

[1] 〔美〕理查德·霍夫施塔特：《美国政治传统及其缔造者》，崔永禄、王忠和译，第3页。

的现实利益。在美国人眼里，崇高的精神固然值得追求，但它毕竟是高高在上的、抽象的，因此，与其说追求虚无缥缈的崇高精神，不如说追求看得见、摸得着的现实利益。他们也知道，一切现实利益都存在于复杂的人际关系之中，如果不能处理好人际关系，个人追求私利的愿望是无法实现的。于是，他们不得不求助于严格的道德规约和法制规约。这是他们高度重视道德文化建设的深层原因。

最早漂流到北美大陆的欧洲清教徒是无家可归、无国可归的流浪者。他们不仅失去了自己的家，而且失去了自己的祖国。他们失去了在欧洲国家所拥有的一切物质条件，但没有失去自己的精神家园。他们拥有清教信仰、道德价值观念，对当时正在欧洲兴起的自由、平等、民主、博爱等价值观念有着强烈、真切的向往。他们还拥有能够帮助他们克服一切困难的坚强意志。

从欧洲漂流到北美大陆的清教徒是一群对自己要求很严格的人。他们中的大多数人遭到了祖国的抛弃，但他们的祖国情结并没有因此而终结。他们坚持用祖国的法律和道德规范来约束自己，同时根据实际情况制定出新的法律和道德规范。天高皇帝远。如果他们随心所欲地生活，他们完全可以做得到。在当时的北美大陆，他们是殖民者，也是统治者，掌握着社会治理的公共权力，但他们并没有采取无政府主义做法。一方面，虽然遭到了祖国的抛弃，但是他们仍然将自己视为有祖国归属的人；另一方面，他们坚持用具有伦理意蕴的清教教义来约束自己。

美国是依靠清教伦理精神创建的一个资本主义国家。清教伦理精神是美国精神的最早形态。它建立在清教伦理思想基础之上，要求清教徒虔诚地信奉上帝，同时在生活中充分发挥自己的主观能动性；要求清教徒无条件遵循上帝意志，同时倡导同心同德、艰苦奋斗、团结一致等世俗伦理精神。清教伦理精神是清教信仰与世俗道德信念的统一体。前者引导着清教徒追求形而上的宗教精神，后者引导着他们关注现实道德精神。

没有清教伦理精神，就没有美国的创建。清教伦理精神是美国清教徒在北美大陆战天斗地的强大精神动力，也是他们坚决反对英国封建专制统治、建立资本主义国家的强大精神动力。它是美国精神之源，尤其是美国道德文化精神之源。

道德文化精神是美利坚民族建国、立国的根本。它首先作为清教精神的核心要义存在，是美国清教徒在北美大陆谋求生存的精神支撑。在启蒙运动时期，它升华为启蒙伦理思想和启蒙伦理精神。启蒙运动时期是美国道德文化精神走向独立的过渡时期。此间，美国人不仅仅创建了一个新的国家，更重要的是正式拉开了美利坚民族建构独立的美国道德文化精神的序幕。当爱默生提出"自立性"这一概念时，他实际上是代表美国人向全世界宣布：美国不光要实现政治上的独立，而且要实现道德文化精神上的独立。

实用主义哲学的诞生，既标志着美国开始拥有真正意义上的本土哲学，也标志着美国人开始拥有真正意义上的本土伦理思想。美国道德文化精神上的真正独立是以实用主义伦理思想的诞生作为根本标志的。培尔斯、詹姆斯、杜威等实用主义哲学家在19世纪末20世纪初隆重登场，在美国历史上是具有里程碑意义的大事变。他们的实用主义哲学思想特别是伦理思想在美国社会产生了广泛而深刻的影响。受到实用主义哲学思想特别是伦理思想的深刻影响，美国人建构了自己的民族精神。

美国精神的核心是实用主义伦理思想。实用主义伦理思想强调道德信念的有用性和道德实践的有效性，既要求人们重视建构道德信念，也要求人们将道德信念落实为具体的道德实践。詹姆斯推动美国实用主义哲学实现了伦理学转向，使之变成了以伦理思想为主导、更加贴近日常生活的哲学思想体系。杜威甚至更进一步，提出了"进步教育"理念，要求将道德教育与民主政治教育有机融合，将实用主义哲学引上了更加紧密地服务美国政治的轨道。

第二次世界大战以后，各种各样的新道德问题在美国冒出来，要求美国道德文化建设做出相应的反应。在经济领域，企业与顾客、商人与消费者、政府与企业的伦理关系问题日渐突出，呼唤经济伦理出场。在政治领域，国家与国民、公共权力与公民权利之间的伦理关系问题变得特别引人注目，呼唤政治伦理出场。在生态环境领域，生态危机被利奥波德、卡逊等生态哲学家发现、揭露，环境保护运动在美国社会此起彼伏，生态伦理出场成为时代需要。在此时代背景下，美国道德文化建设开始面临新挑战、新要求。美国之所以能够成为现代经济伦理学、政治伦理学、生态伦理学的重要发源地，这与美国社会在第二次世界大战之后经历的深刻变化有紧密关系。

目前正在发生的俄乌冲突与美国道德文化也有千丝万缕的关系。明眼人都知道，俄乌冲突不是俄罗斯与乌克兰之间的双边冲突，而是以美国为首的北约与俄罗斯之间的多极冲突。美国历来将国与国之间的关系视为相互否定、相互冲突的关系，将战争视为解决国际争端的最有效手段。深受实用主义伦理思想的影响，美国人坚信"有用即真理"的信条，凡是对美国有利的事情，纵然是残酷的战争，他们也会冒险去做。没有美国人不会冒险去做的事情。他们选择做或不做，在多大程度上做，一切都取决于利益的大小。美国人就是这么势利。他们对世俗利益的关心远远超过其他民族。

美国重视道德文化建设，但它塑造的是具有美国特色的道德文化精神。对此，我们不能完全用异域的视角来审视和评价。美利坚民族在特殊的历史语境中崛起，反封建专制统治，创建新国家，建构新精神，在人类发展史上谱写了重要篇章。与其他民族一样，美利坚民族把道德文化视为他们建国、立国的根本。这一思想传统肇始于清教时期，后来经历了错综复杂的历史演进。在过去两百多年发展历程中，美国经历了诸多变化，但它对道德文化建设的重视并没有从根本上发生改变。在绝大多数历史阶段，美国把道德作为它树立国际形象的根本手段。历史地看，它也为世界发展、人类文明进步做出过不容忽视的积极贡献。在第二次世界大战期间，美国还曾经为世界人民夺取反法西斯战争胜利贡献了巨大力量。

美国是一个具有深厚道德文化精神的资本主义国家。它可能就是马克斯·韦伯所说的"新教伦理"和"资本主义精神"。韦伯认为，资本主义发展过程是一个"革命"过程，它建立在资本的残酷扩张基础之上，同时融合了资本家的职业伦理精神和禁欲主义倾向。他尤其强调，职业责任是"资本主义文化的社会伦理的最重要特征，而现在，一定意义上也是资本主义文化的根本基础"[①]。其意指，资本主义发展也是以一定的伦理精神特别是职业伦理精神作为伦理基础的，资本主义绝对不能简单地被视为物欲横流、铺张浪费、挥霍无度等的代名词。

韦伯的观点不一定全对，但它部分地反映了美国作为一个资本主义国家的发展历史。在创建和发展资本主义的过程中，至少美国的国父们曾经与美国人民一起进行过艰苦的奋斗。他们从严要求自己，在遵守道德规范和法律规范方面以身作则，并且能够与广大人民打成一片。在杰斐逊、富兰克林、华盛顿等美国国父的身上，确实有很多道德的闪光点。那些闪光点在美国独立战争期间发挥了极其重要的道德影响力和感召力。

道德文化精神是美利坚民族建国、立国的根本。美利坚民族对道德文化精神的认知主要建立在现实主义和实用主义基础之上，但这并

---

① 〔德〕马克斯·韦伯：《新教伦理与资本主义精神》，彭强、黄晓京译，第26页。

不意味着他们没有道德文化精神。与其他民族相比较而言，美利坚民族所崇尚的道德文化精神更多地彰显出现实主义和实用主义特征。就是在这样的道德文化精神支撑下，美利坚民族创建了他们的国家，并且推动着它不断向前发展。

（二）美国建构的现代道德文化从一开始就是多元主义的道德文化模式。美国是一个移民国家，具有"世界移民大熔炉"之称。这不仅是指它是由来自欧洲的移民建立的一个国家，而且是指它建立之后一直在接收来自世界各国的移民。来自世界各地的移民将美国变成一个多元文化社会。

第一批登上北美大陆的欧洲移民就具有种族多样性特征。托克维尔指出，"当欧洲的各族人民在新大陆登岸时，他们的民族性的特点已经完全定型，其中每个民族各有不同的相貌"[1]。事实上，他们不仅具有不同的相貌特征，而且具有不同的文化特征。那些最早在北美大陆建立殖民地的欧洲人来自不同家庭背景，所受的教育参差不齐。

最早在北美大陆建立殖民地的欧洲人大都为"无拘无束的人"。托克维尔说："几乎所有殖民地的最初居民，不是没有受过教育、没有家业、因为贫困和行为不轨而被赶出自己家乡的人，就是一些贪婪的投机家和包工的把头。有些殖民地的居民还不能自称有这样的出身。比如，圣多明各就是由海盗们建立的。"[2] 相比较而言，新英格兰地区的移民则普遍具有较高的文明程度。"他们所有的人，也许没有一个例外，都受过相当良好的教育，而且有很多人还因才学出众而闻名于欧洲。"[3] 与其他殖民地的人不同，新英格兰地区的移民是带着良好的道德素养到达北美大陆的。

---

[1]〔法〕托克维尔：《论美国的民主》上卷，董果良译，第31页。
[2]〔法〕托克维尔：《论美国的民主》上卷，董果良译，第35页。
[3]〔法〕托克维尔：《论美国的民主》上卷，董果良译，第35页。

建国以后，美国并没有将自己封闭起来，而是继续接收来自世界各地的移民。刚刚成立的美国急需各种各样的建设人才，需要在世界范围内广揽人才。为了实现这一目标，美国政府制定了招揽外国移民的政策，并且将它纳入了外交战略。自建国到第一次世界大战前后，美国先后经历了三次移民浪潮，其人口在1920年首次超过1亿。在为数众多的移民中，不乏受过良好教育的高级人才。他们的加盟对美国经济社会发展起到了不容忽视的促进作用。特别是第二次世界大战以后，由于不堪战乱带来的痛苦，大量欧洲人才流入美国。他们为美国在第二次世界大战之后的迅速发展提供了至关重要的人力资源。

美国在历史上也曾多次进行过移民限制。例如，美国政府1907年制定了以限制移民为主要内容的《移民法案》。该法案对不可入境类移民进行了明确限制，禁止包括16岁以上的文盲移民美国。1921年，美国国会首次出台了移民配额法规，不限制西半球国家公民进入美国，但规定其他国家每年进入美国的人数不得超过1910年该国公民在美总数的3%，每年进入美国的外国移民总数不超过35万人。1924年，美国国会又通过了《种族法案》，首次制订了永久性配额，规定除西半球国家外，全世界所有其他国家每年进入美国的移民总数最多不得超过15万人，同时增加了对亚洲移民的限制，并且规定任何进入美国的外国人都必须首先向美国境外的领馆申请签证，无签证进入美国的外国人将在任何时候被驱逐出境。

源源不断的移民，不仅将美国变成世界上最大的移民国家，而且使美国文化具有非常显著的多元性和多样性。美国从一开始就是一个多元文化社会。早在殖民时期，来自欧洲的白人，来自非洲的黑人，来自亚洲的黄种人与北美大陆的印第安人就聚集在一起。他们之间有交际、融合，但各自都竭尽全力保持自己的种族文化。美国是一个由移民构成的大熔炉，更是一个由多种文化构成的大熔炉。

文化多元性和多样性在美国道德文化领域表现得尤其明显。印第安人是美国的土著人。他们过着原始生活方式，坚守着原始道德价值观念，与自然界保持着原始的关系。在与人打交道的时候，他们总是将自己天生的善良本性毫不掩饰地流露出来。他们生性善良，不擅长于钩心斗角，总是以友善的态度对待所有人，同时对大自然始终保持着应有的敬畏。他们的道德文化代表着美国道德文化最古老的颜色。

来自欧洲的移民具有种族差异，但他们总体上是现代西方道德文化的信奉者。虽然在不同时期迁居美国的欧洲移民在许多方面存在差异，但是他们之间也存在诸多共同之处。例如，来自英国的移民不仅说着同一种语言——英语，而且拥有比较接近的道德价值观念。他们普遍信奉自由、平等、民主等现代道德价值观念，并且将它们带到了北美大陆。刚刚踏上北美大陆的时候，他们都处于极其艰难的生活环境。为了谋求生存，他们不得不相互关心，相互帮助。在很多时候，他们不得不将彼此视为"同甘共苦"的兄弟姐妹。他们并不是没有阶级意识，只是艰苦的生存环境使得他们不能张扬它而已。

最早到达北美大陆的黑人大都为奴隶。他们是欧洲白人从非洲贩卖到北美的人群。北美大陆地广人稀，社会建设需要大量人力资源。欧洲人将非洲黑人贩卖到北美，既是为了赚钱，也是为了给北美大陆提供廉价劳动力。被欧洲人贩卖到北美大陆的非洲黑人为数众多，但他们从一开始就处于社会底层，社会地位卑下。

美国在历史上吸纳了大量华人移民。自19世纪40年代开始，移民美国的华人日益增多。华人主要从中国广东、福建、台湾等地区移民到美国。他们将以儒家、道家和佛家为主导的中国传统伦理思想和伦理精神传入美国，给美国建构的现代道德文化增添了中国元素，对美国现代道德文化的建构发展发挥了一定的积极促进作用。

华人移民美国，传播和践行了做人如山、积极入世、自强不息、厚德载物、天下为公、伸张正义等方面的中国传统儒家道德价值理念，以及做人如水、追求自由、为人低调、谨慎谦虚、道法自然、顺势而为、为而不争等方面的中国传统道家道德价值理念，还有做人如树、既积极入世又超然出世、既心怀菩萨心肠又敢于维护正义、既追求坐忘悟空又重视普度众生等方面中国传统佛家道德价值理念。由于中国传统道德价值理念与美国人倡导的自由、平等、民主等现代道德价值理念形成鲜明对比，为美国现代道德文化增添了多样性和丰富性。

华人在美国各地建造的唐人街是中国传统道德文化在美国得到传播的重要标志。唐人街是华人的居住地。早期移民到美国的华人常常受到美国当地人的排挤、欺负，饱受种族歧视、种族隔离之苦。为了安身立命，华人建造唐人街，集中居住，团结一心，共谋生存。移民美国的华人坚守中国传统道德文化精神，并且借助武术、京剧、舞龙等中国传统文化形式将它传播到美国各地，为推动中国传统道德文化传入美国、影响美国、促进美国社会发展做出巨大贡献。

美国从一开始就是一个多元文化社会。在这个社会里，除了印第安人是土生土长的土著人以外，其他人都是移民。他们来自世界各国，具有不同文化背景，具有不同价值观念，但他们共处于一个国家共同体之中，过着互不相干的生活方式。他们中的一些人非常富有，一些人非常贫困，但他们很少关注彼此的生存状况。

美国是一个原子人社会。美国人崇尚个人主义价值观，普遍将个人视为社会的原子，并且强调个人具有凌驾于社会之上的存在价值。当代美国科学家施塔格就直接将人称为"原子"。他说："你不仅由原子组成，你其实就是原子。"[1]施塔格认为，每一个人都是一个相对独立的原子，而每一个人的人体又是由氧、氢、铁、碳、钠、氮、钙、磷

---

[1] 〔美〕科特·施塔格：《诗意的原子》，孙亚飞译，第7页。

等多种原子或元素构成。

原子人追求个人自由。在美国社会，人们对公共生活和私人生活有严格区分，主张公私分明。在公共生活中，他们兢兢业业地工作，恪守职业道德，努力挣钱，但一旦转入私人生活空间，他们就会极力维护个人自由、权利和隐私。他们高度重视维护自己的私人生活权利，不会拿它们与人交易。也就是说，美国人普遍将私人生活视为个人的事情，他们在私人生活中尽情享受，并且视之为个人神圣不可侵犯的权利，反对美国政府对私人生活的非法干预。

美国吸引外国移民的一个重要地方就在于个人生活的自由空间。在美国，只要不违法乱纪，个人就能够享受到充分的自由。美国社会对个人生活的限制是比较少的，允许人们在遵纪守法的范围内尽情地享受个人生活权利。它鼓励人们达到合法年龄之后开始自由恋爱，鼓励人们自由自在地选择个人生活方式，鼓励人们选择不同于父母的人生道路，鼓励人们在私人生活方面"互不干涉"。在美国，如果一个人不主动与另外一个人交往、交际，人与人之间就保持着让人感到舒适的距离，谁也不管谁，各自安好。这对于那些喜欢个人自由的人来说自然具有特别大的吸引力。

在美国，个性能够受到尊重。一个人在美国社会可以完全不合群，但他不会被视为"离群索居"的人。在美国社会，个人可以穿着奇装异服，可以留自己喜欢的发式，可以追求自己喜欢的体育运动，可以开自己的演唱会。如果愿意，他们的大学生可以在校园的任何一个地方进行即席演讲。在工作之余，他们可以将自己在一周或一个月内挣来的所有收入一夜花光。在他们眼里，个性是人生最重要的事情，没有个性张扬，人生幸福无从谈起。

美国是个人主义盛行的国度。很多奔赴美国的人就是冲着这一点去的。他们前往美国，不用担心道德文化差异可能导致的文化冲突。

只要能够对道德文化差异性保持容忍态度，他们就不会害怕在道德文化上被孤立。在与来自不同道德文化背景的人交际时，只要他们不对异质道德文化表现出质疑、反感的态度，他们的道德文化就能够得到交流者的尊重。

美国在道德文化领域具有比较宽松的氛围。来自不同道德文化背景的人能够轻松自如地坐在一起交流，彼此之间不会显露出反感和敌意。由于大部分人是来自不同道德文化背景的移民，美国人也会对不同道德文化表现出浓厚兴趣，并且愿意了解不同道德文化的特质。事实上，他们普遍反对没有民族特色的道德文化，对具有民族特色的道德文化总是给予高度的尊重。在道德文化领域，他们对同质的东西缺乏兴趣，恰恰对异质的东西怀有兴趣。正因为如此，大多数美国人喜欢旅游。他们游历世界的一个重要原因，是为了了解世界各地的道德文化状况。他们不仅对美国道德文化感兴趣，而且对其他国家、其他民族的道德文化感兴趣。

美国道德文化之所以能够始终保持着比较强的吸引力和感召力，这与它的多元性和多样性有着紧密联系。具有多元性和多样性的美国道德文化，不仅为生活在美国的人张扬个性提供了广阔空间，而且对美国之外的人有着强大吸引力和感召力。很多人就是为了体会美国的宽松道德文化氛围而选择前往美国的。多元性和多样性是美国道德文化的两块招牌。它们体现了美国道德文化的重要特征，也构成了美国道德文化的巨大魅力。

（三）美国建构的现代道德文化是具有美国特色的道德文化模式。美国与英国、法国等欧洲国家有着很深的渊源。它在发展道路上与欧洲国家保持高度一致，总体上选择了与后者高度一致的资本主义发展道路，但它对资本主义发展理念、发展实践的具体设计并没有照搬欧洲模式，而是体现了美国特色。它走的是具有美国特色的资本主义发展道路。这体现在经济、政治、文化等各个领域。

从道德文化建设领域来看，美国既没有选择英国式的保守模式，也没有选择法国式的激进模式。英国资产阶级革命具有不彻底性，这在道德文化领域的根本表现是保留了象征封建王权的王室。法国资产阶级革命则具有其他资本主义国家无法相提并论的激进性。它是世界近代史上规模最大、范围最广的资产阶级革命，结束了在法国延续了一千多年的封建统治秩序，严重动摇了欧洲封建统治秩序，对世界反封建斗争做出巨大贡献。法国革命之所以能够取得如此巨大的历史成就，从根本上说是因为法国人民在革命中发挥了重大作用。美国独立战争既有受到欧洲各国资产阶级革命深刻影响的痕迹，也有开拓创新的痕迹。在反封建方面，美国资产阶级没有学习他们的"英国兄弟"，对封建势力采取妥协态度，而是学习法国资产阶级的决然态度，对封建势力采取"大扫除"的态度。不过，在学习法国资产阶级方面，他们更多是学习了他们的自由理念、民主理念、制度理念，并没有学习他们将最高国家主权交给人民的做法。创建美国的国父们也大力倡导人民主权原则，并且实行了三权分立制度，但他们并没有切实将国家主权交付给美国人民。

美国建构的现代道德文化主要在三个方面体现了鲜明的美国特色：

首先，美国人的道德信念通常不是建立在缜密的哲学推理基础之上，而是主要建立在独立自主的经验判断之上。崇尚现实主义的美国人曾经对哲学缺乏兴趣。托克维尔曾经指出："我认为，在文明世界里没有一个国家象美国那样最不注重哲学了。"[①]

美国人依靠霍布斯、洛克、卢梭等近代欧洲哲学家的政治哲学思想创建了美国，但他们对哲学本身缺乏浓厚兴趣。在19世纪末期以

---

① 〔法〕托克维尔：《论美国的民主》下卷，董果良译，第518页。

前，美国一直没有自己的哲学理论。用托克维尔的话来说，这就是："美国人没有自己的哲学学派，对欧洲的互相对立的一切学派也漠不关心，甚至连它们的名称都几乎一无所知。"①

美国人不喜欢笛卡尔、康德等欧洲理性主义哲学家的哲学思辨，却对霍布斯、洛克、卢梭等欧洲经验主义哲学家情有独钟。之所以如此，与他们偏爱经验主义思维的传统紧密相关。早在清教时期，美国人就形成了主要依靠经验谋求生计的思维习惯。他们刚刚踏上北美大陆的时候，各种挑战和困难纷至沓来，让他们防不胜防。在应对那些挑战和困难时，既没有现成的教科书，也没有专家，只能依靠他们的经验判断。清教时期让美国人认识了两个人生真理：一是人生必须依靠自己的力量；二是人生是一个不断的实践过程。

推崇独立自主的判断是美国人的普遍习性。美国人都喜欢将自己封闭起来，并且试图从自我的封闭圈子里去判断世界的一切。他们习惯于在所有语境下做出自己的判断，并且总是相信自己有能力确立判断的准则。他们很自信，相信自己有能力理解世界上的一切事物，很少认为世界上有他们不能理解的事物。"每个人都力图自立自理，并以凡事自有主见为荣。"②

美国人反对依靠哲学家的思想来做出是非、善恶、美丑的价值判断。在他们看来，世界上的所有哲学家都是历史的，他们在一定历史阶段所做的价值判断充其量只具有历史合理性；历史总是在流变，现实总是在变化，如果将历史中形成的价值判断当作绝对真理，我们必定会因为过分相信权威而失去真理；真理不是封存于历史中的东西，而是必须通过我们自己的努力才能发现的东西；在做出是非、善恶、

---

① 〔法〕托克维尔：《论美国的民主》下卷，董果良译，第518页。
② 〔法〕托克维尔：《论美国的民主》下卷，董果良译，第522页。

美丑判断时，我们每一个人都应该有独立自主的见解。

其次，美国人的权威意识很淡薄，他们在道德生活中往往只相信相对真理。早在清教时期，美国人就形成了厌恶权威的习性。他们曾经在欧洲受到政治权威、宗教权威的残酷迫害，因此，他们具有拒斥权威的强烈心理。他们拒斥一切世俗的权威。

在美国人的心目中，只有一种存在能够充当他们的权威，它就是曾经在他们陷入危难之时给予他们帮助的上帝。这种思维形成于清教时期。那些最早踏上北美大陆的清教徒曾经遭遇各种各样的困难，但他们自认为得到了上帝的眷顾和帮助。他们设立感恩节，以感谢上帝的拯救之恩。上帝是美国人唯一敬畏的权威。

拒斥权威的美国人推崇自由、平等、民主等道德价值观念，并且喜欢将它们落实到具体的生活方式。他们喜欢无拘无束、自由自在、独来独往的生活方式。在他们的生活字典里，道德规范和法律规范是存在的，但它们都是保护其自由的手段。他们具有上帝面前人人平等的强烈观念。除了上帝以外，他们把所有人当作与自己平等的存在者来看待。在通常情况下，他们不会仰视任何人，也不会俯瞰任何人。在平等的氛围里，他们过着务实、紧张、活跃的生活，同时相信其他人过着同样的生活。他们反对一个人以权威的口吻说话，主张人与人之间进行协商式的对话。他们喜欢民主的氛围，主张在一切事务上让所有人都有话语权。

美国人在道德生活中只相信相对真理。根据美国实用主义伦理思想，真理是一种非常重要的善，但它主要是相对于个人而言的善。在美国人眼里，道德真理是存在的，但它因人而异，没有绝对正确的标准。他们喜欢将道德真理问题交给人们去讨论，鼓励众声喧哗、众说纷纭，却不追求终极的、绝对的道德价值判断。正因为如此，在有美国人参加的关于道德问题的讨论中，讨论往往是非常激烈的，但通常不会得出任何真理性结论。

　　由于权威意识淡薄,美国人几乎没有崇拜权威的情结。在美国,总统完全可能从平民中间产生。林肯就是典型例子。美国总统在任时,会到普通餐馆就餐。一旦卸任,总统就成了一介平民。如果需要,他必须重新就业。如果一个美国总统不能受到人民大众的喜欢和支持,美国人可以随意批评他,甚至用漫画来极尽讽刺之能事。只要个人愿意,一个普通美国人也可以立志竞选美国总统。在美国人眼里,总统也是人,并且是普通人中间的一员。美国人不会把他们的总统当作绝对权威来崇拜,更不会把他当作神来供奉。他们仅仅把上帝当作最高权威来对待。除了上帝以外,所有人都是凡夫俗子,任何一个人都不比其他人更高贵。

　　再次,美国人普遍具有强烈的乐观主义人生观。大多数美国人信奉上帝,但他们对人类自力更生的能力也充满信心。这是由美国清教徒遗传的基因。那些最先到达北美大陆的清教徒相信上帝在遥远的地方保佑着他们,但他们也深知个人必须自强不息的道理,因此,他们总是能够很好地处理宗教信仰与个人努力的关系问题。

　　乐观主义人生观通常建立在人生事业成功的事实基础上。对于美国人来说,他们的清教徒先辈既然能够克服艰难险阻创建一个伟大国家,就没有什么挑战和困难能够让他们望而却步。他们是上帝的"选民",并且是上帝的"优秀选民"。只要他们虔诚地信奉上帝,扎实地付出努力,他们就一定能够无往不胜,就一定能够取得人生事业的巨大成功。

　　美国人的乐观主义人生观还与他们的现实主义生活观紧密相关。美国人非常现实。他们热衷于追求眼前的成功和享乐,对长远的理想缺乏兴趣,对过去的事情更是持满不在乎的态度。托克维尔说:"民主时代的显著特征之一,就是人人都喜欢轻易地获得成功,贪图眼前的享乐。知识界如此，其他人也是如此。"① 这一判断用在美国人身上最为贴切。

美国人通常以雄心勃勃的姿态出现在人们面前。他们以积极的心态去追求人生事业，相信通过自身的努力能够获得巨大成功。如果通过个人努力获得了人生事业的成功，他们会兴高采烈，并且会予以庆祝。如果具有一定的财力，他们甚至会将它全部用于这样的庆祝活动。他们具有这样的生活信念：只要自己肯努力，人生事业的成功会一个又一个接踵而至；今朝有酒今朝醉，莫使金樽空对月，这几乎是每一个美国人的生活信念。

过去是过眼云烟，未来又难以确定，因此，美国人宁愿把人生乐趣主要寄托在当下的享受。他们往往从现实中获取充实感。或许在其他民族看来，美国人既不重视传统，也不看重未来，这是一个严重缺点，但在美国人眼里，依赖传统和寄希望于未来才是致命缺点。美国人反对人们过多地依赖过去，尤其是反对过多地依赖过去的成就。在他们看来，过多地依赖过去成就是阻碍人们与时俱进的障碍。他们也反对过多地考虑未来，因为这容易让人们产生不切实际的空想。他们更愿意立足于现在，扎实地做事，扎实地取得业绩，扎实地过好当下的生活，扎实地享受人之为人的现实快乐。

美国人也普遍能够理性地看待现实中的成败得失。受到实用主义哲学的影响，只要觉得一件事值得一做，他们就敢于冒险。至于能否达到预期的效果，他们不太在乎，而是将它交给时间去裁决。实用主义哲学允许人们在生活、工作中犯错，并且主张以包容的态度对待人们非有意而为的错误。最重要的在于，美国人心目中没有"圣人"意识。中国人喜欢说，人非圣贤，孰能无过？其实，美国人比中国人更

---

① 〔法〕托克维尔：《论美国的民主》下卷，董果良译，第533页。

加坚信这一点。他们往往将人生当成一个大的实验,既可能成功,也可能失败。既然每一个人的人生都是如此,就没有必要过多地看重成败得失的问题。

喜欢冒险、敢于冒险是美国人的普遍特征。他们认为人生值得冒险,因为它既没有既定的模式,也没有可以预定的结果。既然一切都需要通过后果来验证,冒险就是有价值的。富有冒险精神的美国人不怕别人指手画脚的评价。在他们眼里,一个人所做的任何事情都会受到其他人的评价,但评价归评价,一切都得由最终的结果来说明,纵然最终的结果证明他的选择是错误的,那又能怎么样呢?谁又能保证自己总是站在正确的选择一边呢?

美国人不惧怕批评。面对批评,他们或者一笑了之,或者置之不理。这也是为什么美国外交官在国际舞台上口无遮拦的根源所在。在国际舞台上,美国外交官常常给人留下什么都敢说、什么都无所谓的印象。这一方面与美国喜欢以硬实力作为外交强大后盾的事实有关,另一方面也与美国人的性格有关。美国人喜欢率性而为,不太在乎人们的评价,因此,他们在很多时候显得有点鲁莽、冲动。

(四)美国建构的现代道德文化是美国社会各界共同努力的结果。任何一个国家的道德文化建设都是一项社会系统工程,美国建构现代道德文化的工程也不例外。

一个国家的道德文化状况,既与它的经济体制紧密相关,也与它的政治体制紧密相关。从美国来看,它从一开始就拥有相对稳定的资本主义私有制经济体制和政治体制。美国的经济体制和政治体制的基本框架是在建国之日确定的,在长期运行中暴露出许多弊端,也进行过多次调整和变革,但它们所遵循的基本原则、所采取的体制构架、所采用的运行程序等得到了比较好的维持,因此,美国的资本主义经济体制和政治体制总体上是比较稳定的。这种社会背景不仅为美国提供了持续一贯的经济传统、政治传统，而且为美国文化特别是道德文化的发展提供了比较有利的社会条件。

美国不是资本主义经济体制和政治体制的发源地，但它是将霍布斯、洛克、卢梭等欧洲思想家所宣扬的资本主义发展理念实施得比较彻底的国家。在经济上，它彻底抛弃了自给自足的封建经济模式，采用了资本主义市场经济体制，这极大地解放了美国社会的生产力。在政治上，它借助《独立宣言》宣扬"人民主权"精神，采取联邦国家的基本政治框架，实行三权分立政治制度，对国家公共权力进行了比较有效的制衡，使得美国政治在两百多年历史中沿着美国国父们制定的既定轨道发展。这两个方面为美国创造了比较稳定的经济环境和政治环境，也为美国文化特别是道德文化发展提供了有利的条件保障。

美国政府实行自由主义道德文化政策。它既没有设立专门负责文化建设的政府机构，也没有设置专门管理文化建设的官员。美国国会是立法机构，但它不能制定关于文化建设方面的法律。1787年通过的《美利坚合众国宪法》明确规定："国会不得制定关于下列事项的法律：确立国教或禁止宗教活动自由；限制言论自由或出版自由；剥夺公民和平集会和向政府请愿申冤的权利。"[1] 美国实行政教分离、政文分离制度，将文化建设工作交由社会负责。

不过，美国政府并没有将文化建设工作完全交给社会。法国学者马特尔认为，美国文化体制"既非公共的，又非私人的；既非独立于国家，又非真正地受市场支配"[2]；它是一种不同于其他国家的文化体制，但它不仅产生了美国式的多元性文化，而且对世界文化具有巨大

---

[1] 〔美〕查尔斯·W. 艾略特主编：《美国精神：美国历史文献中的励志精品》，刘庆国译，第157页。
[2] 〔法〕弗雷德里克·马特尔：《论美国的文化：在本土与全球之间双向运行的文化体制》，周莽译，第8页。

影响力。正如我们在前面所说，美国政府没有直接介入文化建设管理工作，但它通过暗地里成立文化公司、文化组织等方式，一直都将文化建设工作牢牢地掌握在手里。美国政府对文化建设的控制是隐藏的，因而常常无法被人们看到。

在美国，直接参与道德文化建设工作的主要有三股力量：家庭、学校和教会。在这三种力量中，家庭发挥着基础性作用，学校主要承担着对处于受教育年龄的大中小学生的道德教育任务，教会则主要承担着对成年人的道德教育任务。

美国父母不仅担负赡养小孩的义务，而且承担着对小孩进行道德教育的重任。前者是美国法律规定的义务，后者主要是道德要求的责任。美国法律对父母赡养未成年小孩的义务规定是非常严格的。如果美国父母将未成年小孩遗留在家里，小孩可以向警察投诉，由此带来的处罚通常是非常严厉的。与天下父母一样，美国父母非常重视小孩道德教育问题。他们并不像一些传言那样，对小孩的道德教育不闻不问，放任自流。

美国大中小学、幼儿园都特别重视学生的道德教育。它们将道德教育当作整个学校教育体系的基础，非常重视学生道德修养的培养。所不同的主要在于，美国教师通常不喜欢采用循循善诱的方式来教育学生，而是喜欢通过引导学生"做"具体事情来使学生形成正确道德认知。美国教师普遍反对强制灌输道德价值观念的做法，而是喜欢将学生置于具体的道德生活语境，使学生有机会接触和参与具体道德生活。在美国的学校教育中，教师对学生的道德教育往往是语境式的、引导式的、实践式的。在美国高校，对大学生的道德教育仍然受到高度重视，伦理学是所有大学生的必修课程。

教会在美国发挥着强有力的道德教育作用，但它的主要对象是成年人。美国人走出校园之后，仍然必须接受道德教育。美国政府没有做出相关的法律规定，但遍布美国各地的教会承担了这一任务。在美国，90%以上的人加入了基督教，不属于任何宗教的人非常有限。美国人在工作日忙于工作，但在周末会聚集在各种各样的教会。他们参加教会的主要活动包括吟唱圣歌、阅读《圣经》、相互交流等。在教会活动中，美国人谈论最多的是具有深厚伦理意蕴的基督教教义。通过日常化的教会活动，美国人往往能够受到系统的道德教育。可以说，教会是美国成年人接受道德教育的重要课堂。

道德教育在美国是一项终身事业。美国人普遍深知道德教育对人类成长、发展的重要性。他们秉持的道德教育理念是"活到老，学到老"。美国人具有重视教育的优良传统。他们早在清教时期就开始创办各种各样的学校。他们将道德教育纳入家庭教育、学校教育、教会教育等各个环节，使之成为教育必须涵盖的内容。

美国人普遍重视道德教育。在他们的教育理念中，道德教育居于国家教育体系的基础地位，但也是居于最重要的地位。他们将道德素质视为人类综合素质的基本维度，尤其是视之为人类文明素养的基本标志。在美国，家庭美德、社会公德、职业道德和个人品德都受到高度重视。所不同的在于，美国父母对家庭美德的强调主要聚焦于家庭成员之间的平等权利，并且主张维护家庭成员的自由、独立和权益；在公共生活领域，美国人对社会公德的要求非常严格，除非是在酒吧、歌厅等公共场所，否则他们不会容忍人们大声喧哗、侵占公共设施等不道德行为；在职业生活领域，美国人具有强烈的"天职"观念，强调职业的神圣性，要求人们爱岗敬业、培养强烈的社会服务意识；在个人品德方面，美国人与其他民族一样，将道德视为个人进入社会的"入场券"，要求人们以德安身立命。

在美国，政府、家庭、学校、教会等都承担着道德教育的责任。美国政府"暗地里"抓道德教育，但它从来没有将自身当作道德教育的直接主体。犹如对资本主义市场经济体制的支配一样，它主要提供制度、政策上的支持，不直接介入家庭、学校、教会的道德教育工作。美国父母对家庭道德教育的重视程度一点都不比其他民族弱，其重点是培养小孩的独立精神和社会责任感。美国学校承担着对青少年进行道德教育的重任，其重点是培养他们的契约伦理精神和社会正义感。从美国中小学毕业的学生，大都懂得社会公民共同遵守公共规则和维护社会正义的重要性。教会将成年人聚集在一起，以宗教教义规约他们，使他们在成年之后仍然能够受到持续的道德教育。

（五）美国建构的现代道德文化经历了一个从外来到本土再到世界的发展过程。现代道德文化在美国的建构、发展是一个逐步推进的过程。它与美国作为一个资本主义国家的发展历程大体上是一致的。

建国前后，美国建构的现代道德文化在很大程度上是借鉴欧洲道德文化的结果。欧洲清教徒将霍布斯、洛克、卢梭等欧洲哲学家的伦理思想和加尔文教所宣扬的教义带到北美大陆，不仅用它们规约自己的日常行为，而且把它们确立为建国、立国的根本。美国道德文化的根在欧洲。无论美国道德文化在后来发生多少变化，它与欧洲道德文化之间的渊源关系始终根深蒂固地存在着。

由于具有道德文化上的渊源关系，美国与英国、法国、德国等欧洲国家在文化心理上很容易拉近距离。这在当今世界的政治格局中体现得非常明显。美国是当今世界的唯一超级大国，通常对俄罗斯、中国、印度、巴西、伊朗、朝鲜、古巴等国采取防范、遏制的态度，却与英国、法国、德国等欧洲国家始终保持着比较亲密的盟友关系，尤其是与英国更是长期保持着"兄弟"关系，这与它们之间的道德文化渊源关系直接相关。美国擅长于在国际舞台上拉帮结派，对国际关系有现实主义认识，特别懂得道德文化渊源关系对国际关系建构的深刻影响。欧洲道德文化是美国建构现代道德文化的基础。或者说，欧洲道德文化为美国建构现代道德文化提供了底色。

　　不过，美国从一开始就不是一个仅仅依靠欧洲传统生存的国家。美国清教徒是一群具有反叛基因的人。正是出于对欧洲政治传统、宗教传统的不满，他们才选择了逃离。虽然他们不可能彻底摆脱欧洲传统，但是他们毕竟最终选择了"独立"。美国独立战争是一个重大历史转折点。美国的独立，不仅仅标志着一个新的资本主义国家的诞生，更重要的是标志着美国人在道德文化上与欧洲人"分道扬镳"。在独立战争之后，美国与欧洲的道德文化渊源关系依然存在，但两种道德文化之间的差异也逐渐凸显出来。

　　我们在前面说过，美国就是一个从欧洲这一大家庭叛逆出逃的"孩子"。它不满欧洲的父母，对他们坚守的传统和对待孩子的做法不满，因而选择离家出走。他们曾经非常顾恋欧洲的家，甚至常常想着如何与欧洲的父母修好关系，但他们的欧洲父母却固执己见，不愿意改变自己，因此，他们最后只能走上与"老家"决裂的道路。决裂后的美国与欧洲父母始终保持着深厚的渊源关系，但开弓没有回头箭，它必须走出自己的成功发展道路。

　　独立后的美国不得不探索自立、自强、自信的可行之道。创建美利坚合众国，只是实现了政治上的独立自主，并不意味着美国人在思想上也实现了独立自主。为了实现思想上独立，美国人进行了一百年左右的探索。当爱默生在19世纪上半期提出"自立"这一概念时，大部分美国人依然陶醉于从思想上依赖欧洲的传统，对他呼吁自立的思想置之不理。直到19世纪末期，实用主义哲学诞生，美国开始正式踏上道德文化本土化发展道路。

　　实用主义首先是以培尔斯的科技哲学和逻辑学出场的，尔后经过詹姆斯的伦理学转型，才变成一个以伦理思想为主导的哲学流派。实用主义伦理学的最大贡献在于，它将美利坚民族自清教时期就一直倡导、坚持的实用主义伦理思想进行了理论化处理，使之上升为一种学理性很强的哲学理论。经过培尔斯、詹姆斯、杜威等人的哲学加工，美利坚民族重视现实、崇尚务实、强调信念力量、注重实践、推崇个人努力、讲究实效的思想传统被赋予应然性价值，并且被纳入美国精神、美国价值、美国力量的内容体系。从此以后，美国人拥有了独立自主的文明精神标识和道德文化符号。

世界上的每一个国家都应该具有自己的文明精神标识和道德文化符号。实用主义伦理思想的形成，标志着美国开始拥有完全独立的民族精神，从此以后，它在政治、经济和文化上完全实现了独立。事实亦如此。经过19世纪末20世纪初的转型，美国踏上了资本主义现代化强国建设之路，在工业化、现代化、城市化等领域迅速赶超英国、法国、德国等老牌资本主义国家，其国际影响更是日益增强。当第一次和第二次世界大战爆发时，美国已经发展成为在世界上举足轻重的强国。尔后进入冷战时期，美国甚至带领资本主义阵营与苏联领衔的社会主义阵营抗衡。

一个国家的道德文化能否产生世界影响，这与它的发展历程紧密相关。随着综合国力和核心竞争力日益增强，美国道德文化的国际影响力也日益提升。最近一百多年，是美国"如日中天"的黄金时期。它首先跻身于西方资本主义强国之列，尔后又一跃而成为世界超级大国。与其国际影响力相伴相随，美国建构的现代道德文化也成为20世纪后半期世界上最有影响力的道德文化形态之一。在20世纪后半期，美国曾经一度成为世界上最有吸引力、感召力的国家，世界各地向美国移民的潮流一波接一波，此起彼伏，迫使美国政府不得不时常出台限制外国移民的政策。

成为超级大国之后，美国建构的现代道德文化全面走向世界，美国人倡导的实用主义伦理思想开始被世界人民了解、认识。五四运动前后，杜威来到中国，他的实用主义伦理思想也更多地传播到中国。有中国学者指出："中国学者对杜威社会思想的接触可以上溯到五四运动时期。当时的胡适、陈独秀乃至毛泽东都深受其社会改造思想的影响。作为杜威的得意弟子，胡适自然是杜威思想的最积极的推崇者。"[①]

美国实用主义伦理思想之所以能够在我国社会产生比较大的影响，这与中华民族崇尚的儒家伦理思想直接相关。儒家伦理思想要求人们积极入世，关注现实生活，勇于承担齐家、治国、平天下的道德责任，在我国社会具有广泛而深刻的影响。孔子、孟子等儒家哲学家倡导的经世致用思想与美国实用主义伦理思想具有一定的相通性，但两者之间的差别更大。例如，儒家伦理思想强调经世致用，但更强调精神超越，而这恰恰是美国实用主义伦理思想缺乏的东西。

美国道德文化在世界上的影响也主要通过其实用主义伦理思想的国际传播得到体现。推崇实用主义伦理思想的美国人在国际舞台上从来不掩饰他们重视现实、崇尚务实、强调信念力量、注重实践、推崇个人努力、讲究实效的伦理思想观点。有时候，他们甚至是以近乎直白、赤裸的方式表达自己的实用主义伦理思想。例如，美国外交官有时会在外交场合毫不掩饰地说，某某国家的做法违背了美国利益，因此，美国要对它实施制裁，其实用主义价值取向可谓昭然若揭。

在当今世界，美国仍然是最有国际影响力的国家之一。作为当今世界唯一超级大国，它坚持以其超强的国家硬实力作为后盾，在世界范围内无所避讳地贩卖其道德文化。美国政治家似乎普遍抱持这样一种信念：美国建构的现代道德文化是世界上最好的道德文化模式，应该在世界范围内推广，应该受到世界人民的热烈欢迎。从当今世界的

---

① 孙有中：《美国精神的象征：杜威社会思想研究》，上海人民出版社2002年版，绪论第13页。

实际情况来看，世界各国人民并不像美国政治家所想象的那样，对美国道德文化表现出热烈欢迎的态度。事实上，由于美国道德文化近些年开始呈现出总体堕落的态势，世界各国人民对美国尤其是美国道德文化的认识也在逐渐发生改变。

三、美国建构现代道德文化的历史教训

美国建构现代道德文化的历史进程在时间跨度上有将近三百年时间。这不算很长一段时间，但也不算很短一段时间。对于一个国家来说，将近三百年时间能够积累非常丰富的历史记忆。美国1776年发布《独立宣言》，宣告北美13个殖民地脱离英国而独立，并且创建美利坚合众国，简称美国。创建美国的杰斐逊、富兰克林、华盛顿等美国国父们当时可能想得更多的是如何让新建的美国真正成为一个独立自主的国家，并没有料到美国会成为当今世界的唯一超级大国，但历史事实是，在过去将近三百年时间里，美国确实发生了翻天覆地的巨大变化。

美国是当今世界的唯一超级大国，也是当今世界最受关注的国家之一。在当今世界，人们很难不关注美国。当今世界正在发生的所有事情都与美国有关。它扮演着"世界警察"的角色，把控制之手伸向世界的每一个角落。随便找一个借口，它就会对另一个主权国家发动侵略战争。如果想搞垮一个像俄罗斯这样的大国，它则会怂恿乌克兰打一场"代理人"战争。由于难以忍受中国崛起的事实，它不断打"台湾"牌，试图挑起中国大陆与台湾之间的"兄弟之争"。总而言之，美国显然把整个世界都当成它管辖的范围，并且总是试图建构一种由美国主导的世界秩序。这就是很多学者所说的世界"单极秩序"。

加拿大学者阿查亚认为，美国试图建构的世界单极秩序正在终结。

他说:"我所说的'美国的世界秩序'终结不只是'单极时刻'的终结,还是美国霸权更长时期的物质和规范力量的终结。"①当今美国也正在发现,它在后冷战时代试图建构的单极化世界秩序还没有真正完成就到了收场、终结的时候,这似乎已经成为当今世界的一种共识。

我们来谈论美国建构现代道德文化的历史教训,绝对不是为了迎合当今世界对美国进行负面评价的观点。法国学者勒高夫说:"记忆滋养了历史,历史反过来又哺育了记忆,记忆力图捍卫过去以便为现在、将来服务。"②我们力图依据自身对美国的了解和认识,同时结合历史唯物主义方法,对美国建构现代道德文化的历史进程做出自认为客观的评价,以从中找到一些对当代人类有益的历史启示。

(一)美国在建构现代道德文化的过程中对道德文化现代性存在片面强调的问题。由于历史、社会背景等原因,美国"毅然决然"地走上了建构现代道德文化的历史轨道,这具有历史必然性,但也很容易将美国引上忽略道德文化传统传承的历史虚无主义、文化虚无主义道路。

美国是一个不重视历史书写和传统书写的国家。它的骨子里是非常强烈的现代性情结。它的发展建立在两个历史事实和两种重要传统基础之上:一是欧洲历史和欧洲文化传统;二是印第安历史和印第安文化传统。这两个历史事实和两种重要传统是美国无法摆脱的两种历史记忆、传统记忆,但它总是试图淡化它们,甚至试图抹杀它们。

绝大多数美国人将美国发展史仅仅从清教时期算起。他们对欧洲历史不感兴趣,更不愿追溯美国历史与欧洲历史的渊源关系。众所周知,古希腊是欧洲文化、欧洲文明的发源地,也是整个西方文化、西方文明的发源地,美国文化和美国文明的根也在古希腊,但美国人似

---

① 〔加〕阿米塔·阿查亚:《美国世界秩序的终结》,袁正清、肖莹莹译,第7页。
② 〔法〕雅克·勒高夫:《历史与记忆》,方仁杰、倪复生译,中国人民大学出版社2010年版,第113页。

乎没有这种历史意识、文明意识。事实上，他们既不愿意将美国历史视为欧洲历史自然演变的结果，也不愿意将美国文化、美国文明视为欧洲文化、欧洲文明自然延伸的产物。他们似乎想建构一种纯粹的美国历史、美国文化和美国文明，但这显然是不符合历史事实的。

从道德文化来看，美国人似乎试图建构一种纯然的现代性道德文化，希望其中没有掺杂任何历史、传统的因素。在美国人的道德话语体系中，很少有道德文化发展史、道德生活史、道德文化传统之类的术语，常见的是各种创新性伦理概念、伦理判断、伦理命题。美国哲学家甚至对美国伦理思想史也缺乏研究兴趣，因此，人们很难在美国图书馆看到研究美国伦理思想史的著作。

片面重视现代性道德文化建构的美国人往往不太理解其他民族对道德文化传统的依赖性。他们更多地为他们倡导的自由、平等、民主等现代道德价值观念感到骄傲，但难以理解像中华民族这样的民族对悠久道德文化传统引以为傲的原因。由于自认为缺少悠久的国家发展历史，加上又不愿意把印第安人的历史作为自身的历史，美国人倾向于将自己的历史做窄化处理，这说明他们的历史意识、文化意识和传统意识具有显而易见的狭隘性。这种狭隘性反映在道德文化领域，则表现为现代主义道德文化观。它是一种只见道德文化的现代性、不见道德文化的传统性的道德文化观。

美国学者迪安指出："精神文化是美国共同文化的基础。"[①]这一论断无疑具有其合理性，因为"精神文化"是所有国家的共同文化的基础。问题在于，美国的精神文化是什么？美国的共同文化又是什么？迪安进一步说："美国精神文化或多或少地一直贯穿在国家的历史中，

---

① 〔美〕威廉·迪安：《美国的精神文化：爵士乐、橄榄球和电影的发明》，袁新译，商务印书馆2013年版，第9页。

但是在不同历史时期有不同的面貌。"① 美国精神文化当然是不断变化的，但它也有不变的一面，这就是隐藏于美国文化的最深处、时刻支配着美国文化的现代性。

美国建构的现代道德文化主要是以迪安所说的爵士乐、橄榄球、电影等现代流行艺术为载体的。爵士乐是起源于美国的一种现代音乐形式，它融合了非洲黑人音乐文化和美国白人音乐文化的特点，强调即兴演奏，集中体现了美国人不拘泥于传统、追求时尚和创新的道德文化精神。电影更是美国的名片，好莱坞电影可谓享誉世界。美国电影大都以反映现代道德价值观念作为主题。《超人》《终结者》《哈利波特》《速度与激情》《星球大战》等好莱坞电影表达的是美国人追求梦想、追求力量、追求智慧、追求竞争等方面的现代道德价值观念。

在美国，人们看不到中国人喜欢拍摄的《康熙王朝》《汉武大帝》《贞观之治》《王阳明》之类的历史剧电影。中国人喜欢用历史剧来教育人，但美国人只喜欢用现代剧来教育人。中国道德文化注重体现道德文化传统的传承和弘扬，而美国道德文化仅仅重视表现现代道德文化精神。什么是现代道德文化精神？它主要是通过不拘一格的反传统精神体现出来的现代道德价值观念和现代道德精神。

片面追求现代性道德价值是美国现代道德文化的一个明显局限性。在推进国家发展过程中，美国几乎是完全投身于现代性潮流之中。在它所建构的道德文化中，道德生活史、道德文化传统、道德记忆等要素几乎完全处于退隐状态，或者说，它们被隐藏于背景之中，只有自由、平等、民主等现代道德价值观念处于前景之中。美国建构的现代道德文化固然有助于引导美国人形成强烈的现代道德文化意识，但也很容易将他们推上历史虚无主义、文化虚无主义轨道。

---

① 〔美〕威廉·迪安：《美国的精神文化：爵士乐、橄榄球和电影的发明》，袁新译，第7页。

（二）美国建构的现代道德文化存在过分强调个人主义价值观的问题。迪安曾经明确指出："美国精神文化衰退的一个侧面是个人主义的发展。"[①] 众所周知，美国人历来特别推崇个人主义价值观。只不过，随着美国历史的不断演进，个人主义价值观在美国社会呈现出日益膨胀的态势，这就使其本身变成了一个不容忽视的伦理问题。

个人主义既是一种思维方式或思维方法，也是一种价值观念。作为一种思维方式或思维方法，它是关于个人与社会的关系的一种看法或观点。在看待个人与家庭、社会、国家等集体的关系时，个人主义特别强调个人自由、权利的优先性，而将集体的规范性要求置于次要的地位。作为一种价值观念，个人主义主要是一种偏重于强调个人存在价值的价值判断。它要求在个人价值与社会价值之间做出明确判断和选择，并且将个人价值明显置于高于社会价值的高度来加以强调。

美国一直是个人主义盛行的国度。我们甚至可以说，个人主义价值观是美国道德文化的核心。美国人相信道德规范和法律制度的力量，但他们将它们仅仅视为保护个人自由和权利的必要手段。他们也相信政府存在的合理性，但在他们眼里，政府的根本职责是保护个人的自由和权利。美国人将个人自由、权利视为天生的，并且赋予它们神圣不可侵犯性。在美国道德文化中，除了上帝以外，个人是最应该受到尊重、保护的存在者。美国首任总统华盛顿曾经明确指出："没有人能比美国人更坚定不移地承认和崇拜掌管人间事务的上帝。"[②]

有国内学者强调："个人主义构成了美国文化模式的基本特性和主要内容，它最雄辩地、实在地、真正地表述了美国思想。"[③] 在美国建构

---

① 〔美〕威廉·迪安：《美国的精神文化：爵士乐、橄榄球和电影的发明》，袁新译，第13页。
② 〔美〕查尔斯·W.艾略特主编：《美国精神：美国历史文献中的励志精品》，刘庆国译，第175页。
③ 朱世达：《当代美国文化》（修订版），第12页。

的现代道德文化价值体系中,个人始终处于最突出的道德位置。美国人相信个人具有仅次于上帝的伦理尊严,其人之为人的身份具有不容置疑的神圣性,任何质疑、否定个人尊严的言行都是不道德的、亵渎神圣的。

美国人对个人主义价值观的推崇曾经在他们反封建专制的历史进程中发挥过积极作用,对于他们在现实中维护个人自由、权利也具有值得肯定的价值。正因为如此,他们将个人主义视为最高的道德价值。"可以说,美国人的最高理想是个人主义,最高贵的社会理想和世界观也是个人主义。对于美国人来说,放弃个人主义,就等于放弃他的最深刻的最性命攸关的身份认同。"[1] 个人主义是美国人代代相传的道德信念,是美国道德文化传统中最富有美国特色的道德价值观念。

美国人推崇的个人主义价值观念不是利己主义价值观念的代名词,但它与个人中心主义价值观念有着相当大的相通性。在美国人的个人主义价值观念中,个人确实被置于了整个社会的中心位置,对个人自由、权利的重视实际上经常演变为对个人利益的片面强调。受到个人主义价值观念的长久影响,美国人不仅习惯于将个人视为一个个孤立的人类个体,而且形成了对他人、社会漠不关心的思维习惯。在美国,个人都是生活在个人中心主义的孤岛上,每个人念念在心的主要是个人利益,而对他人利益和社会利益少有兼顾。

个人中心主义一旦变成一种常态,美国社会就变成了一个病态社会。它的病态表现为整个社会对个人的过分崇拜,表现为个人的孤岛化,表现为个人在公民意识和社会责任感方面的严重缺失,表现为个人企图从人类的社会性本质中抽离出来的盲目努力,表现为美国社会的原子化裂变日益严重的事实。

---

[1] 朱世达:《当代美国文化》(修订版),第12页。

个人主义价值观是美国在建构现代道德文化过程中创造的重要道德价值，也为美国将自己拖入道德危机留下了隐患。个人主义价值观念在让美国人享受到充分的个人自由、权利、利益的同时，也将他们隔绝了开来。由于个人主义价值观盛行，美国社会缺乏起码的人情味。在美国，人们对他人的命运少有关心，对其他国家、其他民族的命运少有关心。纵然他们的政府仅仅凭着子虚乌有的借口对另一个国家发动侵略战争，他们也很少予以关注。除非牵涉到他们自身的自由、权利和利益，否则他们往往对世界上正在发生的事情采取"事不关己，高高挂起"的态度。我们不难想象，如果每一个国家的国民都像美国人一样，仅仅关心个人自由、权利和利益，世界必定沦为自我中心主义的地狱。

（三）美国建构的现代道德文化存在道德评价标准不统一的问题。道德评价是人类道德生活的重要内容。它是人类借助一定的道德价值标准或准则对其自身的道德生活进行评价的活动，反映一个事物对于人和社会的伦理意义和价值。

道德评价的关键是必须确立道德价值标准。一切道德评价都是基于一定的道德价值标准展开的。道德价值标准是道德评价的依据。它不能由某个人确定，也不能由少数人确定，必须由社会约定俗成。能够充当道德评价的道德价值标准的东西必须具有普遍有效性。它必须能够得到社会的普遍价值认同，并且对所有人都是有效的。

人类进行道德评价，直接目的是要检验其自身对一定的道德价值标准的遵循情况，间接目的是要将其自身的行为纳入一定的道德价值标准的规约之中。人类总是首先设置一定的道德价值标准，再用它们来进行道德评价。通过反反复复的道德评价，人类的行为自然而然就被纳入了其自身设定的道德价值标准的规约之中。

美国建构的现代道德文化存在一个明显不足，这就是它所采用的道德评价标准缺乏统一性。具体地说,在针对国内不同种族时,它采用不同的道德评价标准;在针对美国人和外国人时,它也采用不同的道德评价标准。

美国国内一直存在严重的种族歧视和种族隔离问题。自清教时期以来,美国白人就一直以优等种族自居,对土著印第安人和少数族群则采取种族歧视、种族隔离态度。刚踏上北美大陆之时,美国白人清教徒极尽欺骗、迫害、杀害印第安人之能事。他们受到印第安人的热情欢迎和无偿帮助,但他们利用后者的无知、淳朴和善良,不仅侵占其土地、财物,而且对他们采取赶尽杀绝的政策。如果不是遭到觉醒的印第安人的顽强反抗,北美大陆的印第安人恐怕早已经灭绝。另外,美国建国初期将奴隶制度保留了较长一段时间,黑人深受其苦,直到1863年由林肯总统通过《解放黑人奴隶宣言》才被终结。此后,虽然美国政府时不时会重申其禁止种族歧视、种族隔离的政策,但是两个问题一直根深蒂固地存在着。

根深蒂固的种族歧视、种族隔离问题,说明美国在国内对不同种族进行道德评价时采取了双重标准。美国鼓吹自由、平等、民主、博爱等资本主义道德价值观念,但它们仅仅适用于欧裔美国白人,而不是适用于所有美国人。在当今美国,占据优势地位的族群是欧裔美国人,他们在美国人口中占据了60%多的比例,印第安人以及犹太裔、拉丁裔、亚裔、非裔美国人仅仅占据不到40%的比例,属于少数族群。印第安人大都被限制在美国政府圈定的"保留地"生活。他们人口有限,过着原始生活方式,没有融入美国式的现代生活轨道,属于濒危族群。其他少数族群也都属于社会弱势群体,不能享受与欧裔美国人平等的社会地位和生活待遇。

实事求是地说,由于不断遭到少数族群的抗议,特别是民权运动在第二次世界大战之后的美国此起彼伏,美国政府在冷战时期和后冷战时代对种族歧视、种族隔离行为进行了比较严厉的法律限制和制裁，也起到了一定的效果，但并没有从根本上消除根深蒂固的种族问题。近些年，美国仍然不时有白人警察枪杀少数族裔、白人在游泳池驱赶黑人少年之类的恶性事件发生。

美国在对美国人和外国人进行道德评价时也通常坚持双重标准。对于美国来说，自由、平等、民主、博爱等道德价值观念似乎仅仅适用于美国人，并不是适用于其他国家的人民。自建国以来，美国一直在不停地发动战争，一直在以战争、暴力的方式危害其他国家特别是发展中国家人民的主权、生命和财产安全，但它似乎习以为常，乐此不疲。最可怕的事实在于，美国常常以"莫须有"的罪名发动侵略战争，将一些国家的人民拖入水深火热之中。我们不禁要问，美国人的国家安全必须保护，其他民族的国家安全就无足轻重吗？美国人的生命必须保护，其他民族的生命就无关紧要吗？美国人的私有财产神圣不可侵犯，其他民族的私有财产就微不足道吗？

美国道德文化的多元性和多样性背后是根深蒂固的种族歧视、种族隔离问题。来自欧洲的白人自诩为"上帝的选民"。他们是信奉清教的基督教徒。虽然他们反对天主教教义，但是他们并不反对基督教本身。与天主教徒不同的地方主要在于，他们信奉上帝，同时要求给人的意志自由保留足够的发展空间。最重要的在于，他们将自己前往北美大陆开天辟地的事业视为上帝指派的光荣使命，而他们所取得的一切成绩都是上帝恩赐的结果。在他们眼里，他们彼此之间存在这样或那样的分歧，但他们毕竟是拥有共同肤色、共同宗教信仰的人。这种种族情结使得他们更加容易走到一起，结成种族共同体，而对其他种族采取歧视态度。种族歧视问题在美国开始于殖民时期，此后一直顽固地存在着，是美国最难解决的难题。

（四）美国建构的现代道德文化存在民族利己主义问题。一个国家如何对待其他国家，一个民族如何对待其他民族，这不仅是国际关系问题，而且是国际道德问题。

在对待其他国家、其他民族问题上，美国历来采取民族利己主义价值观念，其意指：在任何情况下，都要优先考虑美国的国家利益和民族利益；与美国的国家利益、民族利益相比较，其他国家、其他民族的利益以及国际利益都应该被置于次要的位置。

"美国优先"是美国历届总统都奉行的国家战略，也是美国政客一直普遍坚持的国际道德价值观念，但它是由美国第45任总统唐纳德·特朗普正式提出的。这一美国式国家战略和国际道德价值观念具有两层含义：一是将美国的国家发展战略重点放在美国本土，放在优先解决美国国内问题上，放在优先促进美国发展上；二是将美国的国家利益和民族利益放在优先考虑的位置上，什么时候都要以维护美国的国家利益和民族利益为重。

在维护国家利益和民族利益方面，美国历来坚持民族利己主义原则。凡是对美国有利的事情，它才会"义无反顾"地去做；凡是对美国不利的事情，它一定会千方百计回避。有时候，为了满足一己私利，美国甚至会玩弄搬弄是非、挑拨离间之类的勾当。第二次世界大战之后，美国制造了南北朝鲜对峙、中国台湾与中国大陆对峙等历史遗留问题，利用和平演变方式导致了苏联解体、东欧剧变等历史悲剧事件，利用战争手段造成了"科索沃独立"、阿富汗长期战乱等问题，通过拱火浇油方式引发俄乌冲突，等等。美国所做的一切都是出于同一个目的，这就是维护美国的国家利益和民族利益。从当前的情况来看，美国所做的一切，则都是为了维护它一超独大的超级大国利益。

美国是一个特别典型的资本主义国家。我们能够从它身上看到一切资本主义国家的真正本性，即受到贪婪资本支配的自私本性。在这一点上，美国人深受英国政治哲学家霍布斯的影响。霍布斯认为人都是自私自利的，如果没有道德规范和法律规范约束，人与人之间必定陷入无休无止的相互敌对状态。它呼吁建立国家，并且称之为"伟大的利维坦"和"活的上帝"[①]。在霍布斯的政治哲学里，"利维坦"就是放大的个人，因此，如果说个人都具有自私自利的本性，这也意味着国家也具有自私自利的本性。在这一点上，美国可谓掌握了霍布斯政治哲学的"精髓"，并且将它运用到了淋漓尽致的程度。

呈现在世人面前的美国历来是一个唯利是图的形象。一方面，受到背后资本大财团的控制，美国历届政府都实际上充当着美国资本家的傀儡，没有独立自主的政治权力，甘愿充当他们谋取利益的工具；另一方面，在狭隘的国家利益意识支配下，美国在与其他国家（甚至盟友）打交道时都是优先考虑其自身利益的。这在当前的俄乌冲突中就表现得非常明显。为了拖垮俄罗斯，美国不仅怂恿乌克兰与俄罗斯直接发生战争，而且将英国、法国、德国等欧洲国家一个个拖入战争旋涡。在此过程中，美国使欧洲国家陷入能源危机、金融危机等而自己大发战争财。用一些网络评价来说，这就是美国在俄乌冲突中赚得盆满钵满，而它的欧洲国家盟友则面临各种危机而不自知。

国家都有自私的一面，但这不是国家本性的全部。利他也应该是国家的本性。在国际关系中，一味自私利己，必定导致国与国之间相互为敌，国际矛盾层出不穷；如果每一个国家都像美国一样，一切以美国利益为重，全然不顾其他国家、其他民族的利益，全然不顾国际利益、世界利益和人类整体利益，人类社会必定沦为利益争夺的名利场。要避免这种状况，世界各国应该发扬利他的伦理精神，在维护国家正当利益的同时兼顾其他国家、其他民族的利益以及整个国际社会、整个世界、整个人类的利益。

---

① 〔英〕霍布斯：《利维坦》，黎思复、黎廷弼译，第132页。

孔子说："德不孤，必有邻。"[①] 其意指，有德之人不会被孤立，必定有人会与他亲近。国际关系亦如此。在国际舞台上，国与国之间不可避免地存在利益之争，但这种利益之争不能不遵守最起码的国际道德准则，否则整个世界将混乱不堪。当今美国之所以越来越被孤立，其重要原因之一是它在民族利己主义道路上走得太远。信奉极端利己主义价值观念的个人不可能在社会上受到欢迎；同理，信奉极端利己主义价值观念的国家也必然会遭到国际社会的唾弃。

（五）美国建构的现代道德文化存在霸权主义问题。历史上的美国曾经也有重视国际道德的行为表现。建国之初，美国比较重视维护自身的国际道德形象，能够用非战争手段解决的问题，它会尽力而为。例如，它用金钱从墨西哥购买了大量土地。

当今美国位居世界唯一超级大国地位，全方位推行霸权主义。也就是说，它不仅搞军事霸权主义、经济霸权主义、政治霸权主义、科技霸权主义，而且搞文化霸权主义。在军事上，它追求独霸天下的军事地位，不允许任何国家与它在军事上平起平坐；在经济上，它追求美元的货币霸主地位，不允许其他货币挑战它的权威；在政治上，它追求我行我素的国际政治话语权，不允许其他国家和国际机构凌驾于它的国际政治权力之上；在科技上，它追求不可超越的科技霸主地位，不允许其他国家在科技发展方面超过它；在文化上，它追求美国对世界的绝对思想控制，不允许其他国家发出任何不同声音。

当今美国正竭尽全力创造一个"现代帝国神话"，一个由美国主宰、统治的帝国神话故事，但这只是它的一厢情愿。冷战结束之后，美国忘乎所以，迅速跌入一种带有妄想症特征的病兆。它因为苏联解体、东欧剧变而得意洋洋，因为社会主义阵营元气大伤而幸灾乐祸，

[①] 《论语　大学　中庸》，陈晓芬、徐儒宗译注，第47页。

因为欧盟不团结而暗地里高兴，但好景不长。让美国料想不到的是，普京领导下的俄罗斯竟然有复兴苏联的俄罗斯梦，中华民族竟然有实现伟大复兴的中国梦，朝鲜竟然有统一朝鲜半岛的朝鲜梦，印度竟然有建设现代化强国的印度梦。面对这一切，美国刚刚还沉浸在登上世界唯一超级大国之"宝座"的兴奋和喜悦之中，世界就发生了很多变化，于是它用近乎歇斯底里的方式重新挥舞起了霸权主义大棒。

今天的世界正面临着美国用霸权主义大棒四处挥舞的局面。从它所挑起的俄乌冲突来看，美国的价值目标不是要压制某一个国家或某一个国家联盟，而是要对美国之外的世界进行整体压制或遏制。与以往一样，它仍然高喊着维护自由、平等、民主、人权等口号，仍然高举维护国际正义、国际和平、国际秩序等旗帜，但它不仅亲自出马，而且鼓动其盟友，对乌克兰提供"军事援助"，使之有能力与俄罗斯长期对抗。美国的战略目的非常清晰，就是要拖垮俄罗斯。至于乌克兰和俄罗斯每天都有人在伤亡，这显然不是美国关心的事情。

美国副总统哈里斯是当今美国的隐喻。在一次发言会上，当有记者问她美国是否考虑接受乌克兰难民时，她竟然哈哈大笑。显而易见，与美国其他政客一样，哈里斯心里根本没有装着乌克兰难民、叙利亚难民、阿富汗难民、伊拉克难民、巴勒斯坦难民，记者的提问或许在她眼里就是一个笑话而已。

在美国资本主义文明的背后，隐藏着一种资本主义野蛮和残暴。它们被资本主义文明的外衣包裹着，具有隐秘性，很容易被人们忽视。这就像美国总统拜登站在讲台上对着国际社会讲话时的状况，我们只能看到他闪烁、游离的眼神，只能看到他挥舞的手势，只能看到他装疯卖傻的一些举动，但很难看清他的内心世界到底装着什么。这也是美国长期以来给世人留下的总体印象。它有光鲜的一面，凭借其宣扬的自由、平等、民主等价值观念总是能够吸引人们的眼球。它也有极其阴暗的一面。当它凭借其强大硬实力和软实力对整个世界颐指气使的时候，隐藏于它背后的阴暗东西就显露了出来。

（六）美国建构的现代道德文化存在对世界道德文化借鉴不够的问题。美国是一个移民国家，每年都会吸纳不少移民。移民源源不断地涌入美国，确实使美国文化特别是道德文化具有比很多国家更强的多元性、多样性和丰富性。不过，总体来看，美国对外来道德文化的吸纳存在"囫囵吞枣"的问题。它在很多时候只是将来自其他国家、其他民族的道德文化放进来，并没有对它们进行很好的借鉴和吸收。

美国对来自其他国家、其他民族的道德文化采取兼容并蓄的态度，将它们杂糅在一起，就像一锅大杂烩，里面的东西乱七八糟。这是美国式的多元主义道德文化模式、自由主义道德文化模式。它因为构成要素的多元性、多样性和丰富性而彰显出一定的活力，同时也因为混乱而显得杂乱无章。

美国所吸收的外来道德文化理念主要来自欧洲。美国人有道德文化创新，但他们所坚持的主要道德价值理念和伦理思想出自霍布斯、洛克、卢梭等欧洲哲学家，并且长期如此，几乎没有什么改变。印第安人拥有很多珍贵的道德文化理念，拉丁裔、亚裔和非裔美国人也给美国带去了很多有价值的道德文化理念，但由于他们在美国始终处于弱势地位，他们的道德文化理念并没有在美国受到应有的尊重，更不用说被广泛采纳。

生态伦理学家梭罗在《瓦尔登湖》中旁征博引，引用了来自古希腊神话、印度婆罗门教的经典故事、基督教经典故事以及孔子、老子等古代中国哲学家的哲学思想观点，但这似乎并没有受到美国人的足够关注和重视。很多美国人仅仅满足于把《瓦尔登湖》解读为一部歌颂自然、赞美野性的散文著作。梭罗本人确实曾经说过："我之爱野性，不下我之爱善良。"① 我们认为，歌颂自然、赞美野性只是梭罗生态伦理思想的一个维度，它还有更高境界的生态哲学智慧，其中最重要的是呼吁人类遵守自然规律、与自然和谐共生的生态伦理思想。梭罗进一步指出："万物不变，是我们在变。"② 其意指，自然规律是不变的，但我们对它们的认识、理解和把握在变。他甚至借人之口批评美国人。他说："有人嘀咕着，说我们美国人及一般近代人，和古代人比较起来，甚至和伊丽莎白时代的人比较起来，都不过是智力上的矮子罢了。"③ 与爱默生一样，梭罗指责美国人乃至现代西方人普遍陶醉于物欲横流的游戏，早已经遗忘尊重自然、热爱自然、保护自然的生态智慧。

美国建构的现代道德文化具有资本主义文化的典型特征，刚性有余，柔性不足，甚至常常表现出令人反感的扩张性、侵略性。美国学者约瑟夫·奈深刻认识到了这一点。他认为，巧实力是全球权力布局的新趋势，一个国家应该擅长于运用巧实力，像新加坡这样的小国就是非常擅长运用巧实力战略，像中国这样的崛起大国在运用巧实力方面取得了良好效果，美国也应该学习运用巧实力。约瑟夫·奈说："21世纪的巧实力不是将权力最大化或维护霸权。它是要在权力扩散和'其他国家崛起'的新情境下结合各种资源，形成成功的战略。"④ 约瑟夫·奈似乎是在委婉地提醒美国，美国道德文化应该改变颐指气使、咄咄逼人的姿态，更多地彰显柔性的一面。

由于自视很高，美国很少愿意虚心地向其他国家、其他民族学习。美国人似乎总是认为自己在任何时候都是正确的，掌握着真理，因而没有必要"屈尊"向其他国家、其他民族学习。帝国主义国家的本性

---

① 〔美〕亨利·梭罗：《瓦尔登湖》，徐迟译，第199页。
② 〔美〕亨利·梭罗：《瓦尔登湖》，徐迟译，第306页。
③ 〔美〕亨利·梭罗：《瓦尔登湖》，徐迟译，第304页。
④ 〔美〕约瑟夫·奈：《论权力》，王吉美译，第240页。

在美国身上表现得很全面、很彻底，将它推上了自负的道路。从一定意义上来说，美国坚持实行移民政策也具有自负的特征。它似乎对美国自清教时期以来所建构的现代道德文化满怀自信，自信它是正统的、最好的道德文化模式，既不需要从其他道德文化模式学习积极因素，也不需要对随着移民进入美国的道德文化怀有恐惧感。

四、美国现代道德文化的双重性特征

我们对美国这样一个资本主义国家的审视和评价，应该基于历史唯物主义和辩证唯物主义视角来展开。作为一个资本主义国家，美国曾经展现过历史进步性，曾经为世界反封建专制事业做出过重要历史贡献，曾经在争取国家独立、民族独立等方面取得巨大成就，曾经在促进现代民主政治、现代经济体制、现代科技革命等方面发挥过积极作用，但它在发展过程中也不断暴露出弊端和局限性。

美国毕竟是一个资本主义国家。我们对它的认识、理解和把握都应该基于这样一种基本事实基础上。资本主义私有制经济基础决定了美国的国家性质和本性，决定了它对待本国国民和其他国家人民的道德态度，决定了它认识和处理国际关系问题的道德境界。

当今美国正在显露它作为一个资本主义国家的真实国际道德形象。它坚持宣扬自由、平等、民主、博爱等现代道德价值观念，固然有其积极意义，但如果它自身不能为这些现代道德价值观念的实现提供必要的条件，它所宣扬的一切就会显露出脱离现实的特性，并且会导致美国人民逃避那些道德价值观念，世界人民怀疑美国道德价值观念的结果。前一种情况是美国哲学家弗洛姆所说的"逃避自由"的情况；后一种情况则有利于深化世界人民对资本主义本质的认识、理解和把握。

美国建构现代道德文化的理论基础是霍布斯、洛克等欧洲哲学家的哲学理论,但更多地接受了洛克之类的自由主义道德哲学思想。霍布斯倡导自由、平等、德治、法治、分配正义,但最终走上了维护君主专制权力的轨道,因而被美国人拒斥。相比较而言,洛克式的自由主义者与霍布斯一样,倡导自由、平等、德治、法治、分配正义,但他反对把国家权力集中到"君主"身上的封建专制传统,主张三权分立,呼吁"人民"把持最高政治权力,受到美国人更多的青睐。美国的三权分立政体主要是受到洛克自由主义政治哲学思想影响的结果。杰斐逊、华盛顿等美国国父大都是洛克政治哲学思想的坚定信奉者、坚定执行者。在道德哲学方面,美国人主要接受了霍布斯、洛克等人共同倡导的个人主义道德价值观念。

崇尚自由、平等、民主等现代价值观念只是美国资本主义文化的一个面相。早在清教时代,除了存在一切资本主义国家都具有的广泛而严重的阶级压迫和阶级剥削以外,美国白人对待土著印第安人的残忍态度更是暴露了美国作为一个资本主义国家的内在本性。美国清教徒都是白色人种,他们具有强烈的"上帝选民"意识,自视为优等人种,对当时生活在原始状态的印第安人怀有非常严重的"歧视"。他们不承认印第安人的土著人身份和地位,以北美大陆——"新大陆"的"主人"自居,对印第安人采取赶尽杀绝的态度。如果印第安人没有进行任何反抗,美国白人早就将他们从地球上抹去了。

美国在道德生活领域必然存在这样或那样的不足。离婚率长期居高不下,屡禁不止的校园枪击案,贩毒、吸毒、暴力现象此起彼伏,这些都用事实反映了它在很多领域存在的严重道德问题。美国人普遍重视道德教育问题,也为此做出了共同努力,但他们并没有创造出一个道德完善的国度。美国社会存在的很多道德问题并不是由某种单一的原因导致的,其根源是美国的资本主义经济基础和政治制度。《共产党宣言》早就揭示这样一个事实：资本主义社会与封建社会、奴隶社会有着重大区别，但它并没有从根本上改变其自身作为阶级社会的根本性质，因此，封建社会和奴隶社会存在的道德问题完全可能在资本主义社会重演，许多新的道德问题也会不断冒出来。作为一个典型的资本主义国家，美国目前正在重演奴隶社会、封建社会曾经存在的一些道德问题，同时增添了很多新的道德问题。只要它的国家本质没有从根本上改变，它所存在的道德问题就具有一切阶级社会的共性和一般性特征，它应对和解决这些问题的方式方法也不可能有根本区别。

结　语

研究一个国家，就如同研究一个人一样。我们既需要从外面观察它、审视它，也需要走进它的内在世界。一个国家呈现出来的一切是现象，它们不一定都是真实的。两个正在交战的国家可能暗地里有交易，两个友好合作的国家也可能暗地里在较劲。只有走进它的内在世界，我们才能洞察一个国家在考虑什么、在谋求什么。一个国家的内在世界是什么？主要是它的道德文化精神。世界各国有这样或那样的区别，最根本的区别是道德文化上的差异性。

美国是当今世界最有影响的国家之一。要深入研究它，我们绝对不能停留在"外观"的层面，而是应该设法走进它的内在世界。美国的内在世界也主要是它的道德文化精神。它的道德文化精神既有一般性的一面，又有特殊性的一面，这需要我们用辩证的、批判的眼光来加以考察和研究。对此，我们从以下几个方面予以说明。

第一，道德文化对美国发展发挥着极其重要的价值支撑作用。

魏徵说："求木之长者，必固其根本；欲流之远者，必浚其泉源；思国之安者，必积其德义。"[①] 其意指，要想一棵树长得好，必须使它的根扎得牢固；要想一条河流得远，必须疏通它的源头；要想国家长治久安，必须厚德积义。魏徵是一位能够居安思危的政治家，他认为厚德积义是国家长治久安的根本。所谓"厚德积义"，就是注重道德文化

[①] 《贞观政要》，骈宇骞译注，中华书局2016年版，第18页。

建设之意。魏徵认为，如果一个国家不能居安思危、戒奢戒骄、广积美德，它必定走向衰败。

在谈及中国隋朝灭亡的历史教训时，魏徵将其根本原因归结为缺德。他说："恃其富强，不虞后患。"[1] 其意指，隋炀帝依仗国家富强，有恃无恐，做事不计后果。历史地看，隋炀帝骄奢淫逸，实施暴政，致使奸臣当道、正气不彰，造成"上下相蒙，君臣道隔，民不堪命，率土分崩"[2] 的局面，这是隋朝迅速灭亡的根源所在。

"人类的历史是文明的历史。"[3] "文明"是一个众说纷纭的概念。在很多时候，它被等同于"文化"。广义的"文化"是指人为建构的一切，狭义的"文化"仅仅指人类生产的精神性产品。精神性产品包括思想、观念、理想、信念、理念等，它们既可以存在于我们的脑海之中，也可以以书籍、音乐作品、舞蹈影像等形式存在于社会之中。

道德文化是人类文明或文化中最精彩、最珍贵、最有价值的内容。它主要是通过人类在历史上形成和传播的道德价值理念和道德行为准则得到体现的，是人类代代相传的珍贵财富。如果说人类文明或文化是一个博物馆，那么道德文化就是它的镇馆之宝。正因为如此，要研究人类发展史，必须研究人类道德文化发展史。

美国自创建以来就一直吸引着全世界的眼球。与其他国家一样，它经历了一个不断发展的过程。与大多数国家的不同之处在于，它不仅经历了从无到有、从弱到强的发展过程，而且经历了从强到超强的发展过程。纵观人类发展史，达到超强的国家为数不多。美国能够在两百多年发展中一跃而成为世界唯一超级大国，无论怎么说这都是一

---

[1] 《贞观政要》，骈宇骞译注，第10页。
[2] 《贞观政要》，骈宇骞译注，第10页。
[3] 〔美〕塞缪尔·亨廷顿：《文明的冲突与世界秩序的重建》（修订版），周琪等译，第19页。

个奇迹，至少应该受到关注和重视。

美国之所以能够在两百多年时间里创造发展的奇迹，这从根本上来说得益于它的道德文化传统，而不是依靠它的经济实力、政治实力、科技实力、军事实力。硬实力能够为美国赢得暂时的成功和辉煌，但不可能为它赢得行稳致远的价值支撑。冷战结束之前，由于一直比较注重道德文化建设和国际道德形象，美国能够在世界范围内赢得不少人的青睐和支持，但在后冷战时代，由于越来越不注重厚德积义，甚至表现出自甘堕落的流氓做派，美国的国际道德形象每况愈下，这对美国的发展产生了严重制约。

魏徵曾经与唐太宗讨论"草创与守成孰难"的问题，其观点是草创有难，守成更难。在魏徵看来，草创之时，虽然需要克服诸多困难，但只要能够得到百姓支持，加上士兵拼死效命，取得胜利相对比较容易；而一旦取得胜利，统治者很容易骄奢淫逸，不顾百姓死活，得到的天下很容易失去。

当今美国正面临着"草创为难"还是"守成为难"的问题。在赢得独立、创建国家、谋求繁荣发展的过程中，美国曾经竭尽全力，也曾经一路高歌，但夺得一超独大的霸主地位之后，它的道德文化精神开始呈现出日益败坏的态势。如果道德文化精神败坏的态势不能得到及时遏制，美国的整体衰败就在所难免。

无论发展到何种程度，美国都应该重视道德文化建设，但这并不取决于其他国家、其他民族，只能依靠美国本身的努力。不过，美国似乎仅仅习惯于"领导"世界，仅仅习惯于以"领导者"的思维和视角对待一切，而不擅长于反思自己的行为。有美国学者指出："美国就像一个在火车上的人，他想象只有乡村在移动。自20世纪以来，美国一直是世界变化的领导者，可能是历史上最具革命性的国家，不断地塑造和重塑它周围的世界，以追求它的利益和理念。"[1] 习惯于领导思维的美国很难发生根本性改变，要它一如既往地重视道德文化建设是一件极其困难的事情。

第二，美国道德文化是以现代性为主导的道德文化形态。

与世界上的大多数国家相比，美国是一个年轻的国家，因此，它在很多方面表现出年轻气盛的特征。它通过独立战争一头扎进现代性之中，用现代性理念治理国家，使其自身成为现代性最强的国家。

美国的根在欧洲，但它在发展过程中形成了自己特有的国家品格。创建美国的国父们及其后代都记得他们与欧洲的渊源，并且常常提及它，这说明美国与欧洲（特别是英国）彼此承认并长久保持着亲戚关系。事实上，美国人所坚持的道德价值理念和道德行为准则与欧洲国家也比较接近。他们都强调自由、平等、民主等道德价值观念，并且视之为资本主义国家的核心价值观念。道德价值理念和道德行为准则的一致性是美国人和欧洲人很容易走到一起的深层原因。

美国是在西方资本主义国家已经开启现代化进程的历史背景下登上历史舞台的，因此，它本质上是一个现代国家，现代性是它作为一个独立国家的根本特征。虽然它经历过反专制斗争，但是这种斗争并不是反封建专制的斗争，而是反资产阶级专制的斗争。它在独立战争时期面对的主要敌人（英国）已经经过资产阶级革命的洗礼，已经走上资本主义发展道路。英国对北美殖民地的统治主要采用资产阶级专制统治的模式。从英国专制统治下挣脱出来之后，美国不仅选择资本主义发展道路，而且对欧洲资本主义发展模式进行了一定程度的变革。

作为一个与众不同的资本主义国家，美国不仅仅对欧洲国家实行

---

[1] 〔美〕加里·J. 施密特：《中国的崛起：美国未来的竞争与挑战》，韩凝、黄娟、代兵译，第21页。

的资本主义经济体制、政治体制和文化体制进行了变革，更重要的是变革了它们的道德文化体制。美国没有像欧洲国家那样设立专门的文化部，而是将道德文化建设工作交给社会。在美国，道德文化建设主要是家庭、学校、企业、社会组织的职责。为了实施价值观念输出战略，美国政府雇佣很多公司、企业开展相关研究，但它本身至少在名义上并不直接承担道德文化建设职责。美国总统可以在他们的就职演讲中提及和倡导美国道德价值理念，但他们不会通过专门的政府部门来推进道德文化建设工作。

美国道德文化具有鲜明的现代性特征。它的根基是清教伦理思想。清教伦理思想是美国清教思想的核心，由16世纪来自欧洲（主要是英国）的一批中产阶级新教徒创立。那些清教徒将当时欧洲基督教中最强烈的反传统精神带到北美，倡导新宗教、新道德、新教育、新政治制度，崇尚资本主义商业伦理、资本主义民主和资本主义精神，从而建构了美国精神的最早形态——清教思想，并且借助它建立了美利坚合众国。可以说，美国人用以建国的道德文化从一开始就是以现代性为根本特征的资本主义道德文化。它后来随着资本主义在美国的迅速发展而不断得到巩固、完善，一直担负着为美国经济社会发展提供道义和价值支撑的重要作用。深刻认识美国道德文化的现代性特征，有助于我们对美国道德文化进行精准的定位、定性，因而很重要。

美国建构现代道德文化的历史进程建立在美国人的国家理念基础之上。美国建构现代道德文化的历史原因不仅在于以现代性为根本特征的清教伦理思想，而且在于美国人的国家理念。美国人的国家理念从一开始就是现代国家理念。那些最早到达北美大陆并建立美国的清教徒都是对资本主义道德价值观念怀有坚定信念的资产阶级。他们是为了逃避欧洲的政治迫害和宗教迫害才冒险到达北美，因此，他们反对封建等级制、封建专制和封建国家形态，主张建立以自由、平等、民主等为核心价值取向和导向的资本主义国家。为了建立真正意义上的资本主义国家，他们必须建构强有力的现代道德文化。可以说，建构现代道德文化是美国人基于其现代国家理念而必然做出的历史选择。

　　美国现代道德文化对欧洲道德文化传统既有继承，又有超越。美国现代道德文化具有反欧洲道德文化传统的特征，但这并不意味着它对欧洲道德文化传统的反叛从一开始就是彻底的。事实上，欧洲道德文化传统对美国的深刻影响一直延续至今。美国人依靠霍布斯、洛克等欧洲哲学家的政治哲学思想建国和进行国家治理，依靠源于欧洲的清教伦理思想建立社会秩序，依靠源于欧洲的道德教育理念、伦理学教材等进行道德教育，从而使美国社会被深深打上了欧洲道德文化传统的烙印。不过，美国人对待欧洲道德文化传统的态度始终是继承与超越的统一。他们沿袭了欧洲道德文化传统中的很多元素，但并不照搬欧洲道德文化传统。那些最早到达北美和建立美国的清教徒大都具有强烈的冒险精神、开拓精神和创新精神。美国现代道德文化的根基在欧洲，但它又具有超越欧洲道德文化传统的鲜明特征。

　　美国现代道德文化发展经历过一个本土化过程。美国现代道德文化真正实现本土化发展的标志是实用主义伦理思想在美国的产生和发展。实用主义伦理思想是真正意义上的美国本土哲学——实用主义哲学的核心内容，因而也是最能代表美国道德文化精神的伦理思想形态。它强调道德信念的有用性、道德真理的相对性、道德实践的可操作性、道德教育的重要性，在塑造美国人的道德信念、道德真理意识、道德实践方式、道德教育体系等方面发挥了至关重要的作用，因而被公认为美国现代道德文化的精髓所在。要研究美国现代道德文化的本土化发展问题，必须重点研究美国实用主义伦理思想。

　　第三，发达的道德教育体系为美国道德文化提供了强有力支持。

　　虽然美国反对政府直接参与道德文化建设的做法，但是它非常重视道德教育体系建构对道德文化建设的重要作用。美国具有重视道德教育的传统，它的道德教育体系具有鲜明的现代性特征，但它建构现代道德教育体系的历史进程也比较复杂。总体来看，它的建构是一个不断世俗化、公共化的发展进程。在清教时代，美国道德教育不仅与宗教信仰教育紧密结合，而且与家庭教育密不可分。建国之后，由于美国人的社会生活朝着日益世俗化、公共化的方向演变，美国道德教育也沿着不断世俗化、公共化的方向推进，公民道德教育也逐渐发展成为美国最重要的道德教育形式。展开相关研究有助于我们深入了解美国现代道德教育体系的历史概貌和现代性特征。

每一个国家的道德教育体系都有自身的内部结构。无论它怎么发展变化，它的内部结构都保持着某种程度的稳定性。与其他西方国家一样，美国现代道德教育体系的内部结构包括家庭道德教育体系、学校道德教育体系、宗教道德教育体系和社会道德教育体系四个主要部分。

美国现代道德教育体系具有自身的运行机制。它的运行机制是家庭、教会、学校和社会相互联系、相互支持、相互促进的运行机制。它强调道德教育理念、道德教育内容、道德教育方法和道德教育评价体系的连贯一致性，反对道德教育在家庭、教会、学校和社会环节的脱节，因而具有较强的社会系统性和较好的效果，但由于这种道德教育体制要求家庭、教会、学校和社会紧密配合、合作，它运行的难度也很大，有时甚至会出现成效不佳的问题。

美国现代道德教育体系至少有下列主要特征：一是联动性。在美国现代道德教育体系中，道德教育不是一个独立的领域，而是与日常生活能力教育、政治教育、职业教育等结合在一起的一个综合领域。二是规范性。美国现代道德教育体系是以道德规范，尤其是公共道德规范教育为核心内容的。三是个体性。美国现代道德教育体系强调道德的个体性，很少讲道德的集体性。四是实践性。美国现代道德教育体系注重凸显道德的实践性，要求人们在道德实践中领悟道德真理、树立道德信念、培养道德情感、锻炼道德意志和提高道德行为能力。

美国现代道德教育体系对提高美国公民道德素质发挥了不容忽视的重要作用。与其他国家一样，美国在现代化过程中遭遇了国民公共生活领域不断扩大、私人生活领域日益压缩的问题，但由于在社会公德教育方面做得比较好，美国的公民道德素质总体上比较高，这为美国社会形成良好的公共生活秩序起到了不容忽视的重要作用。现代道德教育体系是美国公民道德素质得到不断提高的最重要手段。

美国在推进现代道德教育体系建设方面积累了一些成功经验。经验主要有：（1）要建构现代道德文化，必须有一个强有力的现代道德教育体系。美国政府高度重视道德教育体系建构，这为美国现代道德文化发展奠定了强有力的基础。（2）现代道德教育体系应该采取家庭、教会、学校和社会相互联系、相互支持、相互促进的运行机制。美国如此实行，因而能够取得较好效果。（3）现代道德教育体系应该凸显核心价值观教育，但核心价值观教育可以融入宗教道德教育、家庭道德教育、公民道德教育、职业道德教育之中。美国政府官员从来不会将资本主义核心价值观时刻挂在嘴巴上，而是仅仅在总统就任仪式、国庆节等重要场合提及它们。（4）现代道德教育体系的内容和形式应该随着时代的变迁而不断变革。美国总统和政府在不同历史时期倡导的道德价值理念和道德行为准则不尽相同。（5）现代道德教育体系应该成为提高国民道德素质的最重要手段。美国政府对道德教育体系的重视并不亚于任何其他国家的政府。

美国在推进现代道德教育体系建设方面存在的不足主要有两个方面。一方面，美国道德教育体系过多地依靠社会，很少发挥政府的作用，这有利于调动家庭、学校、教会、企业等推进道德教育的积极性、能动性和创造性，但也容易导致道德教育缺乏整合性、统筹性的问题。

在道德教育领域，各种主体各自为战，既容易出现众声喧哗、莫衷一是的局面，也容易出现道德价值观念相互冲突、相互抵触的问题。另一方面，美国道德教育体系侧重于推进个人主义价值观教育，对群体主义价值观教育重视不够。在美国，父母、教师、企业管理者等道德教育主体往往在道德教育中偏重于强调个人自由和权利，很少讲个人对国家的忠诚、对他人利益的关心、对弱势群体的关爱，这是美国在很多时候显得比较分裂的重要原因。

深受个人主义价值观教育体系的影响，美国人在任何时候都显得比较散漫。他们的心目中几乎没有集体观念，只有自由观念、权利观念、民主观念。正因为如此，新冠疫情突发时，绝大多数美国人不会服从政府的要求将自己封闭在家里。他们高喊着口号，争先恐后地涌上街头，甚至无所顾忌地聚会。据说，在近几年的新冠肺炎疫情中，有不少美国人因为不受约束地到处流动、聚会而感染新冠肺炎死亡，这是他们为个人主义价值观付出的巨大代价，对美国人本身和世界人民都起到了警示作用。

物极必反。美国人在进行道德教育的时候特别重视培养个人的理性认识能力、道德情感能力和道德实践能力，这有助于引导受教育者将自己的道德生活建立在扎实的理性知识、真挚的道德情感和有效的道德实践基础之上，使道德生活更加接近现实、贴近现实、合乎现实，但他们的做法也很容易以割裂人际伦理关系以及人与社会的伦理关系而告终。在美国，绝大多数人更多地思考社会、国家、政府应该如何善待他们的问题，很少考虑他们自己应该如何对待社会、国家、政府的问题。作为个人，他们是自由自在的，但他们的自由也在加剧着美国社会的分裂性。

第四，美国道德文化的影响具有双重性。

美国道德文化的影响无疑首先指向国内。美国人长期生活在美国道德文化模式之中，必然深受其影响。通过建构和倡导一定的道德价值理念和道德行为准则，美国道德文化对美国人的道德思维、道德认知、道德情感、道德意志、道德信念、道德语言、道德行为、道德记忆等都会起到强有力的塑造作用。美国人的道德人格是由美国道德文化塑造的。

当代美国伦理学家科斯嘉德说："道德是人类生活中一种实实在在的力量，一切实在的东西都是可以解释的。"① 道德对所有人都有约束力，中国人必须讲道德，德国人必须讲道德，美国人也必须讲道德。"规范是将造就人类的东西。"② 在生存、发展过程中，美国人会对自身提出各种各样的规范性要求，其中最基本的要求是道德规范性要求。美国道德文化主要是在美国人对自身进行道德规约的过程中建构的。

美国道德文化的影响也必然指向国际社会。早在成立之初，美国就必须直接面对如何处理国际关系的问题。它首先必须处理与英国的关系。它在1776年就发布了《独立宣言》，但它的独立并没有马上得到英国承认。直到1783年，英国才在与美国签署的《巴黎和约》中承认美国作为一个独立国家的合法性。《巴黎和约》第一条规定："大英帝国承认美利坚合众国，即承认新罕布尔州、马萨诸塞州、罗德岛、康涅狄格州、纽约州、新泽西州、宾法尼亚州、特拉华州、马里兰州、弗吉尼亚州、北卡罗来纳州、南卡罗来纳州和佐治亚州为拥有其主权的自由独立之州。"③ 只有得到英国和其他国家承认，美国才能成为一个合法国家。

国家有大小之分，其国际影响自然也有大小之分，这是由国家的

---

① Christine M. Korsgaard, *The Sources of Normativity*, p. 13.
② Christine M. Korsgaard, *The Sources of Normativity*, p. 5.
③ 〔美〕查尔斯·W. 艾略特主编：《美国精神：美国历史文献中的励志精品》，刘庆国译，第139页。

国际地位决定的。在国际舞台上，一个国家能否掌握一定的话语权，这不仅取决于它的硬实力，而且取决于它的软实力。硬实力强大的国家可以发号施令，但不一定能够将其他国家团结到自己的周围。有些国家硬实力较弱，但它们也能够凭借其软实力感召人、团结人。

美国从一开始就是作为一个有影响的大国登上世界历史舞台的。它打败了号称"日不落帝国"的大英帝国，这本身就是一件震惊世界的重大事件。该事件用事实证明了美国的强大实力，为美国跻身于世界大国、强国之列奠定了重要基础。美国是凭借自己的实力赢得国际地位的。在获得英国承认之后，美国的合法国际地位便迅速得到了其他国家的承认。

美国凭借实力跻身于世界大国、强国之列，但它在很长一段时间内保持着"低调"的姿态。这可以从美国早期领导人为人处世的态度中略见一斑。华盛顿在就任美国第一任总统的演说中就展现了非常谦虚的态度。他响应大家的请求和国家的召唤答应出任美国第一任总统，但他既感到无比光荣，也感到责任重大，生怕自己辜负国家和人民重托。他说："国家召唤我担负的责任如此重大和艰巨，足以使国内最有才智和经验的人度德量力，而我天资愚钝，又无民政管理的实践，理应倍觉自己能力之不足，因而必然感到难以肩此重任。"[1] 为了表示自己确实是出于对国家的热爱才出任美国总统，华盛顿决定以不取酬的方式工作。他说："当我第一次被任命为国家总统，努力争取国家自由时，我就一直在考虑我所必需的责任——我应该放弃每一份应得的报酬。"[2] 从华盛顿身上，我们看到了美国国父们身上所具有的忠诚于国

---

[1] 〔美〕查尔斯·W.艾略特主编：《美国精神：美国历史文献中的励志精品》，刘庆国译，第174页。
[2] 〔美〕查尔斯·W.艾略特主编：《美国精神：美国历史文献中的励志精品》，刘庆国译，第177页。

家、谦虚谨慎、大公无私等美德，也看到了早期美国注重自我道德修养以及强调谦逊、友善等美德的国家道德形象。

随着国力不断增强，美国道德文化开始走向世界。与其他西方资本主义国家一样，美国从19世纪中期开始就踏上了帝国主义发展道路。凭借日益强大的经济、军事实力，美国在帝国主义国家试图瓜分世界的竞争中占据越来越明显的优势。第二次世界大战之后，它代表资本主义国家阵营与苏联为首的社会主义国家阵营展开旷日持久的冷战。冷战结束之后，它更是一超独大，在世界范围内大搞霸权主义。需要强调的是，在美国走上帝国主义发展道路的过程中，它的道德文化也不可避免地走向了世界。

美国是一个历史短暂的国家，但它在短暂的历史中一直在创造国家现代化的奇迹，这一历史事实不仅让美国人从建国之初就具有其他民族难以与之相提并论的理论自信、道路自信、制度自信、文化自信，而且使美国人在国际交往和交流中经常流露出强烈的优越感、骄傲感和得意感。正因为如此，作为国际社会中的"强者"，美国既热衷于在世界各地炫耀硬实力，也热衷于向其他民族展现它的软实力。美国软实力的核心就是它的现代道德文化，但在对外输出道德文化的过程中，美国一直采取"唯我独尊"或"唯我独贵"的战略。

在不断发展的过程中，美国逐渐养成了自负的习惯。由于自19世纪末20世纪初以来一直占据世界的中心位置，美国开始变得自负。特别是冷战结束之后，"美国已经逐渐无法控制自己在国际政治中的野心"[1]。苏联解体、东欧剧变之后，美国一超独大，本来无需再为争夺世界霸权而劳心劳力，但美国并没有因此而放弃称霸世界的野心；相反，它开始实行新的大战略，竭尽所能遏制所有可能挑战和冲击美国霸权

---

[1] 〔美〕巴里·波森：《克制：美国大战略的新基础》，曲丹译，前言第1页。

的国家。事实上,当今世界没有任何一个国家有能力单独挑战美国的世界霸主地位。正如波森所说:"任何一个国家,包括中国在内,目前都不具备成为霸权国家的实力,如果其中一个国家努力想要成为霸权国,其他国家就会联合起来反对。"[1]

企图长期称霸世界是当今美国的野心,但与人类社会发展的大势是背道而驰的。冷战结束之后,虽然没有任何一个国家或国家集团有能力单独挑战和冲击美国霸权地位,但是美国并没有达到可以"无敌于天下"的地步。在2022年的俄乌冲突中,纵然美国联合其他北约各国一起上阵,也无法对俄罗斯形成压倒性优势。俄罗斯几乎是单枪匹马与美国领导的北约作战。这样看来,在后冷战时代,任何一个国家或国家集团想绝对控制世界都是不可能的。美国就是生动鲜活的例子。

由于"不识时务",美国在当今世界的地位和形象都显得有些尴尬。在当今世界,美国有时会感觉自己的发号施令受到了冷遇。在新近爆发的俄乌冲突中,美国要求所有国家都必须选边站,但按照它的"指示"做的国家并不多,有些国家甚至公开站在俄罗斯一边,为俄罗斯对乌克兰采取的军事行动表示声援。有些国家之所以敢于与美国对抗,主要不是因为它们不怕美国的强大硬实力,而是因为它们看到了美国在道德上的伪善。美国一面高喊着维护和平的口号,另一面又为乌克兰提供各种各样的军事武器。用中国人的话来说,这就是典型的"口是心非""两面三刀""包藏祸心""唯恐天下不乱"的做法。对于那些言而无信的个人和国家,人们都会抱持防范态度。在当今世界,美国几乎被人们当成言而无信的"小人",它的所思所想和所作所为自然难以得到世界人民的广泛拥护和支持。

当今美国正在自毁自己的国际道德形象,同时也对国际社会产生

---

[1] 〔美〕巴里·波森:《克制:美国大战略的新基础》,曲丹译,序言第31页。

了不容忽视的负面影响。一方面，虽然美国仍然在国际舞台上颐指气使、发号施令，但是它的意志往往会受到大多数国家的抵制，这至少说明美国的很多做法是不得人心的。另一方面，美国在处理国际事务的时候往往采取我行我素、独断专行的做法，而它的做法往往因为无法得到其他国家的积极响应而破产，这不仅说明美国在当今世界缺乏道德感召力、道德影响力，而且会对整个世界产生不容忽视的负面影响。作为超级大国的美国在国际舞台上信口开河、胡说八道，这完全可能让世界各国对国际道德表示质疑，甚至可能模仿美国的做法，肆意地践踏国际道德规范。

第五，美国建构现代道德文化的过程给其他国家提供了一些有益的启示。

美国是一个有争议的国家。它曾经伟大而辉煌，是很多国家效仿的榜样，甚至是很多人一心向往的国度。虽然它的经济制度、政治制度、文化制度存在这样或那样的缺陷和不足，但是它们毕竟也有合理之处。创建美国的国父们严于律己、谦虚谨慎、勤勉奉献、大公无私的道德风貌，对其他国家的政客修炼行政道德修养是有启发价值的。美国人强调个人自由和权利的伦理思想，也具有不可否认的合理性。不过，这只是美国的一面。它也有很多阴暗面。最根本的一点在于，它不可能从根本上摆脱资本主义国家的本质特性，因此，无论发展到何种程度，它都包含着资本主义国家的反动性。

关于美国道德文化，我们至少应该重视以下几点认识：

其一，美国不是伦理的天国和道德的净土。美利坚民族在发展过程中建构了具有自身特色的现代道德文化。这种道德文化一直将自由、平等、民主等作为它的核心道德价值理念和道德行为准则，但由于美国本质上是一个地地道道的资本主义国家，它本身无法为这些道德价值理念和道德行为准则的贯彻落实提供充分条件，因此，美国常常会出现种族歧视、种族隔离、暴力横行等有悖于伦理和道德的问题。美国人的总体道德素质并不像有些人所说的那样"完美无缺",美国社会的伦理秩序和道德状况也并没有像有些人所鼓吹的那样"不可挑剔"。

其二,美国所建构的现代道德文化总是与美国的霸权主义传统交织在一起。美国总是企图将它的一切强加于其他国家、其他民族。美国梦与美国道德文化输出战略有着紧密关系。美国梦既是美国人民的个人梦,也是美国的世界霸权梦。作为美国人民的个人梦,美国梦的核心价值诉求是肯定每一个美国人的个人幸福。作为美国的世界霸权梦,美国梦集中反映美国企图凭借其强大的硬实力和软实力征服世界、控制世界和统治世界的帝国梦想。我们在研究美国梦的时候,应该关注和重视它的双重维度。

其三,美国的道德文化输出战略几乎完全政治化了。美国没有文化部,但具有政府深度干预的道德文化输出战略。美国早在杜鲁门时期就制定了专门针对社会主义国家的"和平演变"战略。"和平演变"又称"颜色革命"。作为美国推行的国家战略,它是指美国试图借助道德价值观念颠覆或瓦解社会主义国家的战略。美国曾经用这种战略达到了让苏联解体和东欧社会主义国家剧变的目的,冷战之后又进一步通过这种战略推动吉尔吉斯斯坦等中亚国家走上了西方资本主义发展道路。美国以输出其道德价值观念的方式来颠覆或瓦解社会主义国家的"和平演变"战略今天仍然在进行,这应该受到社会主义中国和其他社会主义国家的高度重视。

美国道德文化输出战略的双重国际影响。我们既应该看到美国对外推行道德文化输出战略的必然性和积极性,也应该看到它的消极性和危害性。一方面,美国的现代化进程必然要经历一个国际化环节,因此,对外推行道德文化输出战略对于美国来说具有必然性,并且能够在帮助其他国家建构现代道德文化方面发挥一定的积极作用;另一方面，由于美国对外推行的道德文化输出战略内含着侵略性、利益性、霸权性，甚至包含着颠覆或瓦解其他国家的邪恶目的，它又会给国际社会带来巨大的消极影响，甚至巨大危害性。事实上，每当美国的道德文化输出战略的侵略性、利益性、霸权性被暴露出来的时候，美国本身的国家形象也会受到严重损害。研究美国对外推行的道德文化输出战略，能够为我国实施中华文化走出去战略提供一个可以借鉴的镜面。

其四，美国道德文化目前正在朝着令人担忧的方向堕落。美国道德文化是因为根深蒂固、无法摆脱的霸权主义思想而堕落的。争夺世界霸权的野心已经深入美国政客的骨髓，不可能因为美国总统的变换而改变。作为当今世界唯一超级大国，美国没有与时俱进实行克制战略。美国学者已经就此发出警告："无论是在战争年代还是和平年代，美国的军事努力都花费高昂，如果我们继续将自由主义霸权秩序作为大战略，注定会面临更多的困难，付出更高昂的代价。"[1] 不过，这些都不是美国政客喜闻乐见的话语。

美国正在朝着自负、狭隘、自私、无信、霸道的方向堕落。后冷战时代的美国就像一匹失去一切羁绊的狮子，自以为是，刚愎自用，目空天下，对真正具有进步意义的事物缺乏应有的包容，自私自利，言而无信，恃强凌弱，处处展现出自甘堕落的流氓形象。一个曾经积极向上、友善可亲、敢于包容、勇于担当国际道德责任的美国发展成今天的样子，既是美国本身的悲剧，也是整个世界的悲剧。

其五，美国道德文化的国际化发展道路给世界各国提供了警示。在经济全球化时代，所有国家的道德文化都可能走向世界，并且对世界发展进程产生一定的影响，但这并不意味着所有国家的道德文化都能够对世界发展施加积极的影响。一个国家的道德文化能否对世界发

---

[1] 〔美〕巴里·波森：《克制：美国大战略的新基础》，曲丹译，第45页。

展、人类社会进步产生积极影响，这不是由它的大小决定的。一个强大的国家完全可能以它的道德文化给整个世界带来严重的负面影响，而一个弱小的国家也可能以它的道德文化给世界发展带来积极的正面影响。

美国是当今世界在现代化方面最成熟的国家之一，它建构现代道德文化的历史路径是一条从严重依赖欧洲道德文化传统到实现本土化发展再到走向世界的道路。从西方国家特别是美国建构现代道德文化的历史路径来看，每一个国家推进现代道德文化发展的道路都是一条从传统到现代再到走向世界的路径。认识到这一点，能够为我们深刻认识、理解和把握我国的社会主义文化强国战略特别是党中央大力推动中华文化走向世界的战略提供启示。它告诉我们，随着综合国力的不断增强，中国必将越来越深地融入全球化潮流，当代中华民族也不可避免地要面对越来越激烈的国际硬实力和软实力博弈，特别是将直接与超级大国美国展开日益尖锐化的硬实力和软实力博弈。这是当代中华民族在继续推进改革开放过程中必须面对的重大现实问题。

我国目前正处于中华民族伟大复兴之大局与世界百年未有之大变局相互激荡、复杂交织的时代背景。在此时代背景下，我国不仅应该积极参与国际新秩序的建构，而且应该用中华优秀传统道德文化、中国特色社会主义道德文化去引领世界发展的方向。在将中国道德文化推向世界的过程中，我们应该从根本上摈弃美国利用道德文化输出战略达到其独霸世界的做法，致力于推动构建人类命运共同体，谋求共同发展、同生共荣，努力用具有中国特征、中国特色的道德价值理念和道德行为准则造福人类。

参考文献

1. 中共中央马克思恩格斯列宁斯大林著作编译局编译：《马克思恩格斯文集》，人民出版社 2009 年版。
2. 《邓小平文选》第三卷，人民出版社 1993 年版。
3. 习近平著，中共中央文献研究室编：《习近平关于社会主义文化建设论述摘编》，中央文献出版社 2017 年版。
4. 习近平：《习近平谈治国理政》第三卷，外文出版社 2020 年版。
5. 《论语　大学　中庸》，陈晓芬、徐儒宗译注，中华书局 2015 年版。
6. 《老子》，饶尚宽译注，中华书局 2006 年版。
7. 《孟子》，万丽华、蓝旭译注，中华书局 2006 年版。
8. 《孙子兵法》，陈曦译，中华书局 2011 年版。
9. 杨天才、张善文译注：《周易》，中华书局 2011 年版。
10. 《贞观政要》，骈宇骞译注，中华书局 2016 年版。
11. 张芳：《跨越修昔底德陷阱：中美新型军事关系研究》，复旦大学出版社 2016 年版。
12. 宋希仁主编：《西方伦理思想史》，中国人民大学出版社 2004 年版。
13. 朱世达：《当代美国文化》（修订版），社会科学文献出版社 2011 年版。
14. 北京大学哲学系外国哲学史教研室编译：《西方哲学原著选读》上卷，商务印书馆 1981 年版。

15. 刘澎：《当代美国宗教》，社会科学文献出版社 2001 年版。

16. 傅修延：《中国叙事学》，北京大学出版社 2015 年版。

17. 向玉乔：《道德记忆》，中国人民大学出版社 2020 年版。

18. 左高山：《敌人论》，中国人民大学出版社 2016 年版。

19. 刘杰：《当代美国政治》（修订版），社会科学文献出版社 2011 年版。

20. 《美国的精神——美国现代政界领袖演讲精选》，邹颉编译，中国经济出版社 2009 年版。

21. 邹颉编译：《美国的精神·英汉对照》，中国经济出版社 2009 年版。

22. 〔古希腊〕亚里士多德：《政治学》，颜一、秦典华译，中国人民大学出版社 2003 年版。

23. 〔美〕加里·J.施密特：《中国的崛起：美国未来的竞争与挑战》，韩凝、黄娟、代兵译，新华出版社 2016 年版。

24. 〔英〕克里斯托弗·科克尔：《大国冲突的逻辑：中美之间如何避免战争》，卿松竹译，新华出版社 2015 年版。

25. 〔美〕乔治·布朗·廷德尔、大卫·埃默里·施：《美国史》（第 1 卷），宫齐、李国庆、裴霜霜、喻文中、曾昭涛、张立平译，南方日报出版社 2012 年版。

26. 〔美〕约瑟夫·R.斯特雷耶：《现代国家的起源》，华佳、王夏、宗福常译，格致出版社、上海人民出版社 2010 年版。

27. 〔英〕霍布斯：《利维坦》，黎思复、黎廷弼译，商务印书馆 1997 年版。

28. 〔美〕沈大伟：《纠缠的大国：中美关系的未来》，丁超、黄富慧、洪曼译，新华出版社 2015 年版。

29. 〔德〕卡尔·雅斯贝尔斯：《大哲学家》上，李雪涛、李秋零、王桐、鲁路、姚彤译，社会科学文献出版社 2010 年版。

30.〔德〕卡尔·雅斯贝斯：《生存哲学》，王玖兴译，上海译文出版社 2005 年版。

31.〔美〕爱默生：《美国的文明》，孙宜学译，广西师范大学出版社 2002 年版。

32.〔美〕亨利·梭罗：《瓦尔登湖》，徐迟译，吉林人民出版社 1997 年版。

33.〔美〕麦尔维尔：《白鲸》，罗山川译，湖南文艺出版社 1996 年版。

34.〔法〕托克维尔：《论美国的民主》上下卷，董果良译，商务印书馆 1996 年版。

35.〔美〕彼得·里尔巴克：《自由钟与美国精神》，黄建波、高民贵译，江西人民出版社 2010 年版。

36.〔法〕弗雷德里克·马特尔：《论美国的文化：在本土与全球之间双向运行的文化体制》，周莽译，商务印书馆 2013 年版。

37.〔英〕约翰·洛克：《政府论两篇》，赵伯英译，陕西人民出版社 2004 年版。

38.〔法〕卢梭：《社会契约论》，何兆武译，商务印书馆 2008 年版。

39.〔美〕伯拉德·贝林：《美国革命的思想意识渊源》，涂永前译，中国政法大学出版社 2007 年版。

40.〔斯洛文尼亚〕斯拉沃热·齐泽克：《自由的深渊》，王俊译，上海译文出版社 2012 年版。

41.〔美〕科特·施塔格：《诗意的原子》，孙亚飞译，北京联合出版公司 2016 年版。

42.〔美〕肯尼思·J. 格根：《关系性存在：超越自我与共同体》，杨莉萍译，上海教育出版社 2017 年版。

43.〔美〕恩斯特·卡希尔:《人论》,甘阳译,上海译文出版社 2004 年版。

44.〔美〕罗伯特·K.默顿:《社会理论和社会结构》,唐少杰、齐心等译,译林出版社 2008 年版。

45.〔英〕齐格蒙特·鲍曼:《被围困的社会》,郇建立译,江苏人民出版社 2005 年版。

46.〔英〕鲍曼:《现代性与大屠杀》,杨渝东、史建华译,译林出版社 2002 年版。

47. 冯亚琳、〔德〕阿斯特莉特·埃尔主编:《文化记忆理论读本》,余传玲等译,北京大学出版社 2012 年版。

48.〔美〕约瑟夫·奈:《软实力:权力,从硬实力到软实力》,马娟娟译,中信出版社 2013 年版。

49.〔美〕约塞夫·奈:《论权力》,王吉美译,中信出版社 2015 年版。

50.〔美〕查尔斯·W.艾略特主编:《美国精神:美国历史文献中的励志精品》,刘庆国译,中华工商联合出版社 2015 年版。

51.〔德〕尼采:《查拉图斯特拉如是说》,黄明嘉译,漓江出版社 2000 年版。

52.〔美〕简·雅各布斯:《集体失忆的黑暗年代》,姚大钧译,中信出版社 2014 年版。

53.〔德〕黑格尔:《法哲学原理》,范扬、张企泰译,商务印书馆 1961 年版。

54.〔美〕查尔斯·比尔德、玛丽·比尔德:《从蛮荒到帝国:美国文明的兴起》,雨轩编译,光明日报出版社 2014 年版。

55.〔德〕康德:《实践理性批判》,邓晓芒译,人民出版社 2003 年版。

56. 〔德〕康德:《历史理性批判文集》,何兆武译,商务印书馆 2009 年版。

57. 〔德〕伊曼努尔·康德:《道德形而上学基础》,孙少伟译,九州出版社 2006 年版。

58. 〔美〕科恩:《论民主》,聂崇信、朱秀贤译,商务印书馆 2007 年版。

59. 〔德〕马克斯·韦伯:《新教伦理与资本主义精神》,彭强、黄晓京译,陕西师范大学出版社 2002 年版。

60. 〔美〕约翰·杜威:《人的问题》,傅统先、邱椿译,上海人民出版社 2006 年版。

61. 〔俄〕亚历山大·别兹戈多夫:《地球合作计划:从可持续发展转向受控和谐》,琢言文化译,上海交通大学出版社 2016 年版。

62. 〔美〕理查德·罗蒂:《真理与进步》,杨玉成译,华夏出版社 2004 年版。

63. 〔美〕理查德·罗蒂:《后形而上学希望》,张国清译,上海译文出版社 2003 年版。

64. 〔美〕理查德·罗蒂:《筑就我们的国家:20 世纪美国左派思想》,黄宗英译,生活·读书·新知三联书店 2006 年版。

65. 〔美〕查尔斯·吉尼翁、大卫·希利主编:《理查德·罗蒂》,朱新民译,复旦大学出版社 2011 年版。

66. 〔美〕理查德·罗蒂:《哲学、文学和政治》,黄宗英等译,上海译文出版社 2009 年版。

67. 〔美〕理查德·罗蒂:《偶然、反讽与团结》,徐文瑞译,商务印书馆 2003 年版。

68. 〔美〕格伦·蒂德:《政治思维:永恒的困惑》,潘世强译,浙江人民出版社 1988 年版。

69.〔丹〕祁克果：《祁克果的人生哲学》，谢秉德译，基督教文艺出版社 1990 年版。

70.〔丹〕克尔凯郭尔：《论反讽概念：以苏格拉底为主线》，汤晨溪译，中国社会科学出版社 2005 年版。

71.〔美〕朱迪丝·N. 施克莱：《平常的恶》，钱一栋译，上海人民出版社 2018 年版。

72.〔德〕卡尔·施米特：《政治的概念》，刘宗坤等译，上海人民出版社 2004 年版。

73.〔美〕戴维·施韦卡特：《反对资本主义》，李智、陈志刚等译，中国人民大学出版社 2008 年版。

74.〔美〕大卫·哈维：《资本之谜：人人需要知道的资本主义真相》，陈静译，电子工业出版社 2011 年版。

75.〔美〕汉娜·阿伦特：《论革命》，陈周旺译，译林出版社 2011 年版。

76.〔英〕理查德·威尔金森、凯特·皮克特：《不平等的痛苦：收入差距如何导致社会问题》，安鹏译，新华出版社 2010 年版。

77.〔美〕罗伯特·诺齐克：《无政府、国家和乌托邦》，姚大志译，中国社会科学出版社 2008 年版。

78.〔美〕罗纳德·德沃金：《刺猬的正义》，周望、徐宗立译，中国政法大学出版社 2016 年版。

79.〔美〕罗纳德·德沃金：《至上的美德：平等的理论与实践》，冯克利译，江苏人民出版社 2003 年版。

80.〔美〕迈克尔·沃尔泽：《正义与非正义战争：通过历史实例的道德论证》，任辉献译，江苏人民出版社 2008 年版。

81.〔美〕乔纳森·海特：《象与骑象人：幸福的假设》，李静瑶译，浙江人民出版社 2012 年版。

82.〔美〕乔纳森·海特：《正义之心：为什么人们总是坚持"我对你错"》，舒明月、胡晓旭译，浙江人民出版社 2014 年版。

83.〔美〕科克—肖·谭：《没有国界的正义：世界主义、民族主义与爱国主义》，杨通进译，重庆出版社 2014 年版。

84.〔美〕蕾切尔·卡逊：《寂静的春天》，吕瑞兰、李长生译，吉林人民出版社 1997 年版。

85.〔美〕霍尔姆斯·罗尔斯顿：《哲学走向荒野》，刘耳、叶平译，吉林人民出版社 2000 年版。

86.〔美〕艾尔弗雷德·克罗斯比：《生态扩张主义：欧洲 900—1900 年的生态扩张》，许友民、许学征译，辽宁教育出版社 2001 年版。

87.〔美〕查尔斯·L. 斯蒂文森：《伦理学与语言》，姚新中、秦志华等译，中国社会科学出版社 1997 年版。

88.〔法〕莫里斯·哈布瓦赫：《论集体记忆》，毕然、郭金华译，上海人民出版社 2002 年版。

89.〔美〕加特勒·哈丁：《生活在极限之内：生态学、经济学和人口禁忌》，戴星翼、张真译，上海译文出版社 2001 年版。

90.〔美〕赫尔曼·E. 戴利：《超越增长：可持续发展的经济学》，诸大建、胡圣等译，上海译文出版社 2001 年版。

91.〔美〕芭芭拉·沃德、勒内·杜博斯：《只有一个地球——对一个小小行星的关怀和维护》，《国外公害丛书》编委会译校，吉林人民出版社 1997 年版。

92.〔美〕艾伦·杜宁：《多少算够——消费社会与地球的未来》，毕聿译，吉林人民出版社 1997 年版。

93.〔英〕伯特兰·罗素：《中国问题》，田瑞雪译，中国画报出版社 2019 年版。

94.〔加〕马克·斯坦恩：《衰亡的美国：大国如何应对末日危

机》，米拉译，金城出版社 2016 年版。

95.〔加〕阿米塔·阿查亚：《美国世界秩序的终结》，袁正清、肖莹莹译，上海人民出版社 2016 年版。

96.〔美〕巴里·波森：《克制：美国大战略的新基础》，曲丹译，社会科学文献出版社 2016 年版。

97.〔美〕约翰·米尔斯海默：《大国政治的悲剧》，王义桅、唐小松译，上海人民出版社 2014 年版。

98.〔美〕塞缪尔·亨廷顿：《文明的冲突与世界秩序的重建》（修订版），周琪等译，新华出版社 2009 年版。

99.〔美〕E.弗洛姆：《人类的破坏性剖析》，孟禅森译，中央民族大学出版社 1999 年版。

100. Rem B. Edwards, *A Return to Moral and Religious Philosophy in Early America,* Washington: University Press of America, Inc., 1982.

101. Edmund S. Morgan, *New England The Puritan Family: Religion and Domestic Relations in Seventeenth-Century New England*, New York: Harper & Row, 1966.

102. Adrienne Koch, *The American Enlightenment: The Shaping of the American Experiment and a Free Society*, New York: George Braziller, Inc., 1965.

103. Henry F. May, *The Enlightenment in America*, New York: Oxford University Press, 1976.

104. Steven M. Cahn, *Classics of Political and Moral Philosophy*, London: Oxford University Press, 2002.

105. Nelson F. Adkins, *Thomas Paine: Common Sense and Other Political Writings*, New York: Bobbs-Merrill, 1953.

106. Charles Capper, *The American Intellectual Tradition*, New York: Oxford University Press, Inc., 1997.

107. Henry Steele Commanger, *Jefferson, Nationalism and the Enlightenment*, New York: George Braziller, 1975.

108. Bruce S. Silver, Nancy A. Stanlick, *Philosophy in America, Interpretive Essays*, Vol. 2, New Jersey: Pearson Education, Inc., 2004.

109. Walter L. Leighton, *French Philosophers and New-England Transcendentalism*, New York: Greenwood Press, Publishers, 1968.

110. Merton M. Sealts, Alfred R. Ferguson, *Emerson's Nature: Origin, Growth, Meaning*, London: Southern Illinois University Press, 1969.

111. George F. Whicher, *The Transcendentalist Revolt against Materialism*, Boston: Heath, 1949.

112. Carl Bode, *The Best of Thoreau's Journals*, Carbondale: Southern Illinois University Press, 1967.

113. Brooks Atkinson, *The Complete Essays and Other Writings of Ralph Waldo Emerson*, New York: Doubleday, 1957.

114. Octavious Brooks Frothingham, *Transcendentalism in New England: A History*, New York: Harper & Torchbook, 1959.

115. William James, *The Will to Believe and Other Essays in Popular Philosophy*, New York: Henry Holt & Co., 1890.

116. William James, *The Principles of Psychology*, New York: Dover Publications, Inc., 1918.

117. Jennifer Welchman, *Dewey's Ethical Thoughts*, London: Cornell University Press, 1995.

118. Ellen Kappy Suckiel, *The Pragmatic Philosophy of William James*, Notre Dame: University of Notre Dame Press, 1982.

119. John Dewey, *Philosophy and Civilization*, New York: Capricorn

Books, 1963.

120. Gail Kennedy, *Pragmatism and American Culture*, Boston: Heath, 1950.

121. Christine M. Korsgaard, *The Sources of Normativity*, Cambridge University Press, 1996.

122. Josiah Royce, *The Philosophy of Loyalty*, New York: The Macmillan Company, 1916.

123. Thomas Nagel, *Equality and Partiality*, New York: Oxford University Press, 1991.

124. John Rawls, *A Theory of Justice*, Cambridge, Massachusetts: The Belknap Press of Harvard University, 1971.